上海证券交易所1990.12~2024.02上证指数月K线图

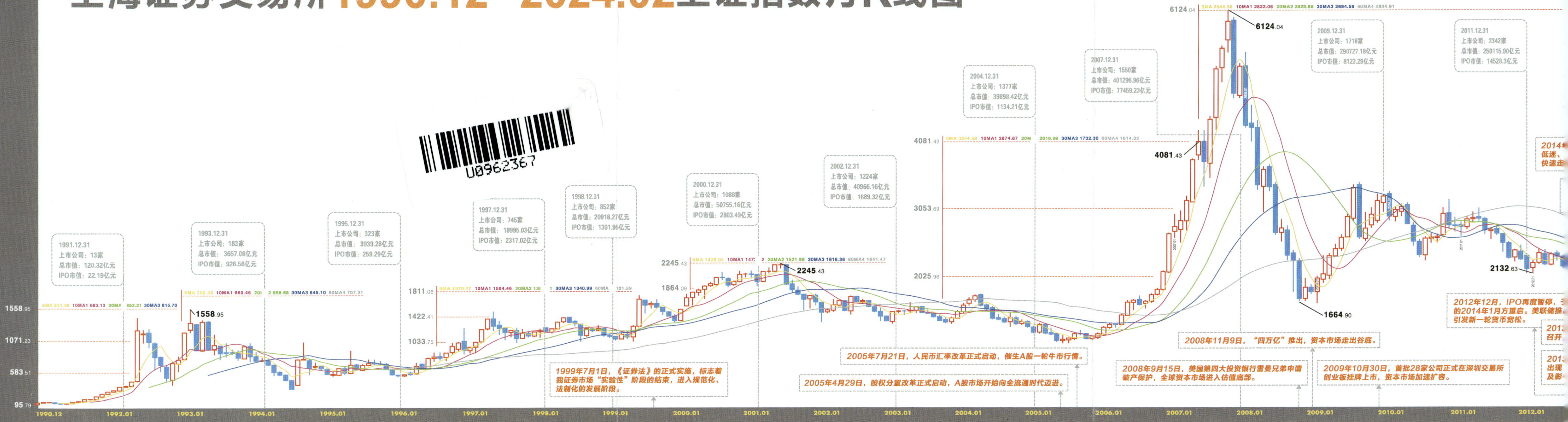

上市公司总数

上市公司总数(家)	突破500	突破1000	突破1500	突破2000	突破2500	突破3000	突破3500	突破4000	突破4500	突破5000	5352
时间	1996年11月28日	2000年7月6日	2007年8月21日	2010年11月2日	2014年1月23日	2016年11月23日	2018年1月31日	2020年9月11日	2021年9月30日	2022年11月22日	2024年2月29日

上交所日成交金额

成交金额(亿元)	突破2000	突破3000	突破5000	突破10000	峰值13099	跌破10000	跌破5000	跌破3000	跌破2000	跌破1000	4525.83
时间	2007年5月22日	2010年11月2日	2015年3月2日	2015年4月20日	2015年6月8日	2015年6月16日	2015年7月31日	2015年9月8日	2015年9月28日	2016年1月7日	2024年2月29日

融资融券余额

融资融券余额(亿元)	突破5000	突破10000	突破15000	突破20000	峰值22730	跌破20000	跌破15000	跌破10000	14844.39
时间	2014年8月21日	2014年12月19日	2015年4月1日	2015年5月20日	2015年6月18日	2015年7月2日	2015年7月8日	2015年9月2日	2024年2月29日

首批25家科创板公司行业分布情况

新一代信息技术	新材料	高端装备	生物医药
13家	5家	5家	2家

首批10家主板注册制公司行业分布情况

化学原料和化学制品制造业	批发业	专用设备制造业	电力、热力生产和供应业	建筑安装业	医药制造业
3家	2家	2家	1家	1家	1家

首批81家北交所公司行业分布情况

制造业	信息传输、软件和信息技术服务业	科学研究和技术服务业	水利、环境和公共设施管理业	租赁和商务服务业	其他
69.14%	14.81%	6.17%	3.70%	2.47%	3.70%

上海社会科学院市值管理研究中心
市值在线(上海)网络科技有限公司 制作

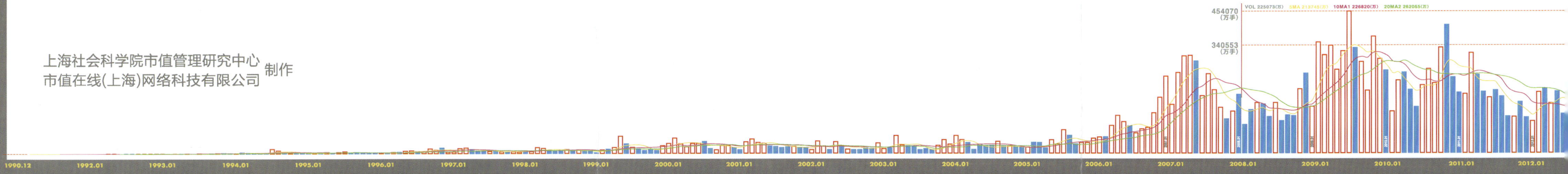

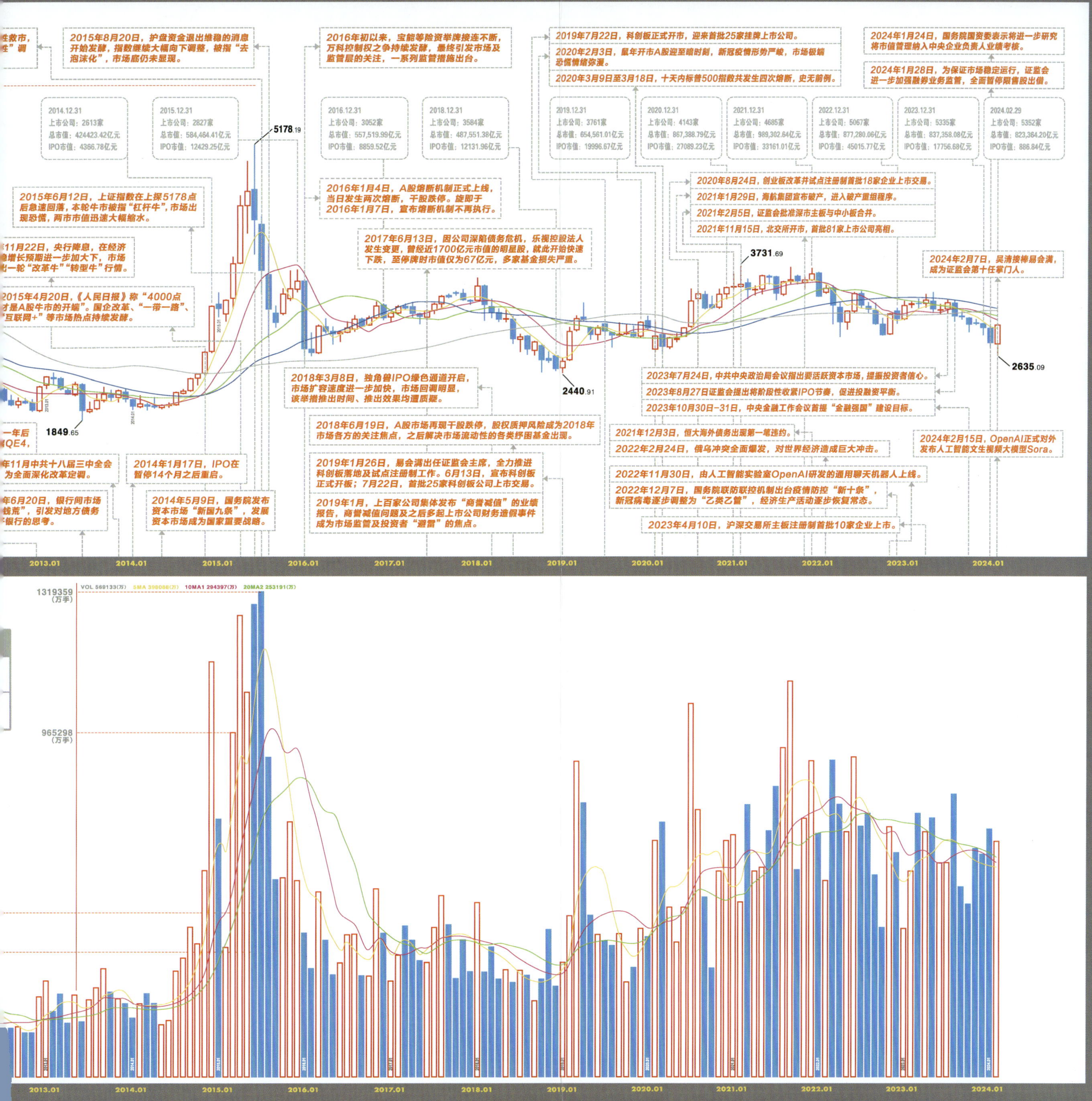

性救市，
性”调
2015年8月20日，护盘资金退出维稳的消息开始发酵，指数继续大幅向下调整，被指“去泡沫化”，市场底仍未显现。
2016年初以来，宝能等险资举牌接连不断，万科控制权之争持续发酵，最终引发市场及监管层的关注，一系列监管措施出台。
2019年7月22日，科创板正式开市，迎来首批25家挂牌上市公司。
2020年2月3日，鼠年开市A股迎至暗时刻，新冠疫情形势严峻，市场极端恐慌情绪弥漫。
2020年3月9日至3月18日，十天内标普500指数共发生四次熔断，史无前例。
2024年1月24日，国务院国资委表示将进一步研究将市值管理纳入中央企业负责人业绩考核。
2024年1月28日，为保证市场稳定运行，证监会进一步加强融券业务监管，全面暂停限售股出借。
2014.12.31 上市公司：2613家 总市值：424423.42亿元 IPO市值：4366.78亿元
2015.12.31 上市公司：2827家 总市值：584,464.41亿元 IPO市值：12429.25亿元
2016.12.31 上市公司：3052家 总市值：557,519.99亿元 IPO市值：8859.52亿元
2018.12.31 上市公司：3584家 总市值：487,551.38亿元 IPO市值：12131.96亿元
2019.12.31 上市公司：3761家 总市值：654,561.01亿元 IPO市值：19996.67亿元
2020.12.31 上市公司：4143家 总市值：867,388.79亿元 IPO市值：27089.23亿元
2021.12.31 上市公司：4685家 总市值：989,302.64亿元 IPO市值：33161.01亿元
2022.12.31 上市公司：5067家 总市值：877,280.06亿元 IPO市值：45015.77亿元
2023.12.31 上市公司：5335家 总市值：837,358.08亿元 IPO市值：17756.68亿元
2024.02.29 上市公司：5352家 总市值：823,364.20亿元 IPO市值：886.84亿元
5178.19
2015年6月12日，上证指数在上探5178点后急速回落，本轮牛市被指“杠杆牛”，市场出现恐慌，两市市值迅速大幅缩水。
2016年1月4日，A股熔断机制正式上线，当日发生两次熔断，千股跌停。旋即于2016年1月7日，宣布熔断机制不再执行。
2020年8月24日，创业板改革并试点注册制首批18家企业上市交易。
2021年1月29日，海航集团宣布破产，进入破产重组程序。
2021年2月5日，证监会批准深市主板与中小板合并。
2021年11月15日，北交所开市，首批81家上市公司亮相。
11月22日，央行降息，在经济增长预期进一步加大下，市场出一轮“改革牛”“转型牛”行情。
2017年6月13日，因公司深陷债务危机，乐视控股法人发生变更，曾经近1700亿元市值的明星股，就此开始快速下跌，至停牌时市值仅为67亿元，多家基金损失严重。
3731.69
2024年2月7日，吴清接棒易会满，成为证监会第十任掌门人。
2015年4月20日，《人民日报》称“4000点才是A股牛市的开端”。国企改革、“一带一路”、“互联网+”等市场热点持续发酵。
2018年3月8日，独角兽IPO绿色通道开启，市场扩容速度进一步加快，市场回调明显，该举措推出时间、推出效果均遭质疑。
2440.91
2635.09
2023年7月24日，中共中央政治局会议指出要活跃资本市场，提振投资者信心。
2023年8月27日证监会提出将阶段性收紧IPO节奏，促进投融资平衡。
2023年10月30日-31日，中央金融工作会议首提“金融强国”建设目标。
一年后
QE4，
1849.65
2018年6月19日，A股市场再现千股跌停，股权质押风险成为2018年市场各方的关注焦点，之后解决市场流动性的各类纾困基金出现。
2021年12月3日，恒大海外债务出现第一笔违约。
2022年2月24日，俄乌冲突全面爆发，对世界经济造成巨大冲击。
2024年2月15日，OpenAI正式对外发布人工智能文生视频大模型Sora。
年11月中共十八届三中全会为全面深化改革定调。
2014年1月17日，IPO在暂停14个月之后重启。
2019年1月26日，易会满出任证监会主席，全力推进科创板落地及试点注册制工作。6月13日，宣布科创板正式开板；7月22日，首批25家科创板公司上市交易。
2022年11月30日，由人工智能实验室OpenAI研发的通用聊天机器人上线。
2022年12月7日，国务院联防联控机制出台疫情防控“新十条”，新冠病毒逐步调整为“乙类乙管”，经济生产活动逐步恢复常态。
年6月20日，银行间市场钱荒”，引发对地方债务银行的思考。
2014年5月9日，国务院发布资本市场“新国九条”，发展资本市场成为国家重要战略。
2019年1月，上百家公司集体发布“商誉减值”的业绩报告，商誉减值问题及之后多起上市公司财务造假事件成为市场监管及投资者“避雷”的焦点。
2023年4月10日，沪深交易所主板注册制首批10家企业上市。
2013.01 2014.01 2015.01 2016.01 2017.01 2018.01 2019.01 2020.01 2021.01 2022.01 2023.01 2024.01
VOL 569133(万) 5MA 398088(万) 10MA1 294397(万) 20MA2 253191(万)
1319359 (万手)
965298 (万手)
2013.01 2014.01 2015.01 2016.01 2017.01 2018.01 2019.01 2020.01 2021.01 2022.01 2023.01 2024.01

市值管理应用

——逻辑、路径、实证

毛勇春 编著

同济大学出版社
TONGJI UNIVERSITY PRESS
·上海·

图书在版编目（CIP）数据

市值管理应用：逻辑、路径、实证 / 毛勇春编著
. -- 上海：同济大学出版社，2024.3
ISBN 978-7-5765-1083-6

Ⅰ. ①市…　Ⅱ. ①毛…　Ⅲ. ①上市公司 - 市场价值 - 研究 - 中国　Ⅳ. ①F279.246

中国国家版本馆 CIP 数据核字（2024）第 049844 号

市值管理应用——逻辑、路径、实证
毛勇春　**编著**
责任编辑　尚来彬　　**责任校对**　徐春莲　　**封面设计**　陈益平

出版发行　同济大学出版社　　www.tongjipress.com.cn
（地址：上海市四平路 1239 号　邮编：200092　电话：021-65985622）
经　　销　全国各地新华书店
印　　刷　上海颛辉印刷厂有限公司
开　　本　710mm × 1000mm　1/16
印　　张　22.25
字　　数　359 000
版　　次　2024 年 3 月第 1 版
印　　次　2024 年 3 月第 1 次印刷
书　　号　ISBN 978-7-5765-1083-6

定　　价　88.00 元

序一

上市公司是一个国家经济组织中最活跃的群体，资本市场是市场经济中助推企业发展、诞生伟大公司的重要场所，因此，上市公司在资本市场上的市值表现成为醒目的关注点。比如，中国国内沪深两市前十大市值公司里出现了新兴行业的龙头公司，大家都会感到兴奋，这预示着中国经济与产业结构转型和升级出现了可喜变化。

市值是资本市场的重要指标，上市公司的内在价值存在于市值之中，追求市值稳定增长、努力回报股东、积极服务社会成为上市公司的一致选择。市值管理自 2014 年 5 月写进《国务院关于进一步促进资本市场健康发展的若干意见》（简称“新国九条”）后，这种基本理念逐渐获得公众认同。然而，市值的波动，特别是受多重因素影响的巨幅波动引发了对市值管理的时机、手段与结果的诸多争议，加上少数人的短期趋利行为，个别公司市值过山车般的景象越发加深了市场的误读，甚至产生了“没有内幕消息怎么能做市值管理”的错误认识。

截至 2023 年 10 月 31 日，发展了 33 年的中国资本市场已经拥有上市公司 5 297 家，总市值 84.51 万亿元。超过万亿元市值的上市公司有 7 家、千亿元级市值的有 110 家、百亿元级市值的有 1 358 家，百亿元以下市值的有 3 822 家。近 5 年来，因触发各种退市条件而退市的共 153 家。一切都在变化中，今后在万亿元市值的公司中是否会看到更多的新兴行业的公司？小市值公司中能否诞生技术领先、管理良好、业绩增长、在资本市场上具有财富效应的小而美公司？这些都值得资本市场继续观察，值得上市公司通过创新技术、加强经营、提升服务、提高市值管理水平的真实成绩来回答。

每一家上市公司都应该问自己：为什么上市？上市之后发展得如何？资本市场有没有给予应有的溢价？市场表现为什么不能优于看起来规模不如自己的同行？上

市公司及其重要股东的市值管理本身是相关主体自发自律行为，全国上市公司在这方面已有不同程度的实践。停留在战术层面上的比较多，关注二级市场短期股价表现的比较多；上升到公司战略高度并进入董事会工作内容的还比较少，优秀的典型案例还不多。

金融是血液，可以孵化从科技进步到产业迭代和升级的全过程。一个现代化国家的发展离不开金融。金融中的一个主要的部分就是资本市场。很多伟大的公司的诞生都离不开资本市场的支持。金融强国理应包括资本市场的高质量发展。

资本市场上诚信和资本同样重要。上市公司的管理者们以股东资金可靠托管人的身份经营公司。股东即投资者则以购买企业一部分的理念与眼光投资股票，持有股票是基于对企业长期业绩表现的期望，即选择好公司，而不只是谋求短期股票获利。相信监管者会尽最大的力量来制定规则、规范市场、打击违法违规行为，最大限度地防止出现欺诈上市、财报造假、内幕交易、大股东侵害中小投资者利益等现象，进而大大增强市场的可预测性。如此，资本市场生态将得以改善，主流价值观将得以彰显，我们坚信中国资本市场会更加健康地发展。

本书的作者基于自己比较全面的投资银行与资产管理的从业背景，深入探讨与辨析上市公司市值与其内在价值的关系，进而提出上市公司的评价标准与市值管理的核心内容；从公司管理在资本市场自然延伸的角度全面论述公司上市后的市值管理的必要性与可行性，并在数理推演的基础上揭示市值管理应用中路径选择的重要性；从上市公司市值与其内在价值溢价协同的视角对具有时代性、影响力的正反案例进行专业解读，最后用问答形式对读者关心的问题进行中外交流，这是本书的一个亮点。自《市值管理方略——激活需求、创造价值》《市值管理新论——从定性到定量》之后，本书（《市值管理应用——逻辑、路径、实证》）得到了以严谨认真的态度坚持了8年之久的上海社会科学院市值管理研究中心研究团队的支持，其对于市值管理应用的论述具有逻辑性、系统性，实操性。希望本书在全球经济步入后增长时代之后，对上市公司及其重要股东的市值管理实践能够发挥积极的推动作用。

上市公司的高质量发展是资本市场健康发展的重要基石，我们期待以上市公司市值健康、市值持续增长为重要标志的高质量发展理念能够在市场各方之间达成共识，更期待在注重市值管理应用中坚持价值规律、聚焦主业发展的上市公司里，能够产生新时代的伟大公司。

中国上市公司协会会长　宋志平

2023 年 11 月 15 日

序二

自 1990 年 12 月 19 日上海证券交易所鸣锣开业至今，我国资本市场已有 33 年！之间的波澜壮阔、跌宕起伏，在这本新书的上证指数月 K 线图上一览无余。2007 年 11 月的 6 124 点，与 2015 年 6 月的 5 178 点成为两座高峰，与至今还在 3 000 点上下徘徊的局面形成强烈的对照，引发各界诸多思考。

曾经我国资本市场上股票不是全流通的，因而上市公司的市值不具有真实性与可比性。发行股票筹措资金主要是为了企业发展生产、扭亏为盈，因而一度股票发行实行审批制，额度分配制。股票交易也因为流通盘小而易受到投机资金控制而大起大落。2005 年 5 月为了与国际资本市场接轨，推出了股权分置改革，经过向社会公众股支付对价之后，原来不能流通的国家股与法人股在完成股改三年后的 2008 年可以陆续流通了。至此，资本市场进入了全流通时代，上市公司的市值有了真实性、可比性，市值的重要性凸显，市值管理的必要性被提上实践与研究的议事日程。股票发行从审批制到核准制，沪深两个交易所也设立主板、中小板、创业板。之后上海证券交易所又在 2019 年 6 月 13 日设立科创板，实行股票发行注册制，深交所随即也在创业板试点注册制。2021 年 9 月 2 日北京证券交易所正式成立，股票发行注册制提速。2023 年 2 月全面实行股票发行注册制改革正式启动。股权分置改革与实行注册制在中国资本市场具有里程碑式的意义，但一项制度的初衷与实际效果还需要严肃认真的长期观察。

以目前（截止至 2023 年 10 月 31 日）5 297 家上市公司的总量，84.51 万亿元的市值规模看，中国资本市场取得的成就毋庸置疑。其中有社会经济发展的客观需要，有经济转型、产业升级、科技进步的自然逻辑，有监管层的顶层设计与制度安排，更有包括上市公司在内的各市场主体的实践与贡献！中国经济的结构调整与高质量发展已经离不开资本市场，这是三十多年来社会各界用经验与教训换来的共识。

然而，中国资本市场的表现还不尽人意，市场的财富效应不断承压。应该说是资本市场的生态与主流价值观还存在问题。比如，是否承认股市是经济的晴雨表，市值是上市公司经营状况的晴雨表？资本市场的投融资如何平衡？每年新增数百家上市公司，但退市的数量还很有限。在财务造假时有发生的同时，惩戒力度与成熟市场相比还有不小差距。上市公司的高质量主要看什么？应该看市值增长、市值健康，应该看上市公司经营者为全体股东带来的每股收益的增加。市值是全体股东、全体投资者的市值，不是类别股东的财富，这样的价值观的确立，自然会对不顾全体股东利益的无序扩张与无序减持持否定意见。但这一切必须依靠资本市场的四个基石，即监管层、上市公司、中介机构（含财经媒体、研究机构）、投资者的共同努力！向成熟市场学习先进经验，也仍然是我们今后的任务。

各类指数是投资者交易的结果，尽管指数样本会有差异，但总体一定反映市场的冷暖，进而反映经济的景气状况。市值是上市公司盈利与估值的乘积，也受这两大类因素的影响，盈利是公司实际经营的成果，估值则是对未来的预期与信心。因此，如果资本市场确实处在比较低迷的状况，我们首先应该实事求是，冷静分析，找出原因加以改革改进。2023 年 7 月 24 日，最高层发出“活跃资本市场，提振投资者信心”，各相关机构都有所作为，但从之后的市场效果来看，或许仍然还有包括各相关主体实事求是不够、流于口号形式在内的问题。坚守常识、尊崇价值规律，进而深刻理解市值与内在价值协同增长的底层逻辑，应当成为专业机构和专业人士的职业操守。

市值是资本市场的第一指标，现在没有人会否认这一观点。毛勇春作为证券市场最早一批投行从业人员，从 2009 年起就关注市值与市值管理，并于 2012 年与 2015 年先后出版了《市场管理方略——激活需求、创造价值》《市值管理新论——从定性到定量》，我都受邀作了联袂推荐人。这次他的新著《市值管理应用——逻辑、路径、实证》更是有了上海社会科学院市值管理研究中心的团队力量，把市值管理理念、实践从底层逻辑开始到路径选择及方法与工具的运用讲得更加透彻了！

市值管理就是股东价值管理，提升全体股东的价值是每个上市公司进行市值管理实践的使命与目的。有了这些内容，这本新著也更加值得借鉴。

我指导过许多学生，毛勇春能够在 20 世纪 80 年代中期华东师范大学求学期间学以致用创办可能是全国首家的学生股份信用社，可见其早就具有创新的潜力；他又在充满误读与争议的市值管理领域坚持实践与研究，可见其专业、专注，认真、执着，这些都是可贵的品质。

亚商集团董事长

上海交通大学博士生导师、教授

陈琦伟

2023 年 11 月 15 日

前言

著名国际咨询公司麦肯锡在20世纪80年代首次向大众介绍了市值管理一词，即如何使股东价值最大化。中国证券市场虽诞生于1990年年底，但市值管理的概念直到2005年股权分置改革后才逐渐进入人们的视野，并在2014年5月国务院出台《国务院关于进一步促进资本市场健康发展的若干意见》（简称“新国九条”）后成为资本市场高度关注的概念。市值管理曾被引入国企考核范围。2015年，中央经济工作会议提出供给侧结构性改革，之后的近十年中，企业资本收益率也随着去杠杆的步伐逐渐走低。2020年，国务院印发《关于进一步提高上市公司质量的意见》，明确指出“十四五”时期推动上市公司实现更高质量发展。2021年5月，监管层集中处罚的伪市值管理事件，说明我国资本市场对全周期、全方位的市值管理认识与实践尚浅，不仅需要长期关注自上而下政策导向性的市值管理，还需要个股管理层和全体股东的探索和实践。当今A股市场的大环境与十多年前提出市值管理一词时已十分不同：目前A股市场机构投资人市值占比已提高到70%（虽然80%的日均成交量仍来自散户），境外投资者持有A股资产占比已达到5%，企业杠杆率从60%下行至45%。然而疫情后，各种问题突出，经济增长放缓，预计未来长期增长率将逐步向成熟市场的5%靠拢。高成长将是个股或某个板块的亮点，不再是A股市场的总体特征。中国上市公司在度过高速增长期后进入后增长时代，市值管理的意义就更加重大。

2023年上半年经济发展数据公布之后，两市交易不足万亿元，资本市场仍显低迷，市场各方不断呼吁与建言献策。上海社会科学院市值管理研究中心于7月17日举办了“坚持价值规律、推动资本市场健康发展暨中心成立8周年”研讨会。研讨会的成功举办，使笔者有了编著自《市值管理方略——激活需求、创造价值》《市值管理新论——从定性到定量》之后的第三本书的念头。这将是这个话题下我想出的最后一本书。坦率而言，这三本书应该是囊括了所有市值管理名下应该讨论的内容。这既是笔者聚焦市值管理话题十余年观察、研究、实践的成果，更是同事、同仁们集体智慧的展现。

本书既是写给中国上市公司的管理层的，也是写给上市公司大市值股东和决策者的。由于目前中国资本市场的投资者群体中还是个人投资者占比最大，因此本书也是写给努力想在资本市场中符合逻辑地去追求好公司与好股票并收获投资收益的中小投资者。同样，本书也应该是写给中国资本市场监管机构的系统建言，供参与市值管理实践的投资与中介机构及研究者参考交流。一个概念自提出之后经历了起起伏伏的场景，有诸多原因；一个理念、一套方法与工具，因为使用者的短期行为引起了市场的误读与实践中的失序，这就更需要我们继续作正确引导。如同巴菲特的价值投资理念，他与芒格已经实践了大半个世纪，并且取得了巨大的成功，但是对于市场的短期投机客而言，价值投资仍然时常被误读。

所以，市值管理也应该回归常态了，其本身从战略到战术都是上市公司的自律行为。市值管理不是短期救急提振股价的灵丹妙药，它是公司管理学在资本市场上的自然延伸。上市公司的价值存在于市值之中，市值是上市公司价值的集中体现。实践证明，市值管理更是系统工程，注重长期、注重基本面、惠及全体股东的市值增长才是其真正的价值所在。相反，任何短期的、直接作用于股价的、边界底线不清，甚至绑架大股东利用资金、信息、技术优势操纵股价侵害中小股东的，都是利用了市值管理的名称而已，这种行为与实践不可能产生伟大公司，更是与正确的市值管理理念及实践背道而驰。

市值在中国资本市场也会越来越重要，上市公司及其重要股东秉承正确的市值管理理念，追求市值增长、市值健康是天经地义的事，只要还在资本市场，只要坚持价值规律，市值管理就应该是一直被认真研究、探索与实践的课题。

2023 年 7 月 24 日，中央发声“要活跃资本市场，提振投资者信心”。资本市场对一个国家经济发展的助推作用是显而易见的。国家层面对资本市场的重视及运用会传到行业与具体的公司，成熟资本市场让市值反映价值的理念体现在“股市是经济的晴雨表”上。作为第二大经济体的中国也理所当然认同市值与价值的关系。

所以，本书再次强调市值管理的重要性与必要性，更加有逻辑地阐明其系统性与可操作性。同时在互联网时代，我们已经可以用移动互联网工具来跟踪与检测公司在资本市场上的表现，以及公司的内在价值增长与市值增长的匹配程度，这才是秉承为全体股东创造价值的上市公司将市值管理融入公司战略的必要前提。

毛勇春

2023 年 10 月

目录

第二篇　路径推演篇

第三篇　实证交流篇

第一篇

逻辑辨析篇

第一章

市值：上市公司内在价值的集中体现

引言

在出现市值管理一词之后，很长时间实务界与理论界似乎都极度关心上市公司的市值与内在价值的表述，如何表述涉及市值管理的定位。将市值表述成上市公司内在价值的集中体现，就解决了市值与内在价值的关系问题。市值 = 股价 × 股数，市值 = 市盈率 × 公司净利，市值管理是两个公式的结合，并不单指一个公式。这样，市值管理就名正言顺地成了公司管理在资本市场上的延伸，是一级市场与二级市场的结合，是真正服务于全体股东的股东价值管理，是价值创造、价值传递、价值实现的系统工程。

第一节　上市公司的价值存在于市值之中

市值管理这一颇具中国特色的概念，一经提出便逐渐引起了理论界、实务界包括监管部门的关注，引发了大量的讨论与实践。不过，虽然市值管理已经被监管部门倡导并写入了监管文件，但是在市场中仍然有不少对市值管理的争议和质疑之声。比如，有的观点认为市值是由股价计算并受股价上上下下影响的，因而是不可管理也不应该被管理的；有的观点认为上市公司应当关注的不是市值，而是企业自身的价值，企业价值可以管理，而市值不可管理；还有观点认为市值管理就是股价管理，甚至以市值管理之名行股价操纵之实。我们认为，这些认识上的误区是把市值与内在价值完全割裂了，而产生这些误区的根本原因，是没有正确理解市值与上市公司内在价值的关系。为了厘清市值与上市公司内在价值的关系问题，本章试图从市值概念入手，深入剖析市值的内涵及其与上市公司内在价值的关系，阐明“上市公司的价值存在于市值之中，市值是上市公司内在价值的集中体现”，在此基础上进一步探讨厘清市值与内在价值关系的重要意义，最后结合“市值是上市公司内在价值的集中体现”这一观点，简要辨析常见的对于市值的理解误区。

一、公司的市值

“市值”顾名思义就是指“市场价值”。当我们在资本市场语境下谈论市值时，通常指的是上市公司的市值，也就是上市公司在其上市交易的证券市场上的价值。

当一家企业成为上市公司后，公司的股份成为可以在证券市场上交易的代表公司所有权的有价证券——股票，那么，买入公司全部股票（也就是拥有公司全部所有权）所需的金额就代表了公司在证券市场上的价值。因此，我们可以用上市公司的股票价格和总股本的乘积计算出公司的价值，即市值 = 股票价格 × 总股本。

市值直观反映了上市公司的股东价值或者说股东财富。每一名股东都可以通过持有上市公司的股票数量和股票价格计算出其所持股票的价值，也就是其通过持有股票而拥有的财富。市值的变化直接影响着股东财富的变化，被人们津津乐道的全球富豪排行榜就是一个观察市值与股东财富变化的例子。特斯拉股价的持续上涨帮助马斯克登顶了福布斯发布的 2022 年全球富豪榜，农夫山泉和万泰生物的上市助推钟睒睒一举成为中国首富，这些案例体现了市值对于股东财富的重要性。

市值不仅对股东的意义重大，而且对于上市公司和证券市场来说可能也是一个首要标签。我们去看一些明星上市公司，第一个跳出来的数字就是市值。比如（截至 2023 年 10 月 30 日），美国上市公司苹果的 2.662 万亿美元市值、微软的 2.507 万亿美元市值、谷歌的 1.574 万亿美元市值、亚马逊的 1.371 万亿美元市值、英伟达的 1.017 万亿美元市值、特斯拉的 6 272 亿美元市值；中国上市公司（包括港股）腾讯控股的 2.814 万亿港元市值、阿里巴巴的 1.668 万亿港元市值、宁德时代的 8 268 亿元市值、比亚迪的 7 121 亿元市值、中芯国际的 4 632 亿元市值、贵州茅台的 2.112 万亿元市值。另外，互联网上曾有过苹果“以一敌五”和“以一敌五十”的对比引发广泛传播与关注：2020年4月，苹果市值几乎等于阿里巴巴、腾讯控股、美团、京东、拼多多五家中国互联网公司的总和；两年后的2022年4月，苹果市值比腾讯控股、阿里巴巴、美团、京东、网易、拼多多、百度、小米等近50家中国互联网公司总和还多出约1万亿美元。我们比较中美两国股市，常常也是从市值角度进行。比如，我们经常对比A股和美股市值前十大公司构成情况（见表1-1），以此反映两国股市与经济的差异。

表1-1　　A股和美股市值前十大公司情况

A股市值前十大	市值（人民币元）	美股市值前十大	市值（美元）
贵州茅台	2.112万亿	苹果	2.662万亿
中国移动	1.950万亿	微软	2.507万亿
工商银行	1.672万亿	谷歌	1.574万亿
建设银行	1.558万亿	亚马逊	1.371万亿
中国石油	1.305万亿	英伟达	1.017万亿
农业银行	1.246万亿	Meta Platforms	7 777亿
中国银行	1.130万亿	伯克希尔－哈撒韦	7 425亿
中国人寿	9 390亿	特斯拉	6 272亿
中国海油	9 285亿	礼来公司	5 370亿
宁德时代	8 268亿	美国联合健康集团	4 909亿

数据来源：同花顺iFinD。

可见，市值对于上市公司、上市公司股东以及证券市场都是非常重要的，市值是证券市场所有相关主体都需要关注和重视的概念。基于“市值＝股票价格×总股本”的计算公式，市值是上市公司在证券市场上交易流通的价值。那么，是否可以认为市值仅仅是股价的映射，仅仅是虚拟经济中的价值符号？在回答这个问题之前，先让我们简单讨论一下公司的内在价值。不要忘了，市值只是针对上市公司而言的，但任何一家公司（不论上市与否）都是有其内在价值的。

二、公司的内在价值

我们都知道，正常经营的公司具有一定的价值，但是相对于市值定义及计算的简单明了，如何界定公司的价值或者说内在价值则稍显复杂。大体上，对于公司价值或者说内在价值的认识，是伴随着价值投资的理论与实践而不断发展的。

本杰明·格雷厄姆（Benjamin Graham）于1934年出版了《证券分析》一书，首次提出了价值投资理念，被誉为“价值投资之父”。格雷厄姆在其《证券分析》《上市公司财务报表解读》和《聪明的投资者》等著作中阐述了价值投资思想，发展出了日后为华尔街所普遍采用的证券分析方法。

格雷厄姆鼓励投资者像企业所有者一样思考，还原了股票代表的被分割的股东权利的本来面目，区分了只关注股票价格波动的投机者和注重股票代表的资产价值、股东权利的投资者，认为投资者“不是从同伴手中赚钱，而是通过企业的经营赚钱”。

在此基础上，格雷厄姆提出“内在价值”的概念，他认为股票价格背后的“内在价值”是股票投资的基础，强调“内在价值是指一种有事实——比如资产、收益、股息、明确的前景——作为根据的价值，它有别于受到人为操纵和心理因素干扰的市场价格”。可见，格雷厄姆的公司内在价值概念与公司的资产、收益、股息、成长前景都有关系，认为公司内在价值与公司资产价值、盈利能力和股息等多种因素有关，其隐含的基础是公司可以进行清算、出售、重组等资产转化行为，而不必是持续经营的，未来盈利能力只是决定价值的因素之一。并且，格雷厄姆认为公司的资产价值往往稳定可靠，而盈利能力分析则常常失之偏颇。因此，格雷厄姆在公司价值分析中更加注重资产价值。

约翰·威廉姆斯（John Burr Williams）于1938年出版的《投资价值理论》一书，被认为是成长股票投资理论的基石，开创了成长投资的理论范式。威廉姆斯根据经济学的一般原理，指出一个理性的人，不会对股票支付高于其未来无限年份给投资者提供的股利的现值，也不会对债券支付超过其未来债券存续期为投资者提供的本息的折现值。

在此基础上，威廉姆斯严格定义了公司价值并给出了衡量公司价值的严谨计算方法。威廉姆斯认为，公司价值等于公司证券持有者未来年份得到的分红和利息的现值，强调公司未来利润和股息持续增长是公司价值的决定因素，其隐含的前提条件是公司的持续经营。

菲利普·费雪（Philip A. Fisher）被视为现代成长投资理论的开路先锋之一，

其在 1958 年出版的《普通股的非凡利润》中，避开严密的计算，从新的角度解释公司价值，把重点放在公司的新产品开发、管理创新、竞争优势、经理人诚信等方面。

当代著名的投资大师沃伦·巴菲特（Warren E. Buffett）发展了格雷厄姆古典的价值投资思想，赋予了价值投资理论以新的内涵。巴菲特没有采用格雷厄姆的相对模糊的内在价值定义，而是采用了威廉姆斯的公司价值理论来定义公司内在价值，认为"内在价值的定义很简单，它是一家企业在余下的寿命中可以产生的现金流的折现值"。同时，巴菲特强调未来实际上是难以预测的，内在价值没有精确值只有估计值，评估企业价值一半是科学，一半靠经验。

马丁·怀特曼（Martin J. Whitman）在其 1999 年出版的《价值投资：一种平衡分析方法》一书提出了现代价值投资理论。怀特曼认为公司既是持续经营者，又是资源转换者，公司可以持续经营，也可以将资产和负债配置到新的领域，如并购、控制权变动、巨额再融资、首次公开发行等。怀特曼主张投资者应采取私人企业分析的方法，从实业资本和控制人的角度进行价值投资，重视股票所代表的公司资产价值，强调公司资源的可转换性。

现代价值投资理论认为公司价值源于：公司创造的现金流量；公司经营的利润；公司资产向更高用途或其他所有权、控制权的转换，包括融资或再融资行为；公司以极低的成本进入资本市场的价值，包括相对频繁地首次公开募股（Initial Public Offering，IPO）；等等。因此，现代价值投资理论的公司价值，主要是着眼于资产转换的动态价值论，持续经营价值是公司价值的一种特例。

综上可见，公司的内在价值与公司的资产价值、成长能力、盈利能力、现金流创造能力等因素相关。如果说内在价值是公司与生俱来的，那么市值就是公司在上市之后由证券市场投资者交易公司股票产生的。价值投资理念认为，投资股票就是投资股票所代表的公司，因此，对公司内在价值的分析和评估就十分重要，这需要通过估值方法量化内在价值。因此，估值是连接市值与内在价值的纽带。

三、公司的估值

估值就是用一定的方法对资产定价进行估算。在价值投资中，评估股票价值就是评估公司内在价值。常用的估值方法有两大类：一类是以股票价格或市值指标与相对应的某个共同变量（包含每股收益、每股净资产、销售收入等指标）的比率为计算方法，通过参照已知的、市场估值较为合理的相似公司的比率值，计算得出目标股票价值或公司价值，即相对估值法；另一类是基于公司自身经营情况，以公司未来现金流折现为计算方法，计算得出目标股票价值或公司价值，即绝对估值法。

（一）相对估值法

相对估值法的出发点是，相似的资产应该具有相似价值。相对估值法一般有三个步骤：一是选择可比公司，二是选择适当比率，三是计算企业的价值。根据选择比率的不同，相对估值法主要包含市盈率估值法（P/E）、市净率估值法（P/B）、市销率估值法（P/S）等。

1. 市盈率估值法

市盈率（Price-to-Earnings Ratio）是股票价格与每股收益之比，即市盈率＝股票价格 ÷ 每股收益，其大小一般与未来盈利的预期增长率正相关，与风险负相关。每股收益可以用已经实现的实际值，也可以用对未来年度的预期值。

市盈率估值法通过确定合理的市盈率（要综合考虑市场、行业、公司等方面的影响）并基于既定或预期的每股收益评估符合公司内在价值的股票价格，即股票价格＝市盈率 × 每股收益。

市盈率可以看作投资者为了获得公司 1 元收益而愿意付出的价格，也可以形象地理解为投资者愿意通过多少年的分红拿回这笔投资。如果一家公司目前的市盈率为 15 倍，则可解释为投资者愿意为 1 元的当前收益支付 15 元的代价，以及在当前收益不变的情况下这笔投资的回本期限是 15 年。

市盈率的倒数可以看作是股票蕴含的收益率，收益率可以被定义为：每股收益 ÷ 股票价格。如果一家上市公司的股价为 100 元，并且其过去一年的每股收益为 5 元，则其市盈率为 20 倍（100/5），收益率为 5%（5/100）。

另外，投资者可以通过比较市盈率与收益的预期增长率，以此来判断股价是否被高估或低估。最简单的判断方式是，如果公司市盈率低于收益预期增长率，则股票被低估，反之则高估。市盈率与收益预期增长率之间的比率被称为市盈率相对盈利增长率（Price-to-Earnings to Growth Ratio，PEG 比率）。

2. 市净率估值法

市净率（Price-to-Book Ratio）是股票价格与每股净资产之比，即市净率 = 股票价格 ÷ 每股净资产。净资产也称股东权益，通常是由公司经营状况决定的，公司经营业绩越好，其资产增值也越快，股东所拥有的权益也越多。

市净率估值法通过确定合理的市净率（同样要综合考虑市场、行业、公司等方面的影响）并基于既定的每股净资产评估符合公司内在价值的股票价格，即股票价格 = 市净率 × 每股净资产。

市净率着眼于公司当期资产价值或账面价值，可以简单地理解为投资者愿意用公司净资产的多少倍的价格买入这家公司。通常，同行业中市净率较低的股票相对被低估，特别是市净率低于 1 的股票，常常被认为是低于其内在价值的。

3. 市销率估值法

市销率（Price-to-Sales）是股票价格与每股销售收入之比，即市销率 = 股票价格 ÷ 每股销售收入。通常，在一个行业里一家公司的销售收入越多，就说明这个公司的竞争力越强，并且销售收入是公司现金流的主要来源。

市销率估值法通过确定合理的市销率（同样要综合考虑市场、行业、公司等方面的影响）并基于既定或预期的每股销售收入评估符合公司内在价值的股票价格，即股价 = 市销率 × 每股销售收入。

市销率通常应用于尚未盈利的轻资产高成长性公司，这类公司无法使用市盈率法估值，也不适用市净率法估值。由于销售收入反映了公司竞争力以及未来的收益预期，因此市销率本质上还是着眼于公司未来的盈利能力。

（二）绝对估值法

绝对估值法主要是基于公司价值等于未来现金流现值的理念，通过预测公司的未来现金流并贴现成现值，从而得到公司内在价值。最为常见和普遍采用的绝对估值法是现金流贴现估值法，其基本原理是一个公司的价值应该等于该公司在未来所产生的全部现金流量的现值总和，计算公式为：

$$V=\sum_{t=1}^{n}\frac{CF_t}{(1+i)^t}+\frac{TV}{(1+i)^n} \tag{1-1}$$

其中，V 为公司价值；

CF_t 为预期内第 t 年的现金流量；

TV 为终值；

n 为预测期；

i 为贴现率。

贴现率也被称作资本成本，它是投资者要求的收益率或机会成本。

按照现金流性质的不同，现金流贴现法有以下三种常见类型。

1. 股利贴现模型

股利贴现模型（Dividend Discount Model，DDM）被公认为是最基本的股票定价理论模型。该模型认为，股票价值应当等于公司在持续经营期间向股票持有人发放的现金股利收入（预期值）并按适当的贴现率计算出的现值之和，计算公式为：

$$P=\sum_{t=1}^{+\infty}\frac{Div_t}{(1+Ke)^t} \tag{1-2}$$

其中，P 为当前的股票内在价值；

Div 代表每年的每股预期股利；

Ke 表示贴现率。

2. 股权自由现金流量贴现模型

股权自由现金流量，是指满足了公司全部财务要求（包括债务偿还、资本支出和营运资本支出等）后的剩余现金流量，即支付完所有的利息和本金以及用于维持现有资产和增加新资产的资本支出后的剩余现金流量。在股权自由现金流量贴现模型（Free Cash Flow to Equity，FCFE）中，股票的内在价值等于未来各年股权自由现金流量用权益资本成本贴现得到的现值之和，即：

$$EV=FC+\sum_{t=1}^{+\infty}\frac{FCFE_t}{(1+K_e)^t} \tag{1-3}$$

其中，EV 为权益价值；

$FCFE$ 为每年的股权自由现金流量；

FC 为当前未使用资产的存量，即企业当前的货币资金、短期投资和长期投资之和；

Ke 表示贴现率。

股权自由现金流量与股利存在很大差别。股利是作为投资回报分配给股东的现金流量，是公司真正发到股东手中的现金，而股权自由现金流量是公司当年所赚取的现金流量中尚未使用的现金流量，是公司创造出来的应该为股东所拥有的现金流量。

3. 公司自由现金流量贴现模型

公司自由现金流量是指公司在满足再投资需求之后所剩余的现金流量，它流向了包括普通股股东、债权人和优先股股东在内的所有索取权持有人，其计算方法如下：

公司自由现金流量 = 净利润 + 利息 ×（1− 所得税率）+ 优先股股利 + 折旧 + 摊销 − 资本性支出 − 追加营运资本

相比于股权自由现金流量，公司自由现金流量当中增加了流向债权人和优先股股东的现金流，因此，进行贴现时所采用的贴现率就不再是权益资本成本，而应当是公司的加权平均资本成本（Weighted Average Cost of Capital，WACC），即 WACC= 权益资本成本 ×（1− 资本负债率）+ 负债成本 × 资本负债率 ×（1− 所得税率）。公司自由现金流量贴现模型（Free Cash Flow for the Firm，FCFF）可以表示为：

$$FV = FC + \sum_{t=1}^{+\infty} \frac{FCFF_t}{(1+WACC)^t} \tag{1-4}$$

其中，FV 为公司价值；

$FCFF$ 为每年的公司自由现金流量；

FC 为当前未使用资产的存量；

$WACC$ 为公司加权平均资本成本。

四、市值、估值与内在价值的关系

前面我们讲了公司的市值、内在价值和估值，现在回过头来再讨论市值与内在价值的关系。从“市值 = 股票价格 × 总股本”的计算公式看，影响市值的直接因素包括股价和总股本。一家上市公司可以通过增发、配股、送转股、回购等方式改变总股本数量，但其总股本对于每个交易时刻都在变化的股价而言仍然是比较稳定的变量。因此，市值直观上更多是受到股票价格的影响。

那么，股票价格又是由什么决定的呢？股票价格是由证券市场上众多买方与卖方的交易行为所形成的，是买卖双方在公开市场上充分竞争与博弈的结果。这就产生了投资者对股票或股票所代表公司的价值判断问题。在价值投资者看来，股票价格背后的内在价值是股票投资的基础，股票价格总是围绕内在价值上下波动，并且长期看来是向内在价值不断靠拢。当股价大幅低于内在价值时买入，当股价大幅高于内在价值时卖出，价值评估是投资决策的基础。

股票价格是交易行为的结果，而交易行为反映了投资人对于上市公司未来业绩的预期及由此产生的估值。所以，市值是兑现了的估值，是内在价值的变现。而内在价值是估值的基础，估值最终通过真实的出价交易来影响市值。因此，估值就成为连接市值与内在价值的桥梁，内在价值通过估值（及其交易行为）而反映在市值之中。

我们可以再看看常用的估值方法所蕴含的市值与内在价值的关系。

如果将股价以市净率公式表示，就得到“市值 = 市净率 × 每股净资产 × 总股本 = 市净率 × 企业净资产价值”。格雷厄姆的公司价值概念侧重于公司当前的资产价值或重置成本，将公司经营不善破产清算时偿还债务后的剩余资产视为该公司内在价值的下限。因此，在市净率估值法下，我们可以近似得到：市值 = 市净率 × 公司内在价值。于是，公司内在价值通过市净率估值体现在市值之中。

如果将股价以市盈率公式表示，就得到“市值 = 市盈率 × 每股收益 × 总股本 = 市盈率 × 公司净利润”。如前文所述，市盈率具有收益率的意义，体现了基于每股成本（股价）和可分配的最大股利（每股收益）所计算出的股票收益率。同时，市盈率也隐含了对利润增长的预期，在市盈率不变的情况下，公司净利润增长就意味着市值增长、股价上涨。也就是说，市盈率估值法包含了股东价值的两个核心，即股利回报和股价上涨回报。虽然公司内在价值不等于净利润，但是净利润是股东获得回报、实现股权价值的根本来源，净利润无疑是公司内在价值的重要方面。因此，在市盈率估值法下，我们也可以近似得到，市值 = 市盈率 × 公司内在价值。于是，公司内在价值通过市盈率估值体现在市值之中。

在现金流贴现估值法下，投资者直接评估计算得出公司内在价值，据此再计算出符合内在价值的股票价格，并指导自己的交易。因此，我们可以近似得到：市值 = 溢价率 × 公司内在价值，当溢价率大幅小于 1 时股价被低估，当溢价率大幅大于 1 时股价被高估。显然，基于现金流贴现估值的证券交易行为所形成的股价及市值，直接反映了投资人对于公司内在价值的评估，也就是说内在价值通过现金流贴现估值体现在市值之中。

价值投资将股价与公司内在价值联系起来，并形成了评估公司内在价值的方法，通过比较公司的市值与内在价值，在市值大幅低于内在价值时买入，在市值大幅高于内在价值时卖出，不仅充分认可股价围绕价值波动，并且明确了股票的价值进而市值就来自公司内在价值。正如巴菲特所强调的，“内在价值是一个非常重要的概念，它为评估投资和企业的相对吸引力提供了唯一的逻辑手段”。可以说，股票作为在证券市场中交易的“商品”，也遵循价格围绕价值波动的价值规律，而股票的价值就来自或者说体现了公司内在价值。

当然，影响股价的因素不仅仅是估值，特别是在短期内股价可能更多受到资金、情绪、政策等因素的影响，但从长期看，也是从市场主流共识看，影响股价最主要的因素还是投资人对于上市公司内在价值的评估。公司内在价值是市值的基础，市值是公司内在价值的外在表现。市值不仅反映了公司当前的价值，也反映了市场对公司的预期及其未来创造的价值，是全部价值创造最直接的体现。根据市场有效性假说，在强式有效市场中，股价体现了与上市公司所有相关的信息，那么市值就完全反映了公司内在价值。在现实中，证券市场并非强式有效市场，市值并不严格相等于公司内在价值，但是仍然可以认为股票也遵循价值规律，股价是围绕公司内在价值而上下波动的。

以上讨论是基于价值投资理论，但是，市场上同样存在不以价值投资理念为指导的投资者。这类投资者通常不依赖对上市公司基本面的研究而作出投资决策，其交易行为主要依据证券市场本身的价格信号，似乎将股票与其代表的上市公司完全割裂。比如，以统计分析为基础的均值回归策略，认为股票价格围绕均值上下波动，因此在向下偏离到一定程度时买入，在向上偏离到一定程度时卖出；技术分析派认为，股价已经反映了全部信息，因此不需要研究上市公司的基本面，同时认为股价波动并不是随机游走，而是具有一定的模式或趋势。

这些投资者对于股票的定价看起来仅仅取决于股价本身，股票几乎被抽象为与具体上市公司无关的一个符号。那么，可以就此认为，由股价计算而来的市值仅仅是一种价格现象吗？事实并非如此。因为，这类投资者并没有否认股票具有价值，或者更直观地说，并没有否认股价反映了上市公司的内在价值。相反，他们的投资方法论其实间接或直接表明其认可股票具有价值，并利用了股价是围绕其价值波动的规律。

比如，认可股价遵循均值回归的波动规律，就意味着股价在一定统计周期内存在被市场认可的均值，根据经济学原理，在充分竞争市场上均衡价格与价值是一致的，因此股价均值回归也就等同于股价围绕价值上下波动；技术分析派认为股价反映了包括上市公司基本面在内的一切信息，并直接将股价与上市公司价值联系起来，那么，技术分析中的股价波动模式或趋势，也就具有了股价围绕价值波动的内涵。

可见，这类投资者本质上也认可股票遵循价值规律（尽管他们自身可能并没有意识到这一点），只是他们并没有（也不需要）去探究股价与上市公司内在价值的关系，以及应该如何评估公司内在价值等问题。

五、市值是公司内在价值的集中体现

综上，从“市值 = 股票价格 × 总股本”的基本定义出发，通过讨论公司的内在价值、公司的估值，以及市值、估值和内在价值的关系，一步步阐明市值与公司内在价值的关系：表面上基于股价计算的市值，实质上是以公司内在价值为基础并围绕内在价值波动的。

股票本质上是上市公司所有权的凭证，因此股票价格反映了投资人对于上市公司所有权价值的判断与预期。站在公司所有者的角度，公司股权的价值将随着公司内在价值的增长而不断增值。因此，投资股票就是投资企业的内在价值。

影响股价的两大因素包括：一是内因，也就是公司的内在价值；二是外因，也就是市场对于公司内在价值的发现和认同。前者是本，因为价格是价值的体现。从理论上来讲，好的价值就会有一个好的价格；相反，没有好的价值，即使出现了好的价格，由于没有价值的支撑，也不能持久。而后者也是影响股价的重要因素，市场有自己的估值标准、涨跌周期和行为偏好，再加上信息的不对称等因素，同样价值的股票在市场上也会有溢价和折价之分。在股本不变的情况下，市值因为股价的涨跌而增减。

从短期维度看，市值受公司业绩、宏观经济、资本周期、投资者信心等多个因素影响。但是，常识告诉我们，时间越短的数据不确定性越大，我们当然希望根据相对确定的内在价值进行估值、交易，并获得希望的市值。从长期来看，在影响市值的众多因素中，最长期、最深刻的因素与变量仍然是上市公司内在价值的增长与变化，市值始终围绕公司内在价值波动，这是符合价值规律的。所以，市值是兑现了的估值，是内在价值的变现。而内在价值是估值的基础，估值最终通过真实的出价交易来影响市值。

从市值与内在价值关系的角度看，乐视网是近年来比较有影响力的一个典型案例。乐视网于 2004 年创立，2010 年在创业板上市，2012—2015 年股价上涨十倍，市值曾超过 1 700 亿元，位居创业板第一。然而好景不长，2016 年市场开始传闻乐视资金链紧张，2017 年实控人贾跃亭辞去公司职务、远赴美国，并在去美国三天后公开表示只是短期出差，下周就回国。2019 年证监会对乐视网及贾跃亭立案调查，发现公司存在连续十年财务造假及非公开发行、欺诈发行等行为，随之而来的是处罚与退市。曾经风光无限的乐视网，在上市十年之后黯然退市，只留下一地鸡毛和“下周回国”实则遥遥无期的贾氏负面金句。可见，没有内在价值支撑的市值只能是空中楼阁、昙花一现，而一家上市公司沦落到退市，连市值都没有了，又谈何价值呢?

可以说，上市公司的价值其实就是市值。因此，我们在“市值 = 股票价格 × 总股本”的直观层面上，通过进一步分析并建立市值与公司内在价值的关系，得到对市值的更深入的理解。归结为一句简明扼要的表述：市值是公司内在价值的集中体现。

第二节　厘清市值与内在价值关系的意义

前文我们试图解释清楚市值与内在价值的关系，提出“市值是公司内在价值的集中体现”这一简明扼要的观点，这是继续探讨市值管理的逻辑基础和起点。

在出现市值管理一词之后，很长一段时间里实务界与理论界似乎都极为关心上市公司的市值与内在价值关系的表述，因为如何表述涉及市值管理的定位。我们希望通过厘清市值与内在价值的关系，从而正本清源，促进实务界与理论界更加重视市值及市值管理的研究和实践，促进上市公司在注重提升内在价值的同时积极探索建立价值创造和价值实现的长效机制，促进价格向价值理性回归、市值与内在价值溢价协同，倡导上市公司市值管理的规范运行和资本市场价值投资“大行其道”。

一、厘清市值与内在价值关系有助于理解市值的重要意义

如前文所述，市值虽然在直观层面上是由股价计算而来的，但是在深层次理解上，市值实质上是公司内在价值在证券市场的定价，是内在价值的集中体现。由此，我们从“市值 = 股票价格 × 总股本”出发，逐步分析得到“市值 = 公司内在价值 × 溢价率”，从而清晰看到市值与公司内在价值的直接而密切的关系。明白了市值不是与内在价值无关的虚拟价值，我们就能进一步深入理解市值对于上市公司及其股东的重要意义。

（一）市值是上市公司的首要标签

当一家公司成为上市公司后，其首先呈现给证券市场的就是自身的市值。投资者看一家上市公司，第一眼看到的往往也是公司的市值情况。如果把上市公司看作在证券市场交易的“商品”，其市场价值当然是首要的标签。

中国证券市场发展至今已 33 年，由于种种原因，过去很长时间以来，我们的证券市场曾羞于谈市值、偏多谈价值。2005 年股权分置改革之后，市值管理的理念开始萌发，但直到 2014 年 5 月 9 日国务院印发“新国九条”，其中提出鼓励上市公司建立市值管理制度，市值管理才被官方从顶层设计层面予以肯定。此后，市值这个标签迅速得到了越来越多资本市场主体的重视。2019 年正式推出的上海证券交易所科创板（表 1-2），更是赋予了市值“核心上市指标”的位置，如果要到科创板上市，首先必须市值规模达标。2019 年 7 月 22 日，首批 25 只股票在上海证券交易所科创板上市，这是我国资本市场在整套公司 IPO 标准里引入市值标准的开始，具有里程碑意义。

表 1-2　　上海证券交易所科创板上市标准

发行人分类	市值及财务指标应当至少符合下列标准中的一项
一般发行人	1. 预计市值不低于人民币 10 亿元，最近两年净利润均为正且累计净利润不低于人民币 5 000 万元，或者预计市值不低于人民币 10 亿元，最近一年净利润为正且营业收入不低于人民币 1 亿元
	2. 预计市值不低于人民币 15 亿元，最近一年营业收入不低于人民币 2 亿元，且最近三年累计研发投入占最近三年累计营业收入的比例不低于 15%
	3. 预计市值不低于人民币 20 亿元，最近一年营业收入不低于人民币 3 亿元，且最近三年经营活动产生的现金流量净额累计不低于人民币 1 亿元
	4. 预计市值不低于人民币 30 亿元，且最近一年营业收入不低于人民币 3 亿元
	5. 预计市值不低于人民币 40 亿元，主要业务或产品须经国家有关部门批准，市场空间大，目前已取得阶段性成果
营业收入快速增长，拥有自主研发、国际领先技术，同行业竞争中处于相对优势地位的尚未在境外上市的红筹企业	1. 预计市值不低于人民币 100 亿元
	2. 预计市值不低于人民币 50 亿元，且最近一年营业收入不低于人民币 5 亿元
具有表决权差异安排的发行人	1. 预计市值不低于人民币 100 亿元
	2. 预计市值不低于人民币 50 亿元，且最近一年营业收入不低于人民币 5 亿元

资料来源：上海证券交易所发布、经中国证监会批准的《上海证券交易所科创板股票上市规则》(2023 年 8 月第三次修订)。

市值是公司内在价值的集中体现，是公司价值在证券市场上的价格，稳定增长的市值是市场经济语境下人们共同追求的目标。因此，绝对没有必要羞羞答答谈市值。一个上市公司的价值不被证券市场认可、无法在证券市场得到体现，上市公司才应该感到羞愧。而一个上市公司的市值，能够在证券市场上被作为其他公司不断追赶、渴望超越的标杆时，那才是公司价值最好的体现，这样的公司是值得市场尊敬的。光明乳业的市值只是伊利股份的一个零头，显然没有人会说前者更有价值；苹果“以一敌五”和“以一敌五十”的市值对比，也反映了市场对于市值的关注，体现了市值对于上市公司的标签效应。

市值是最真实的公司价值，是上市公司的首要标签，不论是上市公司还是证券市场，都应该理直气壮地讲市值。

（二）市值是上市公司综合实力的重要象征

市值是公司内在价值的集中体现，综合反映了上市公司包括规模实力、盈利水平、成长能力、行业地位、管理水平、品牌形象等所有信息。可以说，市值是衡量上市公司综合实力的标杆。

苹果不仅是全球市值最高的公司，也是全球首家市值突破 3 万亿美元的公司。苹果市值在 2018 年 8 月首次超过 1 万亿美元，此后在不到 4 年时间里市值增加了三倍，于 2022 年 1 月市值突破 3 万亿美元。当时有媒体做了这样的对比：如果按照世界银行公布的 2020 年世界各国 GDP 作为参照，那么苹果公司的市值仅次于美国（20.9 万亿美元）、中国（14.7 万亿美元）、日本（5.06 万亿美元）和德国（3.85 万亿美元），相当于全球第五大经济体。可以说，苹果的市值充分体现了其作为全球科技公司龙头的综合实力。

类似的例子还有不少。比如，在全球车企市值排行榜中，特斯拉以远超第二名的市值规模稳居第一，并且一度成为全球唯一市值突破 1 万亿美元的车企，充分彰显其全球新能源汽车龙头地位。在中国车企中，比亚迪以约 7 000 亿元的市值高居榜首，遥遥领先理想、蔚来、小鹏等造车新势力以及长城、上汽、长安、广汽等传统车企，并且也是唯一跻身全球车企市值排行榜前 10 位的中国车企，充分彰显其中国车企龙头地位以及在全球的竞争力。又如，在芯片领域，英伟达以约 1.1 万亿美元的市值成为全球市值最高的芯片公司，也是全球第一家市值突破 1 万亿美元的芯片公司，而曾经的芯片霸主英特尔目前市值仅约 1 500 亿美元，英伟达的市值充分彰显其作为全球人工智能芯片龙头的绝对领先地位和长期发展潜力。

市值是上市公司在资本市场上的价格，市值总量直接反映了上市公司的规模和能级。因此在证券投资中，市值对投资者特别是机构投资者具有重要意义。在指数化投资大行其道的今天，市值规模是一家上市公司能否获得机构投资的重要影响因素，因为市值规模是一家上市公司能否成为指数成分股的重要考察指标，并且影响到其在指数中的权重占比。例如，我国的上证 50 指数由上海证券市场中规模大、流动性好的最具代表性的 50 只股票组成，沪深 300 指数由上海和深圳证券市场中规模大、流动性好的最具代表性的 300 只股票组成；全球知名的指数编制公司 MSIC 编制的各类指数是国际投资机构跟踪投资的重要标的，市值标准是其各类指数构建的核心要素，上市公司一旦纳入指数，就会迎来全球各类投资基金的追捧。另外，我国陆港通交易机制下的标的股票，也主要是以市值规模为准入标准的。这背后的逻辑，自然是因为指数成分股或陆港通标的股都应当是一定范围内最优质的上市公司，而市值就是上市公司综合实力最直接的表现。

（三）市值是上市公司资本运作的重要基础

公司上市之后，依托资本市场做优、做强、做大是其高质量发展的应有之义，而市值在很大程度上影响着上市公司利用资本市场平台的能力，是上市公司开展资本运作的重要基础。在一定的社会经济条件下，较大规模市值总量是获得资本市场信任的基石。有质量的规模市值，可使上市公司充分利用资本市场功能，开拓公司战略发展空间，更能向市场传递健康发展信号，有助于社会对公司的认可。

市值影响上市公司的融资能力。一家公司的融资能力往往与其综合实力成正比，实力越强的公司，融资能力通常也越强，表现在其能够享有更高的融资规模和更低的融资成本。由于信息不对称性，资金提供方需要多方面考察融资方的实力，对于上市公司而言，其市值就成了重要的考察指标之一。市值反映了上市公司的综合实力，因此市值规模大的上市公司更容易获得投资人的认可和信任，通常具有更强的融资能力。

一方面，上市公司在增发新股进行股权融资时，其市值规模大往往意味着股价溢价高，在发行相同数量股份的情况下能够获得更多的资金，或者在融资金额相同的情况下可以增发相对少的股份、减少对原有股东的股本稀释，从而降低公司股权融资成本。另一方面，上市公司如果采用债权融资，由于市值规模反映了公司综合实力，因此市值大的上市公司通常相对容易得到更高的资信评级，可以获得更大的融资规模，享有相对较低的利率，从而降低公司债权融资成本。

市值事关上市公司并购与反并购能力。从并购方角度看，上市公司在利用证券市场开展收购兼并实现产业整合或战略扩张时，市值规模直接影响其并购能力。通常，市值规模大的上市公司并购市值规模小的上市公司，其成功率更高，付出的成本可能也更小。比如，换股并购或定向增发股份并购是常见的并购方式，若并购方市值规模大，就可以通过相对少量的股份实现并购目标，减少股本稀释和现金对价支付。从反并购方角度看，市值是上市公司在证券市场中的交易定价，市值大幅低于内在价值的上市公司，不仅会吸引投资人对其股票投资，也可能引起“门口的野蛮人”的注意，面临被收购兼并的风险。如果一家上市公司只注重做好内在价值创造，而不重视市值表现，任由市值长期被大幅低估，那么就容易成为被收购兼并的目标，对于股权结构比较分散、第一大股东持股比例相对较低的公司尤其如此。市值越小，价值越被低估，就意味着收购方需要支付的成本越小、盈利空间越大。显然，相比市值规模大、市值相对内在价值溢价高的上市公司，市值规模小、市值相对内在价值大幅折价的上市公司反并购能力较弱，将面临更大的控制权风险。

（四）市值是上市公司股东价值与公司价值的有机统一

上市公司的内在价值通过股票价值体现在市值之中，成为上市公司在证券市场中的交易价值。市值既可以衡量股东的财富，也可以衡量上市公司的内在价值。市值是股东价值与公司价值的有机统一，市值最大化就是股东价值最大化和公司价值最大化。

“市值＝股票价格 × 总股本”，可以认为市值代表股东价值，这里的市值最大化就是股东价值最大化；而“市值＝税后利润 × 市盈率”，或者“市值＝公司内在价值 × 溢价率”，可以认为市值代表公司价值，这里的市值最大化就是公司价值最大化。这样，股东价值最大化和公司价值最大化是一致的，理论上，股东价值最大化了自然会导致市值最大化；公司价值最大化了，也会导致市值最大化。

二、厘清市值与内在价值关系有助于理解市值管理的重要意义

市值是上市公司内在价值的集中体现，但上市公司追求企业价值最大化，并不必然导致市值最大化。上市公司在做好价值创造的同时，还需要进行主动的、系统化的市值管理，促使市场形成合理的估值并反映到市值中，从而促进市值与内在价值协同增长。二者本质上是一回事，所以我们说市值管理就是上市公司的价值管理。市值管理对于上市公司及资本市场都具有重要意义。

（一）市值管理是上市公司价值管理的必要延伸

根据有效市场假说，如果资本市场是强式有效的，那么股票在任何时候的价格都反映了一切相关信息，市值就应该与内在价值相等。不过，一方面，在现实生活中的资本市场并不是完全强式有效的；另一方面，不同理性的人即使基于相同信息

也可能对上市公司内在价值给出不一样的估值。因此，上市公司的市值与内在价值并不能完全相等，市值可能高于或低于内在价值。

上市公司应当追求市值与内在价值的溢价协同，追求建立在内在价值持续增长基础上的市值持续增长，避免市值过高或过低地偏离内在价值。市值过于高估，虽然短期内增大了股东财富，但是缺乏内在价值支撑的股价一定会在炒作之后打回原形，股价的大起大落不仅无助于股东价值，而且有损上市公司的市场形象。反之，市值过于低估，不仅股东价值受损，而且对上市公司也有多种负面影响。

上市公司如果理解了市值是内在价值的集中体现，内在价值通过估值反映在市值中，就应该认识到市值不是仅仅受股价影响的价格现象，也不是只要做好内在价值创造就万事大吉。正是由于市场不是完全有效的，估值依赖于信息传递和价值发现，市值管理才有用武之地。上市公司有必要通过市值管理将内在价值向市场有效传递，在价值创造的基础上促进价值实现，从而提升市值与内在价值的溢价协同性，实现公司价值最大化与股东价值最大化的统一。

（二）市值管理具有行之有效的规范模式

市值是上市公司内在价值的集中体现，因此不能脱离内在价值进行市值管理，否则就会陷入概念包装、题材炒作、股价管理的误区，甚至导致内幕交易、市场操纵、虚假陈述等违法违规行为。与这些“伪市值管理”不同，真正的市值管理一定是以内在价值创造为基础，通过合法合规的管理工具运用，达到促进市值与内在价值长期协同增长的目标。

在厘清市值与内在价值关系的基础上，我们就可以探寻符合法规制度、监管导向以及价值投资理念的市值管理规范模式。市值管理的核心是推动公司长期发展和为全体股东创造真实价值。规范的市值管理可以采用多种模式，包括战略管理、并购重组、投资者关系管理、股份回购、股权激励等。在实践中，上市公司应基于自身发展战略，围绕价值创造与价值实现的长期目标，根据自身实际情况分阶段采用适合的市值管理模式，实现市值与内在价值的相辅相成、协同增长。

（三）市值管理有利于保护中小股东利益

上市公司作为公众公司，运营资本金来自全体股东，回报股东是天经地义的责任。因此，上市公司应在做好价值经营与创造的基础上，重视市值管理，促进市值与内在价值协同增长，使全体股东受益，这是无须讨论的浅显道理。然而，这个本应该被视为基本理念的原则，却常常、普遍地被淡忘，或根本与行为相悖。更有甚者走上了伪市值管理的邪路，靠迎合不断变化的市场偏好、概念炒作、编造并购故事来维持与推高所谓的市值，使中小股东沦为被割的韭菜。

中国的市值管理本质上是成熟市场中的股东价值管理，虽然在内涵与外延上显得更宽泛，但回报股东，使股东价值最大化，是市值管理核心的部分，在这一点上没有中外之别。提倡市值管理，就是要扭转上市公司及大股东不重视中小股东利益的错误观念，就是要通过规范有效的市值管理模式促进市值与内在价值长期协同增长，从而让全体股东在承受市场波动的同时享受到投资的长期收益，而不是在一段时间内公司极少部分重要股东得益、中小股东受损的零和游戏。

2014 年 5 月 9 日，国务院发布了“新国九条”，明确提出，鼓励上市公司建立市值管理制度，这是“市值管理”概念首次被写入国家级文件。“新国九条”意见背后的逻辑：不论是要求上市公司增强信息披露的有效性，抑或是鼓励上市公司建立市值管理制度，以及促进上市公司提高效益，其出发点都是以股东特别是中小股东的根本需求和利益为导向，鼓励上市公司通过提高公司价值来为股东创造长期价值。也就是说，鼓励上市公司进行市值管理的核心理念，应该是鼓励上市公司提高投资者特别是中小股东的长期回报。

（四）市值管理有利于改善证券市场生态

作为新兴市场，我国证券市场虽然在快速发展中不断完善市场建设，但仍然存在重融资端轻投资端、股票指数走势脱离经济长期高速增长的基本面、广大中小投资者难以通过市值长期稳定增长享受股东回报以及中长线机构资金占比较低等问题。作为证券市场的核心主体，上市公司通过市值管理促进市值与内在价值长期协同增长，将对改善市场生态具有重要的积极作用，这也是资本市场体现国家战略、服务实体经济的微观基础。

市值是内在价值的集中体现，也是价值创造和股东回报的体现，是上市公司高质量发展的重要内容。鼓励上市公司进行市值管理，就是鼓励上市公司提高投资者的长期回报。市值管理以内在价值创造为基础，核心是建立公司价值创造和价值实现的长效机制，通过盈利能力、成长前景、行业地位、团队素质、治理结构、发展战略、投资者关系等深层次因素的提升，实现公司价值最大化与股东价值最大化，并综合反映市值最大化。上市公司开展市值管理，将有利于从本质上改善公司市值，保障中小股东利益，提高全体股东回报，吸引中长期资金入市并发挥市场“压舱石”作用，改变“牛短熊长”市场运行格局，助力证券市场生态不断改善。

第三节　市值及市值管理存在的理解误区

通过以上分析可知，上市公司的价值存在于市值之中，市值是上市公司内在价值的集中体现。在此基础上，笔者简要讨论了厘清市值与内在价值关系对于正确理解市值、市值的重要性、市值管理的必要性及市值管理对于上市公司及证券市场的重要性等方面具有的重要意义。正因为市值及市值管理如此重要，本节将针对市值及市值管理存在的典型理解误区作进一步澄清。

误区一：市值与内在价值完全割裂

市场有观点认为，市值是一回事，价值或内在价值是另一回事，前者相对动态、体验是极度真实的；后者相对静态，体验可能是比较钝化的。以至于认为前者就是二级市场的事，上市公司对于股价与市值的上上下下是无能为力、无所把握的；后者是企业管理的事，上市公司只要专注于内在价值增长，至于何时能够体现为市值增长则不必关心也无法知道。这就将市值与内在价值完全割裂了。

将市值简洁而严密地表述成上市公司内在价值的集中体现，就解决了市值与内在价值的关系问题，建立起市值与内在价值的内在连接逻辑。市值 = 股票价格 × 总股本，市值 = 市盈率 × 公司净利润，市值管理是这两个公式的结合，并不单指一个公式，并且最终可以统一为“市值 = 公司内在价值 × 溢价率”。因此，市值绝不仅仅是股价波动的价格现象，而更主要是内在价值在证券市场中的估值与定价，市值与内在价值是具有内在逻辑而紧密联系起来的。澄清这个误区，市值管理就名正言顺地成了公司管理在资本市场上的延伸，是真正服务于全体股东的股东价值管理，是价值创造、价值传递、价值实现的系统工程。

在市场实践中，有不少上市公司在市值与内在价值完全割裂的误区下，要么对市值管理避而不谈，要么将市值管理等同于价值管理，认为只要做好内在价值创造就能更好地回报股东。抱有这种想法的上市公司将面临公司内在价值增长但股东价值没有相应提升的风险。上市公司需要面对产品市场和资本市场，如果说价值创造是产品市场的核心，那么对于资本市场来讲，价值创造只是基础，还需要同时掌握价值实现和价值经营的各种方法与工具，才有可能使公司创造的内在价值得到资本市场的青睐，尽可能获得较高的市场溢价，从而整体提升公司价值。现实中，我们经常看到同行业中具有相同盈利水平的上市公司，市值会差几倍乃至十几倍。因此，价值创造过程是市值管理的基础，但是公司创造的内在价值能否准确反映在其证券市场价值上，就要依靠市值管理这一价值实现的重要桥梁了。

误区二：市值仅仅是短期时点的概念

市场有观点认为，在“市值＝股票价格 × 总股本”的公式中，股价是瞬息万变的，市值也在不断变化，因而市值只具有短期的、时点上的意义，不能反映上市公司的长期内在价值。这是对市值的理解仅停留在直观层面上而产生的误区。

股价是投资人在证券市场上真金白银交易出来的，理解股价不能仅仅关注价格，而忽视了成交量和时间周期，只有综合考虑价、量、时三个维度后，由股价计算的市值才有意义。股票成交量情况反映了市场对上市公司股价进而对市值的认可度。

在笔者编著的《市值管理新论——从定性到定量》里，提出溢价协同模型“EPS2（市场交易所隐含的每股净收益）－EPS1（上市公司真实披露的每股净收益）”，定义了在一段时间由市场交易给出的上市公司每股收益，即“EPS2＝经成交量加权平均的股价 ÷ 公司市盈率”，就是基于量价结合才能真正反映市场估值的理念，避免了单个时点股价的片面性。

同时，股价的确是动态变化的，短期的股价波动（特别是剧烈波动）往往更多是受到市场情绪的影响，而不是投资人基于内在价值评估的理性投资行为，但是长期的股价走势将会熨平短期非理性因素的影响，更多反映投资人对于内在价值的理性评估。因此，市值作为时期性的概念才有意义，我们应该更关注市值的长期趋势。在本书第七章，我们提出用市值变化率与内在价值变化率的减值来代表一定时期市值的合理性，这是溢价协同模型的升级版，也佐证了市值的时期性特征。

在市场实践中，有些上市公司及其实控人将市值理解为短期时点概念，于是其市值管理也成了要么源于追逐短期利益、要么为了救急式应对股价下跌的短期化、临时化行为。一方面，大股东或实控人为追逐自身短期利益，以市值管理的名义，通过迎合市场的概念包装、题材炒作，甚至操纵股价，追求股价短期暴涨，实质是损害中小股东的行为，完全背离了市值管理应当惠及全体股东、为全体股东创造回报的初衷。另一方面，有些上市公司平时不关注市值，而当股价大幅暴跌时，出于维护大股东持股安全（比如避免质押平仓）或上市公司形象，而临时想起通过市值管理维护股价，这种在特殊情况下的临时抱佛脚行为，实质只是在做市值维护或者股价维护，不仅难以达到良好效果，而且也偏离了市值管理的本质。

误区三：市值仅仅是单一股价的概念

市场有观点认为，根据“市值 = 股票价格 × 总股本”公式，那么只要拉升股价，市值就会增长，上市公司想要多大规模的市值，只要想办法将股价做到相应的价位即可。这种观点显然是错误的，因为不仅昙花一现的股价和市值毫无意义（做一天股价或许能成，但是 5 年、10 年呢），而且脱离了规模与体量基础的市值也失去了其应有的意义。

市值不等于股价，市值本身就是一个规模概念，体现了整个上市公司以市场交易价值衡量的规模。谈到某个上市公司的市值，人们首先想到的是这家公司的规模大小，而不是它的股价高低。在“市值 = 股票价格 × 总股本”公式中，市值也反映了总股本规模，而总股本规模是上市公司规模实力的重要指标，因此市值也体现了上市公司的资本规模实力。

市值在不同的估值方法中，相应体现了不同的规模与体量概念。比如，在市净率估值法中，市值体现了上市公司的净资产规模；在市盈率估值法中，市值体现了上市公司的净利润规模；在市销率估值法中，市值体现了上市公司的营业收入规模；在现金流折现估值法中，市值体现了上市公司未来的股利规模或自由现金流规模等。

总之，市值是上市公司内在价值的集中体现，讲市值应该更多聚焦于上市公司内在价值的规模，也就是“市值 = 内在价值 × 溢价率”。市值只有与内在价值保持在协同匹配的规模体量上，才是有意义并且可持续的。在市场实践中，有些上市公司将市值理解为单一股价概念，将市值管理简单理解为管理好股价与股本，于是将提升股价、做大市值作为市值管理的目标，或者过于强调市值管理的结果而忽视更为根本的围绕投资者回报最大化的日常价值创造，其结果往往适得其反，甚至走向了操纵股价等“伪市值管理”方向。

通过上述讨论，我们旗帜鲜明地表达了“市值是上市公司内在价值的集中体现”这一观点。市值绝非与内在价值完全割裂的短期时点、单一股价的概念，市值在集中体现内在价值的基础上，成为上市公司的首要标签、综合实力的重要象征、资本运作的重要基础以及股东价值与公司价值的有机统一。因此，市值管理绝不是股价管理，也不应该是短期化、临时化的行为，市值管理是内在价值创造、价值传递和价值实现的有机统一，是上市公司价值管理的必要延伸。在价值理念下，市值管理具有符合法规制度、监管导向以及价值投资理念的规范、有效的模式，不仅对于上市公司本身具有积极的作用和意义，而且有利于保护中小股东利益和改善证券市场生态。因此，资本市场相关各方尤其是上市公司与监管层都可以理直气壮地谈市值与市值管理，因为这谈的其实就是真正的价值与价值管理。

第二章

市值持续增长：上市公司评价的最好标准

引言

什么是评价上市公司的标准？当我们阐述了市值是上市公司内在价值的集中体现之后，健康、合理的市值就是有内在价值支撑、有资本市场溢价的可持续增长的市值，这是一个长期指标。通过对公司与其股票的不同组合，以及好公司与好股票必须结合的分析与阐述，本章将逻辑地得出评价上市公司的最好标准只有一个：市值的持续增长（市值的持续增长包含着内在价值的增长与市场溢价的增长）。正确的市值管理就是注重科学性、长期性，且立足基本面、惠及全体股东的上市公司的股东价值管理。但即便如此，市值管理仍然是方法与路径，并不是评价上市公司的标准。环境、社会和公司治理（Environmental、Social and Governance，ESG）等其他理念与方法也一样，均可看作是值得提倡的可选路径、工作标准、过程标准而非上市公司发展的目标与结果标准。

第一节　好公司与好股票的结合才符合评价标准

人们常常会想到赛马与股票投资的例子。对投资者而言，公司进入资本市场，就如同进入赛马场一较高下。投资者投资的一家上市公司与管理层，就如同在赛马中押注的马与骑手。赛马比赛当然是希望自己押注的马在骑手的驾驭下跑出好成绩！那么在赛马比赛中，骑手和马谁更重要？断言骑手的技战术运用能力重要的人，会认为在现代商业赛马活动中，马与马之间的体能差距越来越小，而骑手的技战术运用能力就成了决定比赛输赢的关键。而断言马的配合能力最重要的人会认为，在通常情况下，骑手与经过训练的马能够配合默契，这时马的表现甚至比骑手发挥还要重要。这是不是会让人想到贵州茅台，这样品牌垄断、有“护城河”的企业似乎掌门人并非最重要了。

在赛马比赛中，骑手要做的是对马的控制，在标准的比赛场地内来完成设定的路线跨越，这需要骑手对马匹有足够的了解，驭马的技术必须熟练，路线掌握、起跳时机、转弯角度等都需要骑手在极短的时间内去判断并做出决定。这似乎又在说骑手与马都很重要，二者之间的协同是取得佳绩的关键。是不是又会让人想到身处复杂环境又能做出巨大成绩的华为与任正非？

与赛马一样，投资者自然也希望自己投资的公司在管理层的带领下能够给股东带来可喜的回报。但是，有一点值得注意，就是任何比赛都是有时间限制的，到时按比赛规则胜出没有任何争议。可是上市公司是按永续经营的规则经营发展的，因此只要不退市，比赛似乎就没有结束。而投资者未必愿意一直看这样的比赛，有些选择中途离场。因此，明明可以永久比赛下去的，却人为地选择和划定了短期、中期、长期的比赛时段，资本市场的交易制度、交易功能给了短中长期交易者轻松离场的便利，新进的投资者依然会选择短中长期的比赛方式，继续对同样的上市公司与管理层押注。这是上市公司股票投资不同于赛马的地方。

而当人为地设定了短中长期后，比赛的规则就是短期、中期、长期的增长率（对公司而言）或者收益率（对投资者而言）。是否头脑里又会出现1年、3年、5年、10年的牛股？是不是成为长时间的牛股会越来越困难？只要设定了时间维度下的比赛规则，自然就能分出优劣。同理，因为公募基金有以季度收益率排名的惯例，并作为进一步吸引基金投资者、扩大基金募集规模的主要看点，所以看似不应该离场的股票也会被平仓结出收益的原因就在这里，它比的是相对短期的收益率。而对价值投资者而言，巴菲特的名言就是选对股票、长期持有、永远不抛，它比的是长期收益率（对应公司的长期增长率）。

所以，只要是比赛，一定会有一个最综合的指标来评价优劣。那就是约定的时间维度下或称不同时期的收益率。赛马只有一个时间，而资本市场投资在公司没有退市前，可以有无数个不同时间段的收益率，甚至是极短与极长的时间段。赛马首先要有良马，而后要有好的骑手，二者缺一不可。资本市场上的投资当然首先要有一个质地良好的上市公司，也需要有一个与时俱进、锐意进取，为股东创造价值的优秀管理层，因为股票的收益来自所对应的资产经营的收益。尽管有些投资者只相信短期博弈、相信市场情绪与资金推动，而又有些投资者则坚定地相信只要公司好，就应该进行长期价值投资，相信长期投资价值一定会超过靠概率博弈的短期投资（短期交易会有累积的交易成本）。

这就引出了资本市场才有的话题：你比的是短期收益还是长期收益？如果短期收益与上市公司的基本面没什么关系，你是否愿意去博弈？而如果长期收益与公司的基本面高度吻合，你是否又愿意耐心等待？由于人类的心理特性，可能大多数人是在追逐短期收益（即便与公司基本面无关），因为比的就是收益率而不论周期长短。而长期收益率有时是反人性的，多数人等不了，也不愿意等。如果长期收益是由无数个短期收益组成的，那么就会引出公司与其股票不同组合的问题。短期好公司不等于好股票，长期好股票一定与好公司重合起来。谁都知道，太短期的好股票可能是概念、风口、赛道等市场情绪的作用，而长期的好股票一定有好公司所持续体现的业绩作为内在价值支撑。因此从目标结果来论比赛，好公司与好股票的结合最终会胜出，预示长期收益的市值持续增长会成为大家公认的评判标准（前提是相信逻辑并有足够的耐心）。

好公司至少会有以下特征：产品独特、高门槛与替代壁垒的产品与服务、行业空间大并能够持续增长、公司在成长与成熟期之间、有品牌优势、有持续的正现金流、有具有企业家精神的出色的管理层（掌门人），等等。好股票至少有以下特征：流动性好、具有弹性、迎合风口、受到市场资金关注；股价与市值表现优于同行业、股权结构长期符合市场偏好、规模与流动性配比合理、公司透明度强且可以迅速回应市场误读，等等。在一家公司身上，不同时期可能会产生不同的组合：好公司好股票组合、好公司差股票组合、差公司好股票组合、差公司差股票组合（图 2-1）。

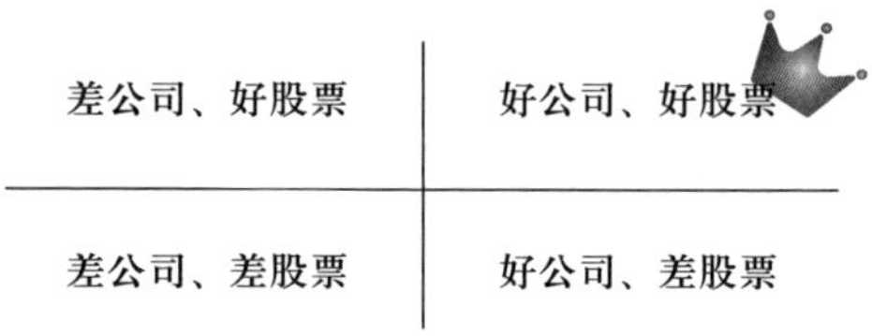

图 2-1　好公司与好股票象限图

尽管好公司与好股票会有不同的界定，并带有一定的主观性，然而不同市场、不同主体、不同时期，也会有不同的清单与排序，甚至不同行业有不同的市场与财务指标。但公司上市首要目的是获得更多市场溢价，股东们买股票是买一个公司的未来！好的上市公司是给投资者或全体股东一个有不断回报的未来。巴菲特认为，公司首席执行官（Chief Executive Officer，CEO）就像股东为公司聘请的管家，一份一年一度来自管家的报告，与一份来自基于管理层和投资者关系的专家或公关顾问的公事公办的职业报告是不一样的。如果公司追求短期结果或短期股价表现，那么，它所吸引的股东也会同样关注短期表现；如果公司对待股东随便，公司也会得到随便的结果。股神把公司管理层与股东的关系论述得很清楚了，进而可以想象到好公司与好股票结合的方式与结果。股东价值至上是成熟市场的主流文化。股东价值至上的原则也必然演绎出好公司与好股票结合的追求目标，而衡量这一目标的标准也必然是市值的持续增长。

任何资产有了流动性之后，还要有其投资的收益性。如果长期没有资产的收益性，因为供求关系、因为稀缺性而产生的市场流动性也会萎缩。上市公司也一样，市值在短期内由供求关系、市场情绪决定的，长期则由资产的收益性决定。如果没有后者，前者靠供求关系而堆积的市值总归会掉下来。这也是每当市场低迷时，人们首先会反思市场的投融资失衡问题、增加流动性问题的原因所在。我们常常会被市值的有效性所困扰。即便市值已经是价量结合的概念，又即便是在全流通的背景下，但普遍意义上说，对一个百亿元级市值的公司，如果每天平均只有不足 1 亿元的交易金额，那么其有效市值的标志是什么呢？增加了交易量之后，其市值是涨是跌呢？我们可以凭统计或经验得出，正常情况下，有效市值是存疑的，即如果增加流通，公司的市值会跌。如果公司的大股东减持抛售股票，公司的有效市值更加会下沉。资产的流动性与收益性会筛选市值的真实性、合理性及增长性，充分的流动性是有效市值的有力支撑。作为一家上市公司当然需要追求股份的充分流通性以证明市值的有效性，这是好公司与好股票结合的一种外在表现。市场平稳有助于流动性与市值的有效性，市场持续低迷会失去流动性，更会让市值的有效性失真（估值不断下降）。而最终市值的持续增长与市值背后的上市公司的经营状况与内在价值紧密相连。有了这些认识，再讨论聚焦市值持续增长评价标准下的市值、市值管理才算有了正确的语境。

作为一个股东、一个投资者，不论大小，随着时间的推移，一定会落到某一个公司与股票的组合里面，这是一个客观的结果。好公司与好股票结合的情况往往不多。人的天性希望看到短期效果，这样股票表现形成的第一印象往往会左右股东的投资行为。股票交易讲究价量时空，很少有人能够真正把握，因为短期或超短期的价格形成是随机漫步型的。往往是一个走红的概念、一个隐隐约约的消息，让某只股票几个涨停、十几个涨停，投资者跟还是不跟呢？投资者头脑里如果想着赚钱就是好股票的话，就非常有可能看着行情心里痒痒地冲进去，结果又往往因为出价过高而被深深套住。在各类股吧里兴奋地喊着往里冲，结果又恶劣地骂娘的人往往是同一批人。市场中这种脉冲式的股票很多，看看日 K 线与周 K 线图就知道，这种过山车的行情从发动到结束的时间越来越短。这样操作股票赚钱是运气，亏钱则是必然的。因为投资者在短期内没有资金优势、技术优势与信息优势，连这些参加短期博弈的基本条件都不具备，那这个投资者持有的股票估计就是差股票了，至少在中短时期里是差股票。根据上述分析，大家自己可以分析判断一下，买进的股票是哪一种类型。

如果一个投资者想要买下这家企业而去投资它的股票，那么他一定会非常仔细地运用所掌握的投资知识而不是简单地听消息或被市场气氛所牵引。他会不停地问自己这家公司会给我带来回报吗？它之前是否一直在给股东带来回报？我现在的出价算不算高？如果他重仓这只股票，他就一定更要调查了解得详详细细，不停地问回报的来源在哪里？是否可靠、是否经得起时间的考验？否则就是赌博了！而赌博最终会输钱，赌博式的投资炒股也一定会经常持有差股票。巴菲特说："我们希望股东在持有股票期间，能够获得与公司每股内在价值损益同步的收益。为了这一目标，公司的内在价值与股价需要保持一致，能一比一最好，我们宁愿看到一个合理的股价，而不是高估的股价。这种态度可能会令一些股东感到失望，尤其是有卖出打算的人。但我们认为合理的股价能够吸引我们所需要的长期投资者，这些投资者从公司的长足发展中获益，而不是从合作伙伴的错误中获利。"显然这是股神对于股东的呵护以及对好公司与好股票的认识。

谁都不想买入股票成为股东后，结果是被股票套牢或者黯然离场。那么就要在买股票前看清这股票对应的是什么行业的什么资产，看清这家公司的资产通过经营是否能带来稳定增长的收益。那就是先认识好公司范畴的事了，股神巴菲特说，你不想拥有这家公司 10 年，那这股票 10 分钟你也不应该持有。观察好公司当然有许多方法与维度。巴菲特的方法其实是常识性的，比如可以归纳为六点：第一，买产品需求永无止境的快速消费品公司；第二，买大不买小、买老不买新、买垄断不买竞争；第三，买简单不买繁，不特别依赖技术的行当；第四，买轻不买重；第五，买每天都可以随时接触到的公司；第六，买上下游关系极其简单的公司。尽管如何看公司如何寻找好公司，各有各的门派与套路。但很明显，巴菲特是看股票背后的资产的，看这些资产所处的行业以及持续增长的可行性的。但人类就是有不愿意坚守常识的毛病，只要是等到自己没有拿住曾经碰到过的股票，而之后又被证明这只股票对应的公司是家好公司，是这家公司的资产经营的绩效支撑了不断提升的股价就懊悔不已。而我们许多股东、许多投资者，由于对所持股票对应的资产所处的行业以及资产收益没有进行很好的分析，随意买入的结果就是：多数是买进了差公司的股票（尽管由于市场阶段性的偏好与情绪因素，凭运气买进了上涨的股票而获利，但最终往往不愿止盈而转为亏损），少数是凭运气买进了好公司的好股票（因为根本没有对好公司进行过仔细的分析，又因为人类的天性，对好公司没有长期持有的底气就会早早获利跑了）。所以，只要把时间拉长，好公司与好股票的结合一定会趋向给股东也会给投资者带来良好的回报。

如何评价上市公司？这是每个想在上市公司中比出好坏、优劣的人都必须回答的问题。由于上市公司所处行业不同、资本属性不同、发展阶段不同、规模体量不同，往往在评价上市公司时会有比较多的主观标准，或者会用一个单一指标来评判上市公司。其中有些是财务标准、有些是工作标准、有些是社会标准。比如有的人认为，股价上涨的就是好公司，因为它让股民赚钱了，可是股价也会跌的，这样的好公司岂不是太多又变化太快了吗？也有的人认为，有分红的就是好公司，因为它在回报股东，可是如果它在资本市场上总是没有像样的溢价呢？根据公式“股票收益 = 股利收益 + 资本差价收益”，只获取股利收益不会是全部股东与投资者的想法。还有的人认为，好公司要有社会责任，ESG 挺重要的，于是我们也看到不少在社会责任榜单上有名的上市公司其实是亏损的。相对主观的指标或评价标准还有很多，比如科技含量、员工素质、专利发明、脱贫攻坚，其实这些是可以突破上市公司范围而对一般经济组织的要求，也可以看作是阶段性的国家经济战略的要求。而市场占有率、毛利率、研发费用等指标也是可以拿来评价好公司的，问题是这把尺是否公平、是否足够具有说服力？还有的对客户、员工、供货商、股东作排序来表明自己是好公司的，事实真的是这样吗？理论上，经过逻辑推导，只有股东价值至上、不断扩大股东价值才是与客户、员工、供货商、政府（通过纳税）、资本提供者的利益不冲突且是为其创造较高价值的。

对一家上市公司而言，其一段时期内的市值水平以及增长水平，才是最公允的评判标准，而其他指标我们都可以把它看成是工具运用，工具运用本身并不会必然导致市值的持续增长。市值的持续增长才是各种手段与工具使用的目标。苹果市值的持续增长，才使得我们去发现它除了产品更新外还有其在管理现金流上有独到之处，进而其为股东创造价值的本领被市场广泛认可。海航系与恒大系上市公司的市值在一段时期内的大幅下跌直至停牌，才使得我们发现其在财务杠杆过度使用上早就埋下了隐患。

最近市场持续低迷，说到各种救市措施，包括央行入市。有消息说要设立上市公司回购指数，据称回购资金已达 500 亿元，可以起到提振上市公司信心的信号作用，有利于股市企稳上扬。但一直以来国内 A 股市场的回购内涵与成熟市场有很大的不同。国外成熟市场的上市公司如果觉得进一步投资的收益可能不及回购股票对公司（全体股东）有利，就会进行股份回购，甚至通过发债融资回购。回购的股份是直接注销的，这样就缩小了股本、扩大了每股净资产和盈利，提升了投资吸引力。而 A 股的回购基本没有注销，是用于对管理层股权激励或员工持股计划，这样股本未变，每股净资产和盈利没有上升，对改善公司基本面并无帮助，这是对全体股东利益的侵害。从市值是否能持续增长已经可以看出，各种手段、各种路径本身并不能作为评价一家上市公司的标准。市值信号是强烈的，而市值持续增长的信号更是上市公司所有价值之所在，因此才应该拿来作为上市公司的评价标准。

资本市场也会有错杀好公司的时候，好公司也会遭遇与差股票的组合。好公司与好股票的组合，也需要好的资本生态与环境。但是只要我们遵从资本市场的普遍规律（比如规模与流动性的规律、融资与投资平衡的规律、上市公司要追求股东价值最大化的规律，等等——这些规律都可以由好公司与好股票的组合引出），就会视这些规律为理念甚至信仰。我们看到的情况却是周而复始地重复犯错，那是资本市场的价值观出了问题，资本市场的核心价值观应该是尊重全体股东、回报全体股东，从这个意义上讲，也只有市值持续增长才符合这个价值观，才能作为评价上市公司的标准。

只要谈论上市公司，不管表面上在谈股票还是本质上在谈公司，最终其实都在谈股东回报！股东价值，不是类别股东价值，是全体股东价值，市值最终体现的是全体股东价值。只有市值的持续增长，才是股东价值的真正体现。秉承这样正确的观念，才会摒弃任何侵害类别股东特别是中小股东的行为（包括盲目的并购投资以及仅仅有利于管理层的期权授予式的股权激励），才能吸引长期资金、长期股东，才能真正有利于公司的长期发展，有利于回报股东，从而形成正循环。一家公司、一只股票，有长期的股东回报才有真正的价值，有长期持续的股东回报才是股东持有它、投资者投资它的底层逻辑，而符合这种底层逻辑的只有市值持续增长这样一个标准，这就是评价好公司与好股票、评价上市公司高质量发展，最终是评价上市公司的唯一标准。任何其他标准都无法绕过、也不能替代这个标准成为上市公司的评价标准。

科技进步领域是资本聚焦的地方，改变人类生活方式与工作方式的汽车、铁路、飞机、电脑、互联网、GPS、无人机、ChatGPT 等无一不是资本拥抱科技的结果。但是科技进步本身或许是个漫长的过程，如果上市公司不顾成本探索高科技，就有可能会造成侵害股东与投资者的场景，例如曾经经历过的区块链、生物医疗、新材料、人工智能和数字经济等概念炒作。固然资本市场相信科技代表着未来，也愿意给科技公司高估值，但是高科技也代表着高风险，永远只有少部分公司能最终胜出，尽享高溢价。如果不以市值持续增长这一标准来评价公司，上市公司很有可能借科技之名，加杠杆研发或并购，在效益与现金流没有释放时，使得股东没有回报而利益受损。资本市场有校验功能，公司股票短期内的确会受市场情绪与概念驱使或政策舆论引导而大涨，但中长期一定会收敛于业绩的体现程度。如果市值没有持续增长，在科技概念路上狂奔的公司固然有伟大的使命，但也必须以股东利益为上，况且许多公司管理层并没有较为强烈的股东利益至上概念，这需要股份公司的公司治理来进行制衡。毕竟本质上科技进步只是公司高质量发展的途径，并不必然带来最有利于全体股东的市值持续增长。包括受益于区域经济振兴政策的公司、受益于国家战略布局政策的公司，都不必然在市值持续增长上得到验证。放眼全世界，像特斯拉、英伟达这样的公司，从几乎破产到最后胜出，到如今成为大市值的伟大公司，其复杂的经历几乎都属于个案。所以，只要秉承股东利益至上的资本市场价值观，那么市值持续增长就是评价上市公司的唯一标准。

投资者交易股票，更在乎市场气氛、出价依据及投资收益；经营者经营公司，更在乎市场环境、产品技术及利润增长。两个视角的结合，产生了好公司与好股票的不同组合。谁都知道股票价格是企业经营成果在资本市场上的反映，因而大家都希望拥有好公司与好股票的组合，而这个组合最可能是一个长期组合。体现好公司与好股票组合的标准是市值持续增长（可能有些季度年份快，有些季度年份慢，甚至为负，但长期看是持续增长的，如同一根斜率为 15 或 30 的漂亮的月、季度 K 线）。

评价任何一家上市公司一定会收敛于对好公司与好股票的评价，虽然好公司与好股票的结合最难，但它是上市公司在资本市场上的使命，是以增加股东价值为任务的上市公司的共同选择，而市值持续增长是对这种使命、任务与选择的检验，进而必然成为评价上市公司的标准。

第二节　ESG 是发展理念而非上市公司评价标准

在大力提倡 ESG 的当下，上市公司不能以一句努力在做 ESG 就算万事大吉，资本市场没有这样的价值观，即不能把过程目标、工作目标当成最终的考核与评价标准。上市公司股权属于全体股东，在为市场与社会提供产品与服务的同时，市值持续增长理应成为其维系客户、员工、资本提供者等关系并继续创造价值的前提与评价的标准。

为防止人云亦云、盲目投入，或者为投入而投入，错把某种理念、工作方法与路径当成了企业的评价标准，就让我们先来看看 ESG 的历史与现状。ESG 即环境（Environmental）、社会（Social）、公司治理（Governance）三大领域，是企业可持续发展的核心要素。随着社会的进步和环境问题的日益凸显，越来越多的企业意识到 ESG 对企业价值的重要性，越来越多的投资者也开始注重企业 ESG 表现。该理念最初是从 18 世纪早期的伦理投资开始的，当时的卫理公会号召其信徒不要让他们的企业伤害他们的邻居。它不允许自己的信徒经营一些化工、制革类企业，因为这样的企业可能会给周围环境和社区带来污染。

在美国南北战争之前，很多人从奴隶贸易中获取了非常丰厚的利润，但是其中是不包括教友会成员的，因为教友会禁止其成员参与奴隶贸易。到 20 世纪中期，美国开始进入早期社会责任投资。曾经有这样一张照片，在越战期间，一个被凝固汽油弹炸伤了的小姑娘，赤身裸体地在道路上哭喊着奔跑。照片公布之后，引发了美国民众对于军火企业的反对浪潮。该照片后来获得了普利策新闻奖。凝固汽油弹是由陶氏化学公司制造的，该企业当时在美国受到了民众的强烈抵制。另外，在南非种族隔离期间，许多国家和地方通过立法，禁止企业对南非进行投资，在客观上推动了南非种族隔离制度的废除。

1972 年，在斯德哥尔摩举行的联合国人类环境会议，是 ESG 发展的一个重要节点。会议为环境保护共同方案的出台铺平了道路，因此导致了 1997 年《京都议定书》和 2016 年《巴黎协定》等一系列与环境保护相关的倡议的出台。1987 年，挪威前首相布伦特兰代表联合国发表了《我们共同的未来》，这是 ESG 发展的另一个重要里程碑。报告重点关注了多边主义和各国在实现可持续发展方面的相互依存关系。2006 年，联合国在纽约证券交易所发布了责任投资原则，从国际社会层面进一步整合社会责任投资的相关问题。截至 2018 年 8 月，来自 60 多个国家的 2 000 多家投资机构签署了这一文件，这些机构目前管理着约 80 万亿美元的基金。

ESG 的概念在 2007 年由高盛首次提出，旨在将环境、社会以及公司治理的因素纳入投资决策中，关注企业在上述三个维度的表现，降低投资中的非财务风险。

近年来，ESG 理念、概念有不断推广深化的趋势。可持续发展是当今人类世界的主题、全球共同的任务。但是，就 ESG 本质而言，在可持续发展的主题下，它更偏向宏观与中观，研究人与人的关系、人与社会的关系、国家与国家之间的关系。比如涉及环境安全（包括能源安全、地缘政治安全），社会发展（包括科技与社会制度），公司治理（包括社会责任与管理层自律）。其所以在全球被认可，是站在全球可持续发展的视角，提出了经济组织要与大环境协同发展的理念，包括碳中和与碳排放标准。可以更多地理解为是在全球响应的基础上制定的国家与行业的相关倡议、标准及行动。这里涉及政府对 ESG 理念的认识，以及在制定相关政策时如何处理市场配置资源方面的逻辑关系。就具体经济组织的微观层面而言，ESG 更多的是理念，以及转化为一些比如绿色环保、区域协同的工作标准（如金融机构相信此理念就适当加大资金支持）；也可以是以此为理念的投资组合（如资产管理机构、公募基金相信此理念而进行更多的相关维度的资金配置）；还包括处理好企业商业价值与社会价值及长远发展的关系。但它不能成为评价一个公司特别是上市公司的标准。

ESG 更像一个商业组织的宏观价值观，是把企业内部看成一个系统、企业外部看成一个系统，虽然系统之间越来越复杂，但要寻求共同发展。ESG 还有所谓的三大支柱：全球主义、包容主义及长期主义。而科学与技术的发展，使得这些成为可能。这些内容虽然与我们的生活、工作息息相关，并已被提炼成非常宏大的主题，但并不是一个商业组织可以轻松驾驭的。笔者认为，可以认同它的理念，但没有必要每一个公司去为 ESG 而 ESG。现在国内各类 ESG 普及、培训、评比等都不少，如同 20 世纪 80 年代推广的全面质量管理、目标管理等理念，这些作为一个理念、一项工作、一个达到目标的可行途径都是对的，但它不是终极目标，上市公司的终极目标只能是市值持续增长。

ESG 是一个比较漫长的人类理念与工作努力的方向，无法量化成一定时期内的结果，因此不能作为上市公司这样的经济组织的评价标准。ESG 应当是微观层面的企业接受并化为行动的理念，包括公司战略层面，是一种达到全球可持续发展的路径，但不一定是结果。所以各类投资机构仍然只能以短中长期的收益率这一最综合的结果指标来进行评价；各类上市公司只能以短中长期的市值增长这一最综合的结果指标来作评价。

ESG 在资本市场监管层、交易所、投资界，更多的是被用来做融资端、投资端、交易端改革的方向来考量的，增加 ESG 元素的基金品种，以及要求上市公司在法定财务性信披之外自愿披露 ESG 原则的信披内容，以向投资者揭示非财务风险。而国外的一些投资机构引入 ESG 对投资业绩进行测评，主要是为了给 E 元素、S 元素、G 元素的投资组合打分，综合来看，G 元素的投资组合的收益要好于 E、G 元素投资组合。其实这也进一步说明，ESG 仍然是一种方法与途径，它并不必然带来高的投资收益。而投资绩效的评价标准仍然只能是短、中、长期的投资收益率。所以，ESG 可以作为一项值得倡导的工作，但不能用来评价上市公司的优劣与绩效。而且 ESG 在美国也有被滥用的事例，比如在 S 层面政府去规定企业应该聘用多少女性职员、管理层与董事会里应该有多少女性比例，以体现社会性别平等。在澳大利亚有政府限制能源类企业的生产，导致因市场需求效益本该很好的公司市值表现一直平平。这就将一个理念的实践带偏了、绝对化了。事实上，全球顶尖的资产管理机构贝莱德基金在进行 ESG 投资时也遭遇了收益率不佳、言行标准不一等尴尬的局面。如果上市公司高质量发展必须要有公允的评判标准与指标，那么只有市值的持续增长才符合这种要求。

ESG 或许在上市公司层面更容易开展的工作是 ESG 信息披露，这个可以结合国内外的信息披露标准及实践，在逐步规划的信息披露中更多地自愿披露非财务类信息，让投资者多维度多渠道立体地来观察企业的投资价值。

有报道称，ESG 信息披露标准统一渐近。自 2023 年 6 月份国际可持续发展准则理事会（International Sustainability Standards Board，ISSB）发布可持续信息披露准则后，香港证监会表示，拟根据 ISSB 准则推出港版 ESG 指引。2023 年 7 月 25 日，国务院国资委办公厅发布《关于转发〈央企控股上市公司 ESG 专项报告编制研究〉的通知》，进一步规范央企控股上市公司 ESG 信息披露工作。

国资委提倡 ESG，其原因就是国有控股的上市公司股价破净的多，估值偏低，但其承担的社会责任（能源保供、战略安全、环保管理、精准扶贫与乡村振兴、应急救援、公共服务与慈善等方面）不少，又特别符合 ESG 的发展理念，所以国有控股上市公司对 EGS 信息披露及评价工作比较积极，并将其作为中国特色估值体系建设的一个重要抓手。但是在资本市场上提中国特色估值体系，或许本身就有待商榷。比较理想的提法是估值体系中合理地增加中国元素。

虽然我国尚未发布强制性 ESG 信息披露要求和规范性框架，但 2022 年 5 月份，国资委印发了《提高央企控股上市公司质量工作方案》，就明确提出要探索建立健全 ESG 体系。推动更多央企控股上市公司披露 ESG 专项报告，力争到 2023 年相关专项报告披露“全覆盖”。在此背景下，国务院国资委办公厅下发《央企控股上市公司 ESG 专项报告编制研究》（以下简称《编制研究》）课题成果，包含《央企控股上市公司 ESG 专项报告参考指标体系》（简称《指标体系》）和《央企控股上市公司 ESG 专项报告参考模板》（简称《参考模板》）。

在 A 股尚未制定统一 ESG 披露指引的背景下，《指标体系》的发布解决了央企控股上市公司 ESG 信息披露现存的三大问题：一是 ESG 信息披露主体的口径不统一，导致同一行业规模相当的公司披露的数据差异较大；二是 ESG 指标披露口径差异较大，数据质量及可比性较差；三是市场现存 ESG 相关披露指引对央企控股上市公司适用性不足。

与 ESG 类似，管理学上还有卓越绩效模式（Performance Excellence Model，PEM）用定性和定量的评分方法来衡量企业的管理成熟度。卓越绩效模式曾经在美国、欧洲以至全世界 100 多个国家帮助数万家中大型企业提升了管理水平，助力企业发展过程中由小规模迈向大型集团化运作，成为世界级的企业。事实证明，PEM 是一种经过实践、卓有成效的“打造”大型企业的管理模式。PEM 分为领导、战略、顾客与市场、资源、过程管理、测量分析与改进、结果七大部分（也称作七大类目）。PEM 认为组织中这七大类目不是孤立存在的，而是一个相互影响、相互制约、相互支撑的有机体系。在企业经营管理实践过程中，要以系统的、全局的、发展的眼光来看待这七大方面之间的关系和作用。

除此以外，还有多元化战略与经营。我们看到许多大型公司走上了多元化的道路。但是多元化也不是万能药。多元化的前提是新赛道出现了，而原来的行业增长乏力。但追逐新赛道并不必然带来效益。有些成功了，有些失败了，有些是最初成功了，进一步多元化时却失败了。为什么要多元化，如何多元化？为哪些资产加杠杆，又如何加杠杆？这些都不是提一下多元化就能自动解决的。在 A 股市场，以前这样的例子存在于钢铁企业去做白酒、养猪，后来这样的例子存在于并购电视影视公司、游戏公司，再后来又集中到了全民搞新能源、新材料、新型冠状病毒疫苗与芯片上来。回过头来才能看清多元化的成功与失败。华人世界里李嘉诚的多元化是成功了，恒大许家印的多元化则失败了。

巴菲特在致股东信中曾说："伯克希尔会继续收购活动，但管理层的这些'远景清单'决不会让股东花冤枉钱。我们不会置长期的经济结果于不顾，去花高价收购公司以追求多元化。我们使用你们（股东）的钱就像花我们自己的钱一样，并将你们从这些多元化行为中得到的价值，与直接投资所能得到的价值相权衡。"很明显"股神"巴菲特是以股东价值至上来考虑多元化的，是认真算经济账的。巴菲特还说："我们需要定期根据结果反思政策。我们会考察留存在公司里的利润，长期而言，每留存 1 美元利润，至少创造不少于 1 美元的市值"，在这里股神已经很清晰地表明，做什么并不重要也不是唯一的，但目标结果很重要，有内在价值支撑的市值的持续增长才是评判标准。所以，多元化本身只是对应于专业化而言的发展公司的一种战略，是一种公司发展的路径，不能作为评价公司尤其是上市公司的标准。

相信今后还会有各种管理理念、模式传入国内，但是就其对上市公司的评价而言，仍然只是一种实现目标的路径，不是评价的标准。无数探索与实践表明，对以股东价值至上为经营理念的上市公司而言，评价的标准就是市值的持续增长。因为市值的持续增长一定涵盖了 ESG 等管理模式、管理途径的贡献，而多元化、PEM 或 ESG 等理念与实践并不必然带来市值的持续增长。对上市公司及其股东而言，目的当然是市值的持续增长，而不仅仅为上级要求或风潮时尚去做诸如 ESG、多元化的工作，更不应该把相关工作本身当成评价标准。

第三节　市值持续增长作为评价标准的重要意义

对任何经济组织的评价本质上就是对其经营绩效的评价。其实，在企图比较准确地表述股东价值增长方面，学术界也做过种种努力，特别是在绝对估值范畴里，因为：（1）企业价值 = 未来自由现金流量折现值，（2）企业价值 = 投入资本 + 未来剩余收益的现值。在表达等式（1）中，企业价值等于预期的未来现金流量折现值；在表达等式（2）中，企业价值等于投入企业的资本加上未来剩余价值的现值。在第二种解释下，剩余收益等于来自经营管理投资者投入资本而产生的收益。例如，一家价值10亿元的企业，投资者投入资本8亿元，那么2亿元的差额就是市场预期未来剩余收益的现值。这2亿元也可以看作投资者相信企业收益会超过投入资本的结果。如果把企业换成上市公司，把投资者换成股东，那么这2亿元就是股东要追求的价值。如果在市场价值（市值）里，没有股东要追求的未来剩余收益的现值2亿元，那么股东的选择将是低价抛售资本投入，这样公司市值也就会下来。上市公司的经营就是要让全体股东看到，较投入资本之外的本质上是属于股东的未来剩余收益的现值是增加的，也即市值大于投入资本。如此，持续增加的市值变得更加直观与重要，是股东价值的真正体现。

只有公司赚取的收益率超过资本成本才能创造股东价值，否则就是减少股东价值。会计信息并不包括权益资本的机会成本，不考虑所有者提供资本的成本，意味着报告利润高估了公司当期经营创造的价值。很难准确反映企业的经营绩效。经济学家认为，真正的利润只有在扣除了所有的资本成本后，包括负债和权益的成本，才能存在。这里的成本是机会成本，即同样一笔资金投入风险相当的其他企业的收益。经济增加值即EVA绩效评价方法的最重要特点在于它是从股东权益角度考虑企业利润，反映股东真正增加的财富值。但EVA方法有难以确定性和计算调整的复杂性等不足。因此根据可持续发展的精神，现代企业要科学准确地评价经营成果，应该结合企业发展背景，不断完善评价方法。

改革开放40多年以来，随着经济发展、经济管理思想与理念的变化、各类经济组织实践经验的不断积累，评价企业的视角与指标也都在不断变化。上市公司作为经济组织中最活跃的群体自然概莫能外。从产值到利润再到市值，从单一的财务指标、到一系列经济指标再到社会元素的指标，不一而足。到头来不禁要问，在一大堆考核维度与评价指标中，评价上市公司的标准与指标到底是什么呢？根据第一章的论述，市值是上市公司内在价值的集中体现，那么只要是上市公司，最终市值持续增长才是其评价的唯一标准，在此原则下的溢价协同指标就是上市公司评价时的关键指标。

上市公司是经济组织中最活跃最有前途的一个群体。上市公司又分类众多，比如目前申万一级行业有 31 个，二级行业有 131 个，三级细分行业有 336 个，不同行业之间、不同地域之间、不同的资本属性之间，都存在着很大差异，除了寻找共同点进行优劣比较外，最公允的比较与评判标准又是什么呢？想来想去都不及长期市值增长这个标准更有说服力。的确，我们会被瞬间市值所迷惑，乐视网有过自己的最高市值、恒大也有过自己的最高市值、一直玩扇贝失踪的獐子岛也有过自己的最高市值，还有巨无霸的中国石油更有过上市第一天就是最高市值的瞬间市值。或许，人们最终记住的不是它们的产品与服务，而是其有没有到达市值持续增长的目标，有没有做到市值与内在价值的溢价协同。说白一点，上市公司没了市值也就没了价值。没了市值的持续增长，就说明在资本市场上的价值有限，也说明公司的经营与价值创造一定在某些方面存在瑕疵。所以，市值长期增长这个指标，可以作为评价上市公司高质量发展水平的基本标准。

既然评价上市公司好坏即好公司与好股票结合程度的是一个长期指标，那为何要定为市值与内在价值的溢价协同指标呢？我们在《市值管理新论——从定性到定量》一书中，已经在探寻所谓好的市值管理水平的评价指标即“溢价协同”指标（本书第五章、第七章还会详细介绍优化后的溢价协同指标）。形象地说，就是上市公司在资本市场上要得到溢价，并且这个溢价是有内在价值支撑的，而且市值的增长加上投资者的预期比内在价值的增长要快。谁都知道计算内在价值有各种方法，其中绝对估值法还受到不少主观因素与判断的影响，费时但未必准确。市值（公司的市场价值）是连续交易的结果，要公允不少，但其波动可能更甚于内在价值。于是便可通过变化率看信号与价值，即将市值的变化率与内在价值的变化率的减值进行比较并作为评价上市公司质量的最核心指标。根据本书第一章的论述“上市公司的价值存在于市值之中”“市值是上市公司价值的集中体现”，可以进一步将这一最核心指标的指向演绎成：市值的持续增长。一方面，由于它内涵的长期性，另一方面，内含这样持续增长一定有其内在价值支撑，所以长期来看，股市是经济的晴雨表（宏观），市值是上市公司经营发展状况的晴雨表（微观）。市值可以称为股东价值，这样的市值持续增长，一定是符合价值投资、长期投资理念，是上市公司都应该努力追求的股东价值增长。因为市值持续增长是我们可以获知的衡量绩效的最佳标准；股东是公司中为增加自己权益又同时增进每一方权益的唯一利益方，因而，上市公司不应该再有其他超过股东价值增长的目标。我们也会看到，不能达到市值持续增长的公司，资本市场的资金将毫不犹豫地流向它的竞争者。

社会上各类评比与榜单不少，除去纯粹的单一工作榜单，经济榜单或价值榜单或各种 TOP100 或 TOP500 的榜单，本质上不同的排法体现了背后的价值观。比如世界 500 强或世界科技 100 强，都会按市值、营收、净利润、行业 4 个维度排，市值放第一位。对成熟资本市场而言，市值第一性已经无须讨论。而国内的榜单主流还是营业收入、净利润、资产总额，有的加了所有者权益、纳税总额、研发费用、员工人数；有的直接就减为两项，营业收入与所属行业。为什么国内的榜单基本不用市值指标呢？首先，榜单设计者代表相当部分人的观点，即市值受到众多因素的影响经常波动，不好把握；其次，国内资本市场近些年来比较低迷，加上市值指标后，一些长期在榜单上的大公司特别是央企国企上市公司有可能会排在比较后面；最后，可能是习惯了老式排行的企业更熟悉传统的财务指标，而在新式排行更注重市场指标时会感到不知所措。

如果认同第一章的推论即上市公司的价值在市值之中、市值是上市公司价值的集中体现，那么作为上市公司的评比榜单，不放第一性的市值指标肯定是欠妥的，宏观上，资本市场健康发展还没有上升到国家战略层面（尽管早已有文件提及）；微观上依旧是我行我素，考核什么做什么，把股东价值、股东利益丢开了，只图管理层、大股东的利益，当这些利益不通过市值持续增长就可以实现时，市值指标就会变得可有可无。

但是，只要认同了市值与价值的关系，上市公司没有市值与市值的增长，哪来价值与价值的增长。一句话，只要是上市公司，任何榜单及评价，如果不以市值为指标、不以市值的持续增长为标准，说得绝对一点，就是离经济规律、价值规律尚远，就是不同程度地作秀或者浪费资源。如果认同股市是经济的晴雨表，市值是企业经营的晴雨表的话，市值增长乏力或者市值负增长、长期跑不赢可比指数，一定是实体经济、企业经营出了问题，回避不谈不会自动解决问题，这才是上市公司的任何榜单要加入市值指标的意义，是以市值持续增长作为上市公司评价标准的意义所在。

以下是《2023胡润中国能源民营企业TOP100》编制方法说明：《2023胡润中国能源民营企业TOP100》列出了传统能源与新能源产业最具价值的中国民营企业100强，按照企业市值或估值进行排名。上市公司市值按照2023年8月18日的收盘价计算，非上市公司估值参考同行业上市公司或根据最新一轮融资情况进行估算。

首先，收集A股、美股、台股、港股里能源相关行业（例如电池行业、光伏设备行业、核电行业、煤炭行业）及相关概念（例如超级电容、空气能热泵、熔盐储能）的中国上市公司。其次，收集非上市公司中与能源相关的中国企业名录。再次，剔除备选企业中的国有企业。随后，逐一研究企业的业务构成，保留能源业务占比超过50%的企业名单。接着，对上市公司记录其2023年8月18日的企业总市值，对非上市公司进行企业估值。最后，根据市值或估值，对企业进行排名，前100名进入《2023胡润中国能源民营企业TOP100》。

其实这个榜单的编制逻辑非常清楚，上市公司就按市值来表述其价值、非上市按估值来表述其价值。为什么会在多角度多维度评价上市公司的方法中，最后都不约而同地选择市值呢?

市值及其持续增长，还代表着市场的有效性，特别是流动性。市值持续增长代表着公司价值也代表着股东财富，与市场的流动性是正循环的，反之则反是。没有流动性的市场将失去投融资功能，港股创业板指数从1 700点的高点跌到现在的26点，已经是死水一潭。是太多的庄股（市值太小、股权集中、无基本面支撑、连续上涨后突然暴跌）、老千股利用规则漏洞，大玩财技（经常改名、配股、供股、合股等），把90%以上的港股创业板股票玩成了仙股，失去了流动性，也几乎失去了作为一个市场的价值。如果A股无节制地IPO，投资者包括散户投资者都会输钱，市场也会慢慢失去流动性。以前A股上市要求较高，不少公司会去新加坡、加拿大等证券市场上市，但那里市场的流动性较差、维持上市地位的成本费高、估值低融资目的达不到，久而久之大家都主动退市了，也不以名片上印有非主流资本市场上市公司为荣了。为什么？资本市场看中的是流动性，最后国内企业留下A股市场为主要的上市地。如今A股市场扩容之甚（注册制、科创板、北交所）、下跌之激，也吓退了很多投资者。国内资本市场也到了要休养生息的时候。市值持续增长不仅是上市公司的评价标准，也应该可以作为监管层判断市场投融资平衡度、市场流动性的一个主要指标。尽管注册制下科创板果断地采用了“市值＋”的IPO指标，但预期市值的估计是否谨慎、是否站在全体股东的利益上，从暴露出的一些事例看是值得存疑的。因为有些公司不缺发展资金、有的也没有明确的募投项目，看起来是为了原始股份的流通而上市。所以，不能盲目发新股、不能以新股发行带来的市值增长掩盖二级市场资金流出或投资者亏损造成的市值减少。

市值是连续交易的结果，有效市值是充分连续交易的结果。受资本市场交易制度的影响，市值存在不真实的时候（我国股权分置改革之前），因为大部分股份不流通，没有充分的流通交易。市值也存在流动性承压的时候（我们股权分置改革之后），理论上股份全流通了，但是市场对重要股东的清仓式抛售并没有做好准备。这是由于发行制度的原因，创始股东的股份占比较高，持股成本较IPO持股成本低，差异十分明显，历史上新股上市普遍高开并获得超高的溢价，上市就可能是最高市值，导致重要股东有急于抛售的冲动与行为。因此，市值就存在着很大的波动性，甚至大多数时候是向下的波动的。客观上造成上市公司不愿意用市值的升降涨跌来评价自己。但是上市公司除了用市值来评价还能有什么公允的指标呢？所以，不管上市公司评价有这样或那样的定性与定量上的难度，都仍要坚持用市值持续增长作为评价上市公司的标准，因为对有减持行为但还想经营公司的大股东是个提醒，即资本市场是以市值的持续增长为评判标准的，减持得畅快时也要理性地考虑一下是否已经拖累公司市值的持续增长了。

在全流通时代市值的重要性不言而喻，市值管理的必要性也已经毋庸讨论。在如今中国经济步入后增长时代更是如此，扎扎实实以股东价值至上为原则的市值管理才有存在的意义，市值管理的目标即上市公司的评价标准更显重要。

其实，我们在《市值管理方略——激活需求、创造价值》中已经讲得很透彻了，但是只有确立了市值持续增长是评价上市公司的最好标准之后，才可能统一市场认识，将短期交易者（包括涉嫌股价操纵的伪市值管理）剔出讨论范围，因为尽管是完全相同的中文词语，但他们讲的市值与市值管理与本书的内涵完全不同。本书将秉承股东价值至上、持续经营的、坚持长期价值投资的上市公司及理性投资者界定为交流者，并且相信随着市场的健康发展，这类交流者会越来越多。

资本市场是诞生伟大公司的地方，但是伟大公司的增长之路并不平坦甚至充满艰辛，市值持续增长之难就印证了这一点。上市公司在持续经营创造价值保持市值持续增长的路上，需要自觉摒弃追逐概念、贪图市值暴涨的短期行为，将阶段性的工作与长期追求的目标结合起来，紧盯市值持续增长的指标，校验公司战略的实施效果并有的放矢地进行调整。

市值持续增长就是股东价值、股东利益至上的高度体现，如同实践是检验真理的唯一标准，在资本市场上公开亮明这一观点以及这个评价标准，可以正本清源、消除杂音。有了这个根本点，对资本市场的融资与投资功能的平衡（比如现在有比较多的对 IPO 大扩容的诟病、对限售股转融通的诟病，最后都会归结为是否以全体股东利益至上为原则这一资本市场的价值观上。资本市场投机性无可避免，欺骗与操纵也无法杜绝，损害中小股东的行为今后还会长期存在，但主流价值观必须是股东价值至上、投资者利益至上），对资本市场价值发现功能、资源配置功能的完善，对促进实体经济发展、鼓励企业家创新、回馈长期投资者，都具有非常现实的意义。如果只想着管理层自己或部分股东，就难免在利益面前走形，伟大的公司主观上都不会存在坑害中小股东利益的想法与行为。

确立上市公司的评价标准其实并不难。只是人们常常会把一个阶段的工作任务直接当作工作目标与评价标准。包括把市值管理当成时尚标签的那几年，以为提一下市值管理，市值就会持续增长；以为公司上市做过了股权激励、并购重组、投资者关系、市值维护等工作就够了，市值的表现反正不是自己可以左右的。这就是把过程当结果了，当同行业公司几年后市值遥遥领先于自己时，才恍然大悟地去寻找背后真正的原因。

明确了市值持续增长是评价上市公司高质量发展的最好标准，意义有三点。

（1）上市公司会自觉关心市值与市值增长的动因，这会成为一种新语境。因为上市公司的价值在市值里，市值是内在价值的集中体现，市值管理的目的是追求有内在价值支撑的市值持续增长，这样上市公司实控人，特别是公司董事会就可以义不容辞地谈市值和市值管理，就能与公司战略高度融合，市值管理就可以成为公司董事会的核心工作内容。

表 2-1　　科创板首批公司市值表现一览表

证券代码	证券名称	所属申万一级行业	首发市值（亿元）＝首发价格 × 发行后总股	2023 年 10 月 31 日总市值（亿元）	市值增长量（亿元）	市值增长率	最高市值（亿元）	最高市值时间
688012.SH	中微公司	电子	155.16	1058.05	902.88	581.89%	1524.89	2020 年 7 月 14 日
688008.SH	澜起科技	电子	280.19	626.25	346.05	123.51%	1328.21	2020 年 7 月 13 日
688009.SH	中国通号	机械设备	619.50	449.46	−170.04	−27.45%	1168.99	2019 年 8 月 5 日
688122.SH	西部超导	国防军工	66.19	297.87	231.68	350.02%	549.29	2022 年 10 月 20 日
688005.SH	容百科技	电力设备	118.00	214.24	96.24	81.55%	697.83	2022 年 7 月 20 日
688002.SH	睿创微纳	国防军工	89.00	210.64	121.64	136.67%	558.92	2021 年 8 月 30 日
688019.SH	安集科技	电子	20.81	192.18	171.36	823.31%	260.00	2020 年 7 月 14 日
688333.SH	铂力特	机械设备	26.40	171.99	145.59	551.46%	215.84	2023 年 7 月 17 日
688029.SH	南微医学	医药生物	69.94	166.04	96.10	137.41%	427.29	2021 年 7 月 5 日
688006.SH	杭可科技	电力设备	109.99	148.20	38.21	34.74%	524.31	2021 年 8 月 11 日
688088.SH	虹软科技	计算机	117.25	142.14	24.89	21.23%	419.97	2020 年 7 月 9 日
688016.SH	心脉医疗	医药生物	33.28	140.00	106.72	320.71%	327.22	2021 年 6 月 30 日
688001.SH	华兴源创	机械设备	97.28	135.03	37.74	38.80%	307.17	2019 年 8 月 7 日
688007.SH	光峰科技	电子	79.02	130.66	51.64	65.35%	248.58	2019 年 8 月 5 日
688066.SH	航天宏图	计算机	28.63	113.65	85.01	296.92%	199.02	2023 年 4 月 10 日
688033.SH	天宜上佳	机械设备	91.41	102.49	11.08	12.12%	263.41	2019 年 8 月 5 日
688388.SH	嘉元科技	电力设备	65.25	86.53	21.28	32.61%	418.84	2021 年 10 月 27 日
688018.SH	乐鑫科技	电子	50.08	83.32	33.24	66.37%	236.00	2020 年 2 月 19 日
688003.SH	天准科技	机械设备	49.37	67.04	17.67	35.80%	137.90	2019 年 8 月 5 日

续表

证券代码	证券名称	所属申万一级行业	首发市值（亿元）= 首发价格 × 发行后总股	2023 年 10 月 31 日总市值（亿元）	市值增长量（亿元）	市值增长率	最高市值（亿元）	最高市值时间
688020.SH	方邦股份	电子	43.10	49.50	6.40	14.84%	111.36	2019 年 8 月 5 日
688022.SH	瀚川智能	机械设备	27.85	39.19	11.34	40.71%	97.71	2019 年 8 月 5 日
688028.SH	沃尔德	机械设备	21.34	35.90	14.55	68.19%	126.10	2019 年 8 月 14 日
688015.SH	交控科技	机械设备	25.89	34.25	8.36	32.28%	98.86	2019 年 8 月 5 日
688010.SH	福光股份	电子	38.73	33.87	−4.86	−12.54%	137.43	2019 年 8 月 15 日
688011.SH	新光光电	国防军工	38.09	23.78	−14.31	−37.57%	103.80	2019 年 8 月 5 日

表 2-2　创业板首批公司市值表现一览表

证券代码	证券名称	所属申万一级行业	首发市值（亿元）= 首发价格 × 发行后总股本	2023 年 10 月 31 日总市值（亿元）	市值增长量（亿元）	市值增长率	最高市值（亿元）	最高市值时间
300001.SZ	特锐德	电力设备	31.80	190.38	158.58	498.73%	399.83	2021 年 1 月 28 日
300002.SZ	神州泰岳	传媒	73.31	166.30	92.99	126.84%	534.76	2015 年 6 月 12 日
300003.SZ	乐普医疗	医药生物	117.74	324.22	206.48	175.37%	811.19	2020 年 7 月 13 日
300004.SZ	南风股份	机械设备	21.52	28.46	6.95	32.29%	265.48	2015 年 6 月 2 日
300005.SZ	探路者	纺织服饰	13.27	70.61	57.34	432.25%	212.90	2015 年 6 月 8 日
300006.SZ	莱美药业	医药生物	15.10	43.08	27.98	185.35%	153.97	2015 年 6 月 12 日
300007.SZ	汉威科技	机械设备	15.93	52.14	36.21	227.30%	169.95	2015 年 6 月 5 日
300008.SZ	天海防务	国防军工	14.01	73.61	59.60	425.39%	129.44	2016 年 6 月 27 日
300009.SZ	安科生物	医药生物	14.28	176.03	161.75	1 132.68%	309.67	2021 年 5 月 19 日
300010.SZ	*ST 豆神	社会服务	18.93	20.23	1.31	6.89%	327.68	2015 年 5 月 27 日

续表

证券代码	证券名称	所属申万一级行业	首发市值（亿元）= 首发价格 × 发行后总股本	2023 年 10 月 31 日总市值（亿元）	市值增长量（亿元）	市值增长率	最高市值（亿元）	最高市值时间
300011.SZ	鼎汉技术	机械设备	19.01	38.44	19.42	102.18%	292.64	2015 年 6 月 3 日
300012.SZ	华测检测	社会服务	21.08	254.78	233.70	1 108.62%	588.25	2021 年 6 月 24 日
300013.SZ	新宁物流	交通运输	9.36	17.42	8.06	86.12%	83.02	2015 年 6 月 3 日
300014.SZ	亿纬锂能	电力设备	15.84	949.62	933.78	5 895.10%	2 823.65	2021 年 11 月 26 日
300015.SZ	爱尔眼科	医药生物	37.38	1 708.03	1 670.65	4 469.37%	3 853.05	2021 年 7 月 1 日
300016.SZ	北陆药业	医药生物	12.13	35.62	23.49	193.74%	203.76	2015 年 6 月 2 日
300017.SZ	网宿科技	计算机	21.77	170.86	149.08	684.80%	598.93	2016 年 8 月 8 日
300018.SZ	中元股份	电力设备	20.92	28.75	7.84	37.47%	126.75	2015 年 6 月 15 日
300019.SZ	硅宝科技	基础化工	11.73	64.68	52.95	451.42%	115.77	2021 年 8 月 26 日
300020.SZ	银江技术	计算机	16.00	70.65	54.65	341.54%	289.05	2015 年 6 月 3 日
300021.SZ	大禹节水	农林牧渔	9.75	41.70	31.95	327.66%	84.36	2017 年 5 月 25 日
300022.SZ	吉峰科技	商贸零售	15.86	23.10	7.24	45.64%	82.74	2010 年 6 月 17 日
300024.SZ	机器人	机械设备	24.48	174.09	149.61	611.23%	838.21	2015 年 6 月 3 日
300025.SZ	华星创业	通信	7.86	45.99	38.13	484.88%	93.41	2023 年 10 月 16 日
300026.SZ	红日药业	医药生物	30.20	135.19	104.98	347.58%	289.41	2015 年 6 月 16 日
300027.SZ	华谊兄弟	传媒	48.01	71.30	23.29	48.51%	790.01	2015 年 6 月 12 日
300023.SZ	宝德股份（已退市）							
300028.SZ	金亚科技（已退市）							

表 2-3　　各类“茅”近 5 年市值表现一览表

证券代码	证券名称	所属申万一级行业	首发市值（亿元）＝首发价格 × 发行后总股本	2018 年 10 月 31 日总市值（亿元）	2023 年 10 月 31 日总市值（亿元）	近五年市值增长量（亿元）	近五年市值增长率	近五年最高市值（亿元）	最高市值时间
600519.SH	贵州茅台	食品饮料	78.48	6 895.27	21 161.66	14 266.39	206.90%	14 782.24	2021 年 5 月 26 日
300750.SZ	宁德时代	电力设备	546.15	1 635.29	8 161.25	6 525.96	399.07%	32 673.70	2021 年 2 月 10 日
600036.SH	招商银行	银行	416.60	7 194.60	7 601.14	406.54	5.65%	5 696.84	2022 年 7 月 19 日
002594.SZ	比亚迪	汽车	423.74	1 260.99	6 717.53	5 456.54	432.72%	7 539.96	2021 年 2 月 10 日
000858.SZ	五粮液	食品饮料	47.26	1 868.99	6 055.31	4 186.31	223.99%	4 203.79	2020 年 1 月 9 日
600900.SH	长江电力	公用事业	337.81	3 434.20	5 522.48	2 088.28	60.81%	6 132.01	2020 年 12 月 25 日
000333.SZ	美的集团	家用电器	751.43	2 454.61	3 720.68	1 266.08	51.58%	6 454.43	2021 年 1 月 27 日
300760.SZ	迈瑞医疗	医药生物	593.26	1 203.53	3 467.82	2 264.29	188.14%	13 368.26	2021 年 2 月 19 日
002415.SZ	海康威视	计算机	340.00	2 233.00	3 401.00	1 168.00	52.31%	6 966.30	2021 年 1 月 14 日
000568.SZ	泸州老窖	食品饮料	5.07	557.48	3 159.03	2 601.55	466.66%	16 036.26	2021 年 12 月 2 日
600276.SH	恒瑞医药	医药生物	15.92	2 267.65	3 058.09	790.45	34.86%	3 144.11	2021 年 1 月 7 日
600309.SH	万华化学	基础化工	13.54	774.27	2 788.10	2 013.82	260.09%	9 502.64	2022 年 6 月 28 日
603259.SH	药明康德	医药生物	225.07	908.09	2 567.24	1 659.15	182.71%	6 029.71	2021 年 7 月 1 日
300059.SZ	东方财富	非银金融	56.81	639.31	2 421.36	1 782.05	278.74%	7 572.87	2021 年 2 月 10 日
002475.SZ	立讯精密	电子	50.05	683.03	2 342.21	1 659.18	242.92%	4 909.76	2021 年 7 月 19 日
603288.SH	海天味业	食品饮料	383.61	1 744.17	2 093.57	349.40	20.03%	4 520.61	2021 年 2 月 18 日
600690.SH	海尔智家	家用电器	12.55	771.93	1 989.46	1 217.53	157.73%	2 985.98	2021 年 1 月 25 日
601888.SH	中国中免	商贸零售	103.66	1 048.09	1 941.42	893.33	85.23%	4 361.73	2021 年 1 月 13 日

续表

证券代码	证券名称	所属申万一级行业	首发市值（亿元）＝首发价格 × 发行后总股本	2018 年 10 月 31 日总市值（亿元）	2023 年 10 月 31 日总市值（亿元）	近五年市值增长量（亿元）	近五年市值增长率	近五年最高市值（亿元）	最高市值时间
000651.SZ	格力电器	家用电器	1.88	2 289.59	1 910.74	−378.85	−16.55%	3 853.05	2021 年 7 月 1 日
601012.SH	隆基绿能	电力设备	62.83	378.27	1 828.58	1 450.31	383.40%	4 008.21	2021 年 12 月 16 日
600887.SH	伊利股份	食品饮料	2.98	1 342.13	1 745.64	403.51	30.06%	4 066.41	2021 年 2 月 10 日
300015.SZ	爱尔眼科	医药生物	37.38	644.47	1 708.03	1 063.57	165.03%	3 607.20	2021 年 4 月 30 日
300124.SZ	汇川技术	机械设备	77.63	370.78	1 610.93	1 240.15	334.47%	4 599.18	2021 年 2 月 10 日
600436.SH	片仔癀	医药生物	11.97	467.57	1 509.50	1 041.93	222.84%	2 954.81	2021 年 7 月 21 日
300122.SZ	智飞生物	医药生物	151.92	572.16	1 503.60	931.44	162.79%	5 423.78	2021 年 11 月 1 日
002371.SZ	北方华创	电子	21.45	173.26	1 357.10	1 183.84	683.26%	2 294.96	2021 年 8 月 4 日
603501.SH	韦尔股份	电子	29.20	134.01	1 306.36	1 172.35	874.83%	908.88	2021 年 1 月 25 日
300274.SZ	阳光电源	电力设备	54.66	84.96	1 249.75	1 164.80	1 371.04%	1 960.97	2021 年 12 月 13 日
600031.SH	三一重工	机械设备	37.34	613.43	1 228.01	614.58	100.19%	1 581.01	2021 年 5 月 31 日
300014.SZ	亿纬锂能	电力设备	15.84	103.60	949.62	846.03	816.64%	2 375.22	2021 年 11 月 11 日
601100.SH	恒立液压	机械设备	96.60	165.73	754.88	589.15	355.50%	1 728.69	2021 年 1 月 7 日
002271.SZ	东方雨虹	建筑材料	9.14	202.24	628.61	426.37	210.83%	1 432.45	2021 年 7 月 15 日
002241.SZ	歌尔股份	电子	22.54	235.92	616.70	380.78	161.40%	1 340.24	2021 年 6 月 25 日
603899.SH	晨光股份	轻工制造	60.49	242.24	359.06	116.82	48.23%	2 966.72	2021 年 7 月 12 日
600763.SH	通策医疗	医药生物	5.45	152.95	287.13	134.19	87.74%	2 823.65	2021 年 11 月 26 日
603486.SH	科沃斯	家用电器	80.10	164.96	248.86	83.89	50.86%	2 562.59	2021 年 10 月 27 日

（2）因为明白了市值持续增长是追求的目标、评价的标准，就不会对短期的市值增长倾注不切实际的精力，甚至触碰底线、红线地去折腾市值。这种碎片化、脉冲式的市值没有被推崇的价值，就像实控人利用所谓的信息优势、资金优势醉心于炒股最后输得精光的例子一样，追求短期、超短期的市值飙升不是正确的市值管理。通过分析找到影响公司市值的核心要素与变量，结合自身资源禀赋的主动管理，即追求市值持续增长的系统工程才称得上市值管理。

（3）明白了市值持续增长的目标与评价标准的内在逻辑，就可以从容进行市值分析与市值规划，而将其他市值管理名下的工具运用作为一个影响市值变化的因子纳入考虑，而不会人云亦云本末倒置地去以某些手段妄图达到市值的快速增长。上市公司就可以在内在价值不断增长的基础上去谋求资本市场的更合理且应得的溢价，而市值持续增长标准也会反过来不断检验公司从战略到经营再到绩效表现的一系列措施是否真的成功有效。追求符合价值规律的市值持续增长，就会成为市值管理应用的新标签。

市值、市值管理、市值持续增长，三者之间的关系可以表述为：上市公司进入资本市场就有了市值，市值的持续增长是目标与评价标准，市值管理是达到目标的途径与方法。这种途径与方法本质上是为目标服务的，如同 ESG 等，尽管其可能并不承认在做市值管理。这就是不能将 ESG、市值管理直接作为上市公司评价标准的理由。

一个公司、一个行业乃至整个股票市场的市值持续增长标准，还可以验证资本生态的活跃与健康程度。资本市场包括一级市场与二级市场，由此构成对科技进步与实体经济发展的强劲支撑，如果市值持续增长标准表现长期不佳，二级市场的低迷一定会传导至一级市场，资本的聚集、流动就会形成非良性的循环。所以，环顾全球股市，A 股市值持续增长乏力，就直接提醒我们资本市场生态结构发生了问题，需要进一步改革，以股东价值至上为原则，严厉打击任何侵害全体股东利益的行为，呵护中小投资者，减少行政干预，用市场化、法制化来稳定预期，还市场公正公开公平。

在这一章里，笔者试图证明评价上市公司的标准只有一个，即市值持续增长。如此，上市公司就找到了不断进步的总目标，既不会对市值的短期波动无动于衷，也不会对市值的莫名飙升心花怒放，而是知道市场最终是理性且有效的。追求市值的持续增长，就是在追求有内在价值支撑的市值增长，这种行为会得到资本市场的不断奖赏。市值管理就是基于这种理念与评价标准下，助力上市公司成为好公司与好股票结合的一整套方法。讨论上市公司的评价标准到此已经足够彻底，希望就市值管理本身的讨论也应该不再有歧义了。

第三章

市值管理：上市公司战略管理的核心内容

引言

市值具有全面性、集合性，因此市值管理是涉及全体股东的股东价值管理，不是局部的管理、单一的管理与片面的管理，只能是公司战略层面的管理，与此相对应的市值管理就成为公司战略的核心内容。市值的波动性带来市值管理的必要性，由于一家上市公司的战略管理与市值管理目标上高度一致，甚至可以说上市公司的战略管理就是在做市值管理。稳定增长的市值是对公司战略的正反馈，反之，即使用再动人的语言来渲染公司战略，在低迷的落后于同行的市值表现面前，照样会黯然失色。追求市值持续增长就是将市值管理理念与方法融入公司战略，这应该是上市公司管理层的必然选择。

第一节　市值管理与公司战略目标上高度一致

在以往实践过程中，资本市场中的许多人喜欢将市值管理与单一工具结合起来讲。例如市值管理与股权激励、市值管理与并购重组、市值管理与投资者关系管理等。按照我们的研究与认识，其实股权激励、并购重组等主题，还是低一个层次的概念。相对而言，市值管理与公司战略才是同一层次的综合性概念。

上市公司关注和实施市值管理，必须从战略的高度认识市值管理，必须从战略的层面贯彻市值管理，将市值管理与战略发展有机融合，成为公司发展战略的重要组成部分。那么，如何将市值管理与战略管理有机融合呢？首先，我们必须清楚地了解市值管理与公司战略管理的关系以及二者在目标上的一致性。

什么是战略管理？

有人说，公司是一个营利组织，持续盈利就是它的战略，无须专门的战略；又有人说，公司是营利组织，但同时又承担社会责任，为了更好地生存发展，必须要有公司战略。其实，从理论上讲，公司是永续经营的组织，只要公司存在——它已经采取了某种战略，或保守、或进攻，或专一、或多元，等等——比较的就是公司战略的优劣。再抽象一下，公司战略基本属性是相同的，都是对公司（企业）的谋略，具有整体性、长期性、基本性的特征。一个战略（strategy）就是设计用来开发核心竞争力、获取竞争优势的一系列综合的、协调的约定和行动。更简单地说，战略选择表明了一家公司打算做什么，以及不做什么。

加拿大麦吉尔大学教授明茨伯格（Henry Mintzberg）借鉴市场营销学中的四要素（4P），提出企业战略是由五种规范的定义阐述的，即计划（Plan）、计策（Ploy）、模式（Pattern）、定位（Position）和观念（Perspective），这构成了企业战略的“5P”。这五个定义从不同角度对企业战略这一概念进行了阐述。

战略是一种计划，指战略是一种有意识、有预计、有组织的行动程序。

战略是一种计策，指战略不仅仅是行动之前的计划，还可以在特定的环境下成为行动过程中的手段和策略，一种在竞争博弈中威胁和战胜竞争对手的工具。

战略是一种模式，指战略可以体现为企业一系列的具体行动和现实结果，而不仅仅是行动前的计划或手段。

战略是一种定位，指战略是一个组织在其所处环境中的位置，对企业而言就是确定自己在市场中的位置。

战略是一种观念，指战略表达了企业对客观世界固有的认知方式，体现了企业对环境的价值取向和组织中人们对客观世界固有的看法，进而反映了企业战略决策者的价值观念。

所以，对于公司来说，战略管理就不能只考虑单一的方面，而是具有整体性、长期性、基本性的特征，最主要的目标就是为了取得核心竞争力与竞争优势。而且公司战略管理并非千篇一律，每一个公司都需要具有差异化的公司战略，不论公司大小，差异化才可以提炼出竞争优势。

市值管理是什么？

股权分置改革以后，A 股正式进入全流通时代，市值管理应运而生。市值的重要性毋庸置疑，可以帮助企业获得并购、再融资等方面的优势，但市值经常处于波动甚至非理性波动之中，因此只要具有有效市值的公司，就必须重视主动管理市值。不仅上市公司，非上市公司也应引入市值管理理念，以便在并购中获得一定议价权。对于新三板公司而言，因为交易机制等原因，尚未在整体上具有有效市值的特点（不能连续交易），市值管理开展的效果会弱些。

在《市值管理方略——激活需求、创造价值》中，把市值管理定义为一种方法，即在资本市场背景下，上市公司面对全流通的市场条件，基于市值的强烈信号，根据自身的不同需求，通过主动管理与上市公司的市值表现关系密切的因素，特别是越来越重要的外部因素与变量，以达到在市值最大化的同时，使上市公司的市值与公司价值相平衡的目的。其实现手段就是在资本市场与外部因素及变量之间找到动态平衡。2015 年 10 月，在《市值管理新论——从定性到定量》中，再度阐述了市值管理，市值管理是上市公司应对资本市场环境与偏好、企业经营外部因素与变量的行为——这种行为本质上是管理资本市场交易价值与企业实体经营价值间的偏差（即溢价）。溢价的稳定性即市值管理水平指标代表着上市公司管理溢价的能力。指标好，说明上市公司通过市值管理获得了更高、更稳定的溢价，意味着上市公司处于公司市值与内在价值动态平衡的状态（即溢价协同），也就是市值管理追求的目标。

市值管理，不应该是简单机械地将市值管理名下可运用的工具等同于市值管理本身；不应该将短期的可以提振市值的做法直接等同于市值管理本身；更不应该是以市值管理为名绑架大股东进行内幕交易的伪市值管理。而应该是站在公司战略高度中长期地惠及全体股东的行为，应该是综合运用公司治理手段与资本运作工具的方法集合，更应该是旨在更好地运用资本市场溢价服务实体经济的有理论支撑有实践检验的中国本土化的管理思想。

市值作为公司内在价值的集中体现，同时也是全体股东价值的标杆，具有整体性特征。而且市值也不是短期的概念，只要公司在资本市场上市，就一直会有市值，就需要长期的市值管理。市值管理就是让公司市值与内在价值处于动态平衡的状态，目标同样是为了提升公司核心竞争力，获得融资优势及规模效应。

因此，市值管理必须上升到公司战略层面。战略管理与市值管理是你中有我、我中有你的关系。二者在目标等各方面具有高度的一致性。企业的战略发展规划主要包括企业的中长期发展目标的实施路径。制定企业发展战略规划必须从整体性、长期性的角度出发，将企业发展与外部环境紧密结合起来，面向未来，制定远景目标、战略措施。企业战略的核心内容包括企业使命、企业愿景、业务组合定位、战略目标以及战略举措等。当企业成为上市公司后，企业的使命、企业愿景的一个重点是服务于为股东创造价值，最终服务于企业在资本市场上的市值表现，因此市值管理必须作为上市公司战略的重要部分。

它们都是公司的上位概念和综合性的概念，并且都有具体的内容与丰富的工具可以对接。比如公司的投融资战略可以对接再融资类的市值管理；公司的人才战略可以对接股权激励类的市值管理等。二者的目的都只有一个，做大做强市值，保持核心竞争力与竞争优势，回报全体股东。

表 3-1　　市值管理与公司战略的对应关系

上市公司	上市公司股东	公司战略
—	—	竞争战略
投资者关系维护	市值维护	营销战略
股权激励	股权质押	发展战略
再融资	大宗减持类	品牌战略
并购重组	多股权类	融资战略
（股权结构优化）	战略投资类	技术开发战略
—	—	人才开发战略

对上市公司而言，市值管理就是公司战略。无论是市值目标还是战略目标，都是公司长期发展的关键因素，区别仅仅在于每家的侧重点不同而已。

第二节　从战略到战术是市值管理的合理顺序

每当市场低迷时，总有人会想到市值管理。市值管理对上市公司及其重要股东来说，不可不用，成熟市场也在追求市值与内在价值的溢价协同。然而，不可不明就里地滥用，与目的越远，效果就越差，你折腾市值，到头来市值也折腾你。一家对市值管理理念没有正确认识的上市公司，如果在某些逐利的社会机构误导下盲目运用市值管理的具体工具，一不小心就非常容易滑入管理股价甚至操纵股价的泥潭。一个重资产公司与一个轻资产公司的市值管理制度与目标应是完全不同的，一个传统行业与一个新兴行业也是不同的。所有市值管理的开展必须从战略到战术。

2018 年 6 月 19 日，上证指数跌破 3 000 点，原因可以归为中美贸易摩擦、国内金融去杠杆等因素叠加的作用，当日跌 114.08 点、收 2 907.82 点。之后，以新媒体为代表的各种讨论以及对市场的诟病声不绝于耳，对资本市场的四大基石——监管层、上市公司、投资者、中介机构都有涉及，总体上批评监管层的声音似乎更多一些。

2014 年 5 月 9 日，国务院颁布“新国九条”，在提高上市公司质量条款下首提：鼓励上市公司建立市值管理制度。当日，上证指数 2 011 点，在“改革牛”“资金牛”的舆论推动下，上证指数迅速攀高至 2015 年 6 月 12 日的 5 178 点，之后股市剧烈波动，股灾发生、千股跌停、资金撤离、一地鸡毛，到 2023 年 10 月 31 日上证指数已落至 3 017 点。这些是以短线交易为主的散户市场，换手率高，2014 年 5 月后进场的投资者中长期持有者比例更是可以忽略不计，统计表明，股灾之后进场的没有赢家。

看市值也是，两市总市值峰值在 2015 年 6 月达 75 万亿元，到 2018 年市值已经大幅缩水。在资金紧张的情况下，上市公司重要股东退守到无股不押的局面，风险承受能力异常脆弱。那年以股票质押遭遇市场下跌触发平仓为重要特征的 2018 版股灾，让我们看到了上市公司、重要股东、普通投资者三输的局面。

根据国内资本市场 30 多年来的经验，再难的事情也总会过去、资本市场仍然存在，市场的四大基石一个也不会少。但是，我们再一次打扫战场时，应该看到些什么，总结出些什么，坚持些什么常识性、原则性的东西，并把它变成资本市场健康发展的理念与信仰呢？

一、资本市场的环境、效率需要多方呵护

资本市场是从业者、投资者赖以生存的地方，是资本市场的四大基石职业生命开始与延续的地方，我们需要它的公正、透明与效率！但凡市场失灵、效率低下、投资者普遍亏损的时候，诟病的声音会增多，这也是人类心理使然。在A股市场，尽管其总量已经是世界第二大资本市场，相对平稳期会觉得A股市场的规模、流动性都很不错，由于之前IPO实行审核制，需求矛盾大，估值自然也高，导致许多企业以成为A股上市公司为至荣。但市场的稳定性不够，看看上证月K线就知道了，前面还有难越的两个山头：2007年11月的6 124点、2016年6月的5 178点，相比美国同期的三大股指的表现，我们要走的路还有很长。

2009年10月首批28家公司登陆创业板，多年过去，从市值、营收、净利来看它们巨大的变化。这种变化告诉我们，市值的稳定增长应该是上市公司追求卓越、回报股东的具体体现！当初第一批登陆创业板的公司应该是各行业的佼佼者，带有某种示范性，开始时的公司规模与市值差异有限，至今有些公司的规模与市值已经令同批上市的望尘莫及了，有些则已经退市。

而市值最小的三家公司一定在公司战略上跑偏，至少把上市公司回报股东的自觉意识丢掉了。会不会有公司是大股东与核心管理层的，通过审核上市了，要买卖股票是二级市场交易者的事的想法？15年来市值越来越小的公司要回答这个问题。这么些年来你们向市场拿了多少钱？又给股东带来了怎样的回报？其实，这28家公司走过的路，许多上市公司都可以找到自己的缩影。

从二级市场投资来看，尽管全世界的投资者都具有动物性、追涨杀跌是普遍心理（这也是行为金融学领域有诺贝尔奖得主的一个证明），但资本市场需要投融资的动态平衡，需要有迅速的纠错机制，需要有中介机构、新闻媒体、研究机构的理性反思及建议。

而且实行全面注册制之后，A股IPO数量更是每周、每天高歌猛进，如过节一般。似乎有不顾市场承受力，以及杀鸡取卵、竭泽而渔的嫌疑。据统计，A股

在2000年7月6日上市公司突破1 000家，2010年11月2日达到2000家，2016年11月23日达到3 000家，2020年9月11日达到4 000家，2022年11月22日达到5 000家，时间间隔越来越短。这里是否有监管层的强行政意识、弱市场意识的行为本能？是否有中介机构为追求业绩的盲目助推？是否有上市公司一次次勇过独木桥的强需求渲染（因为在为上市而上市的歧路上耗尽元气，许多公司上不了市的确就基本死了）？是否有投资者天生的击鼓传花、火中取栗的潜意识，其本身就觉得股票与基本面无关而愿赌服输、前赴后继？市场需要回归常识与理性的共同呵护，在总体平衡、高效的前提下才能健康发展，最终才会反哺市场各参与方。一个市场如果长期重融资轻投资，一定会得到市场的报复。

二、上市公司普遍只把市值管理当应急时的战术

2018年，资本市场在不断清理P2P跑路平台、债市违约风险激增、社会融资增幅巨降，资管新政出台（去杠杆成趋势、刚性兑付将成历史）的背景下，市场增量资金不足，又恰逢中兴通讯事件发酵而成中美贸易较量，上市公司股票质押频频接近平仓线，最后在对发行巨量CDR基金的空前质疑声中，市场的多米诺骨牌倒下，引来被动踩踏而至千股跌停。于是，2015年的场景重复出现了，上市公司寻找市值管理的诉求急速增多。这是市场没有进步的表现，也是上市公司没有进步的表现。上市公司普遍还只把市值管理当情急时的战术，当翻身技巧。在市场较为平静或向好时，上市公司及其重要股东不重视、不研究、不实践市值管理，甚至根本不知道市值管理的核心内容。

公司市值与其内在价值的溢价协同是上市公司长期、动态的追求，是市值管理的目标。市值管理不是股价与市值急速下跌时的救命稻草与灵丹妙药，市值管理也不是阶段性、碎片化的思想火花与工作布置。市值管理需要市场环境、公司运营、投资者偏好等诸多因素的共同作用，是系统工程。市值管理可以使用的资本市场工具不能简单、机械地等同于市值管理本身，即市值维护不等于市值管理、并购重组不等于市值管理、股权激励不等于市值管理，只有基于市值与内在价值溢价协同的、努力回报全体股东的市值管理战略与战术的结合才能称得上是市值管理！一些上市公司平常不建立制度、不组织人力、不安排预算、不进行学习与实践，市值管

理自“新国九条”颁布以来并没有深入这些上市公司管理层与大股东的脑海，总把市值管理当神神秘秘的财技，甚至内心也认同市值上去得利者是圈内人、普通投资者是接盘侠。

任何理念与方法，要取得好的效果，必须要进行结合实际的持续学习、实践，没有捷径可走。有些公司所处行业不错，可上市多年以来市值不升反降，这样的问题因一时的冲动就可能解决吗？有些上市公司更是主业没利润、大股东股票100％已质押；在市场抛弃小市值股票的时候，因为担心被强平而急急忙忙在市场上寻找市值管理机构，可能吗？市场上不应该有这样的市值管理机构。任何与市值管理核心内容不符的东西无法长久，任何没有目标的战术运用只能是雕虫小技，任何以市值管理为标签而行零和游戏的伎俩最终会被市场抛弃。所以，上市公司平时要做好战略、做好主业、做大市值、回报股东，市场波动时各类机构才会与你一起运用市值管理战术与资本市场工具，最终赢得公司市值最大化与股东价值最优化的结果。而不是为战术而战术的折腾与瞎忙，市场最终有纠错机制，若有人心术不正从市场上拿的每一分钱，一定会因为人性的贪婪与侥幸，全部还给市场。市场波动之后，看看那些一味制造题材、迎合概念、丢掉主业、虚假并购，甚至穷困潦倒到不断更名的公司，再也拿不出手的市值量级，就知道真正的市值管理应该做什么了。

三、市值管理的顺序应该是：先战略、后战术

如果你认同市值是上市公司在资本市场上的价格，上市公司的股票价格是其对应的资产的溢价或折价反映的话。你同样会认同市值受诸多因素的影响而处于波动之中，市值管理就是管理影响市值的核心要素与变量，是立足内在价值反映预期的溢价协同管理。这种管理本质上只能聚焦战略并从战略开始。

资本市场从来就不是风平浪静的场所，也没有兴趣搞脱离市值稳定增长的各类奖项，公司治理是手段，提高上市公司质量是过程，上市公司市值稳定增长、回报股东才是目标。这一目标的达成，一定要将市值管理融入公司战略，并在公司大股东与最高管理层建立强烈的意识，如此才能在战术层面在合理运用资本市场工具层面正确发力、提高效率、起到效果。

李嘉诚先生在不同时期、不同区域、不同行业之间进行业务、资产的调整，避

免了不同市场的风险、享受到了较为有利的市场估值。试问这种大市值管理格局不在战略层面立足能成功吗？反观一些人的做法，对市值管理的片面理解比比皆是，从监管层到投资者。上市公司更是把市值管理当阶段性的时尚标签、工作会议的口号，根本没有精力与时间来研究与实践市值管理，一味地发问：我们的市值为什么没有反映我们的价值；或者只是把提高公司市值作为一个拍脑袋的任务，下发给公司的董办、证券事务办公室，连公司董事会秘书都没有时间好好研究、好好建言，试想这种层级、这种状态离“鼓励上市公司建立市值管理制度”的倡导还有多少距离？

而被广为传递的，还是不专业的机构与媒体渲染地贴上市值管理标签的资本腾挪术，上市公司的经办人员也希望碰到这样的民间高手好回去交差，让他们的股票可以脱离基本面而自由飞翔。试问上过当的上市公司及其实际控制人还会听这种梦话吗？脱离常识与逻辑，不是首先在公司战略层面做出的动作，无异于在浪费上市公司的时间与资源。2015 年 3 月、5 月中国上市公司协会（下文简称“中上协”）受证监会的委托组织了两期市值管理的培训，如今中上协应该受国资委、证监会委托进行上市公司董事长、总经理的市值管理培训。实践证明，市值管理只有上升到公司战略高度，发展公司、回报股东成为自觉，市值管理才能在战术层面真正达到协同效果，最终成为中国式价值管理、价值投资的方法得到推广。

在成熟市场，市值管理天然地是上市公司董事会的核心工作内容，市值表现不佳的董事会面对股东会惶惶不可终日，美国市场的 GE 公司、星巴克公司的市值表现最近都受到了质疑。我们的国有上市公司因为所有者缺位等制度原因，尽管在从管资产到管资本的背景下，国资委每年都有对市值管理的正面表述，但是让其成为董事会的核心工作内容、成为考核的指标，仍然需要寻求突破。

我们在《市值管理方略——激活需求、创造价值》《市值管理新论——从定性到定量》两本书的思维逻辑基础上，正与上海社科院市值管理研究中心进行市值管理定量检测与评价方面的努力，比如生物医药类公司研发费用支出与市值的相关关系研究等。在进行市值管理战术运用前，一定要有这样的工作内容：目标公司上市以来市值表现与原因分析、目标公司与对标公司的市值差异及原因分析（从战略到执行）、目标公司市值管理制度建设建议、目标公司资本市场工具运用建议及方案设计。可以看出这种顺序安排的逻辑，是把市值管理当成上市公司的战略来看待的，只有上升到战略层面，市值管理的战术运用才有意义。

四、市值管理相关工作应上升到董事会层面并建立专门制度

为避免陷入短期追逐市值这一旋涡，公司应建立完善的市值管理制度，并将其作为董事会的重要任务。市值管理不是解决短期市值问题，也不是企业的局部管理，是企业整体发展的战略管理，单一的职能部门必定无法实施。

同时，大多数重要的市值管理工具，如并购重组、再融资、股权激励等，都需要董事会以及股东大会的决策，因此市值管理必须上升至董事会层面的核心要务，否则，就会沦落为公司日常的事务性工作，解决不了任何实质性问题。

五、上市公司应该追求好公司与好股票的统一

上市公司作为公众公司，其使命不是简单地做好公司，有不断进步的产品与服务，与科技进步同行。同时必须清楚上市公司运营资本金来自全体股东，要有无须讨论的回报股东的意识。然而，这么浅显的道理，应该视为理念的原则，却常常、普遍地被淡忘，或根本与行为相悖。许多长期不分红、又搞不好经营、业务没有增长的公司，却还能在市场上存活，靠迎合不断变化的市场偏好、迎合概念炒作、编造并购故事，来维持与推高所谓的市值，并视其为市值管理。好股票的基本特征就是能让全体股东在承受市场波动的同时享受到投资的长期收益，而不是在一段时间内公司极少部分重要股东得益、中小股东受损的零和游戏。

好公司至少会具有门槛与替代壁垒的产品与服务、行业空间大、公司在成长与成熟期之间、有持续的正现金流等特征。好股票至少有股价与市值表现优于同行业、股权结构长期符合市场偏好、规模与流动性配比合理、公司透明度强可以迅速回应市场误读等特征。在一家公司身上，可以有好公司好股票组合、好公司差股票组合、差公司好股票组合、差公司差股票组合。各种组合会体现在公司的不同发展阶段，但好公司与好股票组合，是上市公司的追求，上市公司会希望这样的组合时间可以更长些。尽管好公司与好股票会有不同的界定，不同市场、不同主体、不同时期，会有不同的清单与排序，但是，就财务指标而言，好公司财务指标要优于同

行业，主要看资产负债表与现金流量表。好股票是投资者相信该公司未来的财务指标同样持续地优于同行业，主要看利润表。成熟市场已经把好公司与好股票的结合视为上市公司的追求，资本市场上的其他服务机构，也会利用市场信号，监测上市公司的变化和上市公司股票的变化，因为共识是：公司上市的首要目的是获得更多的市场溢价，买股票是买一个公司的未来！

资本市场会发生剧烈的变化，会受到情绪化的影响。2018 年美国市场趋势型的科技类股票要比价值型传统类公司股票走得漂亮，甚至也有人预言会脱离以往规律一直走下去，但是市场主流还是坚信股票价格是其对应的资产所产生的效益的溢价反映，短期可能偏离，但中长期一定回归，尽管回归的时点谁都无法预测，成熟市场的四块基石都把这种逻辑当成信念。成熟市场还有一个特点，即在市场低迷时，机构投资者会依据他们的理念进场，用好价格买凑合的公司或用凑合的价格买好公司，这会助推市场重新进入良性周期，市场都会经历这样的时刻，这才是更广泛意义上市值管理。

不幸的是，我们的市场由于发展时间短，四个基石都还不成熟，特别是上市公司与投资者把好公司与好股票视为两件事的比比皆是，于是上市公司市值表现不佳的，就会说他们的责任是做好公司，股价与市值是二级市场的事，与公司经营无关。而投资者更是把股价与基本面的脱节看成是新兴市场的常态，并醉心于听消息、炒概念、讲故事。一听到很差的公司财报，即所谓的核心消息，就相信未来能乌鸡变凤凰，这完全与逻辑不符，但他们相信，当中甚至还有专业机构投资者。这样的状态，真的离自觉追求好公司与好股票统一的路还很远，四大基石的自我教育任重道远！

资本市场是人类在近代最伟大的创造发明，为世界经济的快速发展提供了可能。但在创造奇迹的同时，也见证了人们滥用资本市场所导致的世界经济悲剧。因而，世界成熟市场与新兴市场在发展过程中，均积累了好的经验与案例。中国的资本市场也是在借鉴成熟资本市场的经验中诞生与发展的，短短 30 多年，也积累了诸多经验与教训。作为世界第二大资本市场，我们有理由和能力在未来走得更好。

只是，人类有健忘的毛病、侥幸的心理，往往会盲目自大，从监管机构，到投资者都有可能犯错，甚至重复犯错。但是，只要我们遵从资本市场的普遍规律（比如规模与流动性的规律、融资与投资平衡的规律、上市公司要追求股东价值最大化的规律等）就会视这些规律为理念甚至信仰，要使得资本市场健康发展，就得遵从这些理念与原则，中外市场、成熟市场与新兴市场都没有例外。如此，资本市场的四大基石才会在统一的语境下认识收益与风险、景气与萧条、牛市与熊市，才能使得资本市场真正成为宏观经济的晴雨表，才能让投资者分享微观经济增长的成果，才能使得价值投资更加深入人心而不仅仅是开始新一轮投机时的标签词。

这是需要耐心的漫长过程，这个过程中符合这些原则与理念的市值管理是宏观、微观皆可运用的系统方法，但是就像我们在上面论述的那样，运用市值管理，应有的顺序只能是：先战略后战术。

第三节　市值管理定为战略管理核心内容的意义

一、提升企业竞争力

将市值管理作为战略管理的核心内容，有利于企业不断增强自身竞争力，使市值与价值持续协同增长，提升全体股东价值。

市值管理对于企业可持续发展至关重要。首先，往哪一方面去塑造企业的核心价值，是企业的战略方向，关系到企业能走多远的问题。其次，外部金融与资本环境会影响企业战略实现的快速与否。不论是对资本市场还是对客户，乃至所有的利益相关方，一个正面良好的形象都能得道多助，这关系到企业的融资顺畅性和资金链安全性，是企业可持续发展的基础。

对于上市公司来说，将市值管理提升至战略高度，才能有效、持续提升市值增长，然后提升品牌知名度和影响力，提高公司谈判地位和议价能力，吸引更优秀的人才，与公司的品牌、人才、经营战略管理形成良性互动循环。

爱尔眼科的合伙人制度，便是将市值管理与战略管理有机结合得很好例子。公司首推“爱尔合伙人模式”，主要针对内部及新建医院的核心员工和外部引进的重要人才。新建医院的骨干医生和上级骨干人员以现金入资获得约 20% ～ 30% 股权，每个成员具体出资额按照重要性以份额制来确定。新医院达到一定盈利水平后公司通过股份、现金等方式收购合伙人所持医院股权，形成进入与退出的闭环。有效的股权激励是影响市值的又一重要因素。仔细分析，合伙人制度是把传统的股权激励方式的时间提前了，这样做有利于引进并留住核心人才，缩短新医院的盈利周期，公司也能从粗放扩张模式进入平台化管理，有利于长期发展。

将市值管理作为战略管理的核心，不仅有利于通过市值增长，降低再融资成本，利用更低的资金成本服务企业经营，还可以使公司更好地了解和把握市场需求和投资者的偏好，调整自身的经营策略和业务模式，实现资源的优化配置，最终提升股东价值。

二、避免伪市值管理

2021 年 5 月 22 日，在中国证券业协会第七次会员大会上，证监会主席易会满重磅发声，就准确把握行业高质量发展的本质内涵、正确处理好行业高质量发展的若干关系发表了讲话。此次会议上，易会满提及了近期市场关注的“伪市值管理”现象。他表示，证监会始终保持“零容忍”态度，对“伪市值管理”利益链条上的相关方，无论涉及谁，一经查实，将从严从快从重处理。

在市值管理的实践中，应科学处理上市公司的市值管理与公司大股东或实际控制人财富管理之间的关系。各种“伪市值管理”行为的背后往往都有大股东或实际控制人的身影。市值管理是上市公司的主动性行为，实现上市公司高质量发展是市值管理的目标，市值管理绝不应成为大股东或实际控制人财富管理的工具。证券主管机构及媒体不断警示，要求上市公司及实际控制人、有关金融机构和从业人员，要敬畏法规，要重视自身的声誉建设。合规是市值管理的底线，上市公司的市值管理要求大股东或实际控制人能够高度自律，保持诚信。

然而，内幕交易、虚假信息、市场操纵等违法、违规行为在资本市场中仍然时有发生。形形色色的伪市值管理给上市公司造成了很大的困扰，市场配置资源的效率也受到了不同程度的影响，中小投资者利益保护仍然在路上。科学的市值管理不仅需要上市公司的初心与坚守，而且需要大股东、实际控制人、政府监管部门、行业从业人员的共同努力与一致行动。市值管理只有切实有利于上市公司的发展、切实有利于实现实体经济与资本市场的良性互动，才能具有生命力。市值管理与市值操纵，在名词属性、受益主体、实施动机、所需时间、政策保障五方面存在本质区别，根本不是一回事。市值管理不等于管理市值，前者是管理学科、系统工程，后者是操作行为。如果后者企图短期获利，利益相关人极易利用资金、交易、信息优势滑向股价操纵的边缘，即使事与愿违地亏损，也照样在被打击之列。市值管理是公司价值管理在资本市场上的延伸，具有科学性、系统性、长期性的特征，将市值管理作为战略管理的核心内容，就可以避免各种碎片化、短期性、临时性的不规范动作。

三、沉着应对行业兴衰

在面对所处行业的兴衰时，企业更应将市值管理作为战略管理的核心内容，树立市值管理意识，明确市值管理在企业战略中的重要地位，将市值管理纳入企业的战略管理体系中。对上市公司来说，应该对行业趋势进行深入分析和研究，了解行业发展动态和未来趋势，以市值为锚，根据行业所处特点及阶段，提前制定适合自身的资本运作策略和业务发展计划，从而避免市场波动对公司的影响，避免公司市值在行业兴衰中出现剧烈的波动。

例如，在行业衰退、公司市值出现下跌时，公司应加强投资者关系管理，积极与投资者沟通，对当前公司所处行业形势进行充分解读，提高信息对称性。了解投资者的需求和期望，从而制定恰当的公司战略，是继续在该行业等待景气度回升还是转型新赛道。

通威股份和海大集团就是很好的例子，两家公司均是水产饲料行业的佼佼者，2012 年以来水产养殖规模经历高速增长期后增速放缓，水产饲料行业随之步入升级转型期，多因素影响下，水产饲料行业发展受限。后来通威股份大力开拓光伏产业，形成双主业，并且均为行业龙头，公司经营规模和市值规模大幅提升；而海大集团，锚定主业不放松，公司经营获得突飞猛进的同时，市值同样也获得了较大的增长。然而，从市值增长对经营价值的提升看，通威明显更胜一筹。通过积极介入光伏产业，通威利润规模不可同日而语，通过再融资等资本运作为公司经营业务提供的资本支撑更强有力。

四、促进资本市场有序发展

对于监管层来说，上市公司只有将市值管理作为战略管理的核心内容，才能避免为市值而市值，才能避免仅仅停留在战术层面的单一工具运用，甚至是“伪市值管理”。从而帮助资本市场有序、健康、稳定发展。

将市值管理作为公司战略管理的核心内容，可以帮助上市公司进行规范的信息披露和合规的资本运作，这有助于提高市场的透明度和公正性，增强投资者的信心和信任。同时，市值管理也可以促进市场的多元化和包容性，吸引更多的投资者参与资本市场，推动市场的发展和成熟。

系统、科学的市值管理还可以促进资本市场的创新和变革，推动市场向更加高效、透明、多元化的方向发展。将市值管理融入战略管理，还可以促进市场的监管和自律机制的完善，防范市场风险和不良行为的发生，维护市场的稳定和健康发展。

第四章

各方观点解析：市值管理是上市公司自发自律行为

引言

就市值管理表述而言，监管层与市场各相关主体在公开场合的表态都是趋同的，主要就是两点：（1）上市公司及其重要股东要关心关注公司的市场价值；（2）在实施市值管理行为时要有必要的信息披露，不能侵害中小股东的利益。本章主要介绍第二本书《市值管理新论——从定性到定量》出版之后，即2016年后的各相关方的声音，并剖析这些声音所代表的站位立场，以及通过观察其如何实践来判断不同主体对市值管理本质（股东价值管理）的理解程度与认知偏差。

第一节 监管机构的观点解析

一、国务院相关观点

2014年5月9日，被市场称为“新国九条”的《国务院关于进一步促进资本市场健康发展的若干意见》正式发布，其中第二条“发展多层次股票市场”之“（六）提高上市公司质量”具体内容为：引导上市公司通过资本市场完善现代企业制度，建立健全市场化经营机制，规范经营决策。督促上市公司以投资者需求为导向，履行好信息披露义务，严格执行企业会计准则和财务报告制度，提高财务信息的可比性，增强信息披露的有效性。促进上市公司提高效益，增强持续回报投资者能力，为股东创造更多价值。规范上市公司控股股东、实际控制人行为，保障公司独立主体地位，维护各类股东的平等权利。鼓励上市公司建立市值管理制度。完善上市公司股权激励制度，允许上市公司按规定通过多种形式开展员工持股计划。

在我国股市运行机制不健全、上市公司股价长期偏离内在价值以及市场整体缺乏长期稳定回报机制的特定历史背景下，国务院作为资本市场顶层制度设计者，将市值管理写进资本市场顶层制度设计的纲领性文件，反映了其对市值及市值管理的观点至少包括以下方面：①市值反映了上市公司的质量，即市值以内在价值为基础，市值应当与内在价值相协同；②市值需要管理、也可以管理，通过市值管理可以促进市值与内在价值的协同；③着眼于提高上市公司质量的市值管理可以阳光化开展，这是真伪市值管理的本质区别；④市值管理是一项系统化、长期化工程，因此需要上市公司建立相关制度。

“新国九条”是市值管理被监管层认可、正名与鼓励的具有标志性意义的事件，促进了上市公司对于市值管理的实践探索。

二、国资委相关观点

国务院国资委原主任 2018 年 3 月在《国资报告》杂志上发表《全面贯彻落实新发展理念，奋力开创国企国资高质量发展新局面》，提出国务院国资委 2018 年要着力抓好八个方面重点工作。在“着力抓好效益稳定增长，进一步巩固企业发展良好态势”部分，提出要加强市值管理增加股东回报，坚持以提升内在价值为核心的市值管理理念，依托上市公司平台整合优质资产，不断提升价值创造能力，强化信息披露，加强与投资者的沟通交流，坚持规范运作，争做优秀的上市公司。

国务院国资委原主任 2018 年 3 月 10 日在十三届全国人大一次会议新闻中心举行记者会回答中外记者提问中指出，市值管理涵盖的内容非常丰富，中央企业和国有企业讲的市值管理，更多是创造价值和价值的实现，加强上市公司的市值管理有几层含义，要创造价值、提高价值创造能力，要做优秀的上市公司，要提高上市工作透明度，加强与投资人和市场的沟通。国有企业、中央企业都要用好资本市场，要盘活存量资产，使更多的优质资产注入上市公司，提升上市公司的质量和公司的内在价值。各地的国有企业特别是浙江这些国有企业在实践中创造了很多的经验……总的来讲，中央企业、国有企业要上市，要到资本市场上去，就一定要努力做上市公司的优秀企业，做优秀的上市公司。

国务院国资委原副主任 2018 年 3 月 5 日在政协经济界委员驻地接受上海证券报记者采访时表示，混改和央企重组仍是 2018 年国企改革的重要工作，市值管理是国资管理的重要内容。

从国务院国资委原主任、副主任的相关表述看，作为国有企业出资人及最高国资管理机构，国务院国资委认同以市值管理提升内在价值、提高股东回报的基本理念，认为市值管理应当是国资管理的重要内容。不过，其观点更侧重于市值管理的价值创造方面，强调用好资本市场，着眼于通过资产整合、资产注入等市值管理工具提升上市公司质量和内在价值。

国务院国资委对市值及市值管理的表述一定程度上反映出将市值管理等同于价值管理，或者说将市值管理等价于依托资本市场平台、工具与手段的价值创造，而或多或少忽略了价值传递与价值实现，缺少对市值与内在价值关键连接即估值的关注。事实上，近年来随着央企国企上市公司大规模开展资产整合、资产注入，很多央企国企上市公司的资产质量或者说内在价值已经大幅提升，但是估值与市值却没有明显改善，甚至有不少公司股价长期低于每股净资产。显然，上市公司提高资产质量或者内在价值只是市值管理的一部分，真正要实现市值与内在价值长期协同增长，还需要注重影响估值的其他方面，需要制定系统化的战略规划并出台配套举措。

2021 年 2 月，上海市国资国企改革发展暨党建工作会议提出，要重点推进六个方面工作：一是优化国资布局，提升国有经济质量和效益；二是深化综合改革，健全市场化经营机制；三是服务国家战略，保障落实重大任务；四是实施科技创新，提高企业核心竞争力；五是管好国有资本，完善国资监管体制机制；六是加强党的领导，以高质量党建引领发展。其中，在深化综合改革方面，2021 年工作安排要求建立市值管理绩效水平分析评价机制，探索将上市公司市值管理纳入企业考核评优体系。

上海市国资委着眼于市值管理绩效评价，提出将市值管理纳入企业考核评价体系，这体现了上海市国资委作为国有股权出资人及上市公司股东对于市值管理的理解和重视。市值是股东价值的重要体现，上市国企重视市值、做好市值管理、促进市值与内在价值协同增长，这是国有资产保值增值的必然要求。因此，将市值管理纳入企业考核，是国资委加快实现从管企业向管资本转变，不断提升国资监管的能力和水平的必要举措，而建立市值管理绩效水平分析评价机制，则是实现对市值管理科学考核评价的基本前提。上海市国资委对于市值管理的工作安排，可以说是对国务院市值管理顶层设计与国务院国资委市值管理工作部署的进一步细化要求，对于促进地方国企上市公司贯彻落实相关政策、科学开展市值管理具有积极作用。

三、证监会相关观点

2021 年 5 月 22 日，中国证监会主席在中国证券业协会第七次会员大会上，发表《坚持稳中求进、优化发展生态，推动证券行业高质量发展新进步》的讲话，其中提到：

近日，市场对“伪市值管理”比较关注。“伪市值管理”本质是上市公司及实控人与相关机构和个人相互勾结，滥用持股、资金、信息等优势操纵股价，侵害投资者合法权益，扰乱市场秩序，境内外市场均将其作为重点打击对象。对此我会始终保持“零容忍”态度，对利益链条上的相关方，无论涉及谁，一经查实将从严从快从重处理并及时向市场公开。这里，也郑重提醒上市公司及实控人、行业机构和从业人员，要敬畏法治，敬畏投资者，远离操纵市场、内幕交易等乱象，珍视自身声誉和职业操守，共同维护公开公平公正的市场秩序。

2021 年 7 月 6 日中国证监会主席就《关于依法从严打击证券违法活动的意见》发布接受新华社记者专访，其中提到：近期，市场各方对以市值管理之名行操纵市场之实等违法行为比较关注。事实上，市值管理与操纵市场有着清晰的边界。证监会将会同公安机关坚决打击“伪市值管理”等违法行为，切实净化市场生态。

2023 年 2 月 24 日，证监会官网集中公布了 27 条对 2022 年全国两会代表委员建议提案的答复。其中，证监会在对《关于强化证券精准监管保障上市公司高质量发展的建议》的回复中明确，将强化对“伪市值管理”的精准打击。

证监会上述关于市值管理的表述，反映其站在证券市场监管者角度，侧重于关注市值管理实践的合法合规性，明确将市值管理与打着市值管理旗号的操纵市场、内幕交易等行为严格区分，表明其打击“伪市值管理”、维护市场秩序、净化市场生态的监管态度。从证监会对真伪市值管理的严格区分，可以看出证监会对于市值及市值管理的认知与支持态度。显然，证监会认可市值与上市公司内在价值的关系，认可上市公司高质量发展离不开做好市值管理，只不过作为市场监管机构，证监会对于市值管理的表述更多是从证券市场中存在的违法违规行为和反面案例等角度展开。

2022 年 11 月 21 日，证监会主席在 2022 金融街论坛年会发表主题演讲，其中提到：要深刻认识我们的市场体制机制、行业产业结构、主体持续发展能力所体现的鲜明中国元素、发展阶段特征，深入研究成熟市场估值理论的适用场景，把握好不同类型上市公司的估值逻辑，探索建立具有中国特色的估值体系，促进市场资源配置功能更好发挥。估值高低直接体现市场对上市公司的认可程度。上市公司尤其是国有上市公司，一方面要“练好内功”，加强专业化战略性整合，提升核心竞争力；另一方面，要进一步强化公众公司意识，主动加强投资者关系管理，让市场更好地认识企业内在价值，这也是提高上市公司质量的应有之义。

证监会上述关于市场估值的表述，表明其已不仅仅是以监管者视角着眼于市值管理具体实践的合法合规性问题，而是开始关注市值与内在价值的协同问题，认识到内在价值是通过估值体现在市值之中，市值管理不是做好内在价值创造就万事大吉了，包括投资者关系管理在内的、旨在加强价值传递与价值实现的价值管理也是至关重要、不可或缺的。证券市场不仅要讲价值、讲市值，还要讲估值，有合理的估值，才会有市值与内在价值的溢价协同。如果估值长期过低，股东价值持续受损，又何谈内在价值呢？

四、2023 年活跃资本市场主要政策

2023 年 7 月 24 日中央政治局召开会议，提出要“活跃资本市场，提振投资者信心”。围绕如何落实中央政治局会议精神，各有关部门逐步出台了一些政策措施。

8 月 10 日，沪深交易所宣布将加快在完善交易制度和优化交易监管方面推出一系列务实举措，如研究允许股票、基金等证券申报数量可以以 1 股（份）为单位递增，研究引入 ETF 的盘后固定价格交易制度。

8 月 18 日，证监会指导上交所、深交所、北交所自 8 月 28 日起降低证券交易经手费。沪深交易所将 A 股、B 股证券交易经手费从 0.004 87% 双向收取下调为 0.003 41%，降幅达 30%；北交所则再次将证券交易经手费下调 50%。

8 月 21 日，财政部、税务总局等部门发布了支持资本市场发展的税费优惠政策，对内地个人投资者通过沪港通、深港通投资香港联交所上市股票取得的转让差价所得和通过基金互认买卖香港基金份额取得的转让差价所得，暂免征收个人所得税。

8 月 27 日，财政部、税务总局公告自 8 月 28 日起下调证券交易印花税税率，由按股票交易成交金额的 1‰对卖方单边征收，下调至按 0.5‰征收。

8 月 27 日，证监会出台落实活跃资本市场的三项重要政策：①统筹一二级市场平衡优化 IPO、再融资监管安排，具体举措包括阶段性收紧 IPO 节奏，对于金融行业或其他行业大市值上市公司的大额再融资实施预沟通机制，对破发、破净、经营业绩持续亏损、财务性投资比例偏高的公司再融资进行限制，对再融资的规模、间隔时间和募投方向也将严格限制。②进一步规范股份减持行为，明确上市公司存在破发、破净情形，或者最近三年未进行现金分红、累计现金分红金额低于最近三年年均净利润 30% 的，控股股东、实际控制人不得通过二级市场减持本公司股份。同时也要求严控其他上市公司股东减持总量，鼓励上述股东承诺不减持股份或者延长股份锁定期。③证券交易所调降融资保证金比例，支持适度融资需求。经证监会批准，上交所、深交所、北交所修订《融资融券交易实施细则》，将投资者融资买入证券时的融资保证金最低比例由 100% 降低至 80%，此调整将自 2023 年 9 月 8 日收市后实施。

9 月 1 日，证监会指导证券交易所出台加强程序化交易监管系列举措。

9 月 10 日，国家金融监督管理总局发布《关于优化保险公司偿付能力监管标准的通知》，下调保险公司投资沪深 300 指数成分股、科创板上市普通股票等权益资产的风险因子，为险资入市进一步打开空间。

9 月 14 日，人民银行发布公告称，将于 9 月 15 日下调金融机构存款准备金率 0.25 个百分点（不含已执行 5% 存款准备金率的金融机构）。

10 月 11 日，汇金增持四大行（工商银行、农业银行、中国银行、建设银行），并且表示未来 6 个月内还会继续增持。

10 月 14 日，证监会宣布对融券保证金进行调整优化，普通融券的保证金比例由 50% 提高至 80%，对于私募机构的融券保证金进行差异化提升，即由 50% 提高至 100%。同时，针对上市公司高管与核心员工参与战略配售后阶段性出借股票的规则进行了优化调整，取消了上市公司高管、核心员工通过参与战略配售专项资管计划出借，适度限制其他战略投资者在上市初期的出借方式和比例。

2023 年以来，A 股市场整体表现低迷，交易热度明显下滑，上证指数 10 月 20 日再次跌破 3 000 点大关，悲观预期有在资本市场不断发酵、自我强化的迹象。在此背景下，政治局会议提出“活跃资本市场”要求，证监会等部门迅速出台一揽子政策措施，引起社会各方广泛的关注与讨论。我们站在市值管理视角，也对相关政策做些简要点评。

如果将活跃资本市场看作是宏观层面的市值管理，那么首先要明白的是，市值是内在价值的集中体现、市值是内在价值在资本市场上的估值这两个基本原理，因此，活跃资本市场关键是要从内在价值和估值两个方面入手，出台有针对性的政策，改善市场预期。从已出台的一揽子政策措施看，似乎并没有抓住问题的关键。

相关政策措施主要围绕四个方面：一是降低交易成本，包括下调印花税和证券交易经手费，以及研究允许将最小交易数量由 100 股下调为 1 股等；二是限制做空力量，包括提高融券保证金比例、限制战略配售股出借融券、进一步限制控股股东及实际控制人通过二级市场减持股份等；三是减少融资端抽血压力，包括阶段性收紧 IPO 节奏、对再融资进行限制等；四是扩大入市资金来源，包括降融资保证金比例、下调保险公司投资股票的风险因子、下调金融机构存款准备金率、汇金入市增持四大行等。

上述四个方面的政策，有助于改善宏观层面的经济增长以及微观层面的上市公司业绩吗？似乎并没有很强的针对性。也就是说，一方面，相关政策对于提高资本市场内在价值的作用十分有限，甚至可以说几乎没有针对内在价值的有力举措；另一方面，相关政策对估值的影响也微乎其微，上述二、三、四方面政策主要着眼于改善股市供求关系，可能在短期内对平衡买卖双方力量有些许作用，但不能从根本上改变投资者对市场的预期，也就不能让投资者对估值做出有利于市场上涨的调整。总体来看，相关政策没有聚焦于市场内在价值和估值这两个关键点，政策效果也就不言自明了。

当前市场最大的问题是投资者对于宏观经济前景和上市公司未来业绩的预期较低，进而影响了对上市公司的估值，最终反映在交易层面的用脚投票、市场下跌，也就是从内在价值到估值再到市值的传导链条。因此，要想从根本上活跃资本市场，关键还是要扭转市场对经济前景的预期，这可能需要出台刺激经济的强力政策。同时，为了防止市场进一步持续下跌造成金融风险，扭转市场在交易层面的预期和行为，可能需要短期内加大资金入市托底力度，这也是许多市场人士呼吁尽快设立平准基金的原因。另外，从活跃交易和改善估值的角度，营造公平公正和稳定透明的市场环境非常重要，相关政策对市场诟病较多的融券问题有所回应但力度不足，特别是针对战略配售股出借融券的限制措施，并没有针对涉嫌违法和制度漏洞等问题给出令市场满意的回应，而针对大股东减持问题虽然新增限制措施，但同时也会带来政策多变、无法预期的问题，从长远看对于市场的影响难言正面。

值得欣慰的是，10 月 24 日，十四届全国人大常委会第六次会议表决通过了关于批准国务院增发国债和 2023 年中央预算调整方案的决议，明确中央财政将在今年四季度增发 2023 年国债 1 万亿元，全部通过转移支付方式安排给地方，今年拟安排使用 5 000 亿元，结转明年使用 5 000 亿元，集中用于支持灾后恢复重建和弥补防灾减灾救灾短板。

本次 1 万亿元特别国债发行超出市场预期，释放稳增长政策发力的信号。一般国债发行额度通常需要在年初提前编入《政府工作报告》，而后在全国两会期间提请全国人大审议通过，再由财政部根据预算安排和市场情况，分批分期发行。不过，国务院根据预算法可以按照实际情况，直接提请全国人大常委会调整当年预算。本次增发国债即属于调整当年预算，全国财政赤字将由 38 800 亿元增加到 48 800 亿元，预计赤字率由 3% 提高到 3.8% 左右。当前增发国债和调整预算，有利于增加可支配财政资金、优化债务结构、防范化解地方债务风险。以万亿元国债发行为标志，财政政策转向实质积极，拉开大规模经济刺激计划的序幕，彰显了中央政府稳增长的决心。

可以说，增发 1 万亿元国债向市场传递了刺激经济复苏的重要信号，有助于提振市场信心，改善市场对四季度及明年经济增长的预期。政策公布后，市场研究机构迅速对其拉动经济效果做出分析研判，国内某头部券商研究部将2023年四季度和全年GDP增速预测分别上调至5.6%和5.3%，全年基建投资增速或在8%以上，并预计政策效果更多体现在2024年，估计对2024年GDP或有1个百分点左右的额外拉动。

上述政策虽然不是直接针对活跃资本市场，但是由于起到了扭转市场对经济前景预期的关键作用，改善了资本市场的内在价值预期和估值基础，因此事实上产生了活跃资本市场的有效作用。政策公布当晚，境外富时A50中国指数期货、美股中概股、纳斯达克中国金龙指数等均应声大涨。上证指数自10月25日至30日连续4天上涨，一鼓作气收复3 000点大关。

更加令市场为之一振的是，10月30日至31日在北京举行的中央金融工作会议，首次提出要"加快建设金融强国"，并再次强调当前要"活跃资本市场"。中央金融工作会议指出，"金融是国民经济的血脉，是国家核心竞争力的重要组成部分"，提出"更好发挥资本市场枢纽功能，推动股票发行注册制走深走实，发展多元化股权融资，大力提高上市公司质量"，强调"要着力打造现代金融机构和市场体系"。现代金融市场是以资本市场为核心的直接融资体系。金融强国必然要有强大的资本市场，而强大的资本市场一定是由高质量的上市公司有机构成的，反映上市公司的市值持续增长和资本市场的股东价值与财富效应。本次中央金融工作会议将活跃资本市场上升到加快建设金融强国的国家战略层面，为资本市场宏观层面市值管理进一步营造了有利的政策环境。

第二节　上市公司的观点解析

在实践中，市值管理还未被多数行业或企业重视。多数上市公司主要重视经营业绩的提升，并未将市值管理作为企业管理的主要内容，也未关注到市值表现与企业经营业绩的协调性，形成了市值管理与经营管理"两张皮"现象。同花顺搜索显示，共有573家上市公司曾在年度报告中提及市值管理。在此，我们挑选了13家在2022年年度报告中提及市值管理的上市公司及其观点作简要解读。

一、长江电力 2022 年度报告

公司将进一步发挥信用优势，利用各种融资工具和渠道，优化债务结构，降低资金成本。主动服务长江经济带、长江大保护、碳达峰碳中和等重大国家战略，把握国家电力体制改革、混合所有制改革、清洁能源转型、新能源发展等重大机遇，积极进行产业链延伸和国际化发展。把握资本市场改革、体制不断完善的良好机遇，围绕主业积极稳妥开展投资，精心开展市值管理。以价值创造为导向，坚持聚焦主责主业，围绕清洁能源、智慧综合能源、产业链上下游等业务拓展方向，积极稳健开展战略性投资。坚持盘活存量资产，推动参股股权资产轮动，加强主动市值管理，结合资本市场走势，充分挖掘存量股权价值。长江电力年报关于市值管理的表述主要聚焦增量价值创造和存量价值实现两个方面。以价值创造为导向积极稳健开展战略性投资，体现了公司对于市值是内在价值集中体现的理解与认同，因此其市值管理首先是基于增量投资的内在价值创造。同时，公司也注重内在价值在资本市场的实现，“推动参股股权资产轮动”具有资产注入、减持变现等潜在含义。总体上，公司对于市值管理的理念看起来更注重提升和实现公司价值，没有强调市值管理对于增加股东价值、提高股东回报方面的考虑。

二、中国电建 2022 年度报告

落实国务院国资委关于“加强市值管理，增加股东回报”的要求，提升国有资产市值管理水平，提高公司资源配置效率，增强股票流动性，使公司价值最大化，为股东创造价值，电建集团于报告期内向博时中证央企结构调整交易型开放式指数证券投资基金、华夏中证央企结构调整交易型开放式指数证券投资基金划转所持公司股票共计 458 971 000 股（占公司总股本比例的 3%），在划转后，电建集团持有本公司股份 8 925 803 976 股，占公司总股本的 58.34%。

中国电建年报关于市值管理的表述，将国有大股东减持股票作为落实国务院国资委关于“加强市值管理，增加股东回报”要求的具体举措。诚然，合理减持是股东开展市值管理、实现持股价值的方式之一，但是，国有大股东减持股票与公司价值最大化没有直接关系，更谈不上为全体股东创造价值。在日益强调保护中小投资者利益的今天，公司对于市值管理的理解显然失之偏颇。

三、国网英大 2022 年度报告

协同双主业，全力推进高质量发展。以“金融 + 先进制造”双主业模式为驱动，强化价值创造，持续改善经营，提升盈利能力，进一步增强资本市场影响力。强化市值管理，认真落实国务院国资委关于提高上市公司质量的工作要求，开展上市平台功能价值研究，建立具有产业金融特色的市值管理体系。强化公司治理，严格落实各项监管要求，强化“三会”合规运行，全面提升 ESG 治理和信息披露水平；增进价值认同，提升投资者关系管理，有效传递公司价值，促进市场价值与内在价值齐头并进。

国网英大年报关于市值管理的表述体现了公司对于市值管理具有较为全面深入的理解。一方面，公司强调了改善经营与提升盈利能力的价值创造，体现其对市值是内在价值集中体现的理解与认同；另一方面，公司也充分认识到价值传递和价值实现环节的重要性，强调通过投资者关系管理增进价值认同，促进市值与内在价值协调增长。此外，公司提出开展上市平台功能价值研究，建立具有产业金融特色的市值管理体系，体现出公司理解市值管理不是短期化、碎片化、应急式行为，而是一项长期化、系统化工程，因此注重市值管理体系建设。

四、中国核建 2022 年度报告

报告期内，公司按照监管要求，及时、准确披露定期报告和临时公告，在法定披露的同时，优化主动披露的内容，根据业务情况披露核电工程签约公告，便于投资者进一步了解公司业务。同时，积极与投资机构开展路演，多渠道召开业绩说明会，进一步强化信息披露和市值管理，连续两年荣获中国上市公司协会“上市公司年报业绩说明会最佳实践”。

中国核建年报关于市值管理的表述集中于做好信息披露，反映其对于市值管理的理解主要在于价值传递环节，在一定程度上将市值管理等同于投资者关系管理。不可否认，投资者关系管理是市值管理的重要方面，但远远不是市值管理的全部。公司注重强化信息披露是值得肯定与鼓励的，同时也希望公司能全面理解市值管理的内涵，进一步综合运用市值管理工具与方法，将市值管理提升至系统性、战略性高度。

五、苏州银行 2022 年度报告

董事长致辞中指出，2022 年，稳步推进市值管理，全年股价增幅超 30%、月 K 线连续 7 连阳，跑赢中证银行指数，投资价值获得认可。

苏州银行年报关于市值管理的表述，将市值管理与股价表现直接挂钩，将股价大幅上涨作为市值管理的成果表现，这在上市公司年报中是比较罕见的。市值管理成效如何，当然最终要靠市值表现来检验，我们鼓励上市公司在做好内在价值创造基础上大胆讲市值。不过，我们也要强调，市值管理并非股价管理，股价大幅上涨不一定代表市值健康，上市公司应该追求的是市值与内在价值的溢价协同增长。

六、均瑶健康 2022 年度报告

做好市值管理、积极适时地推进再融资计划，发挥资本市场和财务杠杆的融资功能，满足公司快速发展的需要；同时，积极关注国内外健康饮品及相关产业投资并购机会，收购或引入国内外知名的品牌或产品，完善产业布局。

均瑶健康年报关于市值管理的表述，侧重于再融资和兼并收购两大类市值管理工具的运用，是比较典型的从资本运作视角看市值管理。既然成了上市公司，当然应该用好资本市场平台，发挥市场投融资功能，促进内在价值不断提升，同时也在资本市场树立良好形象，有助于市场对公司的价值发现与认同。

七、幸福蓝海 2022 年度报告

进一步创新市值管理，结合公司业务发展及资金需求，公司积极利用资本市场平台优势，借助资本市场政策支持，适时通过收购兼并等手段，引进战略投资者，筹集资金，拓展公司业务，优化资本结构，加强市值管理，使公司尽快进入高速发展的轨道。

幸福蓝海年报关于市值管理的表述显得有些散乱，似乎是把能想到的与市值管理相关的词语都用上了，虽然强调创新市值管理，但并未阐明有何创新之处。事实上，我国上市公司的市值管理实践总体上还处在起步探索阶段，多数上市公司连最基础的市值管理是什么、怎么做、如何评价等问题都还没有完全搞明白，又何谈创新呢？我们希望上市公司务实一些，真正认识与理解市值管理并不容易，想要系统化长期化做好市值管理更不容易，这也是我们提出上市公司应尽快建立自己的市值管理部门、聘请专门的市值管理顾问的原因。

八、光明乳业 2022 年度报告

公司将积极运用资本手段，加快全国布局，构建行业竞争新格局。加快长三角等区域产业集群建设，发展新的优质奶源基地和优势区域市场。进一步推进资源整合，拓展渠道和网点资源，做好地区发展联动。发挥上市公司融资平台功能，加强市值管理，为股东创造价值。

光明乳业年报关于市值管理的表述强调发挥融资功能，似乎将再融资等同于市值管理，反映其对市值管理的理解比较狭隘。市值管理当然包括再融资，其逻辑是基于募投项目前景及其对公司内在价值的提升，影响投资者对公司的预期和估值，促进市值与内在价值协同增长。但是，市值管理不应只强调融资，上市公司更不应该给自己贴上融资平台的标签，否则为股东创造价值可能将只是一句空话。

九、中信出版 2022 年度报告

加强市值管理，主业和并购并举。基于重大战略合作或资本运作项目驱动市值提升，积极拓展和谋划资本运作，做到市值和业务同步发展、价值和利润双赢。重点关注在知识和信息服务业、新媒体传播、IP 产业、AIGC 应用等领域的布局，打造第二增长曲线和新业态、新未来的产业布局。

中信出版年报关于市值管理的表述，同样也是典型的从资本运作视角看市值管理，聚焦于通过战略投资和产业布局促进业务发展和价值提升。公司直截了当地强调“基于重大战略合作或资本运作项目驱动市值提升”，这在上市公司年报中也是比较少见的，充分显示了公司对于市值的重视。

十、长春高新 2022 年度报告

公司经过持续多年的业绩快速增长，目前产品市场开发指数、总体业绩基数均积累到较高水平，随着市场政策调整、竞争加剧、消费疲软等显而易见因素的叠加出现，公司产品指数和业绩目标，试图继续维持远高于行业平均增速的增长幅度已越来越不现实了。然而，由于投资者的惯性思维，加上非理性投资方式的扰动，资本市场对公司经营能力产生怀疑，进而影响公司市值表现。公司将在优化产品布局、提升管理水平、保持业绩持续稳步增长的前提下，继续加强市值维护与管理，在严格遵循监管规则的同时，努力拓宽交流沟通渠道，增加与市场投资者的交流频次和交流深度，以诚相待，报喜也报忧，将公司的发展前景和投资价值充分展示给股东，为价值投资者进行理性判断、增强投资信心提供真实、详尽的数据依据支撑，进而达到使公司市值维持在应有之科学、合理价值区间的工作目标。

长春高新年报关于市值管理的表述非常坦诚与务实，既体现了公司对于市值的高度重视，又传递了公司对于市值与内在价值关系的正确理解，公司强调，加强市值管理的目标不是维持脱离内在价值支撑的非理性市值上涨，而是力求使市值维持在科学合理区间，这与我们提出的市值与内在价值溢价协同的理念相一致。我们希望有更多的上市公司能够正确认识市值，在秉持相同理念的前提下加强市值管理，促进证券市场向理性与价值回归。

十一、中国核电、蓝晓科技、花溪科技 2022 年度报告

中国核电提出着力提高经营管理水平，着力加强公司市值管理，全面加快建设世界一流企业。蓝晓科技提出重视风险防控，做好市值管理，树立创新规范公开透明资本市场形象。花溪科技提出加强公司战略管理、市值管理、公司治理，对标头部农机上市公司，多维度有针对性进行持续改善与提升，助力公司高质量发展。

上述三家公司虽然在年报中提及市值管理，但表述过于笼统，没有体现出公司对市值管理的理解、理念、方法和思路。相关公司具有开展市值管理的意识，但是对市值管理的认识可能还处在一知半解的程度。我们期待相关公司能够结合公司实际情况，提出更加具体和有针对性的市值管理目标和举措。

第三节　其他相关主体的观点解析

一、中国上市公司协会

2012 年 8 月 16 日，中国上市公司协会副会长杨桦在中国上市公司协会与证券时报社共同主办的《中国 A 股上市公司社会责任报告研究（2012）》新闻发布会上的发言中提到：加强市值管理，维护股价稳定是当前上市公司最基本和最重要的社会责任。对自身股价大幅度波动，采取“不管、不理、不问”的态度是不负责任的表现，上市公司要切实加强市值管理，要像经营、财务等一样将市值管理纳入战略规划之中，专门组织研究公司的市值管理，提出切实可行的战略措施。

2014 年 12 月 24 日，中国上市公司协会投资者关系管理专业委员会副主任委员陈学荣在《关于上市公司如何开展市值管理的几点思考》中提出：市值管理观念上的成熟需要一个长期的过程，这不仅需要市场各方的努力，更需要政策部门的指引。建立中国资本市场市值管理标准化管理体系或许是一个有效的措施，这不仅关系着诸多上市公司未来的发展命运，更是中国资本市场走向日趋成熟完善的催化剂。我们期待这剂良药能促进中国资本市场健康持续的成长与发展。

2019 年 4 月，中国上市公司协会发布《投资者关系管理专业委员会工作规程》，规定委员的职责包括组织开展上市公司市值管理研究，指导协会会员开展市值管理相关工作。

中国上市公司协会是依据《中华人民共和国证券法》和《社会团体登记管理条例》等相关规定成立的，由上市公司及相关机构等，以资本市场统一规范为纽带，维护会员合法权益而结成的全国性自律组织，中国上市公司协会是非营利性的社会团体法人。协会以“服务、自律、规范、提高”为基本职责，致力于促进提高上市公司质量，促进完善上市公司治理，推动建立良好的公司文化，竭诚打造上市公司高端服务平台，进而促进提高整个资本市场的质量。

中国上市公司协会关于市值管理的上述观点，体现了协会对于市值管理的重视，市值管理应当是上市公司自发、自律、自强的行为，是上市公司履行社会责任的重要方面。协会关于市值管理的表述，更侧重于以投资者关系管理为主的价值传递环节，特别强调了维护股价稳定、防止股价大幅波动的市值管理目标，同时提出需要在政策部门的指引下建立市值管理标准化管理体系。

中国上市公司协会作为上市公司自律组织，其提出的上市公司应加强市值管理、维护股价稳定、建立市值管理标准化管理体系等观点和意见非常具有建设性，对于提高上市公司质量、增加股东回报、促进资本市场健康发展具有积极意义。不过，市值管理的目标不是简单地维护股价稳定，市值管理的内容也不是只有投资者关系管理。协会强调通过市值管理维护股价稳定，容易被人误解为市值管理就是股价管理，那就陷入了市值管理的理解误区。协会将指导会员开展市值管理相关工作的职责放在了投资者关系管理专业委员会，则是将市值管理“降级”了。目前，上市公司开展市值管理的方法与路径还远远没有达到应有的高度，市值管理实践还主要停留在董事会秘书、证券事务代表等关心资本市场反应及投资者关系管理的层级，长期效果可想而知。我们赞同建立市值管理标准化管理体系，并且还应当建立科学的市值管理考核机制。目前上市公司对于市值管理普遍还没有到制度建设、定人定岗，更没有到科学考核的程度。因为没有科学的考核机制，也就无法衡量市值管理行为与绩效，以至于无法反馈市值管理行为的偏差，也就无法达到影响与管理预期的效果。

二、咨询公司：麦肯锡

麦肯锡在其文章《拨开迷雾，回归价值：中国企业市值管理的正道坦途》中写道，对上市公司个体而言，市值最大化是利润最大化目标的重要补充和提升，健康的市值和持续的股东总回报是企业再融资的基础，是运用员工持股计划和股票期权等工具激励员工的前提，也是体现资本市场对公司发展前景认可度的晴雨表。因此，市值管理应当是集战略、财务、业务、管理、组织、激励和资本市场沟通的“综合工程”。

麦肯锡认为，收入增长、投资资本回报率与有效的投资者沟通推动市值的增长。但今天中国企业面临的最大挑战是做优回报，实现高质量的增长。对于追求吸引长期战略投资者的上市公司而言，市值管理的核心是拨开资本市场的迷雾，回归企业价值创造的基本面，其中管理投资资本回报率（Return on Invested Capital,

ROIC）尤为重要。

麦肯锡研究发现，A 股市场估值在很大程度上与企业的盈利水平尤其是 ROIC 息息相关。如果把市值比作一个蓄水池，业绩增长和持续盈利比作源源不断的入水口，那么 ROIC 就是保持水位的拦河大坝。只有堤坝足够高，蓄水池的水位才能稳步上升。如果堤坝太矮或者不牢固，则入水越快压力越大，最终一泻千里，功亏一篑。与业务高速增长相比，提振 ROIC 将更有可能在中短期内转化为健康的企业市值。也只有在 ROIC 健康合理的基础上，公司业务的增长才是高质量的增长，才有可能转化为优秀的股东回报。

文章最后总结，要在风云变幻的中国股票市场实现长期市值提升，上市公司应回归本源与初心，明确战略、做实盈利、提振投资资本回报率，沿着市值管理的正道坦途坚定不移地走下去，方可受到价值投资者的青睐，实现可持续的长期股东回报。

麦肯锡上述关于市值管理的表述，是从“道”与“术”两个层面提出了对于市值管理的观点和建议。麦肯锡在阐明市值的重要性的基础上，提出市值管理应当是集战略、财务、业务、管理、组织、激励和资本市场沟通的“综合工程”。这与我们一直强调的市值管理是长期的战略管理与系统工程的观点相一致。市值管理首先是战略管理，是一项长期性系统性工程，要回归企业价值创造的基本面，这是市值管理的“正道”。在此基础上，麦肯锡分析了推动市值增长的因素，发现提振投资资本回报率将更有可能在中短期内转化为健康的企业市值，从而在战术层面给出了上市公司做好市值管理的具体建议。重视投资资本回报率，是站在投资者视角，体现了股东价值和市场估值的重要性。因此，麦肯锡对于市值管理的观点，既体现了市值是内在价值集中体现的这一本质，又体现了市值是内在价值通过估值反映的结果，不仅强调价值创造，而且强调价值传递与实现，值得上市公司学习借鉴。

三、律师事务所：金杜

律师事务所主要从合规角度探讨市值管理，比如，金杜律师事务所在其《市值管理与操纵证券市场之别》文章中，分析了伪市值管理操纵证券市场的认定要点，指出伪市值管理的操纵证券市场行为是一种利用信息优势、持股优势、资金优势影响证券价量以牟取不法利益的违法犯罪行为，其边界是相对清晰的。操纵行为与合法合规的市值管理之间并不存在过多的模糊地带。所谓市值管理的模糊性，完全是一种误解，认为二者边界不清晰更是对抗监管和司法机关的一种借口。合法合规的市值管理一定是依据《证券法》等相关规定在指定的信息平台对上市公司的相关市值管理措施进行披露，保护投资者的知情权，使得市场更加透明有序且理性；而形形色色的“伪市值管理”行为，有关各方都会极力隐瞒或否认，违规披露或不披露相关信息。合规开展市值管理，上市公司应严守证监会提出的“三条红线”和“三项原则”，中介机构应严格遵守业务规则，遵守合规及内核要求，勤勉尽责，不触碰监管红线。

我们认同真伪市值管理之间没有模糊地带，与律所基于法律法规的视角不同，我们基于市值是内在价值的集中体现这一本质，认为只要是不以内在价值为基础、不以全体股东利益为考量、不以市值与内在价值溢价协同为目标的所谓市值管理行为，都可以被视为是伪市值管理，而伪市值管理如果触碰了监管红线，就成了违法违规行为，性质就更加恶劣。证监会已披露多起违法违规的伪市值管理典型案例，上市公司和中介机构都应当引以为戒。

四、学术研究机构

近年来，对市值管理的研究与讨论从实务界拓展到了理论界，不少高校开展了市值管理相关的研究与课程，形成不少研究成果。从学位论文看，目前已有超过200篇研究生论文以市值管理为主题。从期刊论文看，在学术期刊上发表的以市值管理为主题文章已超过400篇，在报纸上发表的相关文章超过100篇。

相关研究既有对市值管理进行全面讨论的，也有从某个角度切入探讨细分问题的，有的关注市值管理的机制设计、分析框架和评价指标，有的研究公司治理、股权激励、股票质押等影响市值管理的具体因素。我们乐见市值管理能够引起学术界的关注，也希望有更多主体参与市值管理的研究与实践中。市值管理是公司管理理论在资本市场上的延伸与创新，既是一种管理活动（管理价值创造、价值实现、价值协同的活动），又是一种管理思想与方法（关于溢价协同的预期管理），具有科学性、系统性、长期性的高门槛特征，因此，市值管理的发展离不开实践探索与理论研究的相辅相成。

第二篇

路径推演篇

第五章

市值表现：定量解析影响因子

引言

市值波动是资本市场的常态，一方面是融资者在IPO时根据市场环境或高或低的基础定价；另一方面投资者的短中长交易策略的因素叠加，使得波动方向难以把握，如果不对统计分析进行定量解析，市值的大起大落或会成为玄学，一个上市公司的市值表现或许更是如此。有的是疯涨、有的是无人问津、有的是预喜财报公布后大跌，有的是朦胧利好政策落地前大涨，如何科学解析好市值表现背后的逻辑，搞清楚主业经营情况、重要股东的减持、市场阶段性偏好、并购等或然性事件在市值变化中的占比。从市值看价值、从市值的持续增长看价值的持续增长，最终得出一个结论：长期而言，市值影响因子中内在价值是最稳定最重要的因素与变量。这个结论是我们的市值价值观，是坚持价值规律、进行科学有效的市值管理应用的理论基础。

第一节　市值表现定量解析的定义

市值是衡量上市公司的一个重要维度，无论是对上市公司或其重要股东来说，均有重要意义。作为市场交易的结果，市值同时也是公司多重信息的集中体现。因此市值的表现会受到多方因素的影响。例如经营业绩、行业景气度、市场政策、宏观经济等。

$$MV_{it}=f(X_{1t},X_{2t},X_{3t},X_{4t},\cdots)+U_{it} \tag{5-1}$$

其中：

MV 为市值；

X 为影响市值的各个因子；

U 为随机误差项。

从主观及经验判断来看，上市公司的市值表现短期上可能与相关消息、政策、市场热点等有关。例如，有些上市公司的 ChatGPT 业务还停留在项目方案阶段，或还没形成规模性现金流，市值就开始受到市场炒作的影响。但长期来看，市值还是会围绕内在价值上下波动。这些因素短中长期对市值表现的贡献程度到底有多少？上述主观经验判断是否成立，这需要运用数量经济及数理统计等方法，对影响市值的各个因子进行定量解析。

定量解析是一种基于数学、统计和计算机技术的分析方法，用于解决资本市场中的问题。它强调量化数据和过程的变化，以帮助上市公司在复杂的资本市场中寻找到影响自身市值的各类因素，并依据相关数据，选择合适的市值管理路径。定量分析提供了一种将大量数据转换为有用信息的方法，从而帮助上市公司对市场变化做出更好的判断。

定量解析在市值管理中的应用使得公司市值管理的开展更加高效、精准。由于定量解析主要基于数据和数学模型，这使得分析结果更加客观并可验证。通过使用统计方法和计算机技术，定量分析能够有效地处理大量数据，并为企业提供有价值的信息。通过使用高级数学模型和统计方法，定量分析可以精确地测量影响公司市值表现的因子、市场变量、风险和收益等指标，从而提供更准确的参考。同时定量分析作为高度系统化和结构化的分析方法。它采用严格的步骤和流程，以确保分析结果的一致性和可靠性。这种系统性方法使得定量分析在处理复杂和多变的市场数据时更加可靠。

但定量解析也存在一定局限性，因为定量解析的准确性和可靠性在很大程度上取决于所使用数据的质量和完整性。但数据收集和处理可能会受到各种因素的影响，如数据来源的可靠性、数据覆盖范围和数据时效性等。如果公司披露的数据存在造假的可能，则会对定量分析造成一定的影响，而且定量解析依赖于复杂的数学模型和统计方法来解释和预测相关内容。然而，这些模型也可能存在风险，因为它们基于对市场行为的假设和简化，而这些假设可能不适用于所有情况。

所以作为金融领域中非常常用且重要的分析方法，定量解析公司市值表现可以很好地为上市公司提供精准有效的数据，为后续进一步开展市值管理工作提供参考。

第二节　市值表现定量解析的方法

一、推理确定影响因子

基于长期的实践及理论研究，我们发现影响上市公司市值的影响因素种类繁多。在对各个因子进行定量解析前，我们运用统计学的手段，来推理确定可能影响市值的因子有哪些。我们选取了 2006 年 1 月 1 日之前上市的公司作为研究样本，因为 2005 年 A 股完成股权分置改革，才实现了真正意义上的全流通，市值才具有真正的意义。2006 年 1 月 1 日至 2016 年 9 月 30 日的十年间，市场经历了熊牛，其中，市值增长超 10 倍的公司多达 292 家，占比 27.71%。其中，华夏幸福市值涨幅达 203 倍，但 2016 年后受政策等多因素影响，公司市值大幅缩水。

我们对这 292 家市值高增的公司统计分析发现，他们市值高增的背后可能与这些影响因素有关。

（一）行业景气度

这些 292 家公司中，消费行业共计 88 家，其中白酒板块是市值高增的集中营，另一个高增长上市公司的集中营为医药行业，诞生了 40 家市值涨幅超过 10 倍的上市公司。这些公司所处行业在当时都处于景气度较高的区间。

其他诸如计算机软件行业的用友网络与长城信息、神州数码更是搭上了互联网飞速发展浪潮，市值在 2015 年中巨幅增长。

再比如稀土行业，2010—2012 年间，稀土价格快速上涨，从而驱动稀土上市公司盈利能力快速提升，占据行业优势。作为我国乃至世界最大的稀土生产基地，北方稀土（原包钢稀土）市值涨幅相较 2006 年年初一度超过 49 倍。随着稀土价格的回落，其市值也大幅下降，经历2014年年末第五轮牛熊市后，市值仍增长了22倍。

（二）政策偏向

2008年金融危机后，有色、房地产行业政策面全面宽松，A股上演了一波小牛行情，这些行业所属公司市值涨幅明显，如西部资源、山东黄金、驰宏锌诸等。许多有色行业上市公司在2010年中创下历史最高市值。

与之相反，2020年房地产“三道红线”等限制政策的出台，一定程度上对房地产开发行业的上市公司市值产生了消极影响，房地产行业市值整体缩水。这些现象都表明市场政策偏向也是影响市值表现的一个维度。

（三）经营状况

作为上市公司，基本职能就是价值创造，把投入变成产出。且市值＝市盈率×净利润。所以公司经营状况的表现势必会对市值走势产生影响。

根据Wind数据统计，从2006—2016年9月底，292家上市公司中，有162家企业的净利润复合年增长率在10%以上。作为业绩标杆的贵州茅台，2001年上市至今，其仅在2014与2015年业绩增长降至个位数；2015年以来，净利润复合增长率达到21.32%。

2006年至2016年这十年间，宇通客车更是在行业指数仅上涨了108%的情况下，市值涨幅超40倍，丝毫不受行业景气度下降的影响。纵使经历过2015年中开始的股市异常波动，宇通客车仍然在2016年8月份创出历史新高。因为该公司立足于客车行业，成长为大中客车行业龙头，同时积极进行技术创新，并向新能源客车领域拓展。经营状况的稳定对其市值表现产生了积极的影响。

当然业绩的失速甚至亏损，对市值也会产生负面的影响。通过数据统计，我们发现，市值表现较差的公司中，仅有26.5%的公司10年间净利润出现增长，而净利润翻番的企业更是只有7.5%。从该数据统计中也可以看出，公司经营状况在影响市值的因子中扮演着重要的角色。

（四）外延并购

经过统计发现，十年间市值高增的292家公司中，72.3%的企业有增发再融资的收购行为，所以外延式并购也是影响市值表现的一个重要因子。

在腾讯的例子中，可以明显看出，并购对公司市值的影响不可忽视。Wind 数据显示，自上市以来，腾讯对外并购投资支出呈逐年增长之势，且累计已达 537.07 亿元之巨。数据显示，2010 年是腾讯对外投资并购的分水岭。在此之前其收购支出没有一年超过 4 亿元，腾讯上市当年（2004 年）的收购支出更是为零。但自 2010 年起，其并购支出直接提升了一个数量级，达到 32 亿元，并且从此一路飙升；2014 年并购金额创纪录地达到了 40 亿元；2015 年虽略有减少，仍然达到了 310 亿元。总体来看，2010 年以前的合计金额仅占 2%，而 2010 年之后的合计金额占比高达 98%，这些并购中交易金额 1 亿元以上的达到了 57 家。和腾讯市值增长图对比可以发现，2013 —2015 年是腾讯市值增长最快的三年，并购交易对腾讯市值的增长可谓极为重要。

（五）股本结构

因为市值 = 股价 × 股数，所以股本的变化显然会对市值产生影响。如伊利股份自 1996 年上市以来，通过送转股、配股、增发等手段，使总股本由 5 016 万股飙升到 60.63 亿股，股本扩张了近 120 倍，总市值上涨 16 倍。

从腾讯的拆股计划中，也能证明股本对公司市值表现的影响。2014 年，腾讯控股实行拆股计划，将每股 1 拆 5，总股本增加了 4 倍，每股股价从拆股前的超过 500 港元，重新回到 100 港元，股份分拆后，流动性得到提升，更有利于股票的交易，腾讯控股的市值也在一步步增长。

相反，万科股本结构的问题为其引来了“野蛮人”敲门，对公司经营、市场预期都产生了不好的影响，公司市值也在“宝万之争”期间产生了比较大的波动。

（六）规模效应

大多数行业的龙头，往往主业单一，并长期专注于自己的主业，在市场竞争中具有优势地位及规模效应，更易获得市场投资者的关注，从而进一步影响公司市值。

除了以上因子外，其实还有很多因子会对公司市值表现产生影响，例如投资者关系活动、分红等。通过统计剖析的结果显示，影响上市公司市值表现最重要的因子是公司业绩及经营状况。其他因子则在不同的时期及背景下具有不同的影响力。

但具体的影响程度，需要进行定量的解析。在定量解析前，可以将影响市值表现的因子进行分类。

作为上市公司，最外圈的是公司市值，内部圆形部分为企业自身的价值创造，而处于内核与外壳之间的部分是上市公司的价值传播和预期管理后的部分（图 5-1）。这样我们可以将之前统计得出的相关影响因子分为内在价值类、投资者预期类以及资本市场类三大块。

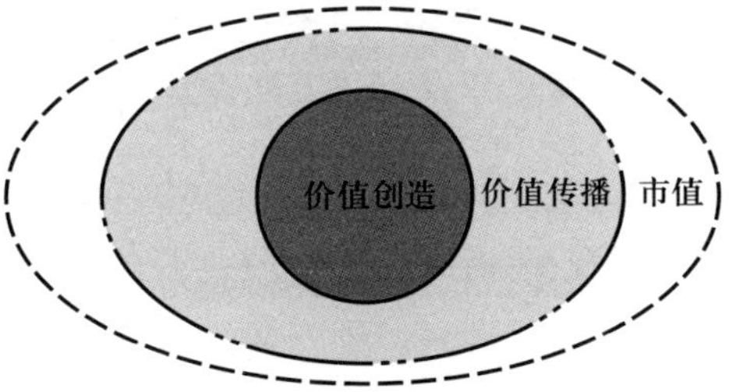

图 5-1　市值管理水平的评价思路图

我们上述提到的几个影响因子本质上就可以分为三大类。行业景气度的高低，一方面会影响公司整体的经营状况，是内在价值类因子；另一方面也会影响投资者预期，是投资者预期类因子。政策偏向也既是公司内在价值因子又是投资者预期类因子，例如“双减”政策及房地产三道红线等。股本结构作为公司自身的一项因子，必然属于内在价值类，但在资本市场上，投资者对于股权过于集中或过于分散的公司均有一定的预期，所以其也作为投资者预期类的因子进行考量。而外延并购、规模效应、经营状况则主要与公司自身经营有关，是内在价值类因子。

基于上述模型，我们将得出以下公式：

$$MV_t = IV_t \times EM_t \times (G_t)^{\beta} \times e_t \tag{5-2}$$

其中：MV 为公司市值；

IV 代表内在价值；

EM 代表投资者预期；

G 为资本市场综合因素；

e 为其他随机因素；

β 是市场相关系数。

$$\ln\frac{MV_t}{MV_{t-1}} = \ln\frac{IV_t}{IV_{t-1}} + \ln\frac{EM_t}{EM_{t-1}} + \beta\ln\left(\frac{G_t}{G_{t-1}}\right) + \ln\frac{e_t}{e_{t-1}} \tag{5-3}$$

为了寻找影响市值变化的因素，我们可以等式左右取对数，从而计算市值变化过程中，各个因子对市值变化的贡献程度。

二、定量解析各个因子

在将各个因子归类至三个大类后，可以运用定量的方法，计算得出各个因子对市值表现的贡献度。首先需要通过定量的手段来计算出三大因子的值。

（一）定量解析内在价值因子

我们运用剩余三阶段剩余收益模型来评估公司内在价值，模型中主要包含公司盈利能力、资产规模、股本结构以及分红等与内在价值有关的因子。

对于企业内在价值的估计，国际上有很多种方法，从绝对估值法的现金流贴现模型（Discount Cash Flow Model，DCFM）、股利贴现模型（Dividend Discount Model，DDM）、自由现金流模型（Free Cash Flow Model，FCFM），到相对估值法的市盈率（Price Earnings Ratio，PE）、市净率（Price Book value Ration，PB）、企业价值倍数（Earnings Before Interest Taxes Depreciation and Amortization，EBITDA; Enterprise Value Multiples，EV）等，可谓五花八门。

其中，基于折现现金流模型一直是价值评估的主流，即对一定时期内企业的整体未来收益进行预测，并确定一个科学合理的折现率，将预测的各期未来收益折现作为企业内在价值的衡量值。正如欧文·费雪（Irving Fisher）在《利息理论》中提出的，资产当前价值等于未来现金流量贴现之和，即一般的收益贴现模型为：

$$IV_t=\sum_{i=1}^{\infty}\frac{CF_{t+i}}{(1+\rho)^i} \tag{5-4}$$

其中：IV 为公司内在价值；

CF_{t+i} 是第 $t+i$ 年的现金流；

ρ 为贴现率，反映了收益的时间价值，或是单位资本的成本。

收益贴现模型是确定条件下的价值评估技术，是现代评估技术的基础。在分析中，上市公司内在价值源于其预期收益，我们自然希望在收益贴现模型的基础上实现对内在价值较为全面的评估。

基于收益贴现模型的一个很好的实现是股利贴现模型（DDM）。DDM 试图考虑股利支付因素和市场预期回报来计算上市公司的内在价值。换句话讲，可由公司未来发放的股利之和进行贴现计算来评估公司当前的内在价值，即上市公司第 t 年

的内在价值 IV_t 可由下式决定：

$$IV_t=\sum_{i=1}^{\infty}\frac{E_t(D_{t+i})}{(1+\rho)^i} \tag{5-5}$$

其中：D_{t+i} 为第 $t+i$ 年的股息；

ρ 为贴现率，此处一般指无风险利率。

尽管 DDM 被广泛应用，但模型由于附加了多种条件限制而降低了结果的可信度。显而易见，它适用于具有固定股利支付历史的成熟公司，而将低估不支付股利或支付股利低的公司的内在价值。还有一大缺陷是，模型并未指出股利预期如何形成，以及与上市公司资产之间的内在联系，很难反映全部资产的价值，使得这一计算过于保守。

进一步，弗尔森（Feltham）与奥尔森（Ohlson）定义了净剩余（Residual Income，RI），并利用所建立的净剩余关系对净资产的时间消耗进行了假设后，得到了反映上市公司内在价值的 FO 模型。通过将企业现期净资产对企业价值的影响考虑在内，明确指出了当前可得信息与股利预期的关系，计算的质量大大提高。

$$IV_t=BV_t+\sum_{i=1}^{\infty}\frac{E_t[(ROE_{t+i}-\rho)BV_{t+i-1}]}{(1+\rho)^i} \tag{5-6}$$

其中：ROE_{t+i} 为第 $t+i$ 年的净资产收益率；

BV 为账面价值。

弗尔森和奥尔森（Feltham-Ohlson，F-O）模型揭示了上市公司的净资产、预期净资产、预期净资产收益率和贴现率共同决定上市公司内在价值的逻辑，实证的效果也较股利贴现模型更佳。当预期净资产收益率高于贴现率时，上市公司的内在价值高于净资产；如果预期的净资产收益率与贴现率相等，那么公司的内在价值与净资产相等；如果预期的净资产收益率小于贴现率，那么公司的内在价值将低于净资产。当公司的净资产规模变大、预期的净资产收益率高于贴现率时，贴现率下降、公司的内在价值上升。

尽管 F-O 模型享有很高的声誉，实证效果也较股利折现模型、自由现金流模型更佳，但由于依赖无限期的预期，计算中仍存在较大局限性。对此，弗兰克尔（Frankel）与李（Lee）认为，站在时点 t 上，可将公司的价值构成按照发展阶段拆分成三部分：一是当期净资产，二是可预测的未来 N 年经营状况所能实现的净剩余现值，三是不可预测未来第 $N+1$ 年起到无限期永续年的净剩余现值，从而实现了对 F-O 模型的拓展。

$$IV_t = BV_t + \sum_{i=t}^{N} \frac{E_t[(ROE_t - \rho)BV_{t+i-1}]}{(1+\rho)^i} + \sum_{i=N+1}^{\infty} \frac{E_t[(ROE_t - \rho)BV_{t+i-1}]}{(1+\rho)^i} \quad (5\text{-}7)$$

简单来看，三阶段究竟是哪三阶段呢？首先当下的时间节点，投资者购买上市公司股份，即买了上市公司的资产与其未来收益权。所以第一阶段为当前阶段的内在价值；第二阶段，即获得了未来收益权，未来的收益会怎样，需要对企业的未来价值进行估算贴现。这时对于企业来说，又可以分为两个阶段，首先会有一个理性可达的时间为 n，第二部分则是理性不可达年份（图 5-2）。

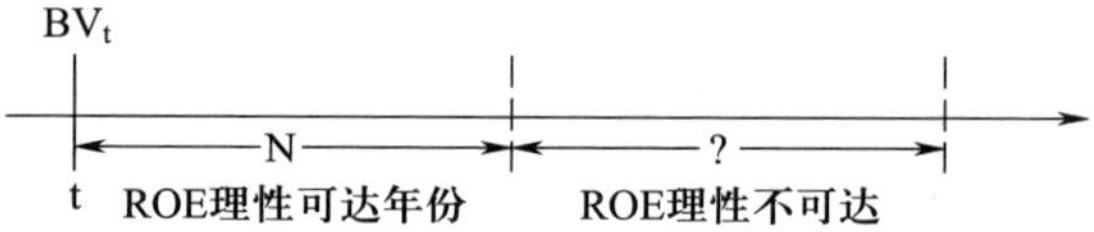

图 5-2　三阶段剩余收益模型图

然而，第三阶段的剩余收益测算仍然存在困难。刘煌松（2005）从投资者的有限理性出发，认为投资者对公司有关信息的预测年数有限，对 F-O 模型进行了截尾处理。由于不同的投资者对公司有关信息的预测年数不同，所以不同的投资者对同一公司投资价值的预测并不相同，内在投资价值具有主观性。从上市公司发展的阶段性来看，王立夏等（2013）开发了附有风险的三阶段剩余、收益模型，分别假定了第二阶段的净资产收益率与净资产服从正态分布，并用其进行了理论与实证的研究，这一做法具有统计合理性，但并无依据。而王颖等（2017）在剩余收益模型基础之上，引入了分红比例，重新构建了剩余收益模型。

从关于公司内在价值的研究成果来看，学者们普遍认可上市公司存在内在价值，但在内在价值的测算方法、测算的可靠性等方面存在较大的分歧。无论是从逻辑，还是从公司使命的角度，基于自由现金流贴现法（Discounted Cash Flow，DCF）的三阶段剩余收益模型在测算公司的内在价值时都具有明显的优势。然而，对公司阶段的划分无论是基于投资者，还是基于管理者都将使公司内在价值的测算陷入无益的争论之中。

在三阶段剩余收益模型中，影响内在价值的关键变量是净资产水平、净资产收益率的大小、公司发展的阶段性。现在主要问题是，对公司阶段的划分无可避免地陷入争论，进而影响到公司内在价值的测算。根据生命周期理论，公司发展会经历初创期、成长期、成熟期以及衰退期，进入成长期的公司，净资产和净资产收益率会有较快速的增长；而处于成熟期的公司净资产与净资产收益率一般会比较稳定；衰退期公司的净资产增速会放缓，净资产收益率会呈下滑趋势。若上市公司具有特异性（比如品牌的不可复制性、资源的垄断性等），其可以保持较高的净资产收益率，该类上市公司净资产收益率的均值高于行业水平。若上市公司在进入衰退期后，其经营能力若能转强，使公司跃升到一个新阶段，则可能重回净资产与净资产收益率的高水平增长阶段。此外，由于分红使净资产规模减小，且退出了资本化过程，所以在测算公司内在价值时，必须要考虑分红的影响。

针对上述问题，上海社会科学院市值管理研究中心对三阶段剩余收益模型进行了改进。比如，引入分红比例，设上市公司预期未来 N 期可获得的平均资产收益率为 ROE_N，平均分红比例为 a_N；第 N 期以后，公司可获得的平均资产收益率为 ROE_∞，平均分红比例为 a_∞。从而公司在 N 年间的净资产平均增长率为（$1-a_N$）ROE_N，N 年后的净资产平均增长率为（$1-a_\infty$）ROE_∞。利用递推关系：

$$BV_{t+i}=\begin{cases}BV_{t+i-1}\left[1+(1-a_N)ROE_N\right],\ i\leqslant N\\ BV_{t+i-1}\left[1+(1-a_\infty)ROE_\infty\right],\ i>N\end{cases} \tag{5-8}$$

可将三阶段剩余收益模型改写为：

$$IV_t=BV_t\left[1+(ROE_N-\rho)\sum_{i=1}^{N}\frac{\left[1+(1-a_N)ROE_N\right]^{i-1}}{(1+\rho)^i}+(ROE_\infty-\rho)\sum_{i=N+1}^{\infty}\frac{\left[1+(1-a_N)ROE_N\right]^N\left[1+(1-a_\infty)ROE_\infty\right]^{i-N-1}}{(1+\rho)^i}\right] \tag{5-9}$$

记 $c_1=\dfrac{(ROE_N-\rho)}{1+(1-a_N)ROE_N}$，$q_1=\dfrac{1+(1-a_N)ROE_N}{(1+\rho)}$，改进的三阶段剩余收益模型最终可表示为：

$$IV_t=BV_t\times\left(1+c_1\sum_{i=1}^{N}q_1^i\right) \tag{5-10}$$

其实，剩余收益模型的本质仍是折价模型，公司的内在价值可以用账面价值和未来预期收益表示，在未来第三年的盈余能够持续的假设下，运用未来三期的分析师预测数据估计股票内在价值。

分红的加入主要是因为，当企业发展到一定程度后，赚了钱缺少了投资的渠道，失去成长性，就会进行分红，而分红会影响市值的表现。分红的存在，净资产收益率才会往下，资产扩张速度变慢，上海社会科学院市值管理研究中心对上市公司的价值做了三阶段剩余收益模型的改进。基本思路就是，对企业的内在价值做模型预算，然后运用模型去估计市场的反应。对剩余收益模型的改进，可以使其在测算公司内在价值时更为科学、合理。

（二）定量解析投资者预期因子

在定量解析投资者预期对市值表现的贡献时，我们发现影响因子有很多，例如投资者关系活动的开展、股权激励实施与否、并购的规模等因子都会影响投资者预期。在考察投资者预期这一指标时，基于整个模型的特点，我们采用了 Hedonic 模型来进行估算。

Hedonic 模型最初是 1928 年沃（Waugh F.V.）在论文《影响蔬菜价格的质量因素》（*Quality Factors Influencing Vegetable Prices*）中提出用来研究蔬菜价格的。格里利兹（Griliches）和 罗森（Rosen）随后将其用于汽车价格的预测，他们的文章得到了广泛关注，自此以后，Hedonic 模型被广泛运用在相关数据预测的领域，例如电力、医药、房地产及化学等。

我们运用该模型在估算投资者预期这一指标 P 时，由于其受到多种因子影响，可将函数记作：$P=h(X_1,X_2,X_3,\cdots,X_n)$，简单的模型就是：$P=\alpha+\beta_1X_1+\beta_2X_2+\cdots+\beta_nX_n$

不过这种简单的线性函数无法准确地预测指标 P 的变化，Hedonic 模型决定采用幂函数的形式对其进行拟合，即：

$$P=\alpha X_1^{\beta_1}X_2^{\beta_2}\cdots X_n^{\beta_n} \tag{5-11}$$

我们将两边取对数，公式演变为：$\ln P=\alpha+\sum\beta_i\ln X_i$，在该情况下，我们可以运用最小二乘法计算得出 α 与 β。若影响投资者预期的因子为 2 个，函数记作：$Y_i=\beta_0+\beta_1X_{1i}+\beta_2X_{2i}+\mu_i$，列出误差函数：

$$\sum_{I=1}^{n} e_i^2 = \sum_{i=1}^{n} (Y_i - \hat{Y}_i)^2 = \sum_{i}^{n} = 1 (Y_i - \hat{\beta}_0 - \hat{\beta}_1 X_{1i} - \hat{\beta}_{2i} X_{2i})^2 \tag{5-12}$$

我们所拟合得到的系数 β_0，β_1，β_2 应该是使得误差函数最小，于是对其各个变量求偏导数，令其为 0，由几个方程联立解出相应的系数。

$$\begin{aligned} \frac{\partial \sum e_i^2}{\partial \hat{\beta}_O} &= -2 \sum (Y_i - \hat{\beta}_O - \hat{\beta}_1 X_{1i} - \hat{\beta}_2 X_{2i}) = O \\ \frac{\partial \sum e_i^2}{\partial \hat{\beta}_1} &= -2 \sum (Y_i - \hat{\beta}_O - \hat{\beta}_1 X_{1i} - \hat{\beta}_2 X_{2i}) X_{1i} = O \\ \frac{\partial \sum e_i^2}{\partial \hat{\beta}_2} &= -2 \sum (Y_i - \hat{\beta}_O - \hat{\beta}_1 X_{1i} - \hat{\beta}_2 X_{2i}) X_{2i} = O \end{aligned} \tag{5-13}$$

解出结果为：

$$\begin{aligned} \hat{\beta}_0 &= \overline{Y} - \hat{\beta}_1 \overline{X}_1 - \hat{\beta}_2 \overline{X}_2 \\ \hat{\beta}_1 &= \frac{(\sum y_i x_{1i})(\sum x_{2i}^2) - (\sum y_i x_{2i})(\sum x_{1i} x_{2i})}{(\sum x_{1i}^2)(\sum x_{2i}^2) - (\sum x_{1i} x_{2i})^2} \\ \hat{\beta}_2 &= \frac{(\sum y_i x_{2i})(\sum x_{1i}^2) - (\sum y_i x_{1i})(\sum x_{1i} x_{2i})}{(\sum x_{1i}^2)(\sum x_{2i}^2) - (\sum x_{1i} x_{2i})^2} \end{aligned} \tag{5-14}$$

运用 Hedonic 模型，我们可以对投资者预期进行估算，从而通过其变化来计算对市值表现的贡献。

（三）定量解析资本市场综合因子

除了内在价值及投资者预期外，还有最后一个影响因子需要定量解析，即资本市场综合因子。资本市场综合因子主要包含行业景气度、政策以及宏观环境等，因为行业景气度、政策等与行业相关的因子会在行业指数中反映出来，宏观经济、政策、投资情绪等会在大盘指数中反映出来。

所以，可以运用大量历史数据，将行业指数与大盘指数及公司市值表现进行拟合，从而得到系数 β，来确定资本市场各个因子对公司市值表现的影响程度。

通过对上述三大因子的测算，我们再次回归到公式：

$$\ln \frac{MV_t}{MV_{t-1}} = \ln \frac{IV_t}{IV_{t-1}} + \ln \frac{EV_t}{EV_{t-1}} + \beta \ln \left(\frac{G_t}{G_{t-1}} \right) + \ln \frac{e_t}{e_{t-1}} \tag{5-3}$$

可以很简单地测算出，在市值变化中，各个因子的贡献程度。

三、案例实证得出结论

运用上述模型，我们对 A 公司进行数据计算，假设：

$N=5$，$a_N=0.5$，$a_\infty=0.8$；

$ROE_N=N$ 年间的平均净资产收益率；

$ROE_\infty=$ 行业平均净资产收益率；

G：市场指数。

通过表 5-1 可以看到，从单个年度的数据来看，各个影响因子对市值的贡献不同。例如 2014 年，市场大涨，市值增长 16.94% 中，资本市场的贡献达到了 10.02%。再比如 2020 年，公司市值增长 22.76%，其中大部分来自预期类因子的公司，达到了 27.43%。所以从数据可以很明显地看出，短期市值的影响因子太多，可能是内在价值，可能是预期类的因子，也有可能与资本市场本身的表现有关。

我们再对同行业的几家公司进行相关数据的测算。

表 5-1　　A 公司市值增长率及各类市值管理贡献度

年份	市值增长率	资产类市值管理的贡献	预期类市值管理的贡献	市值管理的贡献	资本市场的贡献	误差
2010	3.46%	7.51%	−4.83%	2.68%	−3.65%	4.43%
2011	2.16%	18.96%	−17.86%	1.10%	−5.77%	6.83%
2012	3.40%	18.04%	−16.77%	1.27%	0.74%	1.39%
2013	−21.17%	4.20%	−40.31%	−36.11%	−1.65%	16.59%
2014	16.94%	−1.90%	2.69%	0.79%	10.02%	6.12%
2015	6.10%	−2.22%	1.07%	−1.15%	2.13%	5.12%
2016	18.51%	3.55%	37.24%	40.79%	−3.10%	−19.17%
2017	31.27%	18.90%	17.02%	35.92%	1.50%	−6.15%
2018	−6.57%	10.68%	10.69%	21.37%	−6.67%	−21.28%

续表

年份	市值增长率	资产类市值管理的贡献	预期类市值管理的贡献	市值管理的贡献	资本市场的贡献	误差
2019	30.21%	6.73%	12.62%	19.34%	4.76%	6.11%
2020	22.76%	5.64%	27.43%	33.07%	3.07%	−13.38%
2021	1.12%	5.42%	−1.89%	3.54%	1.11%	−3.53%
2022	−7.45%	4.40%	4.05%	8.46%	−3.87%	−12.03%

表 5-2 ～表 5-4 的数据显示，2017 及 2018 年行业与市场产生共振，市场对该行业预期向好，为各公司的市值提供了较大的贡献。通过 5 家公司的数据可以看出，有些特殊年份，例如 2013 年，所有公司的预期类因子的贡献都是负的，显示这是一个普遍的行业现象，与行业景气度、政策等有关。

那我们放到长期来看，数据会有怎样的变化呢？

表 5-2　　内在价值因子及投资者预期因子对各公司市值的贡献

年份	A	B	C	D	E
2010	2.68%	13.86%	33.93%	32.65%	59.77%
2011	1.10%	−0.79%	−9.54%	21.53%	−6.55%
2012	1.27%	−9.96%	56.86%	9.84%	22.82%
2013	−36.11%	−62.32%	−65.94%	−62.51%	−20.06%
2014	0.79%	10.50%	2.69%	−8.30%	−8.73%
2015	−1.15%	5.15%	−27.24%	−8.69%	17.35%
2016	40.79%	29.90%	26.34%	21.61%	−36.15%
2017	35.92%	48.31%	38.14%	43.59%	15.26%
2018	21.37%	16.50%	14.21%	37.47%	−1.12%
2019	19.34%	37.29%	11.56%	−23.53%	−33.11%
2020	33.07%	13.07%	54.61%	12.23%	10.98%
2021	3.54%	1.70%	19.28%	29.78%	32.54%
2022	8.46%	−22.14%	−32.06%	−47.77%	12.31%

表 5-3　　各公司内在价值因子对市值的贡献

年份	A	B	C	D	E
2010	7.51%	17.03%	23.20%	−7.64%	3.36%
2011	18.96%	14.26%	27.54%	8.84%	10.29%
2012	18.04%	19.54%	13.86%	11.98%	14.67%
2013	4.20%	−2.43%	−3.80%	−21.54%	−3.55%
2014	−1.90%	−9.56%	−30.57%	−54.63%	−3.50%
2015	−2.22%	0.13%	0.92%	26.46%	37.66%
2016	3.55%	5.27%	5.68%	23.99%	−2.47%
2017	18.90%	9.50%	13.88%	8.72%	5.12%
2018	10.68%	11.59%	17.35%	21.07%	29.27%
2019	6.73%	9.85%	10.55%	13.48%	6.67%
2020	5.64%	6.26%	18.04%	−9.95%	−3.64%
2021	5.42%	7.46%	33.30%	28.93%	1.43%
2022	4.40%	6.01%	16.16%	6.32%	19.61%

表 5-4　　各公司预期类因子对市值的贡献

年份	A	B	C	D	E
2010	−4.83%	−3.2%	16.90%	40.29%	56.42%
2011	−17.86%	−15.0%	−23.80%	12.69%	−16.83%
2012	−16.77%	−29.5%	7.21%	−2.14%	8.15%
2013	−40.31%	−59.9%	−63.51%	−40.97%	−16.51%
2014	2.69%	20.1%	12.26%	46.32%	−5.23%
2015	1.07%	5.0%	−27.37%	−35.14%	−20.30%
2016	37.24%	24.6%	21.08%	−2.38%	−33.69%
2017	17.02%	38.8%	28.64%	34.88%	10.15%
2018	10.69%	4.9%	2.61%	16.40%	−30.38%
2019	12.62%	27.4%	1.43%	−37.01%	−39.78%
2020	27.43%	6.8%	48.34%	22.18%	14.62%
2021	−1.89%	−5.8%	−2.79%	0.84%	31.11%
2022	4.05%	−28.2%	−38.06%	−54.09%	−7.31%

从表5-5的数据中，可以看出，拉长到12年期，A公司市值增长为100.74%，而其中内在价值因子带来的贡献为99.91%，预期类为31.15%，资本市场为－1.38%，误差为－28.95%。这一数据很明显地展示了公司的市值表现，即长期与内在价值因子具有高度的相关性，内在价值给予市值增长的贡献占主要的部分。

表5-5　　　　A公司市值累计增长及各类市值管理累计贡献

年份	市值增长率	资产类市值管理的贡献	预期类市值管理的贡献	市值管理的贡献	资本市场的贡献	误差
2010	3.46%	7.51%	－4.83%	2.68%	－3.65%	4.43%
2010—2011	5.62%	26.47%	－22.69%	3.78%	－9.42%	11.26%
2010—2012	9.02%	44.51%	－39.46%	5.05%	－8.68%	12.65%
2010—2013	－12.15%	48.71%	－79.77%	－31.06%	－10.33%	29.24%
2010—2014	4.79%	46.81%	－77.08%	－30.27%	－0.31%	35.36%
2010—2015	10.89%	44.59%	－76.01%	－31.42%	1.82%	40.48%
2010—2016	29.40%	48.14%	－38.77%	9.37%	－1.28%	21.31%
2010—2017	60.67%	67.04%	－21.75%	45.29%	0.22%	15.16%
2010—2018	54.10%	77.72%	－11.06%	66.66%	－6.45%	－6.12%
2010—2019	84.31%	84.45%	1.56%	86.00%	－1.69%	－0.01%
2010—2020	107.07%	90.09%	28.99%	119.07%	1.38%	－13.39%
2010—2021	108.19%	95.51%	27.10%	122.61%	2.49%	－16.92%
2010—2022	100.74%	99.91%	31.15%	131.07%	－1.38%	－28.95%

对此有人可能会产生疑问，像新能源、创新药、半导体等行业公司，在上市初期还未盈利甚至还没有形成良好现金流的情况下，为何他们的市值也可能会出现持续的增长？例如特斯拉。的确，对这类公司来说，在内在价值因子都不稳定的情况下，其市值增长主要来自预期类及资本市场类的贡献，而正如我们上述例子中证明的，这仅仅只能为公司带来短期的市值增长。

就像许多上市公司，追风玩概念，一会儿追游戏，一会儿追互联网金融，一会儿玩公司更名，一会儿搞资产重组，一会儿玩被举牌与壳资源买卖，不少公司的市值短期的确有所提升，但是放长看，如 3 年以上，却往往一地鸡毛，甚至玩丢了主业、玩没了市值。没有业绩支撑的溢价，只能是过山车的市值。因此，通过定量解析的手段就可以很清晰地看到，内在价值才是企业市值持续增长的核心。

第三节　市值表现定量解析的意义

在对影响上市公司市值表现的因子定量解析前，我们通过统计的方法找到了许多因子，但往往无法准确衡量其对市值影响的具体程度。在运用定量的方法后，可以清楚地看到诸多影响公司市值的因子。

短期来看，宏观因素、行业景气度等都会对公司市值表现造成较大的影响，这些因子往往是企业无法影响到的，所以这类因子给市值带来的影响往往持续性不足，上市公司不必为短期市值的波动而过分担忧，要抓住影响自身市值最重要的因子，不要被市场牵着鼻子走，从而病急乱投医，反而不利于公司市值的持续表现。

忽视短期影响，我们将观察标的时间放长，自然可以找到一些给人以启发的规律。定量数据也体现出，市值长期表现中最重要的影响因子就是内在价值，这一规律是上市公司利用资本市场做大做强时的有益参考，是市值管理路径选择的运作指南。

对上市公司而言，定量解析市值表现可以精准了解公司的市值构成。公司市值是市场对公司业绩和未来发展前景的反映，通过分析市值影响因素，上市公司可以了解市场各主体对公司的认知和定位，从而依据相关数据及自身实际调整和优化经营策略。

通过定量解析公司市值表现，上市公司还可以及时调整公司战略。例如，如果公司的市值被低估，主要是由于市场对于公司所处行业景气度预期下降，且行业因子对公司市值的贡献为负，表明所处行业未来发展或遭遇瓶颈，此时公司可以考虑通过并购、重组等方式来提升市值表现，制定更为全面和具有前瞻性的战略决策，从而获得更多的资本支持和发展机会。

对行业相关机构来说，定量解析所在行业公司的市值表现，可以了解行业的兴衰，如果多个同行业公司的市值都在增长，且都是行业相关因子所提供的正向作用，这可能预示着该行业正在经历增长趋势。

对监管机构来说，定量解析上市公司市值表现，可以评估上市公司市值是否出现问题，市值管理的开展是否符合规范和法律法规。如果发现上市公司存在违规行为，可以及时采取相应的监管措施。

监管机构通过定量解析上市公司市值表现还可以用以评估市场风险，例如对于部分上市公司，市场情绪对其市值表现具有一定的作用，导致其频频利用信息炒作，短期提升公司市值表现，监管机构可以要求上市公司提高信息披露质量，加强风险控制，切实保护投资者利益，减少市场风险。

第六章

市值管理：推演求证优选路径

引言

我们已经阐述了市值与内在价值的关系，市值管理本质上就是股东价值管理，是好公司与好股票结合的管理理念、管理方法与管理工程。但是，每家公司在不同时期影响其市值变动的核心要素与变量又有很大不同，上一章已经进行了精准的逻辑分析，那么如何界定与选择合适的市值管理路径以及市值持续增长的驱动力？我们认为，不管如何选择，适合的市值管理路径，有两件事是必须要注意的：①这个行为应该由公司董事会作为公司的战略来规划；②必须以科学的市值分析为前提。

第一节　市值管理路径选择的必要性

影响市值的因素有很多，其中有一些是我们无法管理的，还有一部分则是我们可以施加影响以便主动管理的。

从构成市值的公式来说，市值 ＝股价 × 股本，如果公司股本不变，股价上涨就是市值增长，这样上市公司市值管理路径的着眼点就是让股价上涨；或者如果股价不变，股本扩张就是市值增长，这样上市公司市值管理路径的着眼点就是让股本扩张。前者，上市公司则会重点发力投关活动、路演活动，如果不能严控合规，上市公司甚至会陷于财务造假、内幕交易与股价操纵的泥潭；后者，上市公司则会重点发力再融资，投资并购，不断扩充股本。经过等量代换，我们可以导出市值的另外一个公式，即市值 = 市盈率 × 净利润（图 6-1）。这样，上市公司则会特别关注上市公司战略、商业模式、内部治理、市场环境等维度，并采用不同的增长方式，如科技驱动、股权激励等。

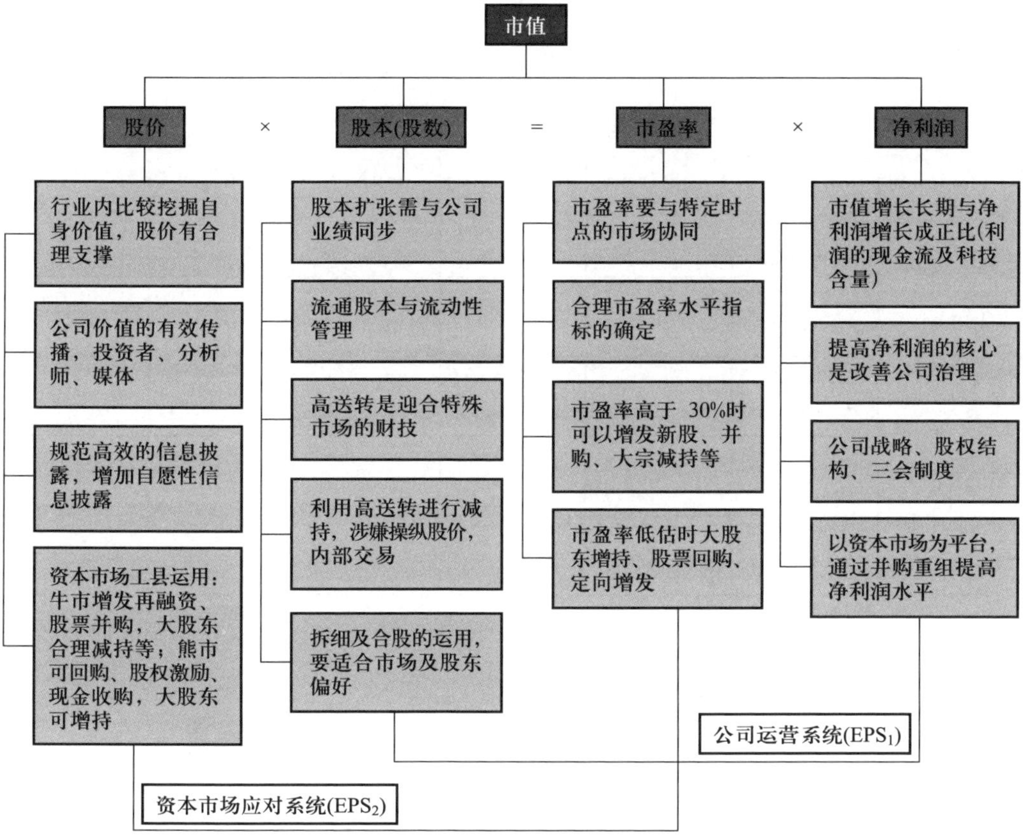

图 6-1　市值及其影响因素

公司从登陆资本市场起，便处于公司营运系统及资本市场应对系统中。对于无法管理的部分，公司并不是放任自流，而是需要积极应对。

在主动管理的过程中，上市公司层面与上市公司重要股东层面分别有五大类市值管理的工具及方法，也就是我们所说的“五五矩阵”（表 6-1）。

上市公司层面有投资者关系维护类、股权激励类、再融资类、并购重组类、股权结构优化类。投资者关系维护是大类，可以包括 4R（投资者、分析师、媒体、监管）。上市公司重要股东层面有市值维护类、大宗减持类、股权融资类、多股权类、战略投资类。这五五矩阵的工作内容均会对市值产生影响，但一定要合适合时，一定要调精准作为，切不可以随意甚至盲目使用相关工具，包括回购、增发、并购等。

表 6-1　　市值管理“五五矩阵”

		上市公司重要股东市值管理（T 时刻）				
		市值维护类 $\alpha1_T$	大宗减持类 $\alpha2_T$	股权融资类 $\alpha3_T$	多股权类 $\alpha4_T$	战略投资类 $\alpha5_T$
上市公司市值管理（T 时刻）	投资者关系维护 $\beta1_T$					
	股权激励类 $\beta2_T$					
	再融资类 $\beta3_T$					
	股权结构优化类 $\beta4_T$					
	并购重组类 $\beta5_T$					

上市公司在开展市值管理工作时，由于因子和工具众多，根据自身实际，选择恰当的市值管理路径及工具运用就显得尤为重要（图 6-2）。

恰当的路径选择可以精准、有效地提升公司的市值，增强公司竞争力，有助于公司战略目标的实现，从而增加全体股东价值，提升公司市场表现，还可以增强公司核心竞争力。有了明确的市值管理路径，市值管理才能不断修改完善路径，成为一个持续改善的闭环。上市公司通过分析市值管理路径的表现与原因、公司与对标公司的市值差异及原因，得出公司市值管理制度建立及优化建

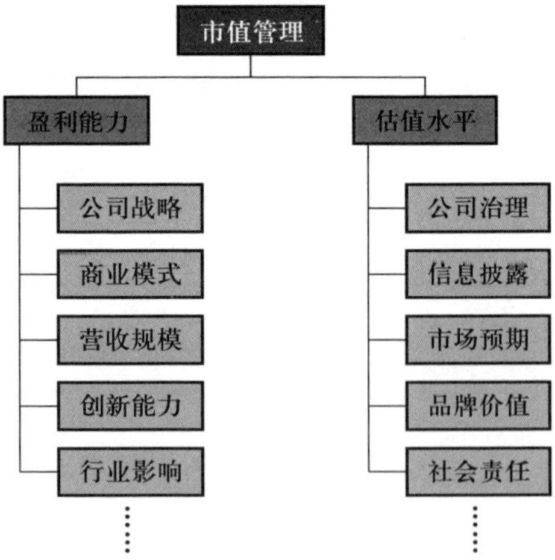

图 6-2　市值管理及两大系统

议，改进市值管理规划及路径，提升市值管理工具的运用。而许多公司在市值管理路径选择的过程中，将单一工具的运用作为救急利器，这是对市值管理的曲解与误读。如果上市公司没有依据实际情况选择合适的路径或是照搬他人的方法瞎打，往往会事倍功半甚至适得其反，公司市值就会越动越少。同时，市值管理路径的选择不能仅仅停留在工具运用层面，只有上升到战略层面，市值管理的具体工作（战术运用）才有意义。

第二节　市值管理路径选择的基本逻辑

既然我们提到了路径选择的必要性，那对于上市公司来说，如何才能确定合适的市值管理路径呢？市值管理作为一项系统战略工程，其核心在于，在公司价值创造的基础上逐步达到市值与价值的动态平衡。

基于这一点，公司首先要做的便是市值规划，只有在市值长期持续增长这一目标之后，我们才可以说为了达到某个目标而选择对应的路径，没有目标也就没有路径。

市值管理路径选择恰当的公司通常具备长期的市值规划，例如股票有波动的时候，大股东会合理增减持，永远把市值增长放在心上、扛在肩上，给投资者以信心。反观市值管理路径选择不合适的公司，通常不关心长期市值规划，而是特别关注短期的股价变化，呈现为跟风炒作、高抛低吸等投机行为，逐渐将价值投资者拒之门外。

市值规划工作的开展，是上市公司在对实体经济、公司经营及所处资本市场具有充分认知的前提下，根据公司战略进行恰当、科学的市值规划，并将市值规划与企业战略规划相融合。市值规划包含但不限于市值总量规划及结构规划。用市值规划来确定公司市值管理的相关路径，并引领公司相关工作，使企业在有内在价值支撑的基础上，在资本市场达到更好的状态。同时，合理使用资本市场所带来的溢价支持公司持续生产经营以达到良性循环及高质量发展的目的。

根据第五章的模型，影响市值的因素有公司层面的内在价值因素，也有公司以外的投资者预期及资本市场因素，公司进行市值规划时应基于公司运营与行业分析等，规划其内在价值与市值，保持二者良好的协同。

有了具体的市值规划后，我们需要做的便是寻找影响公司市值的因素。影响市值的因素太多，包含外部因素以及内部因素。

一方面上市公司需要从各方面、各纬度提升企业业绩，夯实价值创造基本功，打造属于自己独特的价值；另一方面则是要建立和市场之间的互动机制，通过投资者关系管理、真实完整准确的信息披露，以向市场传递充分的信息、提升公司市值价值。而这项工作需要积极关注包括宏观变量在内的各种因素。

作为处于资本市场以及宏观经济大环境中的一员，上市公司的市值受外部经济环境的影响明显，尤其是与中国经济发展的形势与经济政策息息相关。所以在选择市值管理路径时，我们必须要考虑外部环境因素，例如政策、人口数量及结构、汇率等。

由于外部因素影响的范围很广，比较复杂，上市公司又无时无刻不处于这样的环境中，所以，我们在此运用一定的篇幅将外部因素详详细细地梳理一遍，以便更好地让大家理解外部因素对市值的重要性。

当前的中国经济面临巨大的挑战，这种挑战既来自内部的制度思维惰性对于改革变化的抵触，又来自外部竞争对手的恶意干扰。例如后疫情时代全球市场需求疲软、地缘政治风险突出、全球性通胀等。企业在这样的环境当中，需要正确认识经济形势，把握政策导向，并且选择相应的路径，才能取得较好的发展。

政府制定的经济政策，对于经济的运行形势以及微观上企业的发展，有着至关重要的影响。当前，中国的经济政策正处于重大转折时期。为了认清当前的经济形势与政策，我们可以分阶段简单回顾一下，近二十年里的经济形势与经济政策的变化（表 6-2）。

2003—2008 年，中国处于经济发展的最佳时期，房地产业被定位为国家支柱产业。加入世贸之后，中国依靠外部需求的助力，带动了本国的工业化与城市化进程，工业化与城市化带来了基础设施的投资潮，又进一步拉动了中国经济的增长。中国的经济在此期间，各项重要因素相互促进，处于一种良性循环状态。政府基本上采取的是一种宽松的经济政策，只是在 2004 年前后，由于担心经济增长过快而“过热”，政府实施了宏观调控。

表 6-2　　　　宏观经济及资本市场相关数据一览表

年份	GDP（万亿）	A 股总市值（万亿）	M2（万亿）	M2 同比	信贷余额（万亿）	CPI 同比	PPI 同比	社融规模存量（万亿）
2003	13.74	4.11	21.92	19.6%	15.9	1.20%	2.30%	18.17
2004	16.18	3.62	25.32	14.6%	17.74	3.90%	6.10%	20.41
2005	18.73	3.18	29.88	17.6%	19.47	1.80%	4.90%	22.43
2006	21.94	9.95	34.56	16.9%	22.53	1.50%	3.00%	26.45
2007	27.01	38.98	40.34	16.7%	26.17	4.80%	3.13%	32.13
2008	31.92	14.38	47.52	17.8%	30.34	5.90%	6.90%	37.98
2009	34.85	28.09	61.02	27.7%	39.97	−0.70%	−5.40%	51.18
2010	41.21	29.45	72.59	19.7%	47.92	3.30%	5.50%	64.99
2011	48.79	24.26	85.16	13.6%	54.79	5.40%	6.00%	76.75
2012	53.86	25.91	97.42	13.8%	62.99	2.60%	−1.70%	91.42
2013	59.3	26.39	110.65	13.6%	71.9	2.60%	−1.90%	107.46
2014	64.36	41.2	122.84	12.2%	81.68	2.00%	−1.90%	122.86
2015	68.89	56.17	139.23	13.3%	93.95	1.40%	−5.20%	138.28
2016	74.64	53.81	155.01	11.3%	106.6	2.00%	−1.40%	155.99
2017	83.2	61.6	169.02	8.1%	120.13	1.60%	6.30%	205.91
2018	91.93	47.97	182.67	8.1%	136.3	2.10%	3.50%	227.04
2019	98.65	65.29	198.65	8.7%	153.11	2.90%	−0.30%	251.31
2020	101.36	86.62	218.68	10.1%	172.75	2.50%	−1.80%	284.75
2021	114.92	98.85	238.29	9%	192.69	0.90%	8.10%	314.12
2022	121.02	87.68	266.43	11.8%	213.99	2.00%	4.10%	344.21

A 股在 2005 年至 2007 年年初也走出了两年的“长牛”，上证指数在 2007 年 11 月到达历史性的顶点 6 124 点。但在这一时期，中国经济对外依存度大幅提升。2008 年，美国次贷危机爆发，全球经济受到重创，中国也未能幸免。沪指 2008 年全年跌幅达 65.39%，中国经济的外部需求急剧萎缩，风险成为现实。为了维持经济稳定，政府多措并举，使房地产市场迅速从 2008 年的低迷状态恢复，避免了中国经济陷入恶性循环的局面，但是也使得中国经济增长形成了对投资拉动及刺激政

策的依赖。然而，至今外部危机仍未完全消除，而内部转型也没有完全实现，股指也一直未能跨越前期的顶峰。

2011年在社会形成了较为强烈的通胀预期下，货币政策调整，银行体系的M2增速从30%快速回落到10%左右。银根急剧收缩之下，实体企业普遍出现了融资难、融资贵的问题。

2012—2016年，可以视为中国经济政策进行重大调整前的准备期。中国经济在这一期间，仍然保持了较高的增速。

新一届领导班子试图在原有框架之下，通过市场化改革及市场的自发力量来完成中国经济的转型升级。2012年前后，影子银行体系如银行理财、信托、证券资管等“大资管”机构的资产管理规模快速增长，成为2014—2016年货币宽松政策的载体，这一阶段，金融市场出现了资产荒。在流动性充裕的支持之下，很多民营实体企业大量举借债务，提升了自身的杠杆水平，这也为自己在后续的去杠杆政策当中遭遇困境，埋下了伏笔。

在现实当中，影子银行体系与地方融资平台、房地产及资本市场的联系更为紧密。金融整体繁荣之下，资本市场也开始活跃起来，股市在2013年下半年至2015年6月走出一轮牛市，沪指更是在2015年6月12日，到达5 718.19点。这一轮牛市与此前牛市的一个显著区别是，这是一个资金驱动的牛市，而且资金结构已经与此前大不相同。在银行体系信贷资金流入股市仍然受到管控的情况下，影子银行体系如银行理财、信托、互联网金融等提供的杠杆资金，改变之前的资金面结构，推动了股市的快速上涨。由于缺乏实体经济高质量发展的支撑，最终牛市形成的过高股价难以维持，股价在短期之内大幅下跌，引发资本市场动荡。2015年前后的股市牛市及市场动荡，是影子银行体系对金融与经济体系具备重大影响力的一个实例。中国经济后续的很多形势变化，都与影子银行体系的发展有关。

从2008年到2016年，中国应对内需不足的一个经济刺激政策是“以工代赈”。这类政策衍生出来相应的问题。一是居民收入及消费占GDP的比重难以得到有效提高，这方面的经济结构失衡问题无法解决；二是投资会形成新的产能与供给，超出投资拉动经济带来的消费能力的增长，这使得中国经济时常处于有效需求不足的状态。

要解决内需不足的问题，必须是通过税收福利制度调整经济体系的收入分配结构。在现有收入分配结构之下，内需不足的问题无法得到根本解决。投资拉动的政策，使得经济体系的杠杆率及政府债务率高企，加之地方融资平台巨额负债，这些引发了政府对于金融体系稳定和经济可持续发展的担忧。

进入 2017 年以后，中国的经济政策出现重大变化。政策将“防风险”放在“促增长”之前。中国的经济发展的问题，在原有政策之下没有得到根本解决，2017 以后的经济政策，更多的是解决原有政策形成的问题。从“一收一放”的政策周期的角度来分析，2008 年以来的政策基调是放，而 2017 年以后的政策基调是收。

在一系列的内外部因素影响之下，中国经济自 2018 年以来，就一直处于巨大的压力之中，A 股市场也处于长期震荡的格局。这些所有因素当中，以全球供应链重构与经济政策的转向最为重要，疫情相对而言只是短期的且影响力无法持续的次要因素。在这一时期的前一阶段，经济政策的影响重大，而在 2022 年以来，全球供应链重构的影响力突显。

一系列对中国经济发展影响重大的政策方针在 2017 年集中推出，包括：强化财政纪律与化解地方政府隐性债务、房住不炒、金融监管强化与去杠杆。这些政策，综合而言，就是对于 2008 年以来的经济政策的反向调整。在 2017 年之前，政府尝试推行过温和的力度较小的类似政策，但是没有能够扭转早已形成的强大惯性。从一定程度上来讲，这一过程是政策与市场的博弈。政策实施的目的，可以理解为是强行纠正中国经济发展的模式，从投资驱动转向创新驱动。在“矫枉必须过正”的政策实施过程当中，很多市场主体，没有及时认识到政策的变化并紧跟形势变化，利益受到了重大损害；其他主体也体会到了殃及池鱼。这一阶段，社会普遍感觉经济形势艰难，信心和预期都开始恶化，这进一步影响了经济发展，经济任由市场化力量自我演进，将难免陷入一种恶性的正反馈机制当中。

强化财政纪律与化解地方政府隐性债务的政策，抑制了地方政府融资平台的债务扩张，从而使得基础设施投资的增速放缓，这对于中国经济增长形成了拖累。

近年来，在诸多行业中，房地产行业的发展受外部因素的影响尤为凸显。“房住不炒”方针以来的房地产相关政策，是对之前扶持房地产市场发展以拉动经济增长的政策的重大调整。相比地方融资平台依托地方政府的信用背书，房地产行业更加市场化，因而受到政策影响的冲击更大。政策分别从两个方面对房地产行业进行控制。一是控制房地产企业的融资，最为重要的是“三条红线”政策；二是通过房贷政策，抑制房地产的有效需求。

2020 年 8 月 20 日，“三条红线”政策的出台，就是对于房地产企业设定了三个指标，根据达标情况的不同，设置不同的允许房地产企业债务规模增速的上限。房地产企业普遍存在高杠杆的现象，极度依赖再融资，而在融资受到限制的情况下，许多房地产企业转而去高息发美元债来进行融资，很多房地产企业的资金链条断裂。2020 年，在“三条红线”政策推出当年，房地产百强企业出现债务违约。后续的三年时间里，华夏幸福、花样年、蓝光发展、恒大集团、远洋集团等众多房地产企业都出现违约。

在 2022 年之前出现违约的房地产企业，大部分都是由于资金链断裂。2022 年及之后的企业，虽然挺过了去杠杆冲击之后出现的违约，但由于疫情使得居民收入预期变差，以及房贷政策等直接抑制房产有效需求的政策调整，使得房地产市场销售不振成为其违约的重要因素。

货币政策也是企业在选择市值管理路径时需要关注的因素之一。2018 年，资本市场出现了较大幅度的下跌。一方面是中美贸易冲突，另一方面是金融强监管及去杠杆政策，而最主要的原因是后者。2018 年，“资管新规”出台，提出了打破刚兑、禁止资金池、限制非标、限制期限错配、实行平等准入、统一杠杆要求、鼓励子公司化运作等目标，削弱了影子银行体系的货币创造能力。

对于股市而言，影子银行受到打压，有如遭遇釜底抽薪。很多上市公司及上市公司的大股东，在当年遭遇了危机，这些企业在此前已经形成了较高的杠杆，而且又通过股票质押融入巨额资金。去杠杆政策的影响是双重的，一重是直接的影响，一重是通过引发股市下跌产生的衍生影响。

“房住不炒”和金融监管强化与“去杠杆”，这几个政策结合在一起形成的效应，可以类比美国的次贷危机对于金融体系与经济体系产生的效应。中国之所以没有发生美国式的次贷危机，得益于中国特殊的经济制度，金融体系是国有主导，天然隐含政府信用，具备强大的抗风险能力。

金融监管强化政策实施之后，截至目前，中国也有很多金融机构出现亏损，或违约或破产。金融监管强化政策，如同釜底抽薪，让很多金融机构陷入危机。包商银行出现债务违约而被接管，最终被破产清算。还有很多金融机构如新华信托、四川信托、安信信托、天安财险、新时代证券等，都暴露出各类问题，或被破产清算，或被监管接管。这一现象与美国次贷危机爆发之后，大量金融机构出现违约破产的现象有类似之处。金融机构违约破产，使得金融市场的风险偏好降低，抑制了金融体系的活力，使得金融服务于经济的能力降低。

美国经济在受到次贷危机冲击之后，迅速采取极度宽松的货币政策。与此同时，美国实施积极的财政政策，以政府债务率提高为代价，刺激投资与消费，促进经济增长，二者双管齐下，经济迅速恢复增长。美国股市走出一轮超过十年的大牛市，牛市形成的财富效应，有力地促进了消费。资本市场的繁荣及引发的产业投资，也带来了企业创新与产业技术突破。到如今，美国的经济基本面非常良好，发展势头强劲。相应的代价就是较大的通胀压力与翻了近一番的联邦政府债务率。

在外部因素中，面对地缘政治及“黑天鹅”事件，企业虽无法主动管理，但也应积极面对，选择恰当的市值管理路径。

2018 年到 2022 年期间，对上市公司来说，还有两个重要的外部因素，中美贸易摩擦与新冠疫情。中美贸易摩擦体现出美国等发达国家对于中国产业升级的担忧与压制，加大了我国产业升级的难度。疫情则对国际的人员、物资的流动产生影响，也让很多国家开始思考与防范将生产集中在特定区域的供应风险，开始在全球多点布局。这两件事情产生的最终影响就是全球供应链重构，影响中国的出口与外商直接投资，二者都出现下滑。

中国的出口额在 2023 年先是出现增长后又大幅下降，然后在下半年开始出现负增长。由于统计口径不同等原因，无论是外汇管理局还是商务部的数据都体现出同样的事实，那就是外商直接投资在今年出现大幅下降。

一直以来，中国实施投资拉动以解决有效不足的政策。前面提到投资创造新的供给，在解决当期有效需求不足的时候，又产生了未来有效需求不足的问题。这一政策之所以能够坚持这么多年，一方面是依靠本国杠杆率的提高，另一方面就是依靠外部需求消化产能。

2023 年，市场主体对于经济形势困难的感受，超过以往任何年份，与出口及外商直接投资下滑紧密相关。从大周期来看，当前中国因为全球供应链重组而出现出口下滑进而引起经济低迷，与 2001 年中国因为加入世贸而出现出口剧增进而引发经济腾飞，形成了一个完整的周期。本国经济走势受到外部周期性因素的影响，这也是经济全球化的体现，上市公司也应将其作为考虑的因素之一。当然，随着中国经济的实力增加及创新能力提高，自身因素对于经济走势的影响越来越大，直至主导全球经济走势。

中国存在共识——外需及外国直接投资是中国经济腾飞的重要推力。中国政府也高度重视对外出口和引进外资。2023 年 8 月，国务院发布《国务院关于进一步优化外商投资环境加大吸引外商投资力度的意见》，提出 6 方面 24 条政策措施，要求更好统筹国内国际两个大局，营造市场化、法治化、国际化一流营商环境，充分发挥我国超大规模市场优势，更大力度、更加有效吸引和利用外商投资。

从图 6-3 和表 6-3 中的数据可以看出，中国在近 15 年的时间里，人民币兑美元的汇率基本维持稳定，这为中国经济与外部经济的交互，提供了良好的环境。汇率走势在 2015—2016 年期间，出现了一个拐点：在此之前，人民币更多的是升值的趋势；而在此后，人民币呈现出贬值的趋势。人民币汇率走势不仅与经济发展形

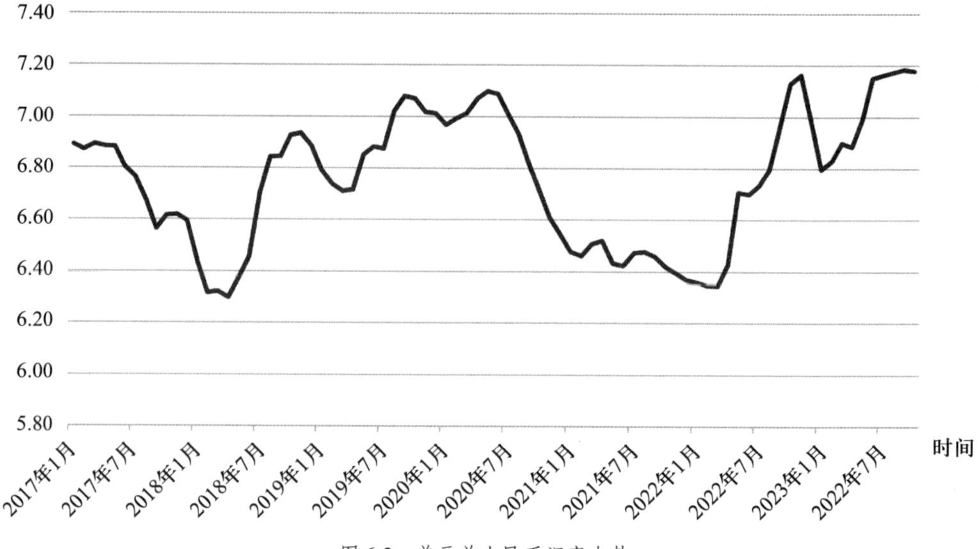

图 6-3　美元兑人民币汇率走势

势有关，也与利率等货币政策有关。当前中国经济存在增长放缓的压力，人民币贬值有利于增强中国产品的国际竞争力，推动出口增长。但是人民币贬值过快过大，会引发金融体系动荡并且带来通胀压力。当前中国的外汇储备超过3万亿美元，而且国际贸易仍然处于盈余状态。我们有理由相信，中国人民币的汇率将在未来保持稳定，并会根据金融经济形势进行小幅的调整。

表 6-3　　　　美元对人民币汇率一览表

2008年	2009年	2010年	2011年	2012年	2013年	2014年	2015年	2016年	2017年	2018年	2019年	2020年	2021年	2022年
6.95	6.83	6.77	6.46	6.31	6.19	6.14	6.23	6.64	6.75	6.62	6.90	6.90	6.45	6.73

新冠疫情期间，政府对于居民行为采取较为严格的管控，经济活动受到影响，加之返税让利等政策的推行，影响了地方政府的税收。另外，随着地产形势持续低迷，地方政府的土地出让收入出现下滑，这使得地方政府的财政压力变大。地方融资平台的债务可持性问题，也在2021年开始变得严峻起来。

2023年，中国的政策发生了变化，这种变化是一种弹性调整还是一种全面的转向，当前还难以判断，但是仍然释放了积极的信号。从“一收一放”的政策周期来看，中国的政策从2018年进入“收”的阶段之后，已经历5年的市场普遍期待，后面将进入“放”的阶段。

以房地产行业的政策为例，出现全面转向。2023年7月24日，中共中央政治局会议召开。会议分析当前经济形势，指出：“当前经济运行面临新的困难挑战，主要是国内需求不足，一些企业经营困难，重点领域风险隐患较多，外部环境复杂严峻。疫情防控平稳转段后，经济恢复是一个波浪式发展、曲折式前进的过程。我国经济具有巨大的发展韧性和潜力，长期向好的基本面没有改变。”这为未来的经济政策定下了基调，即提振需求和恢复经济。房地产市场的低迷长期持续，已经对提振需求和恢复经济造成拖累。

2023年1月，时任国务院副总理刘鹤在出席达沃斯论坛发言时表示，房地产业是中国国民经济的支柱产业。与房地产相关的贷款占银行信贷的比重接近40%，房地产业相关收入占地方综合财力的50%，房地产占城镇居民资产的

60%。刘鹤的发言，反映出政府对于房地产的定位出现变化。同年8月，全国多个城市开始调整限购，如二套房的差异化房贷政策、“认房又认贷”等对于购房有效需求形成抑制的政策。为了刺激购房需求，很多城市下调了购房首付比及房贷利率。

然而，在这些政策连续密集出台之下，房地产市场的表现仍然疲软。政策积极，这也意味着，在2016年“六个钱包”之后，居民的购买能力已经被消耗掉，常规的政策手段，难以再像以往那样有效推动房地产销售回暖及房价上涨。

对于地方融资平台的政策，也出现了弹性调整，并且显示出积极的信号。2023年7月24日，中央政治局会议提出“有效防范化解地方债务风险，制定实施一揽子化债方案”。各省级政府都加强了对辖区内平台风险防范的工作，以“牢牢守住不发生系统性金融风险的底线”。在楼市、股市都处于低迷状态的情况下，资金开始追逐具有一定利差的地方融资平台债权。地方融资平台的系统性风险得到释放。然而，受限于财政纪律，政策对待地方融资平台的方针仍然没有变化，要求地方融资平台与财政切割，实现市场化转型。在这样的形势之下，地方融资平台只能“自保”，想要大幅扩张资产负债表，进行基础设施投资，以拉动经济增长，可操作性较小。

这些外部因素变化反映到资本市场上来，也是利好不断。在股市出现较长时期的下跌之后，政策开始关注与重视股票市场的健康发展。2023年以来，连续出台多个利好股市的政策，包括降低存款准备金率、降低印花税、规范融资融券、提高IPO的规范性要求、控制再融资和股东违规减持等，股市经过前期的调整，价格跌至历史低位，也具备了较高的投资价值。从牛熊转换的周期来看，中国股市后续将有望触底反弹。市场还有成立国家平准基金的呼声，监管对这一呼声持暧昧态度，不像以往那样，呼声传出便遭到舆论的全面打压。这或许也反映出中国监管层对于未来以股市（部分）代替房地产与基础设施建设以刺激经济，有一定的谋划布局。

在经济现实中，有很多传统的经济操作惯例，如突破CPI不得破4%、政府赤字率不得破3%、政府债务率不得破60%、房贷发放要保持稳健、央行不能购买一级发行的国债或进行投资等，这些惯例曾经在维持经济稳定发展过程中发挥出作用，但是毕竟只是人为的规则。当形势变化的时候，我们需要从更底层的逻辑出发，分析中国的经济问题，在需要的时候，以勇气打破这些人为的规则。

2023 年 10 月，CPI 同比下降 0.2%，为年内第二次出现同比负增长。从表 6-2 可以看到，在年度数据统计方面，仅 2009 年，CPI 出现同比下降，其余年度均为正增长。可见当前宏观经济形势的严峻以及经济下行的压力，经济结构调整任重道远。

对于关注中国宏观形势与经济政策，并且受到形势与政策影响的上市公司而言，尤其需要对于规则的打破保持高度关注，切实从数据中看到实际情况，机遇或风险往往就隐藏其中。

从上面的梳理中，我们可以很明显地看出，在选择市值管理路径时，对于上市公司来说，因为处于整个大环境中，所以外部环境因素不容忽视，公司在选择合适的市值管理路径时，必须要结合外部因素。

当然，除了外部因素外，内部资源禀赋也是需要考虑的重中之重，我们在第五章也阐述了，对于上市公司来说，长期的市值表现与内在价值表现息息相关。公司在选择市值管理路径时，也应该考虑自身的经营状况、核心竞争力、股权结构、公司治理、在行业中所处的地位，财务状况等，综合考量选择合适的市值管理路径。

某上市公司相关人员也指出，企业关注价值创造等内容，需要关注四大要素，包括企业领袖、团队、动力源泉和资源把控能力。每个行业、每个企业都有独特的战略资源，独特的团队和领导，上市公司要基于自身的战略资源，让规模、效益、时间等都在可控的范围里面推动市值增长。

在结合外部环境及内部资源禀赋后，上市公司便可以选择恰当的市值管理的合理路径，但市值管理是一项技术性很强的管理工作，不仅涉及上市公司的战略管理，而且涉及上市公司对资本市场的应对与运用，还涉及并购、定增、激励计划设计、战略投资者引入等专业性很强的诸多事项，综合贯穿于价值创造、价值描述，价值实现的全过程之中，无一不是需要以专业合规为基石，在系统、科学的市值管理战略框架下进行。在实施过程中，还应进行定期检测，如出现较大问题，须及时纠偏。

第三节　市值管理路径选择要结合自身特点

条条大路通罗马，每一个上市公司要基于自身的独特性，制定市值战略并选择适合自身的市值管理路径。在前两节中，我们罗列的市值管理的可选路径及相关工具，并且讨论了上市公司应结合内外部因素，选择合适的市值管理路径。

在以往的实践中，我们发现许多公司在选择路径时，容易陷入人云亦云、盲目使用的境地，结果往往适得其反。市值管理路径不是人家做什么你就可以做什么，例如上市公司都在开展股权激励，但如果公司市值表现与人才战略相关性不大，效果往往就不明显。再比如，当所有公司都在进军新能源、光伏、半导体行业时，一家农业企业或者消费公司是否适合进行此类并购呢？

市值管理路径很多，工具也很繁杂，需不需要使用，什么时候使用？如何使用？都是要结合自身特点，找到核心要素及变量后，再进行差异化的路径选择的。最好可以形成配套机制，组建适合自身的内部机构、构建适合自身的市值评级体系、构建适合自身的投关体系及策略、寻求适合自身的资本溢价方向等。

在过往提供服务时，我们秉承这一原则，结合客户公司具体情况，帮助上市公司正确进行路径选择与合理使用资本市场工具。我们在实践中提炼出路径选择的正确方式，再把严密的推理运用到实践中，而往往实践中的效果也印证了我们模型的效果，所有上市公司的市值管理都应结合自身特点选择合适的路径来开展。

在众多服务的企业中，限于商业保密条款，我们选出 5 家，根据实际情况编辑成场景案例，帮助大家直观地感受如何结合自身特点进行市值管理路径的选择。

场景案例一：一家股份制商业银行

这是一家 2007 年上市的大型股份制银行。2017 年开始特别关注其自身的市值表现。称控股集团受到来自股东的压力，且存在自身与在港上市的集团公司的资产负债表又过于重合的问题。

我们在初步的专业分析后问：银行是相对传统的行业，已有自己固定的商业模式，你们是否有想追赶的行业内的目标？如果有那曾经的市值不及自己的企业为什么如今会遥遥领先？他们答：很想知道！特别是来自第三方的专业机构的意见与建议。比如银行的市值在什么区间里是正常的？如果要定一个市值目标，如何规划才符合实际情况？

我们在归纳之后开出的技术类条件是：①需要看到银行的三年战略规划；②可以访谈想访谈的银行高管及部分负责人；③希望知道银行自认为最有价值的业务或资产。在银行答应后，我们团队开展了为期 3 个月的工作。

在经过分析后，我们给到对方的报告概括起来是：①与想赶超的银行的差距是战略定位造成的，而时过境迁，现在要在这条路上赶已经不可能了。对标银行的战略定位以及高效执行，已经可以拿到资本市场的 PE 了，而失去机会的银行只能拿到 PB！尽管资产规模等财务指标的差异远没有那么大，但是这种估值差异造成了巨大的市值差异。这是零售银行的战略定位赢得的品牌溢价，也符合资本市场的偏好。②转型不易、追赶更难，可以修炼内功。银行业普遍看中不良率指标，就要求银行在风控制度与技术上有所作为，而这在金融科技可以覆盖的当下，依靠专业基础较好的基层员工优势或可达成。③盲目做比不做还要不好，既然是上市银行，就要做资本市场语境下理解得了、兴奋得起来的事，做 10 件无关痛痒的事不如做一件符合市场预期的事。比如给自己贴上新标签：是一家老牌、严谨、又有活力与愿景的上市银行！在资本市场这需要有活跃的交易量来反映，这需要与前十大股东中的财务类投资机构作充分的沟通，热情真实地讲好自己的新故事。

这家银行完全接受了我们的意见与建议。他们认为：①用市值与内在价值溢价协同指标来看待银行上市之后的表现，是一个全新有用的视角。不对短期市值表现过于纠结，也不对市值这一指标漠不关心。②董事会有了新的会议内容：可以动态地定量与定性结合知道市值表现及其原因了，而不是简单地拿脱离资本市场反映的静态数字说话。③对银行来说，做一件具体的业务并不难，运用一下资本市场的工具也不难。难的倒是有第三方来说什么不要去做，这种独立的第三方意见更有价值。

场景案例二：一家 H 股能源公司

这是一家 2015 年在香港上市的央企能源公司。公司管理层认为公司在香港的市值没有反映它的内在价值。由于能源公司的中层以上干部以理工科背景居多。他们特别希望在向公司管理层汇报的时候，可以非常准确地说清楚：公司市值是由什么构成的？而影响市值的因素的占比又各是多少？

拿到这样的题目，我们可以初步判断：他们公司里深度了解资本市场的人不多，尽管他们也配备了一些专业人士，但限于受雇者的角色，他们的意见并没有机会影响管理层。我们认为要从普及理念与基本方法开始。好在他们工作十分严谨，已经了解了我们的情况，并已经在学习我们编写的两本专著《市值管理方略——激活需求、创造价值》《市值管理新论——从定性到定量》。

我们花了 3 个月提供的顾问服务的主要内容是：①讲明上市地对公司估值与市值表现的影响。上市地的投资者偏好与上市地的行业分布有关，有些上市地可能找不到行业内的对标公司，会造成交易的不活跃。所以，选择上市地应该是件很慎重的事。上市地一般先天决定一个公司的估值倍数与市值表现，上市公司管理层再急也没有用。②上市公司披露的财报及年报信息，要加入资本市场的语言。由于能源类的上市公司技术含量高、专业语言多，像停工维修这样的事其实也可以在真实客观的情况下有不同的表达方式。法律要求的财报披露，可以看成是一次公开的与投资者的沟通，如何用资本市场能够懂的语言是必须改进的工作。③市值的构成与影响因素可以算，但没法精确。市值是投资者对公司价值认可程度出价的连续交易，受政策、环境、公司营运、相关事件、市场情绪等多重因素的影响。市值管理是科学与艺术的集合。特别是新上市的公司，可以不用太在意短期市值表现，只要在我们分析中认可的区间里即可。重要的倒是如何建立市值管理制度，使得公司上下都来关心市值，做好支撑市值的价值创造工作，因为这才是自己可以干预的。不能让重视市值与市值管理成为或然性脉冲式的工作，一定要常态化、制度化并使之融入公司战略，成为公司董事会关心的重要内容。

最终，这家公司采纳了我们的建议：①经过各方努力，他们目前已经回到 A 股，成为 A+H 公司，而在 A 股市场，他们的市盈率达到香港市场的两倍，公司估值大幅提高。②公司对财报披露与投资者关系管理认识更加到位，能够用资本市场的语言来介绍公司的发展与公司的亮点，以合理地引导投资者的预期。③通过专业顾问服务，公司认识到上市公司重视市值与市值管理不仅仅是董事会秘书与财务总监的事，应该是控股股东与整个管理层的事，相关工作已经真正常态化。尽管央企上市公司由于资本属性的关系，管理层基本不拥有上市公司股份是个明显的缺陷。

场景案例三：一家民营控股家居公司

这是一家2016年上市的民营控股的上市公司。家具业务在长三角地区占有相当份额。他们想咨询的问题是：①如果自己认为300亿元是未来三年的市值规划目标，想请第三方机构评估一下这样的目标是否合理？②希望在三年后控股股东限售股份流通后可以在比较舒服的价格下减持若干，那这三年应该做些什么努力才可以达到这个目标？

这些问题不错，实控人希望在合理价位减持也无可厚非。但是，我们发觉他们在用同样的问题咨询市场上他们认为的可以咨询的对象，并且对股价过于敏感与心急。上市公司追求市值增长天经地义，搞市值管理也势在必行。但是如果对市值管理没有系统认识，活跃的资本市场很容易把人带偏，因为很难抵制住跌宕起伏的资本市场的诱惑。

我们建议不要以老大自居，先做比较完整系统的对标分析再定相关目标的策略与阶段性实施方案，不要为看似忽上忽下的股市所动，我们谈的是企业的长远发展，是很严肃的管理问题，不是实控人看似很有优势的炒股票。结果，这家家居公司因为刚上市不久，被市场所惑，虽然提出了问题，但又觉得我们给出的建议见效可能不快，就去寻找市场上吹得天花乱坠的可以立竿见影的财技式市值管理去了。

两年之后，实控人的代表与我们再次联系。他们承认：由于没有听进我们的专业客观的建议，没有正确系统地开展市值管理的必要工作。与市场上其他机构合作上了当、吃了亏，市值没有如愿增长，反而实控人其他公司的业务纠纷因投关关系处理不当被限高一事在相关媒体发酵影响到了公司的股价。他们觉得站在上市公司立场上的独立的专业顾问才是上市公司在追求市值增长的路上，在进行正确的市值管理实践时所真正需要的。

于是，他们提出新的问题：①董事会秘书、财务总监、业务副总都有公司股份，在各自的工作中如何形成合力而不是各自为政？②公司有不少亮点，特别是在技术创新上，如何传递给资本市场自己在智能家居上的努力及其成果？对这些问题，我们在接受委托后都给出了详细的报告及建议，包括之后如何运用资本市场工具等。我们还特别指出，市值管理是系统工程，由于民营控股的上市公司的控股方多为家族企业，在公司治理上多多少少存在瑕疵，比如许多重要股东的股份减持是由实控人妻舅负责的，其他人谈了也是白谈，这就与现代企业按规则治理的印象有差距，这会影响到其在资本市场上的形象与溢价。

场景案例四：一家科创板电网自动化公司

这是一家 2020 年上市的科创板公司。实际控制人有资本市场的背景，只是比较早地布局了智能电网行业。他们对市值表现很关注，上市之后股价一路往下走。他们觉得市值远远没有反映他们的价值。由于实控人本身有资本市场的背景，所以不会接受炒股式的市值管理，他们理念上不认可。但是与众多的科创板公司科研背景的实控人具有共性的是：看着公司在科创板上市，由于板块的政策驱动原因，获得了超高的溢价，兴奋之余担忧自己在可以减持的时候就风光不再，感觉辛苦一场为人作嫁衣了。所以，围着他们转的多是帮助即刻违规做减持的财技类机构。但是大批科创板公司的还是有科技强国的情怀，所以他们并不想减持走人，他们还需要经营发展公司，他们有把公司市值带到一个新的层级的想法与愿景。

他们提出的问题是：①像他们这类公司的市值是由什么决定的？②在上市一年之内主要影响做什么？

我们经过研究出具了报告，主要观点是：①科创板是我国资本市场为顺应科技强国战略在上海证券交易所内新设的一个板块，在此上市的公司多具有科创公司的特征，业务模式、商业模式、营收等还不稳定，需要得到时间的检验，一般情况下，市值高开低走是常态，不必紧张。投资者的出价是对着未来的，科技创新公司有没有未来需要市场的验证。科创板公司上市初期的市值受市场炒新习惯的影响，作为实控人更应该关心自己主业的增长，因为科技公司的故事讲得再好，最终还是要靠业绩来兑现的。②可以做的基础工作是为提高上市公司质量的市值管理的制度建设，而不要着急地进行资本运作。可以常态化地关注自己公司市值的变化、同行业的公司市值变化以及对标公司的市值变化及其原因。数智化工具市值透视已经可以完成日常观察工作。

他们接受了我们的理念与建议，果然，一年之内所处板块行情起起落落，更多的是碳中和、碳达峰概念风口的影响，不过市值区间已经基本形成。而他们只是聚焦主业，在过度依赖单一客户的收入结构上寻求突破。日常则熟悉资本市场的信息披露规则，试水性地做了投资者关系管理，力求守正创新，不被市场逐利机构带偏。一年之后，他们提出了更精准的需求，我们在相同的理念下开始了更紧密的合作。

场景案例五：一家创业板环保工程公司

这是一家 2011 年上市的创业板公司。主营环保工程及服务。这家公司的实控人有技术背景对技术进步很执着。公司基本一股独大，所以在管理上就比较独断。好的时候，可以说决策果断、执行力较强，公司也发展得较快；而差的时候，就会显出公司治理的毛病，公司的三会制度执行不到位，制衡措施也不健全。

2017 年之前，这家公司发展比较顺利，特别是在海外并购了不少同行业的高技术公司，在细分领域已达到技术领先。但是作为一家民营控股的环保工程公司，他们只能在中西部的三四线城市拿到项目。2018 年之后，公司拿到比较多的还都是公共私营合作（Public-Private Partnership，PPP）项目，对资金的投入要求较高，回款很慢。当银行信贷阶段性收紧时，为维持众多小项目的同时运营，他们向小银行甚至民间借贷要钱，自然付息压力增大。后来又去发了企业债，由于回款问题及市值回调双杀，企业债又出现违约，一时间信用评级下调、银行纷纷上门收贷封账、市值更是快速下跌，只得寻求出让控股权，让国资来帮助纾困了。

就是在这时，这家公司又找上门来。我们的判断是：这类公司市场上不少，走顺的时候一路狂奔不亦乐乎，不会来找顾问类机构，平时也听不进别人意见，也不会安排必要的预算。他们有的是简单的交易思维，甚至还眼红同行业其他公司的所谓资本运作，也去偷偷地试一把，结果可想而知，那家榜样公司的市值都过山车了，还因违规受到了处罚。

我们给出的意见是：①我们的服务都是收费服务，高质量的顾问服务是独立的第三方服务，对我们拥有的业务资源来说，后续资本市场工具操作仍然是次要的。②现在公司的情况在许多公司中同样存在，是共性，不要慌，要做的是危机公关。只要公司营运是正常的，公司发展是有前途的，仅仅是临时的现金流问题，总有办法解决，这个时候不要单纯讨论卖得便宜还是合算。要主动与银行、应收账款催收方、业务合作方密切交流，互联网时代不要去回避负面新闻。但控制权受让方应该优先考虑经济发达地区的国资。③上市公司的健康发展，涉及方方面面，是严肃的管理问题，需要投入人力、精力与必要的预算。上市公司如果长期市值没有增长是对股东不负责任，也不利于在资本市场的形象。④等控制人转让结束债务危机解除后，公司首先要解决的是公司治理问题。一路并购的质量要进行评估。股权激励或并购重组这些工具的使用并不是必然正向作用于公司市值增长的。⑤我们的工作更像公司上市后的战略咨询与管理咨询。其功能更多的是帮助企业少犯错误、抓住机会、良性发展。所以市值规划与动态检测是公司在资本市场发展的必修功课。

这家老相识的公司接受了我们的建议。现在控制权转让一事已基本完成，债务危机已经解除。股价已经回升至债务危机发生的前的水平。市场教育了这样的企业：资本市场有放大效应，你做对了会给你超额溢价，资本市场也有让你品尝负溢价的残酷的一面，你做错了，市场会让你输得似乎连机会都没有。所以运用资本市场工具要慎之又慎。

除上述 5 家公司外，我们在多年服务上市公司的过程中，也经历过牛熊。在市场氛围十分热闹的时候，大家往往皆大欢喜，你好我好大家好。但在市场极度低迷、投资机构与上市公司都不知道拐点何时到来的时刻，例如 2015、2018 及 2023 年的某些时候。投资机构类的各类基金会被预警线、止损线折磨得焦头烂额。而同样，上市公司也处于外部环境的不确定中，这时便会陷入部分影响市值的因素无法管理的窘境。那企业该如何应对呢？这时上市公司只有坚信市值是内在价值的集中反映，而不是即刻反映，不为市值巨幅波动所困，明白驱动自身市值的核心要素，耐心做好内在价值稳定增长的基础工作，不要劳而无功地盲目寻求短期市值快速回升的财技，等待市场情绪的转暖即可。而投资机构本身是个行业，毫无理由要尊重行业收益率考核的常规，不能凭认定投资标的有长期价值而放弃预警线、止损线等行业风控常规。这就是市场低迷时上市公司在进行市值管理路径选择时应结合自身及环境的特殊性，需要跟重要股东、投资机构进行沟通的点。

所以，我们可以很形象、鲜明地看到选择合适市值管理路径的重要性。上市公司做出只有结合自身实际禀赋与外部环境的路径选择，才是可以达到市值持续增长的有效手段，如果始终以提升全体股东价值为宗旨而不是以大股东或实控人的财富增长为目的来选择相关路径进而进行工具运用，则效果或会更加完美。其背后的道理本书第一、第二章已经论述。

第七章

市值合理：衡量评判溢价协同

引言

市值是已经兑现的估值，但可能只是瞬间的。我们常常听到资本市场讲估值的合理性，那什么是市值的合理性？我们认为应该用健康的市值来定义其合理性，并用了一个定量指标，即溢价协同指标。市值与内在价值的协同程度处在一定的区间里，这个市值可以被认定为合理的、健康的。这个指标将连同其他维度的子指标，经算法与大数据处理后成为市值健康的检测工具。

第一节　市值合理的界定

上市公司市值管理不是要管理市值，而是要管理影响市值的因素。影响上市公司市值表现的因素众多，针对这些因素，不同区域、不同行业、不同规模、不同发展阶段的企业拥有各自的市值管理路径和一揽子主动市值管理工具。

第六章已经分析了上市公司如何选择适合自己的市值管理路径。有了市值管理方法后，还有很重要的一点是，需要对市值管理结果进行科学理性的评价。将定量解析引入市值管理领域，一方面是为明确与界定市值管理行为和操作范围提供便利，另一方面正是试图通过市场交易数据形成对市值管理水平的准确刻画和直观评价。

由于上市公司的基本情况各异，需要构建一个相对统一的标准，形成“普适化”的市值管理“绩效”评估方法。经过长期观测和实践发现，内在价值始终是市值的基础和支撑，也是影响市场预期的关键因素和投资者进行投资决策的重要依据。因此，我们倡导市值管理应围绕内在价值展开，对市值的评判也应充分考量内在价值的因素，即从上市公司的属性出发，以其内在价值提升为基础，通过剥离影响市值的其他因素的贡献，来评价上市公司的市值管理水平。

市值是重要的财务标杆，是上市公司和上市公司股东的价值在资本市场中的表现。多数上市公司股东或管理层仅将市值的大小或增长率作为重要参考依据，却忽视了与企业在实体经济中表现的平衡。尽管市值以内在价值为形成基础，市场价值在理论上总会围绕着内在价值波动。

但也应看到，现实中的资本市场是个庞大而复杂的系统，是非有效的，上市公司作为市场主体之一所理解或释放的信息与市场之间可能存在着持续差异，时有发生的“黑天鹅”和“灰犀牛”事件也频繁冲击着资本市场，会导致股价持续地脱离企业内在价值。尤其在中国资本市场，市值的剧烈波动或者某些上市公司长期处于市值与内在价值不匹配的情况已成为一种常态。

上市公司来到资本市场的舞台，市值与内在价值的偏差无可避免，这一偏差本质上是上市公司资本市场交易价值与实体企业经营价值的偏差，能够随着有效的信息沟通或一定的时间效应获得平抑。对这种偏差（溢价或折价）进行有效管理，即实现市值与实体经营成果的协同自然成为了所有上市公司的一项重要任务，能否管理好这部分溢价则成为公司市值管理水平的重要体现，溢价的高低和波动状况亦成为评判公司市值表现是否合理、是否健康的重要依据。区别于以往简单粗暴地对标市值，如何通过溢价协同实现对上市公司市值管理水平及市值表现的衡量与评判，是本章的重中之重。

在开启我们的量化分析之前，首先需要从定性的角度明确，什么样的市值是合理的？什么样的市值是健康的？根据上述分析，这一定义无非是围绕溢价和折价的管理展开的。合理的市值直观来讲就是一段时间内上市公司市值与内在价值的偏差不大，市值比较好地体现了公司实体经营成果，即实现了市值与内在价值的动态平衡。当然，不仅要看重在某一时点上市公司内在经营价值与资本市场交易价值之间的差异，更要以一段时间内公司所在的宏观背景、中观行业等为参照，综合考虑这一偏差的变化与波动。对于某一家上市公司而言，如果它的市值与内在价值的偏差长期处于高位且波动较小，说明公司在内在价值的支撑下受到了投资者的长期追捧；相反，如果市值表现相对内在价值处于低位且波动较大，表明公司在二级市场受到了冷落，需要市值管理工具的帮助。

在对合理市值的定义有了清晰认识后，现在的问题是，怎样确认市值表现是否健康？上市公司市值合理可以和市值健康画等号吗？考虑这样一家公司，其最初保持着市值与内在价值的动态平衡增长，但受到宏观因素、行业周期和自身经营等问题影响，某一时期内它的内在价值陷入持续下滑，资本市场也给出了合理反馈，市值也随之下跌，但与内在价值间的偏差并没有明显变动。这样的市值表现符合对市值合理的定义，因为交易价值依然很好地反映了其内在经营价值。但由于公司缺少了对市值的基础——内在价值的管理，持续下行的市值难以符合健康的定义。

因此，市值健康要求企业除了满足市值与内在价值的动态平衡外，还要追求市值的持续增长。市值持续增长是上市公司评价的最好标准，也是动态考察上市公司发展状况的关键指标。区别于迎合市场热点造成的股价背离基本面的短期急涨，持续稳定的市值增长不仅体现了经营业绩的不断提高和资本市场对上市公司的认可，还是上市公司健康成长的最好体现。相反，市值持续下跌是企业不被资本市场认可的表现，也是企业非良性发展的结果。

经过以上分析，现在我们可以对市值合理和市值健康这两个市值管理评价的重要概念进行一个定性的界定：市值合理是指一定时期内上市公司市值与内在价值的动态平衡；市值健康是在市值合理的基础上，实现市值的持续增长。这将成为我们下一步构建评价指标并进行定量刻画的基础。

第二节　市值合理的衡量方法

建立市值管理定量评价指标和方法的努力始于 2012 年 7 月的《市值管理方略——激活需求、创造价值》一书之后。2015 年 4 月 24 日，我们在《上海证券报》上发表的《溢价协同模型——市值管理水平量化评价方法》一文正式开启了市值管理的定量研究和实践。文中提出了溢价协同模型的核心思路：由构成市值的基础变量开始，聚焦上市公司市值与内在价值的动态平衡，并构造了“溢价协同指标”。

在最初的模型中，我们通过构建不同的每股净收益，即上市公司自身对外公布的每股净收益 eps_1 与市场认可并给予反馈的每股净收益 eps_2 的差异来揭示公司内在价值与市值动态平衡的状态，前者更加接近一级市场和实体经营，后者则更多反映二级市场的股票价格运动。eps_1 和 eps_2 的定义如下：

$$eps_1=\frac{净利润}{股数},\quad eps_2=\frac{股价}{市盈率} \tag{7-1}$$

值得注意的是，在股票市场的实证研究和交易实践中，人们往往以收盘价来代表这一交易日股票的价格，这似乎已成为学术界和证券行业的惯例。但必须承认，尽管大部分二级市场投资者给出的价格是合理的，但不能仅依靠某个时点的价格来刻画上市公司的价值。因此在研究中，为了尽可能真实有效地反映股票的价格运动，需重点对反映市值端的 eps_2 进行数学处理，通过构建交易量加权平均价格（在特定时间内所有交易在成交额加权后的平均价格）来消除某一时点异常交易量或异常价格波动的影响。

有了我们构建的两个层面的每股净利润，通过二者之差即得到二级市场相对实体经营的溢价。溢价的稳定性代表了上市公司管理溢价的能力，这一指标高且稳定，说明上市公司实现了溢价协同，也就意味着企业市值与内在价值处于动态平衡的状态，即市值是合理的。合理的市值正反映了我们市值管理的目的，就是使得公司的市值更好地反映公司价值。

一个自然的疑问是，有了量化指标后，怎样界定溢价协同水平是合理的？我们试图给出上市公司溢价协同水平的一个合理区间，以便对不同上市公司做出标准化评价。例如选取沪深 300 指数对应的股票标的（代表经营状况良好、无违法违规事件、财务报告无重大问题、股票价格无明显异常波动或市场操作），以其溢价协同水平集合（剔除异常值）作为所有 A 股上市公司的合理区间。偏离该区间的公司亟须进行合理有效的主动性市值管理。

基于溢价协同指标，对上市公司市值管理目标有了更清晰的表述，即在保持溢价协同水平处于合理稳定的波动区间的基础上，达到上市公司市值的最大化。对于长期处于指标高位的企业，其市值总体也是持续增长的，那么这样的公司自然是既能不断创造利润，又能使资本市场形成积极呼应，利用市场溢价做大做强公司与公司市值的好公司。

至此，我们已经有了可为上市公司及其股东、监管部门、各类中介机构和中小投资者所用的市值管理水平指标模型，可以通过纵向或是横向的数据对比，衡量某上市公司相对于行业、区域、资本属性等不同参照因素下的市值管理水平。不论上市公司进行主动的还是被动的市值管理，溢价协同指标都是客观存在的，能够直观地监测所有上市公司市值表现。

此后，我们对溢价协同模型的优化和探索从未停下脚步。2015 年，我们与上海社科院研究生院及数量经济研究中心合作成立了上海社科院市值管理研究中心，在溢价协同模型一般逻辑的基础上，与时俱进推出市值管理水平指标的迭代，同时专注于溢价协同模型的优化和升级。

由于无法完全剔除所有因素来提取真正反映企业价值的有效市值，因此我们在坚持表现上市公司市值与内在价值动态平衡的能力强弱、水平高低的理念下，把更多关注点放在上市公司内在价值的刻画上，试图对内在价值进行科学、合理和全面的解释。在上海社会科学院市值管理研究中心与上海融客投资管理有限公司的共同开发和完善下，今天的溢价协同模型已逐步成熟，并在应用和实践中经受住了考验，对于上市公司市值管理评级评价意义重大。

企业从登陆资本市场起，便处于负责价值创造的上市公司营运系统以及负责价值实现的资本市场应对系统中，今天的溢价协同指标依然主要衡量的是上市公司市值与内在价值这两个系统的匹配程度，鉴于内在价值信息主要通过财报等途径披露，对存量的刻画存在太多不准确因素，因此我们的目光逐步由存量转向了增量，意图通过使用溢价协同模型，描述标的公司内在经营价值变动与资本市场交易价值变动之间的差异。用简单通俗的话来讲，溢价协同代表了市值增长与内在价值增长之间的偏差，即：溢价协同值 = 市值变化率 − 内在价值变化率。

对于市值变动，我们选择的计算对象是总市值和对数变化率。考虑到内在价值计算参考的是合并报表，所以在计算市值时，对应使用了所有市场市值的总和，即总市值 = A 股收盘价 ×A 股合计 +B 股收盘价 ×B 股合计 × 人民币外汇牌价 +

H 股收盘价 ×H 股合计 × 人民币外汇牌价 ＋ 海外上市股收盘价 × 海外上市股合计 × 人民币外汇牌价。主要考虑到对数增长的对称性等数学性质，我们在计算市值和内在价值变化时，均采用对数增长率，以市值为例，市值变化率按如下定义：市值变化率 $=\ln\left(\frac{\text{期末市值}}{\text{期初市值}}\right)\times 100\%$。

关于对称性的一个例子是，假定市值从 50 亿元增长至 100 亿元，按照一般的变化率计算，其增幅为 100%，而当市值从 100 亿元下跌至 50 亿元时，变化率为 −50%。相比之下，按照对数变化率计算，市值从 50 亿元增长至 100 亿元，变化率为 69%；反之，市值从 100 亿元跌至 50 亿元，对数变化率为 −69%，具有对称性。此外，对数变化率还有许多良好的数学性质，例如可加性，可以简化多阶段变化率的计算，n 阶段的总的对数变化率等于 n 阶段的对数变化率之和，从而将乘法计算转换成加法计算。绘制成图表，也更符合直观表现。有关对数变化率的详尽介绍，此处不再赘述。

溢价协同模型的重点在于内在价值端的计算。同样地，内在价值变化也使用对数增长率来衡量：内在价值变化率 $=\ln\left(\frac{\text{期末内在价值}}{\text{期初内在价值}}\right)\times 100\%$。而对于企业内在价值的评估，我们在第五章中对改进的三阶段剩余收益模型（RIM）进行了详细描述，模型形式为：

$$IV_t = BV_t \times \left(1 + c_1 \frac{q_1 - q_1^{N+1}}{1 - q_1} + c_2 \frac{q_2^{N+1}}{1 - q_2}\right) \tag{7-2}$$

$$c_1 = \frac{(ROE_N - \rho)}{1 + (1 - a_N)ROE_N} \tag{7-3}$$

$$q_1 = \frac{[1 + (1 - a_N)ROE_N]}{(1 + \rho)} \tag{7-4}$$

$$c_2 = \frac{(ROE_\infty - \rho)}{1 + (1 - a_\infty)ROE_\infty} \times \frac{[1 + (1 - a_N)ROE_N]^N}{[1 + (1 - a_\infty)ROE_\infty]^N} \tag{7-5}$$

$$q_2 = \frac{[1 + (1 - a_\infty)ROE_\infty]}{(1 + \rho)} \tag{7-6}$$

其中，IV 为内在价值，BV 为账面价值，a_N 为 N 年间的分红比例；a_∞ 为 N 年后的分红比例；ROE_N 为 N 年间的净资产收益率；ROE_∞ 为 N 年后的净资产收益率。

一般情况下，受回归规律的支配，上市公司长期的净资产规模将保持稳定，净资产收益率将向同行业净资产收益率的均值甚至向无风险利率回归，即$ROE_\infty=\rho$，从而测算上市公司内在价值的剩余收益模型可进一步简化为：

$$IV_t = BV_t \times \left(1 + c_1 \sum_{i=1}^{N} q_1^i\right) \tag{7-7}$$

在三阶段的选取上，我们设定 $N=5$，并选用过去 3 年资产收益率的移动平均值来作为未来 5 年增长的预期，在一定程度上既能反映周期对公司的影响，也能较好捕捉到短期变化。

需要注意的是，我们构建改进的三阶段剩余收益模型并在此基础上简化运算，是希望在得到对内在价值较为准确衡量的基础上，适用于 A 股上市公司的批量计算。当然针对不同宏观背景、不同行业、不同发展阶段的单一公司而言，三阶段剩余收益模型难以涵盖他们的差异性，使用同一种方式计算时难免存在一定的偏颇。

例如对于稳定期的企业，模型具有比较好的衡量功能；但对于成长期的公司来说，由于企业处于上升期，未来预期的净资产收益率势必将高于前期的移动平均，所以上述假设会低估企业的未来发展潜力；对于衰退期的公司来说，由于未来净资产收益率会持续下滑，用过去的移动平均作为预期则会高估企业的内在价值。

对于尚未盈利的公司来说，未来净资产收益率可能会出现大幅增长，但就现阶段而言，持续的亏损决定了企业暂难有很好的内在价值体现。若用过去的净资产收益率移动平均来计算尚未盈利企业的内在价值，其结果一般都为负值。因此对于此类公司科技属性的判断以及未来净资产收益率的预期也需要丰富详尽的行业研究及判断，进而需对其进行单独分析及内在价值评估。在注册制下，暂时没有利润甚至没有收入的公司并不意味着没有内在价值。随着公司的发展，未来收益的预期逐步得到验证与强化，公司的内在价值就能提升。

当然，溢价协同模型是基于内在价值对数的一阶差分，对变化率的研究已在相当程度上消除了个体固定效应的影响。如果对单一公司进行计算及评价，我们可以基于企业基本情况进一步地研究分析，计算出更为精准的内在价值。但就我们的现阶段的研究目的而言，采用改进后的三阶段剩余收益模型已是最为稳健的估值方法。通过一定的模型运算后，我们可以得到对上市公司的市值和内在价值较为准确的衡量。

下一步的问题转变成如何通过建立一个严谨的数学模型来刻画溢价协同体系，使得模型充分体现市值与内在价值等其他影响因素的关系。我们遵循价值规律，在市值及其增长的过程中评价市值管理水平，将市值增长的因素进行分解：

$$MV_t = IV_t \times EM_t \times (G_t)^{\beta} \times e_t \tag{7-8}$$

其中，MV_t 表示上市公司在 t 期的市值；IV_t 表示上市公司的内在价值；EM_t 表示投资者的预期；G_t 综合反映了影响市值的资本市场因素；e_t 表示随机因素；β 是参数。基于我们对市值与内在价值增长率的计算方法，对上述市值增长因素分解模型取对数处理，将存量乘法模型转化为增量加法模型：

$$\ln\frac{MV_t}{MV_{t-1}} = \ln\frac{IV_t}{IV_{t-1}} + \ln\frac{EM_t}{EM_{t-1}} + \beta\ln\left(\frac{G_t}{G_{t-1}}\right) + \ln\frac{e_t}{e_{t-1}} \tag{7-9}$$

其中，$\ln\frac{IV_t}{IV_{t-1}}$ 衡量的是资产类市值管理对市值增长的贡献，$\ln\frac{EM_t}{EM_{t-1}}$ 衡量的是预期类市值管理对市值增长的贡献，二者合计代表了市值管理对于市值增长的贡献；$\beta\ln\left(\frac{G_t}{G_{t-1}}\right)$ 则代表了资本市场对于市值增长的贡献。根据溢价协同的定义，最终形成溢价协同模型的一般形式：

$$PS_t = \ln\frac{MV_t}{MV_{t-1}} - \ln\frac{IV_t}{IV_{t-1}} = \ln\frac{EM_t}{EM_{t-1}} + \beta\ln\left(\frac{G_t}{G_{t-1}}\right) + \ln\frac{e_t}{e_{t-1}} \tag{7-10}$$

在计算出 A 股所有上市公司的溢价协同值之后，接下来要给出溢价协同的合理区间，以界定哪些上市公司的市值是合理市值。按照实践惯例，我们将溢价协同合理的比例定为 80%。显然，溢价协同既不能过高（代表公司市值增长严重脱离内在价值），也不能过低（代表公司市值难以反映其内在价值表现）。

每一个季度，我们都会根据二八原则确定整个市场的合理区间。各季度合理区间的变化也代表了市场整体风格偏好的状况。首先，筛选出市值与内在价值在区间内累计双增的企业，其中溢价协同的最大值自然地可被定义为合理区间上限。然后，从上限开始，溢价协同值从高到低取前 80% 的企业是处于合理区间的，从而得到合理区间下限。最后，剩下 20% 的企业多数为溢价协同值过高或过低，还有极个别因财务、市场等因素导致溢价协同无法准确衡量的，在该时间区间上不适用于溢价协同模型的评估。

从短中长期的溢价协同可以很明显地看出，短期内，市场分歧较小，而随着时间的不断累积，市场分歧也不断累积，从而合理区间会慢慢扩大。

进一步，在溢价协同处于上述合理区间的基础上，我们还要求上市公司市值是稳定增长的，即实现市值在内在价值支撑下有资本市场溢价的可持续增长，这一市值表现被我们定义为健康的市值。溢价协同指标是我们评判公司市值表现的核心，在此基础上，我们围绕公司是否保持长期稳定发展经营、市值是否在反映内在价值的基础上稳定增长这一逻辑，从七大维度出发实现对上市公司市值健康状况的评级评价，分别是溢价协同、行业偏离、内在价值累计增长、内在价值波动、市值累计增长、市值波动以及市值总量。

行业偏离指标建立在溢价协同的基础上，如果说溢价协同指标可以为上市公司与 A 股所有上市公司的溢价协同情况提供直接比较，那么行业偏离则是指上市公司与其所处行业其他公司溢价协同情况的比较，即行业偏离 = 公司溢价协同 − 行业平均溢价协同（按总市值加权）。在行业中，上市公司的对标比较至关重要，公司在行业中获得相对较高的溢价，表明该公司在行业中被资本市场看好，一定程度上也反映了公司在行业中的竞争力，对应的行业偏离大于零；相反，如果行业偏离水平小于零，代表公司溢价协同水平不及行业平均水平，难以获得市场青睐。

前面提到，作为上市公司市值的基础和支撑，企业内在价值的创造和管理是市值管理工作的核心内容，也是赢得资本市场信誉、增强投资者信心的基础和最重要的环节。对于内在价值的评价分为累计增长和波动两个维度。内在价值累计指标主要衡量公司内在价值的区间增长情况，反映公司在一定时期的内生增长力。考虑到部分上市公司在发生并购等交易前后内在价值会发生突变，能否在新的平台期维持稳定的内在价值增长也是公司健康程度的一种体现。因此考察内在价值的稳定性，使用一定时期内企业内在价值季度环比变动的标准差来衡量内在价值波动情况。

同理，对市值端的直接评判也由市值累计和市值波动两方面构成，市值累计主要用来衡量市值的区间累计变动，市值波动计算的是市值季度环比变动的标准差。值得注意的是，由于不同体量的公司其内生增长力不同，因此在设计内在价值累计指标时，还需考虑到企业规模的影响。因此我们将市值规模作为单独的指标加入评级评价体系中。

现在我们计算得到了所有上市公司对应七大指标的分值（部分因经营状况不稳定等因素造成数据无法计算以及新上市的企业除外），分别将上述七大指标按照排名进行打分并赋予等权重，可以计算出所有上市公司的综合评分。根据评分从高到低，我们对上市公司进行评级，最高为 A^+，最低为 E，共分为十三档，分别为 A^+、A、A^-、B^+、B、B^-、C^+、C、C^-、D^+、D、D^-、E。以 A^+ 为例，该评级反映的是企业在该时期内溢价协同处于合理区间且大于零、行业偏离大于零、内在价值累计增长较快且波动较小，同时市值累计增长且波动较小；相反，公司溢价协同偏离合理区间、内在价值出现下滑且波动较大，同时市值下跌且波动较大的为 D 甚至更差。

第三节　市值合理的衡量意义

一直以来，资本市场普遍存在着市值追求过程中的短期性及对“市值管理”概念误读的问题。对个人投资者而言，短期行为比较常见，经常出现盲目跟风、超短线操作、追涨杀跌等行为，投机性和风险性暴露无遗；而部分机构投资者也表现得十分急功近利，追逐一些所谓的题材和市场热点。这样的环境给上市公司的市值成长过程带来了极大的不稳定因素，也给上市公司市值管理工作带来诸多困扰，资本市场也往往将上市公司市值管理工作理解为狭义的“股价管理”，甚至简简单单地理解成“拉升股价”。

不仅市场如此，很多上市公司也对此缺乏深刻的认识，科学发展意识淡薄，一味迎合市场热点，甚至采取一些违规的行为操纵市值，这样往往能在短期内大幅提升市值，但损害的却是企业长期的健康发展路径，生产经营失衡、管理混乱等问题接踵而至，市值也难逃在短期炒作后回到原点，甚至对市值的长期表现带来深远的负面影响。当然，也有部分上市公司忽视市场的声音和需求，对股价波动置之不理，在需要资金的时候不被投资者认可，违背了企业上市的目的和初衷，最终同样会影响到企业的发展。

市值管理工作是一项长期性、复杂性的工作，我们提倡企业树立长期价值观，以内在价值的创造和管理为市值管理工作的核心，在此基础上追求企业外在价值的实现和维护，即追求内在价值和市值在中长期视角的协同增长。基于此，我们建立的以溢价协同为核心的评级评价体系为企业的市值管理工作实践建立起一套标准。在这套标准中，我们不简单地以股价涨跌作为市值管理水平的评判标准，不主张为每个交易日市值的波动耗费精力，而是更多从中长期的角度出发，对企业的市值管理状况和市值健康水平跟踪观察和区间监测，考察上市公司在一定时期内市值与内在价值的动态均衡，当然，这一监测也会对短期的市场波动有所反映，并帮助企业发现在贯彻长期战略过程中的短期问题。

透过溢价协同模型，我们提倡上市公司坚持将提升其内在价值作为市值管理的基础和重中之重；对于资本市场因素，上市公司应积极做好信息披露与投资者关系工作，减少市场误读，让市场充分、理性地认识到公司的价值，并通过常态化的股权激励机制使投资者与企业结成利益共同体，牵引长期发展。对于投资者而言，应培育起长期价值投资理念，利用溢价协同模型选择获得市场青睐、健康发展的投资标的。市场多方共同努力，推动整个资本市场的和谐共赢。

第八章

市值体检：数智展示健康程度

引言

我们在第一本书与第二本书中就指出和预测，市值分析可以像西医的检测科学一样来透视分析市值的合理、健康性，并通过市值的变化来印证主动或被动的市值管理的效果。而市值管理顾问工作则更像中医科学那样，需要系统科学的眼光与众多的实际案例的支持。如今市值健康程度的动态检测成为可能，移动互联网时代又把这种可能变成了可视化的工具，随时可看到自己关注的上市公司被一套严密的算法进行着评级评价。

第一节　市值健康数智化体检逻辑

现如今，数智化体检已经不是一个陌生的词了，很多医院及相关机构里面的体检流程及数据都已经实现数字智能化，各种身体健康数据都能在手机上进行查阅，方便快捷。

那何谓市值健康体检？市值健康体检是基于溢价协同的理念，从市值、内在价值、溢价协同等多维度，运用数字化的手段，对上市公司市值健康进行全方位扫描及评级评价。

上市公司市值健康体检的基本逻辑，在上一章节已经深入剖析了为何最终选择这七个维度来对上市公司市值健康进行体检。但市值健康体检逻辑只是理论层面的一些想法，为了让更多的人知道，了解市值健康体检的重要性与必要性，我们需要将理论逻辑进行落地。那如何落地？如何让大家更好地理解我们的市值管理理念，帮助树立正确的市值管理观，这是我们在确定理论逻辑之后最迫切想解决的问题。

其实逻辑落地的方式各种各样，可以通过培训、宣讲、咨询报告等输出我们的观点，通过书籍阐明市值体检的逻辑，还可以通过媒介传播我们的理念。但在我们看来，这些工具的传播面仍较为狭窄，且不够便捷。

在数智化市值体检出现之前，我们为上市公司开展的市值体检服务主要以线下为主，针对上市公司具体情况开展一对一的市值体检。随着技术的迭代，为提升相关信息的对称性，提高服务效率，我们构建了基于溢价协同逻辑的市值体检 Excel 用于开展相关工作，但自始至终无法即时触达用户。

在科技迅猛发展的今天，数字智能化显得极具吸引力。在现在的生活中，我们出门仅需带一部手机即可完成所有的工作，无论是买东西、坐公共交通、查询信息，数字智能化的到来，使所有的内容都可以直观地展示在大众的视野中。

当然数字智能化的形式也多种多样，如目前市面上大家能看到的网页、App、小程序、数据终端，甚至还有智能机器人等。数字智能化的普及，已经成为大家生活中必不可少的一部分，它让各种事情都更加便捷。

在这类工具中，网页及数据终端借助电脑更方便，智能机器人运用在市值健康体检上也有点大材小用，App 和小程序是比较适合作为市值体检的数智化工具。当然 App 和小程序也有很多种，App 还分为苹果系统和安卓系统，小程序也有微信和支付宝等。最后在综合考虑后，我们觉得微信小程序是合适的选择。一方面，小程序不需要考虑苹果系统与安卓系统的兼容性；另一方面，微信庞大的用户基数及生态链也为后续的传播提供了很好的基础。

运用小程序这一工具，为上市公司开展市值健康体检，可以让市值管理相关主体都了解我们的市值管理理念，为上市公司做一个初步、快捷的市值健康体检筛查。因为所有的上市公司都应自发地、定期给自己的市值做健康体检，数智化工具的出现，使这一动作更加方便快捷且具有针对性。

在互联网技术迅猛发展的今天，数字智能化是大势所趋。很多东西都搬到了手机上来，数字智能化体检主要是通过数字的手段，对上市公司市值健康进行体检，就像人要定期体检一样，上市公司也要对市值进行定期体检，发现病灶，解决问题。使上市公司的市值要与内在价值协同。

第二节　市值体检数智化体检展示

在数字智能化的现在，通过“市值透视”这一工具，上市公司市值健康体检已经完全可以在手机上完成。并且在工具中，我们可以看到很多丰富的内容及与市值相关的信息。

一、市场信息集合展示

首页作为一个市场信息集合地，就像体检中心大厅，聚合了整个市场很多的信息，如图 8-1 所示。首页最上方轮播图包含了许多内容，有文字版使用说明，定期报告、上市公司量检等。作为信息的集合，我们首先希望用户通过文字版的使用说明了解我们的理念，然后通过 3w（what、why、how）了解溢价协同及评级的维度。了解过后，可以跟随我们的脚步，来一次“实战”，看看我们运用基于溢价协同的市值管理理念是如何来剖析公司的情况的。还有一些一二级市场的统计数据，则可以帮助我们对整个市场有更全面的了解。

图 8-1　首页

除了固定的周报及月报外，作为信息集中的地方，肯定少不了其他的信息。在首页中，我们从三个维度对热门公司进行分类，分别是按涨跌幅、成交量以及总市值进行分类。便于用户迅速定位到相关公司。这三个维度，也是对用户来说比较看重的维度，与纯技术面的维度不同，涨跌幅揭示了市值的变化，成交量体现了市场目前关注的风向，总市值则代表着公司的体量与规模。这也与我们的理念相一致，即市值是上市公司价值的集中体现、市值持续增长是上市公司评价的最好标准、市值管理是上市公司战略管理的核心内容。

在社会及科技快速发展的今天，相关概念层出不穷，从 ChatGPT 到 AI，新技术的出现总能在资本市场引起不小的波澜，所以热门概念也是市场时刻关注的方面，我们将每日涨跌幅前 20 的概念在这里展示给大家，便于大家了解概念的最新动态。

其中蹭概念的情况也层出不穷，比如当年的元宇宙概念，很多公司根本就没有相关业务，或是相关业务占比几乎可以忽略不计，但因为其公开表示自己有元宇宙相关业务而被归入元宇宙概念，所以这一归类方式也存在一定的缺陷。我们考虑到这些问题后，在概念的基础上，增加了当前市场普遍认可的申万行业供用户参考，行业也是对全公司分类的一大维度。采用申万二级的原因主要是因为一级行业分类太广，可比性较弱，三级行业过细后会使得有些行业只有一家公司，所以我们采用了折中的二级行业。

溢价协同模型对公司评级评价后，是否具有投资参考价值？我们也一直在摸索，模拟仓每日的收益及组合持仓也可以在首页看到，这对于部分长期投资者来说或许具有一定的参考意义。

同级公司也给大家带来了申万一级行业下，属于该评级市值最大的公司列表。趣味问答通过问答的形式，带大家去使用小程序，寓教于乐。预测计算功能则会在下面详细讲解。

二、市值健康数据展示

公司页面就像体检中心提供的体检单一样，详细展示了公司基本信息及各项市值健康指标数据，如图 8-2 所示。最上方一栏为公司信息页，主要为了说明下面的数据是属于这家公司的。首先映入眼帘的便是公司的长期评级，之所以显示公司长期评级而不是 1 年期评级，是因为一家健康的企业是以长期、持续、稳健经营为目标的，不是做了 1 年就关门不做了，公司应该追求长期、健康、高质量的发展。

紧接着展示的是当前公司的相关数据及星级，所有数据均基于我们对于公司市值健康的理解以及评级逻辑。

溢价协同长短期数据可以看到公司长期累计以及季度环比的溢价协同情况，行业偏离则代表着该公司在行业中的溢价水平。为何要将这两者分开，是因为我们在评级优化过程中发现，如果仅仅使用溢价协同来描述公司溢价水平稍显片面，有些行业本身溢价水平不高，例如一些传统的金属制造业，还有边缘化的房地产行业等。但在这些行业中，也有比较出挑的公司，他们的溢价协同可能比不上科技创新类的公司，但作为该行业中溢价水平表现较好的公司，市值还是比较健康的，所以我们增加了行业偏离这一维度，可以更全面地描绘公司在整体市场中的溢价协同水平。当然，因为我们的算法是通过公司过去的经营状况来预估未来的表现，所以当公司经营状况不稳定，持续亏损或是净资产为负时，我们无法准确计算其内在价值，因此也无法计算其溢价协同，点击相应板块会有具体算法及错误提示供用户参考。

图 8-2 公司页面

接下来的四个维度就是溢价协同展开后的两大要素——市值与内在价值。公司的内在价值体现在其市值之中，健康的市值要在有价值支撑的基础上稳步增长，所以市值增长与波动以及内在价值增长与波动也是评估上市公司的重要维度。并且每个维度我们都评了星级，星级越高表明该项表现越好。例如公司价值变动星级越高，并不意味着其波动越大，而表示其越稳定。

至此，七个维度的评级综合起来就构成了公司的评级，对于上市公司来说，一个界面展示了所有维度的状况，哪一项评分更低一目了然，之后只要对症下药即可。就像人不可能一辈子只体检一次，上市公司市值健康体检，只有通过环比、同比、短中长期的变化中才可以看到哪些指标变好，哪些指标变差，持续跟踪才能更快、更好地作出反应。

所以我们在公司信息页面提供了季度进度条，根据每个季度公司披露的信息进行评级，持续跟踪，了解公司近四个季度以来的变化。有些企业例如化工、养殖等周期性行业，其季度变化就会很明显地跟着周期走，又比如有些行业确认收入的季度在三四季度，这一点也会在季度的评级变化中看出端倪。更重要的是，这对于一些变化比较大的公司具有参考及警示的意义。

以 2023 年二季度长期评级环比为例，其中有家公司是中炬高新，2023 年一季度时公司的评级为 A^-，而到二季度则变成了 C^-，这时我们可以查看这两个季度公司各个评级维度的差异。通过了解发现，最大的变化来自其价值端，公司二季度因为经营状况不稳定，内在价值无法准确衡量，因此导致二季度评级下滑明显。从公司相关新闻也可以看出端倪，2023 年 7 月 7 日以来，围绕“酱油第二股”中炬高新的人事变动和控制权之争进入了白热化阶段。随着临时股东大会顺利召开，“宝能系”的股东从董事会出局，长达 8 年之久的控股权之争或将告一段落，但“宝能系”后续的动作如何应对、管理层内部的矛盾如何解决、生产经营秩序的恢复如何推进？公司内斗的负面影响难以短时消退，股权结构和内部治理团队的问题导致公司内在价值出现恶化，从而影响公司评级。从季度的评级变化就可以很快发现，给上市公司提供了纵向比较的参考。

除了季度变化之外，我们也给用户展示了 1、3、5、10 年期的数据。最早所有公司仅有一个长期评级，为了可以覆盖尽可能多的上市公司，我们将不同上市时长的公司数据进行了年化，然后对其评级，所以会出现上市 10 年以上和刚上市公司都有对应评级的情况。

运营过程中，许多上市公司及相关的人和我们交流讨论的时候就提到，对于一些公司来说，10 年可能太长了，在 10 年间公司可能已经换了主营业务，换了领导层，等等，希望可以看到短中期更丰富的评级。所以，在“市值透视”中的季度进度条下方，我们给用户展示了 1、3、5、10 年期评级。为使评级更具有可比性，相应的评级逻辑肯定也需要发生一定的变化，10 年期评级仅包含上市满 10 年的公司，以此类推，而上市未满 1 年的公司，我们将公司季度数据年化后会为其评定 1 年期的评级。

短中长期的加入，对于上市公司及相关人员来说可以对公司各个时间区间的溢价协同及市值健康有更全面的了解。有些公司可能长期评级欠佳，但短期评级提升明显；也有企业长期评级较好，但短期评级欠佳。

以 2023 年 2 季度评级为例，五粮液作为白酒行业的“万年老二”，其 10 年期评级为 A，但一年期评级仅为 C^{-}，一方面与白酒行业近几年整体景气度下滑有关，另一方面与其近一年内在价值增速放缓也有一定的关系。另一家如福田汽车，10 年期评级仅为 C^{-}，随着近年来经营状况改善，公司 1 年期评级达到了 A。作为轻卡行业龙头福田汽车聚焦主业且持续发力，新能源转型提速；商用车业务覆盖完善，盈利维持稳定，长期在新能源领域的布局持续发力。

从短中长期就可以很明显地看到公司近期状况的转变为其评级带来的是正面还是负面的影响，如有积极影响应继续努力推进，如仅有负面影响则应该考虑这些改变是否真正适合公司。

三、横向可比公司展示

在七大维度展示后，相信上市公司对于自身无论是近四季度还是短中长期的溢价协同表现肯定都有了全面且深入的了解。但作为市场及行业中的一员，上市公司除了要关心自身的市值健康状况外，还需对同行业的市值状况有一定的了解。行业公司整体的评级表现往往会反映出整个行业的趋势，如果行业公司市值健康评级整体较好、溢价较高，则表明市场对行业前景持乐观态度。除此之外，通过与同行业其他公司的比较，可以了解到公司目前在行业中的竞争地位，以及自己与其他评级更高公司之间的差距，从而分析差异造成的原因，制定相关策略，提升公司市值健康。

所以为了使公司可以便捷地与同行业公司进行比较，我们在公司页面底部增加了同行业公司按钮，点击进入展示的为同一申万行业分类下的所有公司，如图 8-3 所示。按市值规模排序的主要原因是每家公司肯定想与同行业中的头部进行比较，按市值排序会更加便捷。

在同行业公司中，选择申万的原因主要是他目前是市场比较认可的一个分类标准，同时我们提供了一二三级行业供大家选择。有些用户可能对申万行业存在疑虑，那我们也可以提供证监会行业、中信行业等分类供大家选择。

图 8-3　同行业及同级公司页

在同行业公司页面中就可以很清晰地看到目前公司所处行业中的公司有哪些，评级大致处于什么情况，如需了解公司详情，点击相应的内容即可进入查看。

除了同行业公司外，公司页底部还有同级公司按钮，展示的各申万以及行业下，在该评级市值最大的公司，用户可以看到在同一评级下，其他行业的公司主要有哪些。

四、市值预测功能展示

作为上市公司，对自己未来市值进行规划是很重要的一件事情。但市值规划也不是凭空想象，制定一个无法企及的市值目标以及一个轻易就能达到的目标都是没有任何意义的。而这种情况下，需要公司对自身经营状况有深入的了解，同时结合溢价协同的理念，对公司市值进行预估。

市值预测有助于公司更全面地理解自身市场价值。通过对市值的预测，上市公司可以对自身未来的市场价值有一个更全面、更准确的认识，这对于公司进行战略规划、投资决策等方面具有重要的参考意义。同时，就长期而言，市值反映了公司的价值，在一定程度上也是投资者对公司未来收益的预期。通过预测市值，上市公司可以更好地评估自身的融资能力。市值规模的大小反映了公司的市场地位和盈利能力，也反映了公司对人才的吸引力。通过对市值的预测，上市公司可以更好地了解公司对人才的吸引力，并制定更合理的人力资源策略。而且通过比较当前市值与预测市值的差异，上市公司可以更好地了解公司内在价值和市值的关系，以便进行战略调整和改进。

所以市值管理是公司战略管理的一部分。在数智化产品“市值透视”中，我们也为用户提供了市值预测的功能，如图 8-4 所示。基于我们的溢价协同理论与逻辑，在公司页底部或首页都可以进入市值预测界面，通过输入自身对公司生产经营的预期，及希望未来达到的溢价协同水平，就可以对公司未来的市值进行预测，从而依据预测结果制定合理的战略发展策略，使公司市值在与内在价值协同的基础上健康稳定发展。

图 8-4　预测计算

五、市值健康报告展示

在体检数据出炉后，对于异常指标，我们需要寻求专家的解读与建议。这在市值体检中也很重要，具有针对性的市值健康报告，有助于企业发现自身市值管理工作中的短板与长处，促进公司改善市值健康水平。

在公司页面数据展示的最下方，我们为公司提供了最新的数据解读报告，如图 8-5 所示。打开报告，首先映入眼帘的是公司信息、评级以及评级季度末至最新的市值增长率。紧接着就是溢价协同曲线图与长短期溢价协同值，从曲线图中可以看到公司长期以来的溢价协同变化，以及这种变化是否在合理区间范围内。

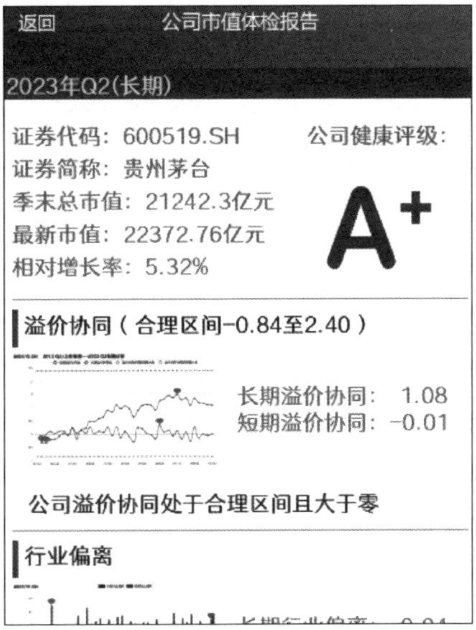

图 8-5　市值体检报告

工具中所展示的合理区间为全市场的合理区间。当然，我们也可以从纵向，即从上市公司的发展历史来看，运用二八原则，确定上市公司溢价协同的合理区间；也可以从横向来看，即与同行业及可比公司的溢价协同相比较，确定对应的合理区间。

了解溢价协同趋势及数据之后，紧接着展示的便是行业偏离的柱状图，以及最新评级季度的长短期行业偏离。这两大数据主要是用于了解公司长期以来在行业中的溢价协同状况变化情况，有些公司可能早期溢价协同不及行业平均（按总市值加权），但随着经营状况的改善，市场占有率的提升等，使得公司溢价协同水平逐步走高，从而超越行业偏离。但相反也有部分企业早期偏离优于行业但近期有所下滑，那这就得使用上面我们所提到的同行业对标功能，来了解自己与同行业中溢价协同较好的公司之间短期内存在哪些差异，并寻求解决方案。

我们都知道，溢价协同 = 市值变化 − 内在价值变化，那市值及内在价值的长期变化情况是怎样的呢？我们在报告中也为大家提供了环比以及累计两张曲线图。通过曲线图的分析，我们可以看到两条曲线的变化走势是如何的，稳定期的公司例如贵州茅台，它的市值与价值在达到一定的协同后，基本处于同步上行的阶段。那对于部分初创型公司，市场对于其未来预期向好，但其价值总体还未完全体现出来，那此时，他的市值曲线会涨得更快一点，市值线会在价值线之上且喇叭口逐渐变大。那对于市场认为处于衰退期的公司来说，状况则会完全相反，衰退期的公司，内在价值会逐步放缓，但市值可能会下滑得更快，溢价协同水平会持续下滑。所以从市值与内在价值的曲线中可以看到公司的生命周期以及市场长期以来对公司看法的转变。

在数据与图形都了解过后，我们给每家公司都提供了总结，类似于体检最后医生的诊断。在总结中，我们会阐述基于我们的溢价协同理念，公司市值、内在价值以及溢价协同的表现如何。针对表现不好的维度，我们还会为用户提供企业可能在这些方面存在问题导致该项评分不高。针对不良指标提出的企业可能存在的这些问题，都是我们在长期以来的市值管理实践中总结出来的具有共性的一些特征。例如，公司价值变动较低可能与行业景气度、战略管理、股权结构、内部治理、研发等方面有关，而价值波动较大可能与管理团队频繁更换、战略稳定性不足以及外部的政策影响有关。市值方面，市值增长不足可能与股东增减持、行业风口等有关。溢价协同表现较弱则会与投资者关系管理等有关。这些都是我们在实践过程中发现很多公司在这方面出现问题可能存在的共性问题。对于单个企业来说，肯定还存在一些个性的问题，这就需要对深入剖析及检测公司市值状况才能更有针对性地找到不足。

六、任意对标数据展示

在公司页我们展示了同行业公司，但对于目前快速更迭的概念来说，有些行业分类可能已经与实际情况相去甚远，例如利欧股份，在申万三级的分类中，他仍属于金属制品行业，但其81%的营业收入来源都是媒体代理业务，所以会造成这种实际经营状况与行业分类不符的情况。除了在同行业公司中为用户提供更为丰富的分类选择，我们也可以使用任意对标功能。大家可以挑选自己想对比的任意两家上市公司进行对比。就像大家在购买手机、汽车时会选择任意两个产品加入对比，来比较各个参数的差异一样。“市值在线”这一数智化体检工具也为用户提供了这一功能，如图 8-6 所示。

图 8-6 任意对标

点击公司页第一栏最右边的对比按钮，随后输入证券代码、首字母、简称，点击查询，两家公司的信息便赫然在列。有最新总市值、评级、长期溢价协同、长期行业偏离、内在价值累计、内在价值波动、市值累计以及市值波动，也是我们健康体检的七大维度。

通过与可比公司的对标，有利于公司更精准地选择对标对象，找到两者之间的差异，并通过差异寻找问题以及解决方法，最终助力公司提升市值健康程度。

七、收藏公司数据展示

对于一些需要经常访问查询的上市公司，大家可以通过点击公司页最上方右边的星星进行收藏。收藏可以快速存储及查看常用的上市公司，避免再次浪费市场查询搜索，提高效率。收藏夹还可以私人订制，像自选股一样，建立自己的公司集合，将可比公司一起收藏，查看更加有序，更符合自己的使用习惯及需求，提高使用体验，如图 8-7 所示。

收藏

序号	公司名称	证券代码	评级
1	五 粮 液	000858.SZ	A
2	浪潮信息	000977.SZ	B+
3	荣盛发展	002146.SZ	D+
4	科大讯飞	002230.SZ	A
5	巨化股份	600160.SH	A-

图 8-7 收藏夹

还有最重要的一点就是收藏夹跟着用户 ID 走的，及时更换手机，只要登录同一微信账号，收藏的公司依然在列，不会因为设备的损坏及更换出现数据丢失的问题。

八、公司基本信息展示

作为一款市值健康体检数字化体检工具，除了具有市值体检的功能外，还兼顾了相关公司信息的整合，使得用户可以在不切换软件的情况下，了解公司的一些基本信息。而这些基本信息是我们这么多年实践之后总结出来的，也是市场上可能会比较关心的公司的那些基本信息，如图 8-8 所示。

返回 公司信息

公司基本介绍

公司名称	贵州茅台
公司代码	600519.SH
实控人/第一大股东	贵州省人民政府国有资产监督管理委员会
上市日期	2001-08-27
所属申万三级行业	白酒Ⅲ

主营业务构成

主营第一	茅台酒:85.1998%
主营第二	其他系列酒:14.4789%
主营第三	其他业务:0.3213%

图 8-8 公司信息

点击公司页最上方的模块，就可以进入公司信息页面。整个信息页面分为四大模块。

第一部分为公司基本介绍，包含代码、简称、实控人 / 第一大股东、上市日期以及所属行业。根据实控人 / 第一大股东的信息，用户便可以判断这家公司的属性，是民营还是国有。从上市日期可以看到这家公司是不是新股、次新股，是在股灾中上市还是在牛市中上市。

第二部分为主营业务构成，这一部分摘取的是公司财务报告中的数据，所有主营业务占比均为业务收入占总营收的比例。这一部分也可能让一些蹭概念的公司无处遁形，比如之前提到的元宇宙概念，有些公司的营收前三中根本没有元宇宙相关的业务收入，就很难让其与元宇宙概念挂上钩。还有上文中提到的行业归类为金属制品的利欧股份，实则其主营第一已经发生了转变。所以这一部分也是大家比较关注的内容。

第三部分则是我们在观察公司内在价值时会参考的一些财务指标，包括净利润、净资产、总资产等。近年来随着科创板的开市以及创业板的蓬勃发展，我们发现创业型公司中，研发费用及占比这一指标对其市值也会有一定的影响，所以将其展示在这里，在实际使用“市值透视”的过程中，我们就发现有些公司标榜自己创新研发很厉害，但打开看其研发费用和占比其实并不高。

最后一部分是我们最新的市场信息，即每天收盘后公司的市值及股价情况。

运用“市值透视”小程序对公司市值进行体检后，我们基本可以从溢价协同角度对上市公司市值管理状况有一个比较全面、系统、正确的了解。当然，“市值透视”中还有许多与市值相关的功能及数据，能帮助用户更正确、理性地看待市值这一话题。

第三节　市值健康体检工具的应用

市值健康体检这一工具不仅上市公司可以使用，与上市公司相关的各个主体也可以通过这一工具了解不同的信息。

一、监管机构

对于监管机构来说，无论是地方或是中央，通过市值健康体检工具，可以更清晰地了解上市公司的整体表现，判断其市值健康程度，对不健康的企业可以提出更有针对性的指导性意见。例如像有些ST公司，其内在价值本身已经出现较大问题，但依靠炒作及资金推动，市值出现不正常波动，此时监管层需要及时开展问询，促进市场理性反应。

对工具中溢价协同合理区间、评级分布、各个组合收益变化的追踪可以清晰地了解当前二级市场的基本状况，如发生巨大的数据变化，则应迅速反应，防范发生金融风险。正如在市场急剧波动下，数智化工具中E组合的收益率表现会出现逆势上涨的情况，这种情况往往已经脱离基本面，表明市场已经变成纯粹的资金博弈，监管机构寻找问题点，适时采取相应措施，帮助市场健康发展。

二、地方政府

上市公司作为地方经济的重要组成部分，其市值健康与否反映了当地的经济实力与营商环境，地方政府可以通过市值健康体检工具评估当地目前的发展情况。通过使用市值健康体检工具，政府可以了解本地上市公司在地方经济中的作用和贡献，以此为基础制定更加合理的地方政策，促进地方经济的发展。

通过同行业公司及任意对标，地方政府可以了解本地上市公司在资本市场中的地位和影响力，如本土企业在同行业中处于弱势地位，在其他条件都相似的情况下，是否需要考虑各地的资本市场环境差异，为企业提供更加规范化的引导和支持。

三、上市公司

上市公司作为企业健康发展的第一责任人，更需要定期对公司市值健康进行体检及跟踪。市值是上市公司价值的集中体现。一般来说，市值越大的上市公司，其综合实力越强，商业信用也越好，融资成本越低。这反映了公司的经营状况、发展潜力以及在行业中的地位等多个方面。

运用市值健康体检工具，上市公司可以对自身的市值健康状况有一个深入的了解。便于将相应的市值管理策略融入战略管理中。例如，公司内在价值表现良好，但市值表现平平导致溢价协同水平较低，公司经过分析可以选择通过投资者关系维护、再融资、股权激励等适当的方式来提升市值健康；如果公司内在价值增长无法匹配市值的高增，短期的市值增长是由市场情绪推动的，那回落时公司应放平心态；如果本身内在价值出现问题，公司可以通过调整战略、股权结构、并购重组等方式来提升内在价值，以匹配市值的增长。就比如华为汽车概念圣龙股份，在市场情绪推动下市值迎来暴涨，但公司评级仅为 C^{+}，价值波动较大，百倍市盈率的圣龙股份已走到了泡沫破裂的危险边缘。公司一方面需要积极把握风口提升内在价值，另一方面，如果市值出现大幅回落也不必过于焦虑与在意，不要盲目运用市值管理工具。

通过了解工具中公司市值健康短中长期的数据及评级变化，可以评估公司治理及管理能力，短期内过高的市值表现可能与政策、行业风口、市场偏好等短期行为有关，而长期市值状况则能更好地反映公司治理和管理能力的有效性。而且，短期内过高的市值健康表现可能会伴随着更高的公司业绩波动性，而长期市值状况则能更准确地预测公司业绩的稳定性。

对上市公司股东来说，公司市值的高低与股东的财富价值直接相关，如果市值增长，股东的财富也会相应增加；反之则会减少。所以上市公司重要股东也可以通过市值体检工具对公司进行体检，了解目前公司的市值健康状况。

四、商业银行及信贷机构

市值作为上市公司融资成本和风险抵御能力的重要指标，在一定程度上会影响融资成本和风险抵御能力，市值越健康，就越能更好地抵御市场风险。所以商业银行及相关市场信贷机构也需要对公司进行尽调，而市值健康也是其中重要的一环，市值健康体检工具的运用可以大大提高效率，节省时间、人力等成本。

五、券商

券商运用数智化工具分析上市公司的市值健康状况，了解公司的内在价值和市场对其的看法（即溢价协同），从而可以制定更加精准的投资策略。同时，市值是公司资产规模和经营状况的反映。券商通过分析上市公司的市值健康，可以对公司的偿付能力和信用风险进行评估，为开展投资银行业务提供参考。

上市公司市值的变化反映了市场对公司未来发展的预期。券商可以通过工具中的预测功能，分析上市公司的市值变化，预测市场趋势，为客户提供更加准确的市场分析和投资建议，提高客户的投资收益和风险控制能力，丰富投资顾问工具篮。对于已投项目，券商可以通过检测分析上市公司的市值健康，评估投资银行业务的业绩和贡献，为优化业务结构和提高经营效率提供参考。

六、机构投资者

对于机构投资者（基金等）来说，在挑选投资标的前，运用工具可以为机构投资者提供更加全面和准确的信息，帮助基金公司做出更加科学和合理的投资决策。

在投资过程中，市值体检工具也可以在风险管理方面一展拳脚。通过分析、跟踪市场风格和公司市值状况，及时发现风险并采取相应的措施防范和控制，从而降低基金公司的投资风险。同时，市值健康体检工具也可以为业绩评估提供便捷。通过工具对投资组合进行全面的分析和评估，可以帮助机构更好地了解其投资组合的表现和健康状况，及时进行调整和优化。

当然，市值预测功能，也可以帮助公司对公司未来的走向提供分析及参考，从而更好地制定投资策略及规划。

七、会计师事务所

会计师事务所可以运用市值体检工具分析上市公司的市值健康状况，了解公司的内在价值与市值的协同状况，从而评估公司的价值和潜在投资风险。会计师事务所还可以根据上市公司的市值健康程度，制定更加合理的审计策略，提高审计质量和效率。如果公司近期内在价值出现大幅波动，市值出现异常表现，体检工具可以有助于会计师事务所发现潜在的审计风险和舞弊行为，提高审计效果和可信度。

八、律师事务所

对于律师事务所来说，工具的主要应用场景是在尽职调查方面。为上市公司客户提供服务时，“市值透视”不仅可以帮助律师事务所更好地评估客户的价值和风险，还可以为其提供更加准确和个性化的法律服务。同时，在上市公司的收购、兼并、投资等活动中，律师事务所需要对其公司进行尽职调查。通过对公司市值健康的分析和研究，可以为其提供更加准确和专业的法律服务以及准确和实用的咨询建议。

并且，运用工具在对客户进行尽职调查的过程中，对于市值健康存在问题的公司，工具的应用可以帮助律师事务所更好地了解其存在的风险，从而采取相应的措施进行风险控制。

九、个人价值投资者

对于个人投资者来说，工具也有不小的作用。首先个人投资者在进行投资决策时，也需要对市场趋势、公司基本信息、行业走势等进行深入的分析和研究。在工具“市值透视”中，我们为用户提供了热门概念、行业、公司信息等一系列的数据，其中部分数据本应是需要购买专业数据终端才可以获取的。我们将这类信息展示给个人投资者可以为其提供更加全面和准确的信息，帮助个人投资者做出更加科学和合理的投资决策。

通过观察上市公司短期及长期市值健康的相对表现，个人投资者可以更好地了解公司的市值健康状况、发展前景以及资本增值能力和风险水平，从而做出更为明智的投资决策及更有效的资产配置。

运用收藏夹功能，个人投资者可以将自选股收藏，可以帮助其了解投资组合的健康状况，从而及时进行调整和优化。通过对投资组合持仓评级变化的跟踪，个人投资者可以更好地平衡风险和收益，实现投资目标。

其实市值健康体检数智化工具除了在上述主题中的广泛应用外，我们更希望通过在这些主题中的应用与传播，来普及正确的市值管理理念，宣传价值投资理念，而不是打一枪换一个地方。

资本市场的长期健康发展离不开市场中每一个主体的努力，而其中上市公司的高质量发展才是根本。我们希望市值健康数智化工具在上市公司中的应用，可以助力上市公司市值与价值协同发展，提升公司质量，助力公司做大做强。

第三篇

实证交流篇

第九章

案例解读：从市值管理应用视角

引言

由于各种原因，被公认为经典的市值管理的案例还不多。这多少与对市值管理的正确认识、解读与传播有关。本章从市值管理的视角选择近年来的著名案例进行解读。特别是在我们有了定量化评级评价工具之后，就为精准解读案例提供了原则与依据。相信失败的案例会更容易被记住，因为成功的案例要复制总会感到缺一些个性化的要素，而失败案例的场景或许很多公司都正在经历。

在挑选案例的过程中，我们综合考量了备选公司的时代性、影响力等，同时根据我们的市值管理主张及对市值管理应用的理解，最终选取了 4 家上市公司进行案例解读。

近年来，各类新能源汽车如雨后春笋般涌现，行业景气度居高不下。作为行业龙头，且受到股神巴菲特青睐的公司，比亚迪必然是绕不开的话题。同时，它也是民营公司中市值表现十分优异的公司。为覆盖更广的公司属性，除了民营企业外，我们还挑选了国企市值管理“模范生”——长江电力。公司将市值管理写入年报，且依据外部环境与自身禀赋，科学合理地运用相关工具，实现了内在价值与市值的持续协同增长。正所谓他山之石可以攻玉，除 A 股上市公司外，我们也需要借鉴其他相较成熟市场的案例。在近几年直播行业井喷发展的背景下，新东方在行业发展遇阻、市值暴跌的困境下，果敢转型直播带货，绝处逢生，值得我们仔细解读。成功的案例虽多，但这些往往需要天时地利人和，复制难度较大，我们可以借鉴其在市值管理方面合理的部分。与正面案例相反，大家可以通过反面案例吸取教训，避免重蹈覆辙。比如，中国恒大作为近年来资本市场最大的失败案例，它在市值管理应用方面有哪些地方做错了？市场相关信号是否早已预言了它的衰败？

案例一　比亚迪（002594.SZ；1211.HK）从电池生产商到车企市值一哥的故事

2021 年 1 月 22 日，比亚迪 A 股总市值达到 4 404.49 亿元，正式超过四大国有汽车集团（东风汽车、一汽解放、上汽集团、长安汽车）A 股市值总和 4 365.49 亿元。

2022 年 6 月 10 日，比亚迪股价创下历史新高，盘中最高达 350 元 / 股，市值首次突破万亿元，成为第一个跻身万亿元市值俱乐部的中国车企。

截至 2023 年 10 月 31 日收盘，作为申万汽车整车行业市值第一的公司，A 股市值为 6 717.53 亿元，老二长城汽车为 2 047.35 亿元，上汽集团市值仅有 1 696.44 亿元，与比亚迪相差超 5 000 亿元，约等于一个中国电信的总市值。

为何一家民营汽车制造企业的市值可以超过四大国有汽车集团的总和？比亚迪市值增长背后的奥秘是什么？

前瞻性布局造就民营车企天花板

过去十年，在新一轮科技革命背景下，全球汽车产业发生了深刻变革，确立了电动化、智能化、网联化、共享化、绿色化的发展趋势，掀起了新能源和智能网联的发展浪潮。尤其是在绿色低碳转型的呼声和政策引领下，从 2008 年北京奥运会首次实现电动汽车规模化应用以来的十六年时间里，中国新能源汽车从无到有、异军突起，在技术上达到国际先进水平，在产业规模上达到国际领先，形成了全球最大的销售市场。借助新能源这一赛道，中国汽车工业也从此前的“跟跑”，逐步转变为“领跑”，实现了汽车工业的换道超车。

新能源时代全面降临，汽车行业优胜劣汰之势随之显现，竞争格局也迎来了重塑。一个资本市场上的例子是，中国车企市值第一的宝座，已不再是国字头的上汽、一汽，也不是吉利、长安、长城等传统自主品牌，亦不是以理想、小鹏和蔚来为头部的造车新势力，而是比亚迪遥遥领先。

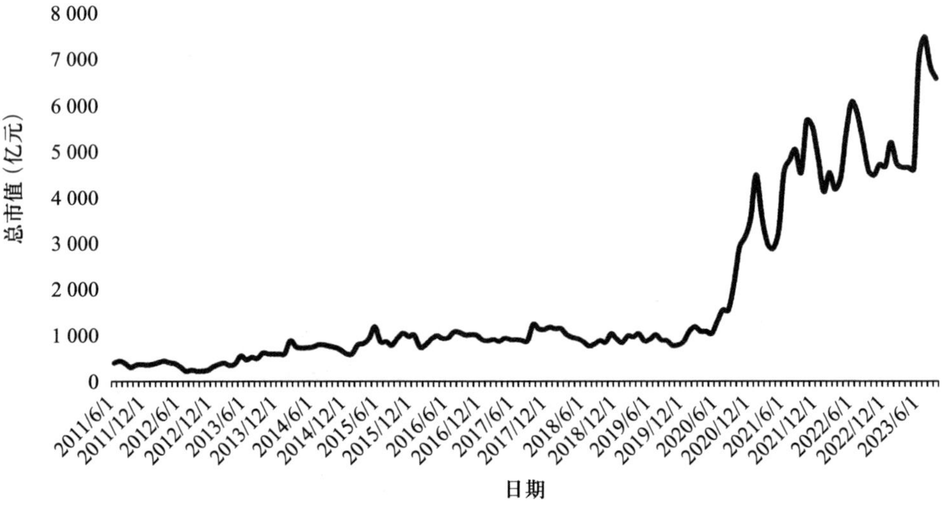

图 9-1　比亚迪市值走势

近年来，汽车板块在股票市场的表现有所下滑，但以比亚迪为首的多数新能源车企在业务上依旧一路高歌猛进。继 2022 年稳居国内新能源汽车销量冠军和市值榜首后，2023 年第一季度，比亚迪的乘用车销量一举超越大众，首次成为中国最畅销的乘用车品牌。此后，比亚迪还公布了一份更为惊艳的 2023 年中报：上半年净利润为 109.5 亿元，同比增长超 2 倍，毛利率超 20% 并实现对特斯拉的反超；上半年销量实现同比近一倍的大幅增长，在国内位居第一，同时超越梅赛德斯 – 奔驰和宝马，首次进入全球汽车品牌销量前十；2023 上半年，比亚迪研发投入 142.46 亿元，同比增长 120.2%，研发投入大幅超越净利润。现在来看，成立于 1995 年、2003 年入局造车至今的比亚迪凭借着前瞻性布局走在了新能源汽车前列，俨然成为新能源汽车行业发展的缩影。

从电池到电车的多次蜕变

起先，比亚迪并不是一家整车制造企业，其最初从事的业务却与其现在的成功息息相关，也可以说是为其如今在新能源汽车产业中的地位奠定了基础。

1995 年，王传福成立比亚迪公司，并开始生产镍镉电池。

1997 年，比亚迪开始量产锂离子电池，实现了年销售额突破 1 亿元。在接下来的几年中，比亚迪不断拓展其业务领域，开始涉足汽车制造。与此同时，比亚迪也逐步开启了他的全球扩张之路。

1998 年，比亚迪在欧洲荷兰成立了第一家海外分公司——欧洲分公司。

1999 年，比亚迪又在中国香港和美国分别设立了分公司。

2000 年，比亚迪在深圳葵涌建成了自己的第一个工业园，并成为了摩托罗拉第一个中国锂离子电池供应商。

2002 年，比亚迪开始研发和生产混合动力汽车，并于同年 7 月 31 日的登陆香港主板。

2008 年公司推出了第一款纯电动车型，这是比亚迪首次涉足新能源汽车制造业，并将其作为公司的核心业务之一。这一战略变化是公司历史上最重要的转折点之一，标志着比亚迪从一家传统的汽车制造商转变为一家新能源企业。

2015 年，比亚迪的销售额首次突破 1 000 亿元，成为中国第三大汽车制造商。除了在中国市场上的成功，比亚迪汽车还在全球范围内赢得了认可。截至 2023 年 3 月，比亚迪已经在 40 多个国家销售其汽车，并在全球范围内建立了多个生产基地。与此同时，比亚迪开始进入共享出行市场，推出了“e 租车”服务，成为国内第一家进入该市场的传统汽车制造商。这一战略变化使比亚迪成为共享出行市场的重要参与者之一，并为其之后带来了新的增长机会。

如今智能驾驶发展如火如荼，比亚迪早在 2017 年便开始在该领域布局，推出了其自主研发的“比亚迪智能驾驶系统”，并将其作为公司的核心业务之一，这也是公司战略上的又一大转变。

2020 年，公司开始推出自主研发芯片，成为国内汽车制造业中少数拥有芯片自主研发能力的企业之一。2022 年 4 月 3 日，公司正式宣布停止生产燃油车，这一战略的变化无疑是对新能源汽车行业的未来充满信心。

比亚迪多次战略的成功转型，与公司对技术创新的持续投资密切相关。公司在研发和生产方面的投入占到了销售额的10%以上。在电动车领域，比亚迪已经获得了许多专利和技术奖项，包括2018年德国红点设计大奖和2019年世界领先科技奖。此外，比亚迪还致力于推动新能源汽车的发展，探索与其他公司和机构的合作。比如在2015年，比亚迪与大众汽车签署了合作协议，共同开发新能源汽车技术。同时，比亚迪还与美国电动汽车制造商特斯拉合作，向特斯拉提供电池组件。

比亚迪从传统汽车生产厂商向新能源汽车行业转型的这一重大战略变化其实是一个必然的过程。随着全球汽车市场的不断发展，传统汽车制造厂商面临着越来越多的挑战，其中包括新能源汽车市场的崛起、环保要求的提高以及消费者需求的不断变化等。因此，比亚迪作为一家具有前瞻性的公司，积极转型，以满足市场和消费者的需求。

比亚迪的转型战略主要集中在新能源汽车领域。作为中国最大的新能源汽车制造商之一，比亚迪在新能源汽车领域拥有很强的技术实力和市场地位。随着全球对环保问题的重视和政府对新能源汽车的政策支持，新能源汽车市场的前景非常广阔。因此，比亚迪积极投入研发和技术创新，不断推出更先进、更符合消费者需求的新能源汽车产品。同时，比亚迪也在动力电池、充电基础设施等领域进行了全面布局，以形成完整的新能源汽车生态链。

比亚迪的多次转型可以说是非常成功的，公司市值在每次转型过后也都经历了长期的增长，尤其是在2020年新能源行业景气度提升、公司推出自研芯片之后，市值一路飙升。

稳健经营带来价值提升

比亚迪转型的成功逐步反应到其内在价值上，主要与营收及净利润的表现有关。公司经营状况稳定增长也是其市值持续增长的基础。

从近十年的归母公司净利润来看，在进军汽车整车制造业后，2015年营收首度突破千亿，归母公司净利也迎来了一波上涨，同比涨幅扩大。

2022年，随着新能源风口的逐步起来，公司继续聚焦新能源汽车制造，同时布动力电池等新领域，公司归母净利润较10年前涨超30倍。随着公司经营规模及

业绩的不断提升，市值也随之持续增长，两者达到了很好的协同

公司在遇到发展瓶颈后并未坐以待毙，而是积极转型甚至前瞻性布局，虽然短期会给公司经营带来一定的压力，但长期来看，却是公司内在价值持续提升的关键。从市值体检的角度来看，公司价值变动表现满分，但受战略的不断转型影响，稳定性欠佳。

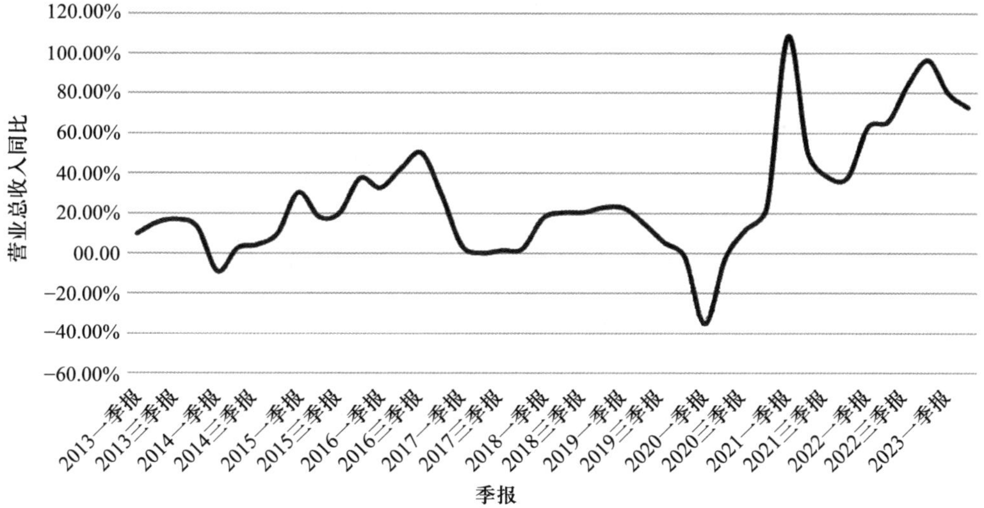

图 9-2　比亚迪近 10 年营收同比变化图

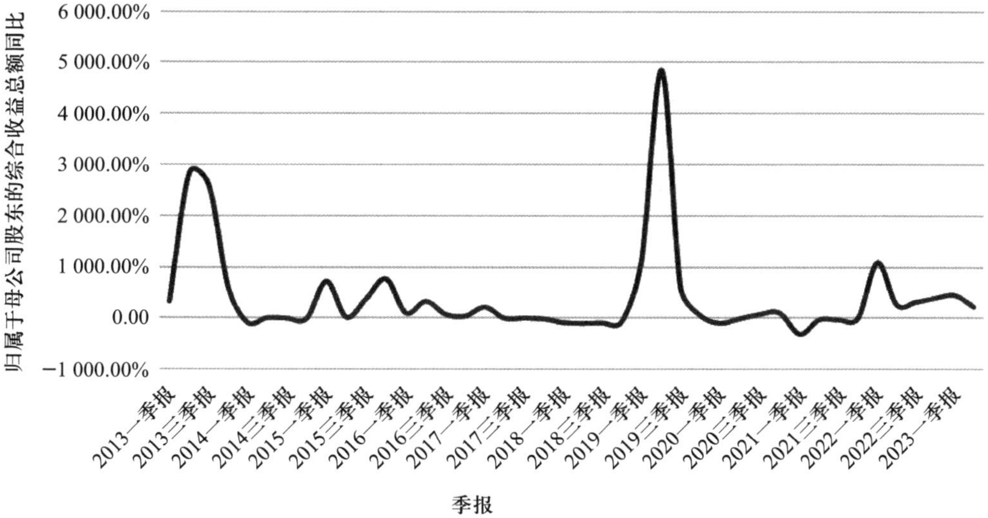

图 9-3　比亚迪近 10 年归母公司净利润同比变化图

逐步筑起的护城河

除了最主要的内在价值会对比亚迪的市值产生影响外，作为科技企业，其商业模式、科技含量也是市场关注的焦点。

作为新能源汽车行业的绝对龙头，毫无疑问，比亚迪的竞争力是十分强劲的。作为一家大型新能源汽车制造商，比亚迪拥有强大的自主研发能力，可以自主设计并生产汽车零部件，这使得比亚迪在汽车制造过程中具有更好的灵活性和自主性，能够快速响应市场需求并进行调整。

除汽车零部件外，在电池技术方面，比亚迪也具有很强的研发实力，其生产的电池不仅供应给自己的汽车业务，还广泛应用到其他领域，如手机、电力等。

与此同时，比亚迪旗下五家弗迪公司将核心零部件环节自主掌握，包括三电系统、车规级半导体、照明、模具等。2023 年 1 月，比亚迪推出“易四方”四电机平台架构，代表了新能源汽车电机行业的领先水平。在车规级半导体方面，旗下比亚迪半导体形成了全产业链 IDM 模式，已实现 SiC 模块在高端车型电机驱动控制器中的规模化应用和车规级 MCU 芯片从 8 位到 32 位的技术升级。这些技术的自主研发，可以帮助比亚迪摆脱对上下游产业链的依赖，从而控制成本，提高效率。

除了汽车制造，比亚迪还涉猎手机部件、半导体等领域。这种跨行业的产业链整合，使得比亚迪能够更好地控制成本并提高效率。

作为较早涉足新能源汽车领域的企业，比亚迪具有较为完善的新能源汽车产品线，包括纯电动车、混合动力车等。在新能源汽车市场逐渐崛起的大背景下，比亚迪凭借先发优势，在新能源汽车领域站稳脚跟并逐步发展壮大，具有较为明显的市场优势。

虽然很多海外汽车厂商也纷纷加入新能源汽车行业想要分一杯羹，例如 BBA 等，即使是在海外风生水起的新能源龙头特斯拉，在中国市场还是略逊比亚迪一筹。作为中国品牌，比亚迪更了解中国市场和消费者需求，能够更好地把握本土市场特点，推出符合中国消费者需求的产品。但比亚迪不仅仅满足于中国市场，更放眼世界，公司目前已经在美国、日本、德国、瑞典等地建立了研发中心和分支机构，积极推进国际化战略，提高公司在全球市场的竞争力。筑起自己的护城河。

面临越来越多造车新势力的挑战，比亚迪同时在多元化经营的手机、电子、光伏、轨道交通等领域中也保持领先优势。

内在价值稳定，无惧股神减持

2002 年 7 月 31 日，比亚迪正式在港交所主板上市，2011 年 6 月 30 日正式登陆 A 股。至此，公司股权结构基本保持稳定，实控人鲜有减持。

在几大股东中，有一位股东是大家耳熟能详的伯克希尔・哈撒韦。2008 年，巴菲特在搭档查理・芒格的建议下，与比亚迪创始人王传福相识并入股比亚迪。巴菲特是在比亚迪股票暴跌 57% 之后买入的，他以 8 港元的价格，认购了比亚迪股份 25 亿股股份。

在随后的十多年间，伯克希尔・哈撒韦坚定持有比亚迪股份，十多年以来，一股未卖。但在近几年，这一现象被打破。2022 年 8 月以来，伯克希尔・哈撒韦公司多次减持比亚迪 H 股。市场上一些人认为，巴菲特作为投资领域的权威人士，其减持比亚迪可能表明他认为比亚迪的股价已经高估，或者他对新能源汽车行业的未来发展持谨慎态度。而另一些人则认为，巴菲特可能只是出于投资组合管理的需要，减持比亚迪是出于多元化投资的考虑。

从比亚迪的角度来看，巴菲特的减持也的确给公司股价带来一定压力，此前披露的信息显示：

2022 年 8 月 24 日，减持 133.1 万股比亚迪 H 股，均价 277.101 6 港元 / 股；

2022 年 9 月 1 日，减持 171.6 万股比亚迪 H 股，均价 262.724 3 港元 / 股；

2022 年 11 月 1 日，减持 329.7 万股比亚迪 H 股，均价 169.865 7 港元 / 股；

2022 年 11 月 8 日，减持 578.25 万股比亚迪 H 股，均价 196.994 5 港元 / 股；

2022 年 11 月 17 日，减持 322.55 万股比亚迪 H 股，均价 195.421 2 港元 / 股；

2022 年 12 月 8 日，减持 132.95 万股比亚迪 H 股，均价 201.343 2 港元 / 股；

2023 年 1 月 3 日，减持 105.8 万股比亚迪 H 股，均价 191.44 港元 / 股；

2023 年 1 月 27 日，减持 155 万股比亚迪 H 股，均价 226.32 港元 / 股；

2023 年 2 月 3 日，减持 423.5 万股比亚迪 H 股，均价 257.9 港元 / 股。

前两次巴菲特减持前后，比亚迪 H 股股价的确出现的一定下跌。因为市场情绪因素必定会对比亚迪的股价产生影响，投资者会受到各种信息的影响，从而出现买卖的短期波动，更别说股神巴菲特减持的消息了，但之后伯克希尔・哈撒韦的减持对比亚迪股价的影响正边际递减。

在巴菲特减持后，比亚迪的投资者关系团队也马上发声表示，比亚迪方面也从港交所获悉相关情况，股东减持行为系股东投资决策，公司销量屡创新高，目前经营情况健康，一切正常。比亚迪认为巴菲特的减持行为属于正常的市场行为，不影响公司的经营和发展。

比亚迪作为一家实力雄厚的新能源汽车企业，有着良好的业绩和增长潜力，也的确无惧股神减持对他的影响，大股东减持只是众多影响市值的因子的其中一个。

理性而克制的资本市场工具运用，一切从回报股东出发

上市以来，比亚迪在资本市场的运作可以说是理性而克制，没有定期的股权激励。全资子公司也仅有比亚迪半导体在 2020 年实施过股权激励计划。实控人王传福的股权也很稳定，基本没有发生变化。

比亚迪在 A 股仅在 2015 年 6 月 4 日因项目融资而向机构投资者发起定增，实际募资 144.73 亿元。债券市场方面，公司在 2019 年 6 月、8 月及 2020 年 4 月发债募资总计 477 亿元。在资本市场看来，定增在扩大股权的同时，也会稀释现有股东的利益，而选择债券融资实际上是保护了股东的利益。

分红方面，比亚迪显得不是那么的“慷慨”。虽然公司 2016 年以来，在每年年报时都会进行分红，与其他四家公司相比，分红比例并不算很高。可能公司认为持有股份的收益会比分红更高，所以在分红方面显得不是很“大方”。

公司除上述资本市场工具的运用十分克制与审慎外，在并购上也十分谨慎，除了最早“跨界”收购秦川汽车厂外，基本围绕公司产业链上下进行投资及收购，逐步壮大的比亚迪，并未像安踏般疯狂买买买。

比亚迪最重要的一次并购就是收购陕西西安秦川汽车厂。2003 年，比亚迪以 2.7 亿元收购西安秦川汽车，正式进军汽车制造业务，成为继吉利之后国内第二家民营轿车生产企业。当然，这一交易遭遇了前所未有的阻力，外界对此次收购并不看好。对于比亚迪造车这一消息，外部媒体、基金经理、股东等都非常有意见，惊讶、质疑、反对之声不绝于耳。2003 年 1 月 24 日，股票一开盘，比亚迪市值立马出现下跌，两天市值蒸发 27 亿港元。

表 9-1　　比亚迪及四大国有汽车集团近五年分红

证券名称	上市以来分红率				
	2018 年报	2019 年报	2020 年报	2021 年报	2022 年报
比亚迪	9.85%	9.58%	8.99%	8.67%	10.14%
上汽集团	44.07%	43.72%	43.16%	42.34%	41.50%
东风汽车	39.01%	38.50%	37.95%	37.61%	37.37%
一汽解放	44.13%	35.79%	46.17%	53.34%	52.21%
长安汽车	23.95%	25.28%	26.90%	28.42%	28.62%

但王传福坚持认为，未来是属于混合动力和电动车的，但彼时新能源车仍处于萌芽阶段，在那个多数人认知里汽车和电池还分属两个毫不相干命题的年代，这样的战略与市场主流观点相悖。

除了此次并购外，就在 2023 年，比亚迪迎来了“史上最大并购”，公司宣布，计划以人民币 158 亿元收购捷普附属公司位于成都、无锡的产品生产制造业务。本次收购将拓展比亚迪电子客户与产品边界，拓宽智能手机零部件业务，大幅改善比亚迪电子客户与产品结构。2023 年 8 月 29 日，比亚迪 A 股市值上涨 4.75%。除此之外，公司近十年来的并购几乎都围绕在产业链上下游。

资本市场工具的运用在一定程度上会影响市场情绪以及投资者对公司未来预期的判断，进而会引发市值的波动。虽然比亚迪在资本市场工具的运用方面理性而克制。但部分较为重大的动作依旧牵动着市场参与者的心，影响着公司的市值表现。

表 9-2　　比亚迪近十年并购事件一览

最新披露日期	交易标的	交易买方
2023-08-28	Juno Newco100% 股权	比亚迪电子(BYDIF.00)
2023-03-29	尚水智能锂电设备	比亚迪(002594.SZ)
2022-10-29	锂电设备	比亚迪(002594.SZ)
2022-10-21	提供国际货物进出口服务	比亚迪(002594.SZ)
2022-06-30	格瑞芬部分股权	比亚迪(002594.SZ)；佛山市南海盈
2022-05-11	上海杉杉锂电部分股权	杉杉新能源（600884.SH）；宁波梅山
2022-03-19	韬润半导体 2.4750% 股权	比亚迪(002594.SZ)
2021-09-30	锂电设备	比亚迪(002594.SZ)；深圳市比亚迪
2021-02-03	汽车工业 4% 股权	比亚迪(002594.SZ)
2019-02-02	德瑞精密设备 32.5% 股权	比亚迪(002594.SZ)
2017-03-29	深电能售电部分股权	比亚迪(002594.SZ)

波动的新能源汽车产业

谈到比亚迪的市值，就不得不提到新能源汽车产业。新能源汽车产业链的“疯狂”始于2020年，也是比亚迪市值突飞猛进的开始。因确定性极强、想象空间极大、利益格局变动极大，智能网联电动汽车成为资本追逐的热点。当年，港股上市的五菱汽车，年内涨幅为1 011.54%，长城汽车年内涨幅为310.38%，恒大汽车年内涨幅为271.94%，宁德时代年内涨幅为198.34%，国轩高科年内涨幅为170.52%。比亚迪，这个可能是最接近特斯拉的中国车企，在新能源汽车领域耕耘多年，拥有汽车电子、动力电池、IGBT等智能网联电动汽车的核心能力。在刀片电池推出后，比亚迪·汉的产能上来后，纯电版本的汉销量也一路上扬。比亚迪的股价，在突破前高后，也一路上扬。年内涨幅为294.73%。

复盘新能源汽车发展，影响行业运行和股价的根本因素是需求，需求根源为是否较燃油车更具竞争力，整个行业依旧处于不断调整和变化中，而竞争力由政策（补贴等）、产能（各环节供需）和技术（软硬件能力）周期决定，不同阶段赋能不同的竞争力。新能源发展初期产品本身性能及配套较弱，政策补贴提升其性价比支撑需求，故 2016 年至 2019 年，这一阶段行业运行与政策边际变化关联度高，这一阶段竞争力为特定情形的经济性，个人消费场景中定位仍为燃油车备选产品。

随着技术和产能规模的不断优化，2020 年以后，电动车竞争力体现为科技、性能、实用和经济，兼具消费属性，定位“科技新贵”，符合目前 90 后购车主力的价值观。从个人消费者视角看，其从燃油车的备选产品转换为“下一代的产品”，需求高速增长，对应行业运行持续景气，未来产能和技术周期边际变化将对需求产生重要影响。

在众多行业政策中，新能源汽车补贴是市场都很关心的话题。2013 年，政府开始实施新能源汽车补贴政策，对购买新能源汽车的消费者给予一定的补贴。随着新能源汽车产业的发展，政府逐渐提高了补贴标准，但同时也逐渐减少了补贴金额。2020 年，政府宣布取消新能源汽车补贴政策，这标志着新能源汽车补贴退坡政策的结束。这一政策的实施，对于新能源汽车产业的发展起到了积极的推动作用，同时也促进了环保和能源节约。但新能源政策补贴的取消也的确对行业的市值表现产生了一定的影响。

被高估的新能源汽车龙头?

通过对比亚迪进行市值健康体检我们发现，公司长期溢价协同为 0.40，是不是意味着市值被高估呢?

从各个维度展开来看，可以发现公司价值端的表现保持平稳，短中长期主要的差异来自溢价协同段与市值端。近年来，股神巴菲特的不断减持套现，以及补贴政策的退坡等，导致了公司市值的下降及波动，也导致其短期评级出现下滑。

从溢价协同来看，比亚迪的长期溢价协同在 2022 年 Q2 达到了峰值 1.12。比亚迪的溢价协同表现可谓真实地反映了企业的变革。2013 年以来，燃油车的市场逐步饱和，且国产车企在燃油车方面超越欧洲是非常困难的，在这种情况下，资本市场所愿意给予的溢价也逐步萎缩，溢价协同在 2018 年 Q2 一度跌至 −0.27。

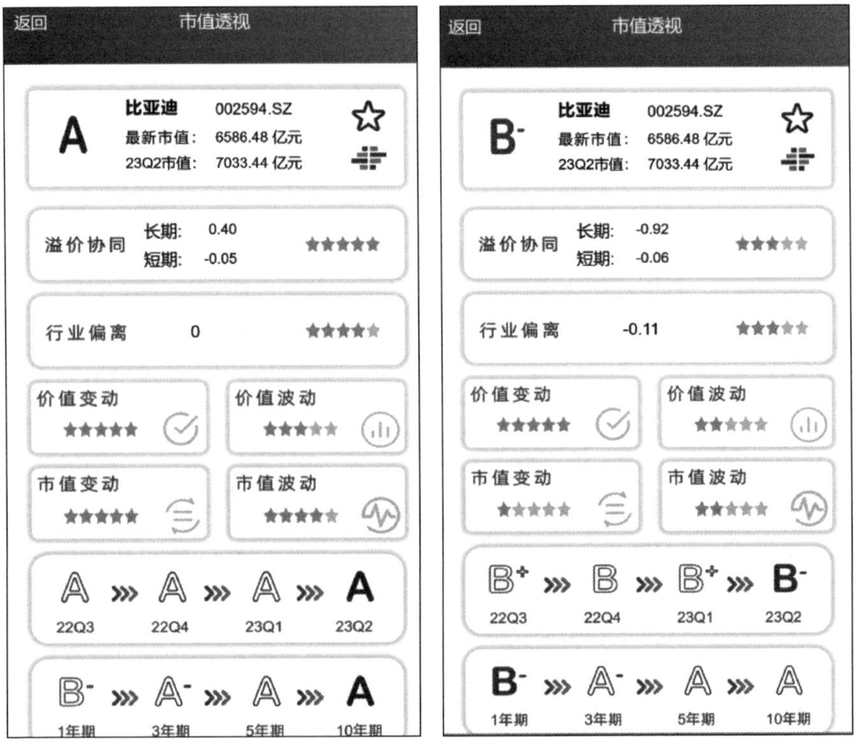

图 9-4　比亚迪市值透视检测图

随着新能源行业的蓬勃发展，比亚迪开始进军新能源汽车产业，市场份额也逐步扩大。2020 年，比亚迪发布了自主研发的刀片电池，公司更是在 2022 年 3 月开始停止燃油车的整车生产，整个产业链趋于完整，同时叠加市场对新能源行业的良好预期，比亚迪的溢价协同水平逐步攀升。但在近一年以来新能源汽车行业的“价格战”以及巴菲特减持等的影响下，公司溢价协同水平再度回落。

从市值与内在价值的走势也可以看到，2017 年至 2021 年期间，公司经历了一段较长的瓶颈期，但随着公司的转型，其内在价值也开始逐步回升，截至 2023 年 Q2，10 年期内在价值增长为 2.02。市值端也是同样的情况，新能源概念让比亚迪的市值突飞猛进，市场对其未来表现充满信心，但近几个季度由于各种因素影响，市值表现有所回落，但其价值表现依旧十分稳定。

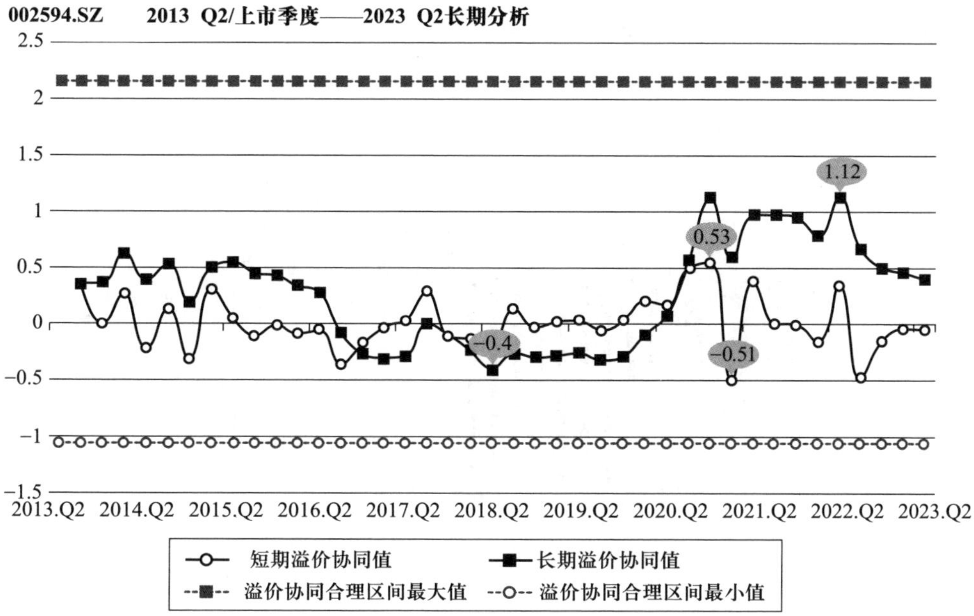

图 9–5　比亚迪长短期溢价协同走势

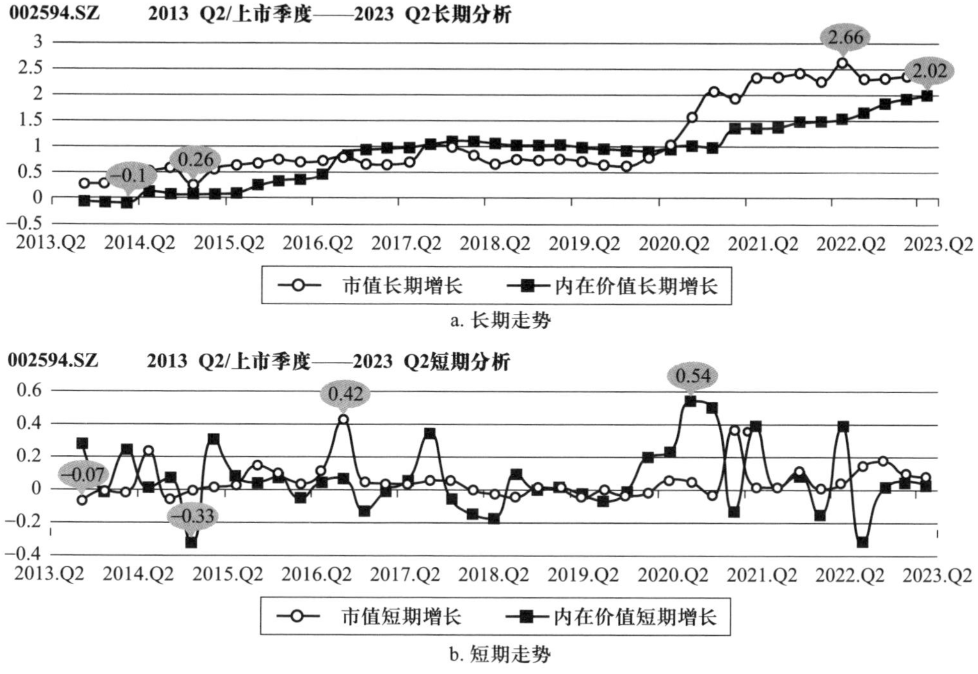

图 9-6　比亚迪长短期市值与内在价值走势

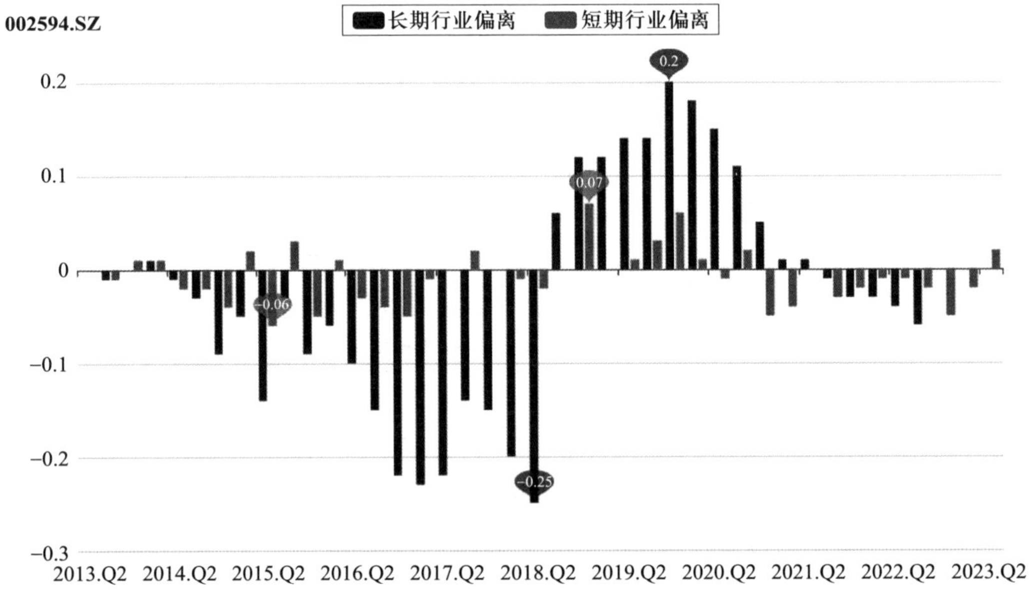

图 9-7 比亚迪长短期行业偏离走势

从行业偏离来看，对之前仍属于申万汽车行业的比亚迪来说，它的溢价从弱于行业平均逐步超过行业平均水平。随后在归入申万电动乘用车行业后，由于行业内仅有两家企业，且其市值远超另一家，所以其溢价协同相对于行业均值（按总市值加权平均）来说，几乎没有太大的差异。

虽然从溢价协同角度来看，截至 2023 年二季度，公司近十年市值累计表现已经充分反映了其内在价值。但与其他的新能源企业相比，公司在溢价协同水平方面仍有一定的差距。同时，影响市场判断的因素太多，不能直接认为公司市值被高估或低估了。

小结与启示

作为民企天花板的比亚迪，始终坚持对汽车业新能源化、电动化的战略判断，坚持走自主创新之路，立足于提供高质量的产品持续地创造价值，才使其成为汽车类上市公司市值的领跑者。

比亚迪一路过来，并非一帆风顺，一路坦途。从初次转型涉猎汽车制造业时被认为“不务正业”，市值缩水 27 亿港元；到传统汽车行业的竞争加剧，发展放缓，公司经营遇到瓶颈；再到股神的减持扰动市场信心。这一路磕磕绊绊，公司市值也涨涨跌跌。

但总体来看，公司市值长期以来还是持续增长的。这背后的奥秘，最重要的一方面是其前瞻性的战略布局、转型以及稳定的经营；另一方面，其雄厚的技术积累垒起的高“壁垒”也推动了公司市值的持续增长。

比亚迪在资本市场上并不是一个活跃分子，买买买不是他的风格，股权激励、定增等工具的运用也慎之又慎。公司所有的资本市场运作均围绕着回报股东这一理念。从这一点可以发现，其实频繁、盲目地运用资本市场工具有时候会弄巧成拙。合理、克制、理性地运用相关工具才能使得公司健康发展，更好地回馈股东。

随着新能源汽车行业的不断发展，比亚迪也面临着来自各方的压力，不仅要面对传统国际车企霸主们的挑战，还要面对“蔚小理”等为代表的造车新势力的追赶，新能源汽车行业的竞争愈演愈烈。

新能源汽车在核心部件的产品类型、技术上仍然处在高度的不确定性之中，保持对新能源汽车核心部件技术革新的高度敏感与洞察力，在规避新能源汽车核心部件技术风险的基础上，发挥电池、半导体、整车集成的技术优势与规模优势。不断提高壁垒、提升内在价值，适时、合理地运用相关资本市场工具，使公司市值在反映内在价值的基础上持续稳步增长，维护全体股东权益，提升公司健康程度。这一切可以看作是对坚持股东价值之上的伟大公司的奖赏。

案例二　长江电力（600900.SH）
央企市值管理模范生稳健成长的故事

2023 年 4 月，“水电茅”长江电力发布定增公告，将以发行股份及支付现金的方式购买三峡集团、三峡投资、云能投、川能投合计持有的云川公司 100% 股权，本次交易完成后，上市公司将持有云川公司 100% 股权。

10 月 24 日，长江电力发布公告称上述定增的 8.04 亿限售股上市流通，占总股本比例的 3.29%，约合解禁市值 179.79 亿元。当时定增发行价为 20.01 元 / 股，募资共 160.97 亿元，锁定期 6 个月。公司最新收盘价 22.60 元 / 股，较发行价有超过 10% 的涨幅。同期，上证综指下跌超 15%。

长江电力究竟是怎样一家公司，可以一路穿越牛熊，成为电力行业中市值规模最大的企业?

截至 2023 年 10 月 31 日收盘，长江电力总市值达 5 522.48 亿元，妥妥的 A 股电力行业王者，甩开第二名中国广核（1 360.88 亿元）亿元市值，可谓是遥遥领先 . 在央企国资控股的企业中，长江电力也是居于一众金融、石化公司中间，位列第 12 位。与长江电力同期上市的公司有些市值长期不温不火，有些跌破发行价，更有甚者已经早就退市了，长江电力缘何能从 337.81 亿元上涨到如今的 5 000 亿元 + 呢?

我相信罗马不是一天建成的，长江电力市值持续增长的背后一定有其独特之处。

不断壮大的能源龙头

1997 年，长江电力在中国首次公开发行 H 股，并在证券交易所上市。由于当时中国电力市场处于激烈竞争和行业不景气的情况，公司的经营压力较大。然而，随着国内经济的快速发展，长江电力逐渐加大对能源的投入，积极拓展业务，并进一步提高供电能力和服务质量。

2002 年 9 月 29 日，公司创建了长江电力，此后便开始了一系列的业务发展和拓展。2003 年 10 月 28 日，公司首次公开发行人民币普通股 232 600 万股，发行价为每股 4.30 元，募集资金净额为 98.26 亿元。同年 11 月 18 日，公司首次公开发行股票中的 127 930 万股社会公众股股票并在上海证券交易所挂牌交易。

2004 年，长江电力开始扩大其业务范围。11 月 30 日，三峡工程 12 号机组正式投入商业运行，这标志着公司在能源领域的发展取得了新的突破。同年 12 月 7 日，公司获得了国家认证，认可监督委员会和方圆标志认证中心联合向葛洲坝电厂和检修厂颁发质量、环境、职业健康安全管理体系认证证书，这表明公司在管理上达到了新的水平。

2005 年，长江电力继续拓展业务。3 月 3 日，公司与三峡总公司签订《三峡工程 1 号、4 号发电机组资产收购协议》，进一步增强了公司的电力生产能力。同年 3 月 29 日，公司披露了 2004 年年度报告，显示公司的主营业收入达到了 61.73 亿元，每股收益 0.387 元，同比增长分别为 106.8% 和 111.5%，表明公司的盈利能力在不断提高。

在 2005 年，长江电力还进一步拓展了其海外业务。10 月 27 日，三峡电站日发电量投产以来首次突破 2 亿千瓦时大关，这标志着公司在电力生产领域取得了重大进展。

到了 2006 年，长江电力开始加强其服务品牌的打造。在“第六届中国上市公司百强高峰论坛”上，长江电力荣列“2005 年度中国上市公司百强排行榜”第七位，这表明公司在行业内的影响力得到了认可。

之后，长江电力一直积极推动能源转型和升级。在清洁能源的需求不断增长的背景下，公司加快了能源转型的步伐，融入清洁能源这一大趋势，为节能减排建设贡献力量。同时，公司还继续优化供电服务，打造专业化、品牌化、国际化的企业形象，为广大用户提供最优质的电力服务。

至今，长江电力已成为集水电、火电、核电多种能源及电力生产的大型企业，未来发展前景十分广阔。

经营状况长期稳步增长，短期受多因素影响有所下滑

上市以来，长江电力的经营状况有所放缓，2009 年，公司收购三峡工程发电资产 9—26 号，随后两年又陆续收购了三峡工程发电的其他资产，公司营收同比翻番。但由于行业特性，公司在占有一定市场份额后，很难突破，营收及归母净利润增速放缓，但整体还是维持增长态势。2015 年并购后，又开启了公司营收的“第二春”。

但最近三年，外部环境、行业景气度等均发生了一定的变化，公司营收也出现了一定的退坡，一定程度上影响了公司的健康。

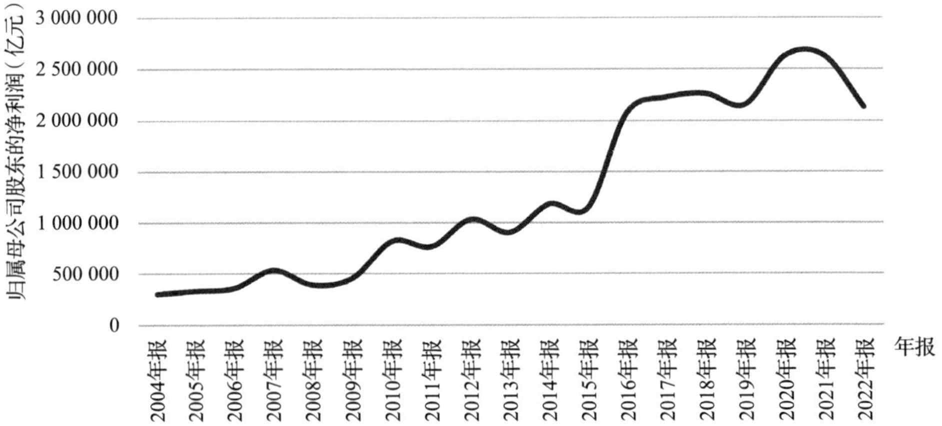

a. 净利润走势

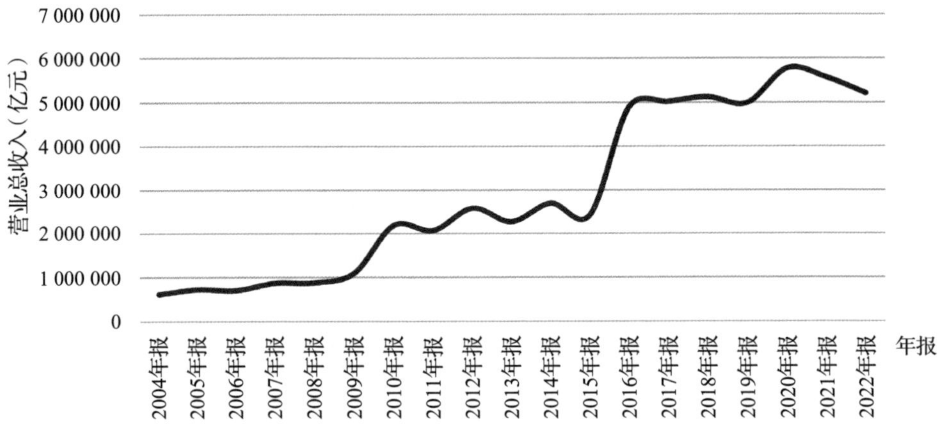

b. 营收走势

图 9-8　长江电力近 20 年归母公司净利润与营收走势

将市值管理提高到战略层面

在多年的实践中，我们发现，众多国有企业中，提到市值管理的公司少之又少，而能将市值管理上升到战略层面的更是寥寥无几。市值管理是上市公司战略管理的核心内容，公司应从全体股东的角度出发实施、开展市值管理。对长江电力来说，按照其年报中的表述，公司市值管理的工作主要集中在投融资及并购。

在2022年年报的经营情况讨论与分析中，公司表示正稳健开展对外投资，围绕清洁能源、区域能源平台、产业链上下游等领域，稳健开展资产轮动，有序推动参股股权资产进一步向主责主业集中，全年新增对外投资约35亿元。有效实施上市股权动态市值管理。全年实现投资收益46亿元。

而且，市值管理已然成为公司的核心竞争力之一，长江电力在年报中表示公司将进一步发挥信用优势，利用各种融资工具和渠道，优化债务结构，降低资金成本。把握资本市场改革、体制不断完善的良好机遇，围绕主业积极稳妥开展投资，精心开展市值管理。

对于未来的战略规划，市值管理也是其中的一部分。公司表示将坚持盘活存量资产，推动参股股权资产轮动，加强主动市值管理，结合资本市场走势，充分挖掘存量股权价值。

所以从上述的表述中，我们也可以清晰地看到，市值管理已经融入公司经营及战略规划中。虽然公司十分重视市值管理，但工具运用方面并未盲目开展，而是根据具体情况具体解决。

结合公司禀赋及行业特征运用市值管理工具

对于电力行业的公司来说，由于市场容量有限，在到达一定规模后会存在发展瓶颈。这时，通过并购重组非上市资产，能够优化产业布局、提高公司在行业中的地位、扩大发电规模、降低成本以及快速提高上市公司EPS，增加原股东持有的市值总量，从而推动上市公司市值长期稳定地增长。

而这也是长江电力发展过程中使用最多，效果最明显的市值管理手段，通过并购重组持有的资产总量在完成并购重组后能够迅速集中，大大提升上市公司市值健康。

在这个过程中，有三次并购可谓对长江电力的发展起到了重要的作用。

2009年，长江电力进行了收购三峡工程发电资产9—26号合计装机容量为1 260万千瓦的发电机组等主体发电资产。这些发电资产的评估价值高达为1 073亿元。

这次重大资产重组的并购方式是，长江电力承接中国三峡总公司债务500亿元，长江电力同时向中国三峡总公司发行股份数量为 15.87 亿股，每股发行价为 12.68 元（较当时长江电力股价 13.47 元折价 5.8%）。剩余部分长江电力以现金支付给中国三峡总公司。以评估值扣除承接债务和非公开发行股份支付对价的金额后，长江电力仍需支付现金约 372 亿元。

长江电力后期又于 2011 年完成了三峡地下电站资产 27 号、28 号、29 号共三台发电机组及相关资产的收购，收购的交易价格为 37.31 亿元。地下电站投运后，长江电力达成了对整个三峡电站的完整并购，三峡电站可增加年均发电量 35.11 亿千瓦时，水量利用系数由 92% 提高到 97% 以上。

此次并购的金额达到长江电力当时总市值 80%，由于收购资产的盈利能力良好，长江电力合理地运用了收购的方案，标的资产 ROE 水平高于自身融资成本时，选择少量新增股份 + 多现金收购的模式，仅增发了 20% 的股本的情况下，公司发电资产装机容量从 837 万千瓦达到了 2 107 万千瓦，提升了 151%，为长江电力未来的市值协同增长提供了保证。市场也给予了正面的反馈，在正式并购方案公布之后，长江电力复牌市值一度上涨超过 10%，接近 150 亿元，而同期上证指数则下跌 25.9%。

长江电力第二次重要的并购是在 2015 年，对川云公司溪洛渡及向家坝电站的并购。长江电力对溪洛渡、向家坝电站完成并购后，其自有装机容量将从交易前的 2 527.7 万千瓦增加至 4 387.7 万千瓦，增加比例约为 73.58%；川云公司核定全年发电量约为 878.47 亿千瓦时，相对于公司 2015 年全年发电量 1 049.79 亿千瓦时，增加约 83.68%。

本次收购川云公司 100% 股权的评估价为 797.04 亿元。长江电力拟向上述重组交易对方以 12.08 元 / 股的价格发行股份 35 亿股及支付现金 374.24 亿元购买川云公司 100% 股权。

同时，长江电力以定增发行股票的方式、以 12.08 元 / 股的价格向平安资管、阳光人寿、中国人寿等 7 名投资者非公开发行股票 20 亿股，募集 241.6 亿元的配套资金，用于支付本次重组的部分现金对价。

随着 2015 年股市的再度活跃，本次长江电力市值重大并购停牌前一年上涨了 137%，这个涨幅应该是远超过市值溢价协同下的不合理的市值涨幅，此时的短期市值溢价协同指标达到了最高点 0.288。可能是上市公司考虑到股价短期涨幅较大的因素，本次选择运用股权增发来达到收购的比例占 77%，相比上次并购，本次股权性融资远大于现金支付比例，并引入了战略投资者。由于定增价格相比停牌前的价格折让了 18%，短期略损害了原有股东的权益，但从长期发展来看，长江电力的外延式并购对公司市值长期稳定的协同增长更有益。

2022 年，长江电力再次进行重大资产重组并购云川公司乌东德水电站和白鹤滩水电站的投资运营主体。乌东德水电站核定装机容量 1 020 万千瓦，已全部投产；白鹤滩水电站核定装机容量 1 600 万千瓦，目前部分机组已投产。

本次交易完成后，长江电力将拥有长江干流 6 座梯级水电站，控股总装机容量将增加至 7 179.50 万千瓦，增长 57.46%。本次交易后，公司控股水电装机规模如下：三峡 2 250 万千瓦，葛洲坝 273.5 万千瓦，溪洛渡 1 386 万千瓦，向家坝 640.0 万千瓦，乌东德 1 020.0 万千瓦，白鹤滩 1 600.0 万千瓦，合计 7 179.5 万千瓦。

本次交易完成后，上市公司将持有云川公司 100% 股权。长江电力发行股份购的价格为 17.46 元 / 股，云川公司 100% 股权的评估值为 804.84 亿元，其中，股权支付为 160.97 亿元，发行 9.22 亿股，另支付现金 643.87 亿元。同时向 19 名战略投资者募集配套资金 160.97 亿，发行 8.04 亿股，发行价为 20.01 元 / 股。

2022 年时的宏观经济环境较之前发生较大变化，随着新冠疫情的发展，市场的风险偏好变得更加保守，十年期国债收益率第一次跌破了 3%。类似长江电力这样的稳定收益高分红类股票更受到市场的青睐，此次配套募集资金也获得了大幅超额的认购，仅比发行日时长江电力股价 20.36 元折价 1.7%，在 A 股历次大额并购中也处于极低的水平，说明市场长期看好长江电力发展的资金很多。

除了以上 3 次较为重大并购外，公司还在自身熟悉领域开展了其他的并购。例如，2020 年，长江电力与大唐云南签署股权收购协议，收购金中公司 23% 股权，收购价格人民币 48.976 亿元。金中公司负责金沙江中游梯级电站开发建设管理。金中公司控股已投产电站为阿海水电站（装机容量 5×40 万千瓦）5 台机组，梨园水电站（装机容量 4×60 万千瓦）4 台机组，投产项目总装机容量 440 万千瓦；参股电站权益装机 118.92 万千瓦；前期阶段电站装机 720 万千瓦。

在国际化进程中，2020 年，长江电力按照协议约定，以 35.9 亿美元的基础交易价格收购秘鲁 LuzDelSur 配电公司（以下简称“LDS 公司”）83.6% 股权，顺利完成交割。这是长江电力第一次境外大规模收购。

自此，经过不断的并购，长江电力已经收购了三峡、葛洲坝、白鹤滩、乌东德、溪洛渡、向家坝，也第一次出海跨境收购电力企业，经过重组并购完成后，长江电力成为世界上规模最大的水电上市公司，进一步提高了市场竞争力，扩大了市场份额。截至 2023 年 10 月 31 日，长江电力的市值为 5 522.48 亿元。

充分运用多股权投资，提高股权资产收益

在公司现金流相对充裕时，上市公司往往希望能够在主营业务之外开辟更多的利润来源。

在 A 股上市公司中，长江电力是少数在多股权类市值管理做得比较充分的上市公司。和长江电力主营业务相关领域的股权投资成为长江电力的多股权投资公司的优先选择，其主要的投资逻辑是参股公司目前的隐含回报率高于长江电力本身的回报率水平，由于水电市场的容量有限，长江电力无法无限扩大其市场占有率，因此投资相关其他隐含回报率更高的公司并获取更高的长期收益成为一种选择。

表 9-3　　长江电力多股权投资一览表（数据截至 2023 年中报）

序号	股份来源	比例	持股数（万股）	市值（亿元）	权益利润（亿元）	ROE	2020 至今回报
1	湖北能源	30.01%	195 288	87.88	2.70	5.76%	20.32%
2	广州发展	15.35%	54 401	33.62	1.713	9.04%	8.99%
3	申能股份	11.74%	57 637	40.40	2.168	11.66%	41.21%
4	桂冠电力	11.52%	90 805	50.58	1.052	10.24%	33.89%
5	三峡水利	20.12%	38 472	34.93	0.063	0.56%	28.07%
6	国投电力	18.65%	139 020	171.97	6.224	12.88%	50.49%
7	川投能源	10.87%	48 487	71.03	2.281	11.84%	75.87%
8	甘肃电投	10.14%	29 034	15.18	0.264	5.82%	56.12%
合计	—	—	505.59	16.465	32.93*	—	—
对比：长江电力		—	—	—	—	8.56%	38.28%

但值得注意的是，长江电力的多股权投资的二级市场市值回报还是不错的，无论是加权回报率还是 2020 年至今的整体加权市值回报率都高于长江电力自身的水平。因此对多股权投资合理、长远的规划可以提升公司原有业务竞争力、增加公司盈利来源、提升公司盈利能力，积极、专业的资本运作可以为公司经营创造现金流，从而达到提高上市公司股权资产收益的目的。

大股东结构稳定，合理运用工具护航市值健康

上市以来，公司前十大股东中从未出现自然人，全部都是机构和相关行业公司，前十大股东累计持股达 80% 左右，股权结构极度稳定。与此同时，大股东们在市值维护方面也会适时地运用相关工具。

表 9-4　　　　长江电力 2023 年中报前十大股东持股及比例

2023 中报　变动统计

股东名称	持股数（股）	持股比例
中国长江三峡集团有限公司	12 343 095 948	50.45%
香港中央结算有限公司	1 645 960 116	6.73%
四川省能源投资集团有限责任公司	1 106 780 606	4.52%
中国平安人寿保险股份有限公司－传统－普通保险产品	988 076 143	4.04%
云南省能源投资集团有限公司	943 763 164	3.86%
中国三峡建工（集团）有限公司	880 000 000	3.60%
中国证券金融股份有限公司	657 980 472	2.69%
长江三峡集团实业发展（北京）有限公司	454 837 184	1.86%
中国核工业集团有限公司	261 594 750	1.07%
阳光人寿保险股份有限公司－吉利两全保险产品	195 042 976	0.80%
合计	19 477 131 359	79.62%

资料来源：同花顺 iFinD。

其中，主要是以大股东增持长江电力股权以及后期发行可交换债为主，正如我们在之前提到的，市值维护类市值管理工具运用的目的并不是为了抬高股价，而是使上市公司的市值与实际业绩表现协同，使得公司市值处于一个比较健康的范围内

波动，避免因市值过高或者过低对公司发展产生负面影响，使公司获得一个稳定发展的环境。

在长江电力发展的过程中，其股价并不是一路高歌猛进，也会有低迷的阶段。比较明显的一段时间就是在2009年8月至2012年8月期间（图9-9黑色框线部分）。

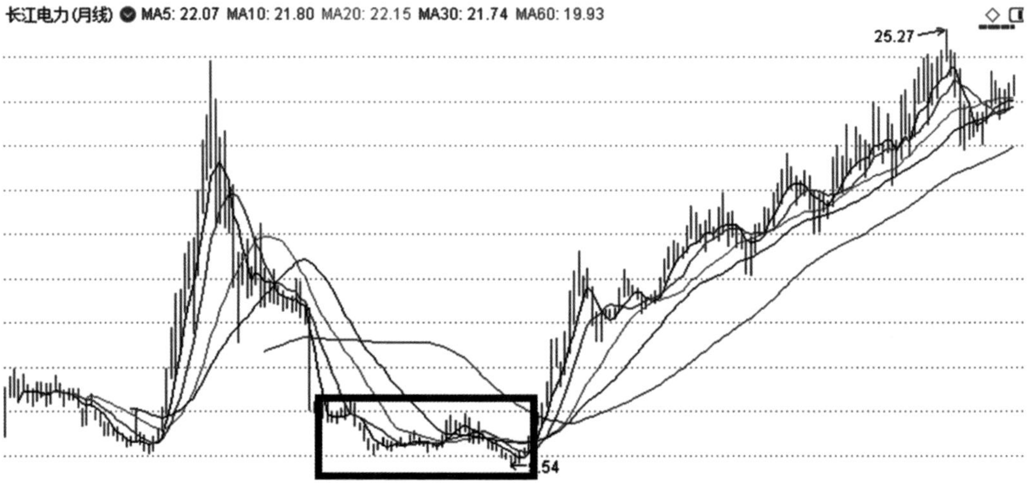

图9-9 长江电力市值走势

长江电力大股东三峡集团5次增持，累计增持比例达到了长江电力总股本的8.973 1%。

第一期增持，2009年8月至2011年9月，长江电力控股股东中国长江三峡集团公司增持了长江电力股份824 999 926股，占公司总股本的5%。

第二期增持，2011年10月至2012年8月，中国长江三峡集团公司累计增持公司股份617 735 283股，占公司总股本的3.74%。

第三期增持，2012年10月至2013年4月，中国长江三峡集团公司累计增持了公司股份7 312 024股，约占公司总股本的0.044%。

第四期增持，2016年1月至2016年5月，长江电力控股股东关联公司三峡资本累计增持长江电力股份28 315 354股，占公司总股本的0.128 7%。

第五期增持，2016年12月至2017年6月，三峡资本又累计增持了公司股份

13 283 221 股，占公司总股本的 0.060 4%。

从价格的角度来看，图 9-9 线条黑框位置为增持区间，正好是对应长江电力历史股价最低的区域；从溢价协同的角度来看，大比例的增持传递了股价低估的信号。我们从溢价协同指标数据也能看到，同期长江电力长期溢价同指标从大股东增持时的 −0.41 回升到增持结束后的 −0.005，市值与内在价值基本达到协同，市值维护类市值管理达到了很完美的效果。

在市值维护方面，大股东除了运用增持的工具外，可交换债券也在一定程度上对公司市值维护有一定的影响。

长江电力的大股东中国长江三峡集团有限公司目前共发行过 2 期可交换债券（表 9-5），即在约定时间内债券持有人有权把持有的债券转换成长江电力股票的债券，可以理解为当长江电力股价高企，大股东可以减持其股份，股价表现一般，大股东可以低息融资的一种市值管理手段。

表 9-5　　　　　　　　长江电力可交换债券一览表

可交换债券发行情况	第一期可交换债（132018.sh）	第二期可交换债（132026.sh）
发行时间	2019 年 4 月 9 日	2022 年 6 月 1 日
债券期限	5 年	5 年
债券规模	200 亿元	100 亿元
票面利率	0.5%	0.1%
转换价格	18.8 元	25.6 元
可转换股数	10.64 亿股	3.91 亿股
发行时股价	16.53 元	24.23 元
用途	乌东德、白鹤滩水电站建设	海上风电项目

看似寻常的发行可交换债券，其实是一种相当高效的市值管理手段。首先，三峡集团用于交换的股权大都源于 2010—2016 年间长江电力的增持，相对于当时的增持价格，这部分股权整体回报率已经超过了 100%。而且三峡集团选择了一种“进可攻退可守”的融资 + 减持方式，当长江电力股价继续上涨，高于转换价格以后，可交换债券的持有人会把债券选择转换成长江电力股票，实质即三峡

集团可以以高于现价的价格进行了减持，由于转股是在5年债券存续期内缓慢而持续进行的，这样的“大宗减持”对市场冲击成本会很低，不会像大宗交易减持对股价产生巨大的冲击。而当长江电力股价表现一般时，三峡集团依然能以比市场利率低很多的利率进行了5年期融资，无论是第一期债券利率0.5%还是第二期利率0.1%都远远低于正常债券融资的水平，三峡集团5年能节省利息达15%以上。

其次，我们要关注债券的用途及其意义。长江电力的并购往往是使用大股东三峡集团进行建设和培育，项目完工投产并且有比较稳定利润后再通过并购注入上市公司，这样的模式前期对三峡集团前期的资金要求很高，一个完整的闭环能给三峡集团带来更丰厚的回报。

三峡集团第一期投向乌东德、白鹤滩水电站建设，这两个项目后续注入了长江电力上市公司。当乌东德、白鹤滩水电站注入长江电力上市公司时，比三峡集团建设所花成本高出41%（注入上市公司价格为804.84亿元，项目实际投资成本568.19亿元），也就是说，三峡集团在2019年通过可交债募集的200亿元，在2023年注入上市公司时已经盈利41%，而且注入的30%资金由增发长江电力股份价格比当时长江电力市场价低15%，这样一个四年的项目培育期，三峡集团通过可交换债融资整体的回报率达到了45%以上。

分红水平远高于A股大部分上市公司

长江电力在2021年修改了公司章程，明确规定：2021—2025年每年按不低于当年实现净利润的70%进行现金分红，即2025年前分红率不低于70%，是公司承诺的最低分红水平。2022年，公司现金分红比例约为94%，大幅高于70%。

需要指出的是，长江电力的利润分红水平是远高于A股大部分上市公司平均比例30%，这里我们需要对高分红率股票的市值协同溢价数据有更全面的理解。表9-6所列为一组长江电力的数据。

通过对这一组数据的观察，我们看到长江电力近五年的长期溢价协同数据一直保持略高的水平，但这个略高的水平是不是代表长江电力股价存在一定的高估呢？

表 9-6 长江电力近四年分红率与相关数据比较一览表

比较项	2019 年	2020 年	2021 年	2022 年	2023 年年中
分红率	3.70%	3.65%	3.59%	4.06%	3.85%（预计值）
十年期国债收益率	3.01%	3.23%	2.75%	2.93%	2.69%
分红率超额比	0.229	0.13	0.305	0.386	0.431
长期溢价协同数据	0.25	0.193	0.329	0.265	0.396

我觉得并不是，通过分析分红率超额比，长江电力近五年的长期溢价协同数据与分红率的超额值高度正相关。正是因为之前提到的，长江电力公司执行远超过普通上市公司的分红比例，使得其分红率高于十年期国债收益率，从而进一步支持其二级市场股价，使得溢价协同指标显得略高。

因此，高分红率下的公司长期溢价协同数据可能略高，只要这个数据不过分偏离分红率超额十年期国债收益率的部分，我们依然认为这个数据是比较健康的。

短期市值健康受损不改长期底色

我们在运用数智化工具对长江电力进行体检时发现，公司短期评级明显要弱于长期评级（图 9-10）。

与此同时，我们再来看一下同行业其他公司的情况（表 9-7）。

通过长江电力自身的溢价协同值和同行业其他大型国有电力上市公司相比，几家公司 1 年期的评级相较于长期均出现了下滑，表明这是行业整体的现象。而造成这一现象的主要原因，通过图 9-10 的对比也可以明显看出，主要在价值端的变化。公司 1 年期价值变动直线下降至两星，波动也降低到 3 星。公司须及时找到原因并制定合理的改善方案。

从 3 年期及 5 年期的长期溢价协同值来看，长江电力与同行业的其他公司相比，更接近 0，说明相比其他上市大型国有电力企业，长江电力内在经营价值与资本市场交易价值间的差异很小，其市值与内在价值动态平衡的能力很强、合理估值是内在价值和外部溢价的平衡。

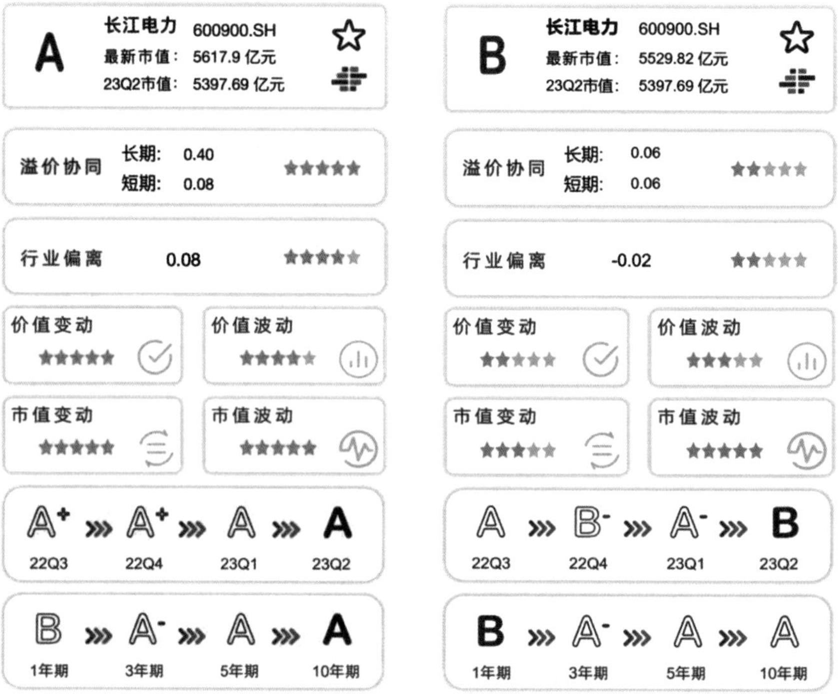

图 9-10 长江电力市值透视结果

表 9-7 可比公司溢价协同一览表

公司名称	总市值（亿元）	3 年期溢价协同值	5 年期溢价协同值	5 年市值增长率
大唐发电	493.69	2.16	1.86	−1.12%
国电电力	683.10	0.65	0.48	28.28%
国投电力	942.95	0.59	0.24	64.78%
华能水电	1 283.40	0.22	0.22	85.25%
中国核电	1 331.27	0.22	−0.23	41.46%
长江电力	5 397.69	−0.09	0.05	41.88%

同时我们可以看到 5 年内取得 40% 以上的市值增长的公司，其长期市值溢价协同值都处于健康的水平，而市值溢价协同值处于不健康状态的大唐发电是唯一 5 年市值负增长的公司。说明长期市值溢价协同指标是有一定的反映未来市值变化的作用。

有效的市值管理能够帮助上市公司更好地提升其合理估值，但有效的市值管理手段有两个重要因素：①上市公司及其重要股东对公司所做的市值管理手段是切合当前公司的实际情况，同时需要对公司长远的发展有一定的规划。②这样的市值管理信号能有效的传导到市场的交易者中，尽可能消除信息壁垒，使得公司价值更好地放在投资者面前。

从以上这些数据来看，长江电力的市值管理的水平是以上这些国有电力上市公司中最优异的。

我们再来看一下长江电力的短期和长期溢价协同值变化图（图 9-11）。

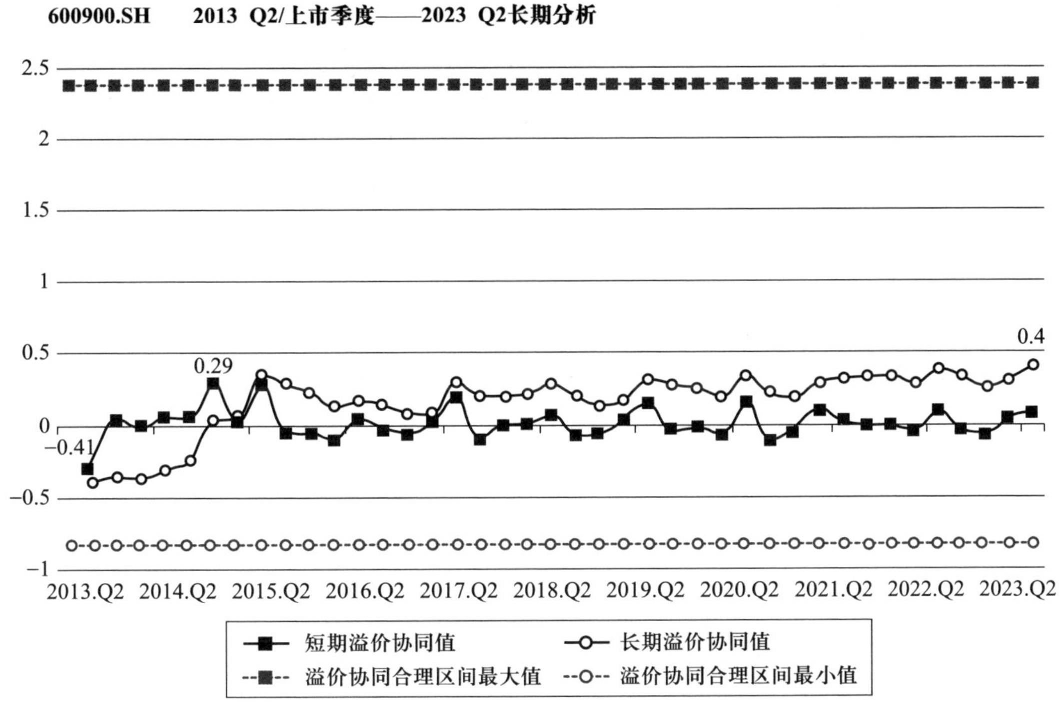

图 9-11 长江电力长短期溢价协同走势图

通过图 9-11 的分析，我们能发现上市公司及其重要股东在市值管理多策略的运用，不仅保证了公司平稳健康地发展，在长期溢价协同值上也非常健康（图 9-12）。

我们将溢价协同拆成内在价值与市值来看，二者基本处于同步增长的态势，但近年来经营状况的放缓，体现在内在价值上，相较于 2022 年也出现了一定的下滑（图 9-13）。

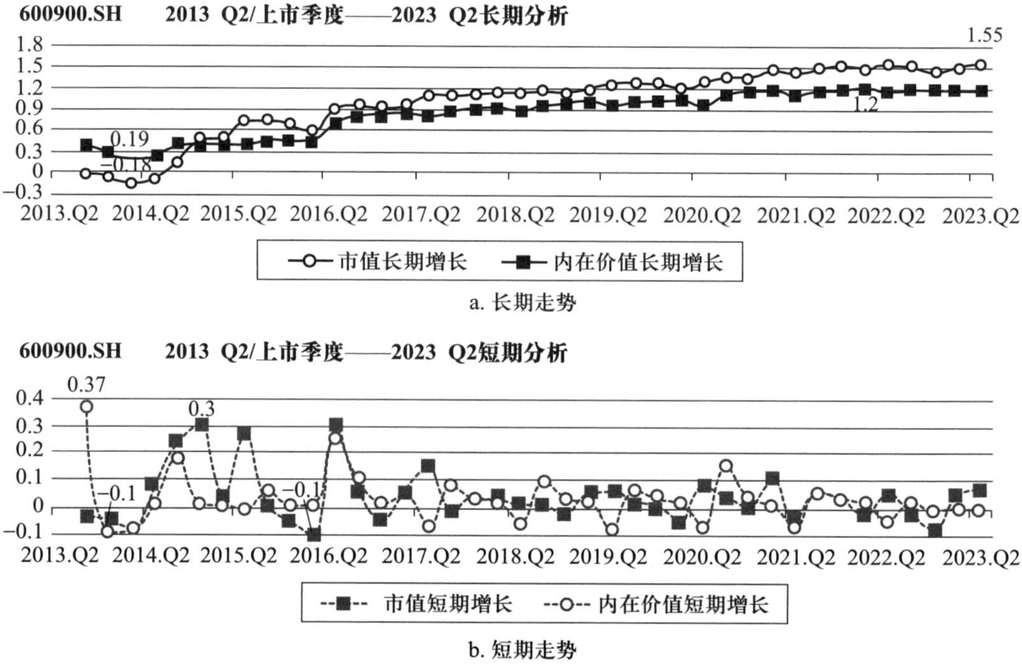

图 9-12 长江电力长短期市值与内在价值走势图

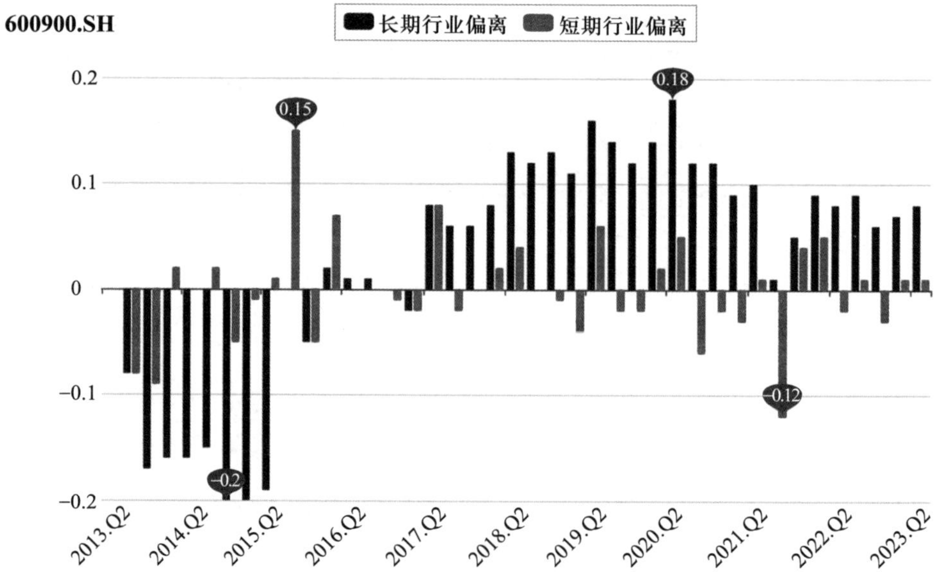

图 9-13 长江电力长短期行业偏离图

从图 9-13 的行业偏离来看，2015 年公司完成并购后，获得了市场的高度认可，溢价突飞猛进，也是彼时开始，公司溢价协同变长期高于行业平均，成为行业龙头。

小结与启示

我们认为长江电力依据实际情况精心开展市值管理，从而达到了市值与内在价值的协同，使得市值健康发展，成为国有企业中少有的穿越牛熊的公司。其中的“逻辑”主要有以下几点。

（1）长江电力的大股东建设投资培育项目，待项目成熟注入上市公司的模式有利于溢价协同值的稳定，这对于公司长远的健康发展十分有利。长江电力十多年有多次大规模的并购，但从结果来看，并购并没有使得溢价协同值产生大幅的波动，反而使得溢价协同值回到了更健康的位置。相比上市公司自身直接从项目建设到投资到运营，大股东投资培育，项目成熟注入上市公司的模式，是一个双赢的局面，一方面，大股东对项目的培育成熟运营到注入上市公司中间能获取一定的收益；另一方面，上市公司自身面临的并购项目的风险也会下降很多，有利于市值的稳定，从而使得溢价协同值处于合理的区间而不是大幅地波动。

（2）长江电力大股东在增持与减持的时机及方式的运用方面是比较成功的，这也使得其溢价协同数据处于合理的区间。一方面，在增持时，选择的时机确实是上市公司溢价协同数据为负，市值存在低估的时期；另一方面，采取长期的、缓慢并持续的增持策略，不断释放正面的信息。长江电力大股东及其关联公司的整个增持时段跨度长达 7 年，虽然每次增持的数量并不多，但都采用一种温和又持续的方式，而不是追求股价的迅速回升，对股价的稳定与公司市值长期稳定增长是正面的促进，溢价协同数据的稳定也说明了这点。

（3）同时，大股东发行可交换债这种进可攻、退可守的温和减持方式也比类似大宗交易减持对市场的冲击要温和很多，长江电力股价缓慢上涨超过转股价以后，至今转股市值已经超过 70 亿元，但从市值波动上来看，体现得很温和，走势依然相当平稳。

（4）高分红与多股权投资带来的额外收益使得近几年长江电力溢价协同数据长期为正，但这不意味着目前市值的高估。尤其当多股权的投资收益率高于长江电力公司自身的回报率，长江电力分红率高于十年期国债收益率时（一般意义上的无风险利率），公司长期的溢价协同数据可能长期大于 0 的区域运行，实质是对公司经营能力和股东回报策略的肯定。

当然还有许多其他原因，例如，将市值管理融入战略管理成为董事会的日常工作，拥有稳定的股权结构，等等。所以，我们可以大胆地说，长江电力是国有上市公司中市值管理方面的“模范生”，公司从全体股东利益出发，恰当、合理运用资本市场工具，形成企业市值与行业发展的协同性。但公司在短期价值方面出现的问题也需及时找到原因并解决问题。

案例三　东方甄选（1797.HK）市值暴跌积极转型绝处逢生的故事

2022 年 6 月，东方甄选直播间内，主播用中英文双语讲解商品，并引经据典，吸引着大批观众的到来。一时间东，方甄选这一词条频频登上热搜，千万人在直播间“学英语”，新东方的老师们也以新的身份重新“出道”。

东方甄选（1797.HK）成立于 2021 年 12 月，是崛起于 2022 年中的一家以持续提供“东方甄选”自营农产品为核心产品，专注为客户提供优质、高性价比产品和分享知识、文化，提供独特且愉悦购物体验的直播平台。同时，也是中国领先的在线课外教育服务供应商，拥有优质课程及内容，在线上语言学习及备考方面，拥有强大的核心竞争力。

这家风头正劲且市值为 300 亿元的香港上市直播电商公司，似乎是近 20 年来时代、政策、技术、传播、商业模式变迁的结合体。东方甄选的前身——新东方在线，实际早在 2005 年就已经成立，可谓是含着“新东方”品牌金钥匙出身，却经历了融资、撤资、再融资、挂牌新三板、摘牌，再到香港上市，除了没有直接上报过 A 股上市（虽然很有可能考虑过，否则就直接海外上市，而不是挂新三板了），几乎经历了所有国内企业在资本市场的所有阶段。其主业更是经历了从引领在线教育市场，到资本涌入后同业竞争压力陡增及逐步落后，再到行业政策变化的过程。在此过程中，新东方在线积累近 20 年的经验、内容与人才几乎遭到毁灭式打击，直到 2022 年才凭借其一名转业自教师的主播双语带货出圈，带火其直播业务，公司才如凤凰涅槃，市值也重启升势。

此次我们将目光聚焦在东方甄选（1797.HK）而不是新东方（9901.HK），主要是因为新东方作为母公司，包含的业务比较广泛，而此次转型的根据地——东方甄选及其市值表现则更能全面展现此次转型的方方面面，精准地展现了公司在“双减”政策下的逆袭。

在 2022 年 6 月东方甄选暴火前，前身新东方在线的最高市值为 392.85 亿元，“双减”政策过后，公司市值更是长期在百亿元以下运行。直播暴火后，东方甄选受到市场热捧，市值一度达 742.10 亿元，增长超 10 倍，截至 2023 年 10 月 31 日，降温过后，公司市值回归至 323.68 亿港币（图 9-14）。

图 9-14　东方甄选市值走势图

新东方在线教育业务的诞生、变迁与发展（2005—2020 年）

随着互联网的发展和移动互联网的快速迭代，教育不再局限于传统的线下课堂教育，而变得更加线上化和互动化。新东方作为最早进入互联网教育领域的机构之一，早在 2000 年就与联想控股合资成立了新东方教育在线（联想出资 5 000 万元占 50%，新东方不出资占 50%），成为全国最早做在线教育的公司之一。

然而，新东方在线教育的发展过程中，遭遇了诸多挫折，其中之一便是联想于 2002 年突然提出撤资，创始人俞敏洪不仅把本金还给了联想控股，还加上了银行利息，导致新东方在线教育的发展速度放缓。此外，在线教育管理团队也出现了问题，面临是否成为 SP（增值电信业务经营许可）公司的抉择。最终，新东方在线教育于 2005 年一分为二，把原来的管理层和移动等运营商的合作产品剥离出去，成立了一家独立公司，也就是目前我们在讨论的东方甄选的前身，当然彼时也导致在线教育的发展速度再次受到较大影响

在这个时期，创始及实控人俞敏洪，对新成立的在线教育公司的要求是只做教育内容，即集研发、推广、销售、运营、客服于一体，主要从事基于 B2C 和 B2B 商业模式的面向学前儿童、中小学生、大学生以及职业人群的专业在线教育服务。基于 B2C 商业模式，通过新东方在线、酷学网、新东方批改网、酷学多纳等在线教育网站及 App 为学前儿童、中小学生、大学生和职业人群，直接提供启蒙教育、中小学考试、国内考试、出国考试、语言学习、职业考试、职业技能等领域的视音频形式的在线教育服务。

然而，由于母公司新东方当时把主要精力放在了线下发展和美国上市以后的运营上，并没有把真正的精力投入在线教育，以致在线教育的战略发展定位和方向一直没有清晰界定。因此这个时期，尽管新东方在线教育每年都在发展，但是发展的速度并不快，截至 2018 年财年，新东方在线教育的收入规模只有 6.5 亿元（新东方在线在香港挂牌，财报使用港币。为方便理解，本文统一折算成人民币）。

在这个阶段，公司先于 2017 年 3 月在国内新三板挂牌，市值约 37 亿元。同年 6 月底，交易方式从协议转做市，做市首日大涨 127%，市值一度上升到 84 亿元。同时期在资本加持下，涌现出诸多在线教育公司，例如沪江英语（上市前最后一轮融资，估值约为 180 亿元）、英语流利说（估值 20 亿美元）、趣配音、有道辞典等

面向成人的英语学习平台，以及猿辅导（天眼查 App 数据显示，自成立以来猿辅导完成了 10 轮融资，累计融资额超 53 亿美元，最高估值达到 170 亿美元）、一起作业网、口语 100 等面向中小学生的在线学习平台。与其他在线教育公司靠大笔融资、烧钱扩张不同，新东方在线教育一直是盈利的。因为它更多是把线下积累的教育资源、经验与内容，甚至是客户，搬到线上。然而从估值或市值角度，新东方在线实际已经远远落后于很多后起之秀。

可能是由于新三板市场缺乏流动性和融资能力，且转主板通道的顺畅度不及预期；同时，新东方在线又受到来自同业高强度的竞争压力，公司于 2017 年 12 月 25 日在新东方网发布董事会决议公告，审议并通过了在全国中小企业股份转让系统终止挂牌的议案。时隔一年多，于 2019 年 3 月 15 日，进行重组并在香港联交所上市。上市收入募资 15 亿元，当周收盘市值折合人民币仍旧只有 79.5 亿元，还不及新三板转板当天的历史高点。

在香港上市并摆脱新东方母公司束缚后，新东方在线结束多年来稳健策略，加强了线上产品研发与市场营销，注入了更多移动互联网基因。叠加 2020 年新冠疫情对线上内容的正向刺激影响，收入高速发展。2021 财年（2020 年 6 月 1 日—2021 年 5 月 31 日），收入 14.2 亿元，相比上市前 2018 财年收入 6.5 亿元，增长了 1 倍多。但伴随着收入高速增长的是，扣非归母净利润从 2018 财年利润的 0.82 亿元，降至 2021 年财年的 -17.2 亿元。新东方在线上市后市值也是稳步增长，特别是在 2020 年 7 月中创出阶段性高点 332 亿元，随着 2020 财年预告（2020 年 7 月 29 日）大幅亏损后，市值随着股价逐步下落（表 9-8）。

艾媒咨询数据显示，2020 年在线教育市场规模达 4 858 亿元，受疫情特殊影响，大众在线教育消费进一步提速，在线用户规模达 4.23 亿人。另据 IT 桔子数据统计，2020 年超 700 亿元的教育行业融资中，K12（大学前教育）就超过 500 亿元人民币，超过了过去四年的总和。融资额最高的为猿辅导，当年 4 轮融资额超过 35 亿美元；其次为作业帮，两次合计超过 23.5 亿美元的 E 轮融资。所以站在现在的时间点复盘 2020 年的教育市场一二级市场，特别是在线教育市场，可以说是整个行业最好的时代，也是最坏的时代，由于资本高强度介入教培市场，已经逐步触及整个社会的教育公平问题。

表 9-8　　东方甄选主要财务数据一览表

报告期	2016 年报	2017 年报	2018 年报	2019 年报	2020 年报	2021 年报	2022 年报	2023 年报
截止日期	2016-05-31	2017-05-31	2018-05-31	2019-05-31	2020-05-31	2021-05-31	2022-05-31	2023-05-31
营业收入（亿元）	3.34	4.46	6.50	9.19	10.81	14.19	8.99	45.10
营业收入同比增长率	—	33.52%	45.77%	41.27%	17.59%	31.29%	−36.66%	401.91%
销售成本（亿元）	1.09	1.43	2.53	4.13	5.88	10.06	4.85	25.55
毛利（亿元）	2.25	3.04	3.98	5.06	4.93	4.12	4.13	19.55
经营溢利（亿元）	0.75	1.05	0.91	−0.78	−7.14	−16.67	−5.55	11.85
税前利润（亿元）	0.67	1.02	0.93	−0.75	−7.15	−16.59	−5.52	11.73
税前利润同比增长率	—	51.82%	−9.08%	−180.90%	−854.19%	−131.94%	66.72%	312.34%
税后利润（亿元）	0.60	0.92	0.82	−0.64	−7.58	−16.58	−5.34	9.71
归属于母公司股东的净利润（亿元）	0.60	0.94	0.91	−0.40	−7.42	−16.58	−5.34	9.71
归属于母公司股东的净利润同比增长率	—	57.78	−2.75	−143.53	−1 765.60	−123.50	67.80	281.90
每股收益 — 基本（元）	0.10	0.13	0.10	−0.06	−0.79	−1.72	−0.53	0.97
每股收益 — 稀释（元）	0.10	0.13	0.10	−0.06	−0.79	−1.72	−0.53	0.91
净资产收益率 — 平均	9.28%	13.13%	10.91%	−2.28%	−33.23%	−85.65%	−29.26%	43.70%

续表

净资产收益率 — 摊薄	9.28%	11.90%	10.32%	−1.53%	−39.81%	−82.55%	−32.54%	34.64%
销售净利率	17.82%	20.67%	12.61%	−6.98%	−70.17%	−116.90%	−59.43%	21.54%
销售毛利率	67.36%	68.04%	61.18%	55.11%	45.63%	29.06%	46.02%	43.34%
资产总计（亿元）	9.42	11.48	14.21	32.69	30.49	32.85	20.59	38.53
总资产净利率	6.32%	8.82%	6.39%	−2.73%	−24.00%	−52.36%	−19.98%	32.86%
负债合计（亿元）	3.01	3.56	5.42	6.98	11.86	12.76	4.18	10.49
资产负债率	31.91%	31.03%	38.18%	21.37%	38.88%	38.85%	20.32%	27.23%
股东权益（亿元）	6.42	7.92	8.78	25.70	18.64	20.09	16.41	28.04
归属于母公司股东权益（亿元）	6.42	7.90	8.85	26.02	18.64	20.09	16.41	28.04
每股净资产（元）	0.86	1.05	1.18	2.78	1.98	2.01	1.64	2.77
经营活动现金流量净额（亿元）	0.80	1.08	1.49	−0.25	−5.21	−9.14	−9.18	12.64
每股经营活动产生的现金流量净额（元）	0.11	0.14	0.20	−0.03	−0.56	−0.91	−0.92	1.25
投资活动现金流量净额（亿元）	−5.03	−1.99	5.09	0.16	−14.33	6.59	−0.26	−7.38
融资活动现金流量净额（亿元）	4.46	0.58	0.06	17.02	−1.35	14.12	−0.45	0.56
现金及现金等价物净增加额（亿元）	0.23	−0.34	6.64	16.94	−20.90	11.58	−9.90	5.83

资料来源：同花顺 iFind

“双减”政策下的教育培训行业至暗时期（2021 年）

2021 年 5 月 21 日（周五），中央全面深化改革委员会第十九次会议，审议通过了《关于进一步减轻义务教育阶段学生作业负担和校外培训负担的意见》。就此拉开“双减”大幕，整个教育行业投融资显著进入收缩期。

会议指出，义务教育最突出的问题之一是中小学生负担太重，短视化、功利化问题没有根本解决。特别是校外培训机构无序发展，“校内减负、校外增负”现象突出。要提升课堂教学质量，全面规范管理校外培训机构，坚持从严治理，严禁随意资本化运作，教育不能变成逐利的产业。要完善相关法律，依法管理校外培训机构。各级党委和政府要强化主体责任，做实做细落实方案，依法规范教学培训秩序。2021 年 5 月 24 日，新东方在线下跌，当天下跌 5.19%，之后持续绵绵阴跌。

一直到同年 7 月 24 日，中共中央办公厅、国务院办公厅印发了《关于进一步减轻义务教育阶段学生作业负担和校外培训负担的意见》，并发出通知，要求各地区各部门结合实际认真贯彻落实，做强做优免费线上学习服务。教育部门要征集、开发丰富优质的线上教育教学资源，利用国家和各地教育教学资源平台以及优质学校网络平台，免费向学生提供高质量专题教育资源和覆盖各年级各学科的学习资源，推动教育资源均衡发展，促进教育公平。各地要积极创造条件，组织优秀教师开展免费在线互动交流答疑。各地各校要加大宣传推广使用力度，引导学生用好免费线上优质教育资源。学科类培训机构一律不得上市融资，严禁资本化运作；上市公司不得通过股票市场融资投资学科类培训机构，不得通过发行股份或支付现金等方式购买学科类培训机构资产；外资不得通过兼并收购、受托经营、加盟连锁、利用可变利益实体等方式控股或参股学科类培训机构，已违规的，要进行清理整治。这就意味着资本投资教培行业，既不被允许，也没有了退出渠道。即使是已经上市的诸如新东方在线（及其母公司新东方）、学而思、高途，将不得不砍掉占其主要收入和利润来源的学科类 k12 教育。2021 年 7 月 23 日（周五），新东方在线在先知先觉的资本市场，下跌 28.07%；周一开盘，进一步下跌 33.45%。从 5 月 21 日到 7 月 24 日累计下跌 70%。

同样，2021 年教培行业一级市场也正式进入冰封期，融资总金额在 200 亿元左右，相比 2020 年超 700 亿元的行业融资缩水七成。

到 2021 年 11 月 13 日，好未来旗下两大主营业务学而思培优和学而思网校双双发布声明称，将转型和专注于素质教育，国内义务教育阶段的学科类校外培训服务将于 2021 年 12 月 31 日截止。同年 15 日，新东方集团宣布年底前暂停 K9 教培业务。曾经火热的教培行业就此熄火。新东方创始人俞敏洪在 2021 年度总结中称："2021 年，新东方遇到太多变故，因政策、疫情、国际关系等原因，很多业务都处于不确定性中。公司市值下跌 90%，营收减少 80%，员工辞退 6 万人，留存员工还有 5 万多人。退学费、员工辞退 N+1（赔偿）、教学点退租等现金支出近 200 亿元，在此过程中，新东方决定全面停止 K9 地面和在线学习。"

2022 年转型直播电商的涅槃起飞（2022 年至今）

2022 年以后，一度火热的教培行业投资似乎再无人说起，只留下一堆的"独角兽"，苦苦自寻出路：从转型素质教育[STEM，即科学（science），技术（technology），工程（engineering），数学（mathematics）四门学科英文首字母的缩写]或者打擦边球"数学思维"教育，到卖附带学习资源的学习机，或转投卖羽绒服、咖啡、母婴护理（另外一个已经"凉"了的行业），最后再到"宇宙的尽头"——直播带货。本文的故事主角新东方在线就是其一。

讽刺的是，这一纸"双减"政策对火热的教育市场是踩了急刹车，但某种意义上，也又拉齐了各家在线教育企业的起跑线，甚至在 2022 年这个抗疫大年，一时让重线下教育场景的新东方集团进行了提前止损，并布局新业务。而不少没来得及转型的线下教培企业进入了批量死亡或跑路怪圈。

时间线还要回到 2021 年 11 月 7 日晚间，俞敏洪就在抖音直播时提到，新东方未来计划成立一个大型的农业平台，自己将会和几百位老师通过直播带货，帮助农产品销售，支持乡村振兴事业。上述新闻引发舆论关注，市场预期俞敏洪未来可能会将直播带货业务装入新东方在线。

据香港联交所权益披露资料，11 月 17 日，新东方在线获俞敏洪在场内增持 142.9 万股，增持价格为每股 6.947 港元，涉及资金约 992.73 万港元。11 月 18 日，俞敏洪再度出手增持 214.3 万股，增持价格为每股 7.03 港元，涉及资金约 1 506.53 万港元。也就是说，俞敏洪在两天的时间斥资 2 499 万港元，合计增持了 357.2 万股。实际上股价在 16 日就开始上升，5 个交易日上升了 62.64%。

12 月 28 日晚，新东方推出直播带货新平台“东方甄选”，59 岁的新东方创始人俞敏洪在抖音开启了新东方的首场直播助农活动，直播间上架了几十种农产品，涉及米面粮油、生鲜水果、年货礼盒等，这也意味着新东方转型直播带货迈出了第一步。前 10 分钟卖出了 10 万元货品。29 日股价下跌 21.78%。

随后的半年中，直播业务发展缓慢，直播同期在线二三百人到四五百人，又平均到了一千人，最后到了两三千人在线。销售额也从十几万元到几十万元，到有的时候突破百万元。股价也一直阴跌到了 2022 年 5 月 12 日，当天创下历史最低价每股 2.84 港元。

一直到 6 月 2 日，俞敏洪去参加直播的时候，同期在线人数也就是五六千人。但从 6 月 6 日开始，东方甄选旗下一名前英语教师董宇辉双语直播带货，以一个以卖货为“副业”、以讲课为“主业”，孜孜不倦地输出知识，“有内容”的主播出圈，9 个交易日上涨 683.56%，几乎回到 20 年中的历史股价高点。到 2023 年 3 月 9 日，上市公司正式改名“东方甄选”，累计股价涨幅 894.52%。同期恒生指数下跌 5.49%。也就是说东方甄选从出圈开始，跑赢市场整整 900%！其间，1 月 20 日更是达到历史新高——每股 75.55 港元，折合 641.59 亿元总市值，几乎是历史高点的 2 倍，而这一切只用了短短半年时间，159 个交易日。这一切答案都在 2023 财年财报披露，光直播电商 GMV 已经达到 100 亿，账号粉丝数 4 200 万，收入 45.11 亿元，扣非归母净利润 9.43 亿元，这是新东方在线上市来最好的一份财报。难怪俞敏洪半开玩笑地说，早期是东方甄选蹭他的粉丝，现在反过来是他要蹭东方甄选的粉丝（截至 2023 年 10 月 31 日，其个人抖音账户粉丝数才 1 348 万）。

从主营业务收入的变化也可以看出，新东方在线起先以大学教育业务为主，逐步转向 K12，随着“双减”的落地，K12 业务占比收缩（图 9-15）。虽然公司 2021 年开始直播带货，2022 年爆火，但从主营收入的情况来看，电商并未贡献大比例的营收。直至 2023 年年中报，这份新东方在线上市以来最好的财报中，直播电商营收占比高达 84.89%，成功成为公司营收的支柱。

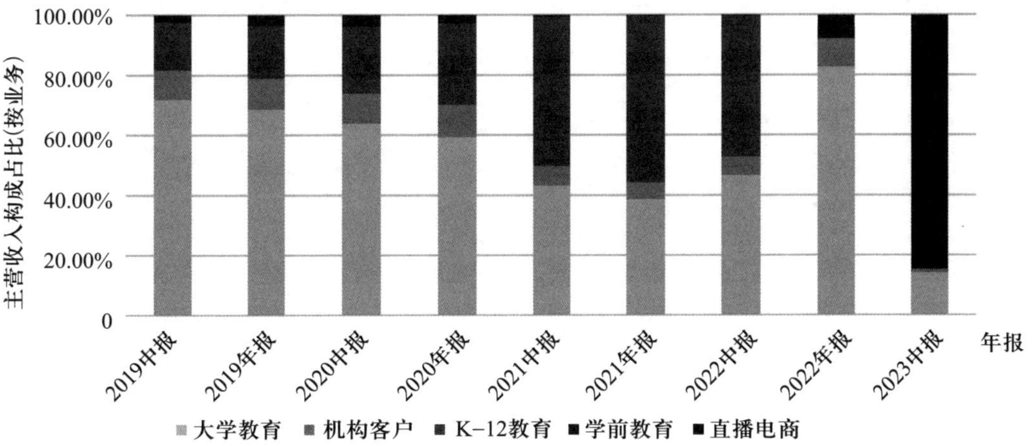

图 9-15　东方甄选主营业务构成占比图

短期暴火过后，溢价协同终将回归理性

由于港股仅披露年报及半年报，所以图 9-16 与图 9-17 的时间间隔为半年。从东方甄选的溢价协同、内在价值及市值的变化表现，我们可以很明显地看出其发展的脉络。

2020 年，新冠疫情对线上内容的正向刺激影响，公司价值基本维持稳定，溢价水平当然也逐步提升。2021 年，“双减”政策下，公司价值急转直下，市值也逐步走低，但彼时的溢价协同水平并未降低，甚至还有所提升，投资者似乎相信新东方这艘大船未来仍会扬帆，随着时间的推移，市场似乎看不到任何政策的松动以及发展的曙光，开始逐步失去耐心，公司溢价协同开始下滑。

2022 年，原本市场认为新东方在线可能就此“躺平”，然而他并没有，在线教育赛道不行为什么不换个思路呢？ 2021 年，东方甄选逐步走上带货之路。2022 年 6 月，东方甄选一夜之间火出圈，由于刚刚起步，直播带来的价值提升还未完全在 2022 年半年报中反映出来，但市场的激情已被点燃；2022 年 12 月底，公司溢价协同来到了高点，价值也逐步回升。

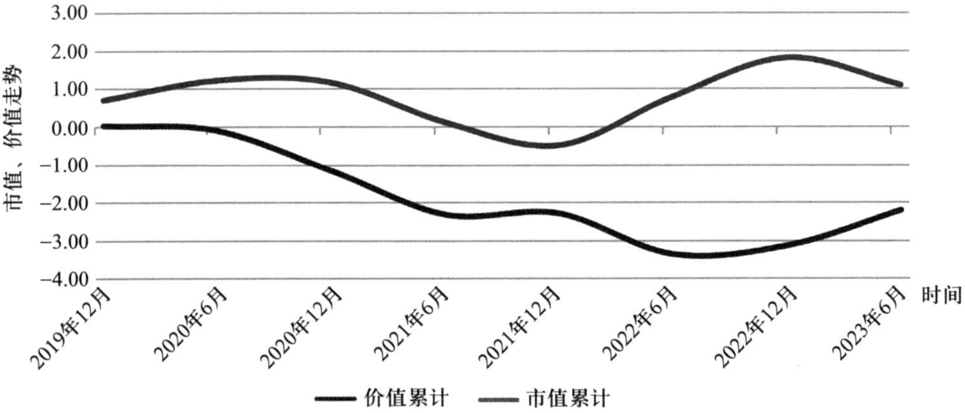

图 9-16　东方甄选市值与价值走势

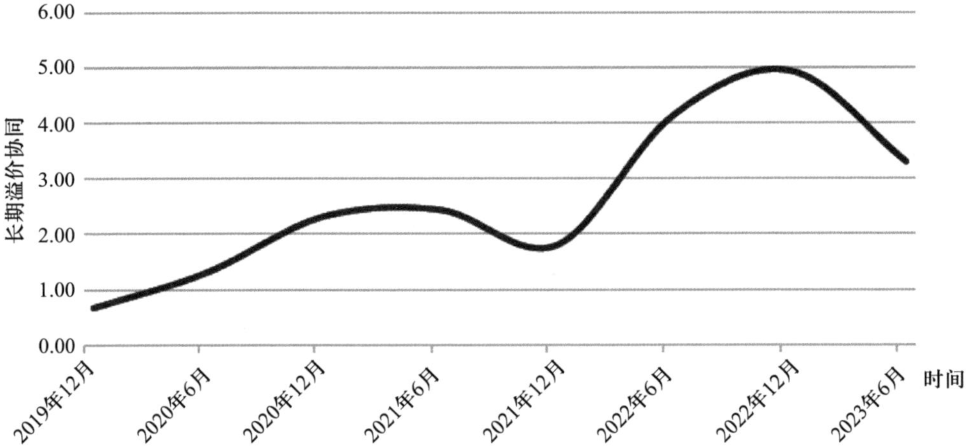

图 9-17　东方甄选长期溢价协同走势

进入 2023 年，市场新鲜劲过去了，之前由于情绪带来的过高溢价，在内在价值的逐步提升以及市场回归理性的双重作用下，开始回落，整体溢价协同水平回到与刚开始直播相近的水平。

所以从东方甄选我们可以看出，短期市场情绪的确会给企业带来较高的溢价，但放到长期来看，还是会回归理性，有内在价值支撑下的市值才能更健康地增长。

小结与启示

也许有人会把这样凤凰涅槃式的翻盘，归因于新东方在线对于直播技术的积累、俞敏洪的坚忍不拔、“宇宙终极商业模式”直播带货，或者良好助农初心带来的正向反馈，这些都对，但这些都是表象。答案的核心就是现在的俞敏洪，已经不是以前那位三次高考才圆梦北大，被老婆“逼着”出国、挣钱兼职创业，在北大被贴白榜，离开教师正职，多少带有悲情色彩的“中国合伙人俞老师”，而是在新东方接受了多次顶级投资机构投资，能联合国内几乎所有头部大佬，在华尔街暴打华尔街之狼“浑水公司”的“资本熟手俞老师”。当俞敏洪发现自身难以对应资本市场时，他不顾董事会中投资人代表反对，高薪聘请专业首席财务官（Chief Financial Officer，CFO）；发觉新东方互联网基因不够时，他也积极拥抱资本市场，独立在线业务上市再融资，并亲自下场投资、孵化多个新兴企业；在自身所在的教培主赛道几乎被全灭的时候，积极布局新兴产业；在切换赛道后，适时地增持股份，利用自身的影响力带动新业务发展；等等。

俞敏洪本人不一定是中国资本市场上最“会说”的实控人，但一定是最愿意表达的企业实控人之一，可查到的出版物从英语学习，励志分享经验，到自传、游记，再到名人对谈录，就有大几十本。更不要说其活跃的线上直播、视频连麦、带货等。所以结合其言行及所有的第三方信息，抛开扶持农业、帮助农民增收这类社会价值，不管从事业务、赛道转型维度，还是从上市公司市值表现维度考量，现在东方甄选的阶段性成功，都是上市公司市值管理案例中一个经典的逆风翻盘案例。至于俞敏洪是否能带领东方甄选和他的团队，在未来打赢直播行业的阵地战，并逐步孵化出类似文旅业务之类的第二甚至第三发展曲线，这也会是值得持续跟踪的市值管理案例。

案例四　中国恒大（3333.HK）房产龙头加杠杆与政策环境豪赌惨败的故事

落幕与缘起

2023年9月28日晚间，中国恒大公告称，公司执行董事及董事会主席许加印因涉嫌违法犯罪，已被依法采取强制措施。这条正式消息即刻成为中秋国庆长假期间最刷屏的新闻，许家印与恒大的故事落幕了，但恒大2.447万亿元的负债，让债权银行、信托资管投资者、供应商、无数购买期房者彻夜难眠。彼此，在港股上市的恒大集团、恒大物业、恒大汽车均还停牌着，它们最高市值均过千亿元，而停牌前的总市值不过813.52亿港元。截至10月31日，恒大系在港上市公司的总市值共119.11亿港元！让人唏嘘不已。曾经风光无限的恒大，是如何快速走向消亡的，我们来探一个究竟。

2020年以来，在"房住不炒"方针指导下的房地产调控政策、疫情、自身高杠杆等各种因素的影响之下，泰禾、蓝光发展、花样年、华夏幸福、融创、恒大等一众百强地产企业纷纷出现财务困境，公司发行的债券违约、拖欠工程款、在建项目烂尾导致房屋无法交付等情况屡见报端。在一众地产企业当中，恒大集团的兴衰成败，引起市场的极大关注。这一方面是因为恒大是地产行业的头部企业，负债规模巨大，令人吃惊；另一方面是因为恒大之前的多元化运作如恒大足球等所获得的知名度。

房地产企业本质是利用杠杆资金进行土地买卖的基金

从商业模式的角度理解中国的房地产企业，房地产企业就是一个利用杠杆资金进行土地买卖的基金。地产企业的股东是最终的风险承担者与剩余价值索取人，股东利用公司架构，通过信用举债、土地抵押及项目公司股权抵押获得项目融资、房屋预售、拖欠工程款等方式，获得了杠杆资金。房地产企业的杠杆比例非常高，在2017年，房地产行业达到周期性顶峰，上市房地产企业的股价处在最高位的时刻，房地产企业的资产负债率普遍在 80% 左右。

在一个周期性很强，房地产价格大起大落的房地产市场环境当中，房地产企业在房屋的设计、建造、市场营销等环节创造的价值占比很小，对于企业的盈利与发展而言，几乎不具备重要性。很多房地产企业都将这些职能外包出去。我们可以把这些与房地产开发相关的行为看作地产基金构建杠杆头寸的必要条件。在原来制度存在漏洞的时候，也有房地产企业获得土地之后，不进行开发，一直持有等待土地升值后将土地高价出售，从而获得回报。这种捂地的行为，更充分地揭示了房地产行业的本质。

政府两次救助，却助长了地产企业的冒险

恒大的失败不是个案，中国的违约百强地产企业超过半数，几乎所有的违约地产企业都面临着同样的问题，犯下同样的错误。只不过恒大的投资风格更为激进，导致的问题更大。而恒大从 2008 年上市，一路高歌猛进，从处于百强排名末端冲至房地产企业首，也是借助更激进的投资风格。在房地产市场低迷或方向迷茫的时刻，继续放杠杆加大投资力度，弯道之处猛踩油门实现超车，赶超多个领先于自己的对手。

2008 年以来，为了应对次贷危机对于中国的冲击政策，中国政府推出 4 万亿元救市计划。救市计划推动了房地产价格在后续两年的快速上涨。这也拯救了原本很多因为杠杆过高而处于困境的地产企业，并且因祸得福，赶超了那些原本强于自身但是加杠杆犹豫的稳健型地产企业。这次经历，让很多地产企业领悟到“人弃我取，人退我进”的成功之道。

房价上涨，事关民生，引发社会的关注。2010 年，国家开始对于房地产进行调控。房地产市场的发展受到抑制，房价与房产销售在此期间的增长率出现了波动。并且最终在 2014 年，房地产的销售面积与销售金额，都较上年出现下降。根据统计数据，在 2014 年，全国商品房销售面积同比下跌 7.6%，销售额下跌 6.3%，成交均价上升 1.4%，而待售总面积同比上升 26.1%。房地产库存快速增加，将会在 2015 年继续打压房价，抑制房地产市场的发展。

在这段时间里，面对房地产低迷的形势，有的房地产企业开始放慢发展速

度。然而，也有很多企业基于2008年后房价上涨的经验，认定房地产行业对于中国经济的支柱性作用，断定中国政府为了宏观经济的稳定与增长不会坚持对于房地产市场的从严调控，而任由房地产市场低迷。这些企业将房地产市场低迷、社会对于房价出现悲观或分歧视作是再次弯道超车的机遇，继续加大杠杆进行投资。

在房地产全行业销售规模下降的2014年，恒大实现了快速增长。根据恒大年报，恒大在当年合约销售额为1 315亿元，同比增长31.0%，完成全年目标的119.6%；全年合约销售面积1 820万平方米，同比增长22.2%；土地储备建筑面积1.47亿平方米，累计平均成本997元/平方米。在这个阶段，金融行业和地产行业开始流传“恒大赌国运”的说法。实际上，恒大赌的是地产的重要性与政策。对于这一点，恒大毫不掩饰并且颇为自得，在2012年的恒大年报当中，有这么一段话：凭借对中央政府政策意图的深刻理解和对市场趋势的前瞻预测，集团积极捕捉市场机遇、夯实业务基础，实现各项业务稳健运营。

而在此前的2012年，恒大的合约销售额为923.2亿元，较上年增长14.8%；合约销售面积为1 548.5万平方米，较上年增长26.9%。在此前的2013年，恒大的合约销售额为1 004.0亿元，较上年增长8.8%；合约销售面积1 489.4万平方米。

与销售额出现大幅增长相对应的是，恒大的资产与负债规模也在快速增长。在2012、2013、2014年，恒大的资产与负债规模分别为2 390.0亿元与1 973.0亿元，3 481.5亿元与2 688.1亿元，4 744.6亿元与3 620.8亿元。到2022年年末，恒大的资产与负债规模分别为1.84万亿与2.44万亿元。十年时间，恒大的负债增加了超过10倍。

这段时间恒大的快速增长，并不是公司综合实力与运营能力提高所产生的，而是基于房价未来上涨的形势进行的豪赌。地产企业只要敢于不计成本高低地加大杠杆，拿地造房，都能够实现快速的业绩增长。这种高速的业绩增长，依靠快速积累负债获得，蕴含了巨大的风险，那就是房地产的市场价格波动风险，加之房地产资产流动性较低而在市场低迷时难以销售的风险，一旦房价没有如预期那样的下跌，房地产企业就将陷入困境。

除了恒大之外，其他的大型房地产企业如万科、保利、碧桂园等也实现了高速的增长。这表明，行业的集中度开始在快速提高。同时，也有如新力地产、中梁地产等规模较小原本并不为市场所知名的地产企业，也开始在这个阶段发力，尤其是在接下来的 2015—2017 年的房地产价格上行期里，猛烈加杠杆，迅速跻身于全国百强地产企业之列。

这段时间，中国的包括理财、信托、私募基金在内的“大资管”机构崛起，以及债券市场的发展，让地产企业更容易获得债务融资。而在此前，地产企业不能从银行获得流动资金贷款，融资只能依靠项目公司的开发贷款，放杠杆的能力受到限制。

决策层虽然看到房地产过度发展、房价上涨过快的负面影响，但是这段时间，房地产仍然具备提振经济的作用。而且，中国的房地产市场发展仍然有基本面支持，如中国的城市化率仍然在持续提高，中国城市居民的人均居住面积较发达国家仍然较少，中国居民仍然有较充足的储蓄且整体负债率较低，有提升的空间，等等。

政策权衡之下，恒大选择再度出手扶持房地产市场。2015 年“去库存”方针开始推行。其后，相关具体政策开始全方位实施，如限购限售等政策开始松绑，首套房认定规则调整、房贷首付比与利率下调段，货币化房改政策出台。在这些政策影响之下，中国的房地产价格再度出现较大幅度的上涨。这一轮的房价上涨，再度验证了地产企业加杠杆尤其是逆势加杠杆的正确性，也让稳健性的地产企业开始变得激进，改变原有的保守型的发展策略。“高杠杆、高周转”成为地产企业的标准模式。

恒大赌对了，再度押注胜利，刺激了恒大的信心，也固化恒大的逆势加杠杆豪赌命运的行为特点。除了恒大之外，还有很多地产企业受益于这一轮房价的上涨。后来在 2019 年百强房企中开违约先河的泰禾，公司的实控人黄其森也忍不住一改原有沉稳低调的风格，高调提前披露公司的发展目标，声称“2018 年，泰禾集团销售额的目标是再翻一番至 2 000 亿元”。在消息刺激之下，其股价在 2017 年底达到顶峰，市值总计近 2 000 亿元。还有很多如中梁、新力等在此期间高速增长的一众房地产企业，都无一例外地猛加杠杆，然后在房价上涨的行情当中，大获其利，信心膨胀，希望下一次的类似历史再度重演。

房地产发展环境发生巨变，地产企业却仍然惯性前行

2017 年，“房住不炒”方针推出，其后，各类政策对于房地产进行了严厉调控。站在事后的角度，我们可断定这是房地产行业发展的政策转折点。上一个与此重要性相当的政策是 2003 年房地产行业被定位为国家的支柱产业。2018 年“去杠杆”政策实施，房地产行业所面临的金融形势也发生变化，继续加杠杆甚至维持原有杠杆的难度都加大了。除了地产企业，还有很多其他行业的企业如东方园林、苏宁电器等，都受到了“去杠杆”的冲击。

房地产企业在这个时刻，站在了命运的分水岭。在这个时候，房地产企业如果能够积极顺应政策导向，及时收缩业务，将前期项目销售收入，不是用于新增项目而是用于减少债务，或许还有可能避免后面的危机。然而，由于前面十年里政策两次在房地产市场下行的时刻出手相救，房地产企业对于房地产的地位产生了莫名的信心，认为房地产行业已经太大而不能倒，因为投鼠忌器，政策对于房地产的调控无法坚持，最终仍然会如前两次那样出手相救，让加杠杆者再度得利。

政策的调控，造成了行业的困境，在很多地产企业眼里，这反倒是一个机会。融创的孙宏斌也声称，未来是房地产的钻石时代。房地产行业集中度的提高，将会给包括融创在内的行业排名靠前的企业，以更大的发展机遇。

在这个时候，房地产行业形成的共识是市场将难以容纳如此众多的房地产企业，行业必然会经历洗牌。只是当时存在一个认识误区是“大者生存”，而不是“适者生存”。在这种错误认知的引导下，大部分的房地产企业都在拼命加杠杆，扩张业务，以寄希望排名能够提升，通过做大来在未来的市场当中存活下去。房地产行业的并购活动在 2017 年达到顶峰。很多小型地产企业因为无法获得融资而无奈将项目出售给大型地产企业，没有想到这反倒成全了自己。

在政策转折之后，犯下严重战略失误

恒大在 2017 年、2018 年、2019 年与 2020 年的业绩增长与投资拿地的数据，可以让我们更加清楚地了解恒大的发展。

2017 年，集团累计合约销售金额为 5 009.6 亿元，同比增长 34.2%；销售面积

5 029.9 万平方米，同比增长 12.6%。在当年，恒大新购土地储备 226 幅，并就现 39 个项目进一步购买周边土地，全年新购土地储备建筑面积 1.26 亿平方米。

2018 年，恒大的合约销售金额为 5 513.4 亿元，同比增长 10.1%；销售面积 5 243.5 万平方米，同比增长 4.2%。在 2018 年，恒大共计购得土地储备 105 幅，并就现有 22 个项目进一步购买周边土地，土地购买同比有所减少。

2019 年，恒大的合约销售金额为 6 010.6 亿元，同比增长 9.0%，销售面积为 5 846.3 万平方米，同比增长 11.5%。在当年，恒大共计购得土地储备 153 幅，并就现有 39 个项目进一步购买周边土地。新购土地储备建筑面积 6 703 万平方米。

2020 年，恒大的合约销售额为 7 232 亿元，增长 20%。恒大当年共计购得土地储备 140 幅，并就现有 42 个项目进一步购买周边土地，新购土地储备建筑面积 6 892 万平方米。

从恒大的经营数据来看，“房住不炒”方针推出与“去杠杆”政策实施以后，恒大的业务增长速度出现较大幅度的放缓，恒大也在 2018 年放慢了扩张速度，当年拿地数量较之前出现急剧减少。然而，2019 年，恒大又开始了加大了拿地力度。在 2020 年，恒大的销售又出现快速的增长。这个背后的原因，值得深思。原因的关键在于——预售！在短期内，房地产拿地所支付的资金流出，可以通过预售换得数倍规模的资金流入。只不过，这种资金流入不是企业的营业收入，而是企业的负债。

房地产的预售制度，以及延期工程款的惯例，使得地产企业的运营活动实际上也成为了企业的融资活动。2022 年，恒大通过经营性活动形成的负债规模约为 1.7 万亿元，而从金融机构获得的有息负债规模约 6 000 亿元，前者规模远远超过后者。“去杠杆”的环境当中，这样的格局实际上也倒逼房地产企业拿地扩张，以新项目预售获得的资金来维持现有杠杆。这类似庞氏骗局，当新房销售不力，资金链必然即告断裂。

在 2020 年以后，随着“三条红线”“涉房融资规模控制”等政策推出，房地产企业的资金链条进一步紧绷，市场已经出现了地产企业的违约案例，如泰禾。地产企业的违约，撕开了地产行业的防线，金融机构开始担心风险，开始抽贷。恒大在 2020 年开始遭受“去杠杆”的巨大压力。

恒大2021年的年报披露，“从2020年3月底到2021年6月底，公司有息负债减少了约3 000亿元。在此过程中，公司资金压力越来越大，并在5月底遭遇做空引起市场恐慌，大量金融机构开始停贷断贷。从7月开始，公司现金流断裂，陷入经营困境。”

也就是从这段时间开始，媒体出现了很多恒大违规预售并且挪用预售资金的报道。预售资金被挪作他用而不是按照规定用于支付工程款项和建设房屋，这导致了大量的项目烂尾。现在人们很难了解许家印及恒大的真实想法，为何会在2019年仍然加大拿地力度，是判断形势必将反转，还是依靠拿地预售来获取资金？前者为无意，后者则是故意以大众利益为代价，维持自身的苟延残喘。许家印自己曾经的讲话，可以给予我们一些暗示，帮助我们找到答案。

许家印曾经在恒大的某次周年庆活动上，讲到的恒大的第一桶金。根据许家印的演讲视频的内容，许家印成立恒大之后，公司没有什么钱，然后先欠着政府的土地款，获得土地后找银行贷款用于交付土地款，然后没有钱盖房子就让施工单位垫资，在房子还没有盖好但是达到预售条件后面向大众销售，用预售款偿还贷款、垫资等。到这里，恒大的操作和当时一般的地产企业操作没有什么两样，这也算合理利用银行信贷政策与房地产的预售政策。

只是正常人逻辑，是会把这个项目最终清盘时的销售收入去掉成本的利润，当作是自己的第一桶金。但是许家印自己却在活动上宣称，这8 000万元的销售收入是恒大的第一桶金。同时许家印还提到，当时为了尽快回收现金偿还负债，恒大当时是亏本销售的。亏本销售意味着，销售收入无法抵补成本，利润是负的。这8 000万元根本就不属于恒大，而是其他主体的，偿还其他主体的债务之后，恒大是倒欠的。

站在2020年年底，我们重新审视恒大的财务报表及业务情况，发现情形与恒大第一个项目开盘的表形，高度相似。一个人或一家企业的行为，总是受到自身过往经历的影响。了解一个人及一家企业的历史，可以理解该个体及该企业的现在的所作所为，以及预测他们的未来。这是我们学习历史或案例分析的意义所在。

一直坚持下来的对于房地产的政策调控，加之2020年疫情的冲击，房地产市场的销售整体受到影响，而项目烂尾进一步削弱了购房者的信心。2020 年、2021 年和 2022 年，中国的房地产销售额分别为 17.36 万亿元、18.19 万亿元与 13.33 万亿元。2022 年，房地产销售额较上年出现了大幅下降。2022 年年中开始，由于房地产市场进一步低迷对于国民经济的危害，政策开始对于房地产进行扶持，但是由于基本面等各方面因素恶化，市场没有如期进入反弹。进入 2023 年，房地产销售额同比仍然出现下降，房价也开始全国性的下降。这一次，众多房地产企业没有等来之前那样的房市大反转，而自身却被高杠杆与经营不善拖入深渊。

多元化不是恒大失败的最主要原因

一直以来，恒大就有过多元化的战略与尝试，然而，恒大的多元化并没有取得成功。反而，因为多元化消耗了公司的宝贵资源，浪费了企业的精力，最终让企业难上加难。恒大在其 2015 年年报当中，首先出现了多元化的字眼。报告中“多元化产业”一节当中提到“多元产业架构渐次成型，足球、文化产业相继登陆中国资本市场，构筑以房地产为核心，多元产业协同发展新格局”。其后，公司每年的年报当中，都会有专门章节阐述多元化发展的内容。恒大在其 2017 年的年报当中则提到“集团从八年前开始研究探索多元化产业”，从“恒大”这个公司的名称也能看出，多元化或许一直就是企业家的一个追求。

大众最为熟知的恒大的多元化产业包括：恒大足球、恒大冰泉、恒大汽车、恒大童世界、恒大人寿等。

其中，恒大足球在体育方面取得了一定的成就，这也一度让人对于恒大的品牌形成了认可。可以认为恒大投身足球，并不是有意在足球行业有较大的发展，而是通过足球事业树立品牌，支持主业的发展。恒大足球与恒大冰泉上的投入，数以百亿元计，虽然规模巨大，但是相比恒大 2 万亿元的资产负债表规模而言，占比很小。因此，这些多元化的运作，对于恒大的成败影响，相对有限。

在 2014 年前后，政策放开了人寿保险牌照的申请，很多地产企业在此期间获得了保险牌照，成立了保险公司，如宝能系的前海人寿、生命人寿，恒大也在此期间成立了恒大人寿。恒大人寿的资产规模一度做到了千亿元量级。同时，恒大也参股了盛京银行，一度成为盛京银行的单一第一大股东。后面，很多案件暴露出来一些包括地产企业在内的民营企业，涉足金融行业，目的是将金融机构变成实体产业发展的融资工具。恒大也被媒体报道，从盛京银行与恒大人寿获得了巨量的融资。恒大的这类多元化运作，形为多元，实则剑指主业。

恒大童世界、恒大水世界、恒大康养，这些属于商业地产的运作，本身也能够反哺恒大的核心业务即住宅地产开发业务。比如，很多地方政府为了对于某些区域进行综合开发，将住宅用地指标与商业地产开发进行捆绑，也有地产企业投其所好，主动策划如文化地产、科技地产来获得地方政府在住宅开发方面的支持。由于中国的商业地产很早以来就存在着过剩的问题，以及缺乏 REITs 这样的便利交易流通的金融工具，中国的商业地产的投资回报率较低，而且流动性较差。

这些“固化”在资产负债表内的“投资性房地产”类资产，在企业面临偿债压力的时候，难以变现。这些，对于恒大这样的房地产企业是一种拖累。但是，总体而言，这些商业地产本身在一定程度上可以视为地产企业发展住宅主业所支付的某种成本。因此，对于恒大这样的地产企业而言，其真正的失败原因还是对于形势的误判以及不顾风险地加大杠杆进行扩张。

恒大在地产主业已经面临着困境的时候，投入专注于新能源汽车方向，最终新能源没有如期发展起来。恒大在 2018 年的年报当中即宣告：“已完成布局新能源汽车全产业链”，这既有恒大自身追求多元化的原因，也有响应发展实体经济的政策号召的原因。根据媒体报道，2019 年，许家印宣布，计划三年投资 450 亿元造车。但是几年过去，恒大汽车成为“车界亏损王”，2020 年至 2022 年间，恒大汽车累计亏损超过 910 亿元，2023 年上半年净亏损 68.73 亿元。

千亿元量级的资金投入，即使是对于恒大这种天量负债规模的企业，也是一笔不小的数字。这加速了恒大的溃败。考虑到在新能源汽车的发展史上，有很多企业从零到有，发展到市值千亿甚至万亿元。恒大的这种行为，从外界看来和从事后来看，有点孤注一掷的意味，似乎恒大期待抓住最后一根救命稻草。

市场早已初见端倪

由于港股仅披露年报及半年报，所以图 9-18 和图 9-19 的时间间隔为半年，由于公司 2021 年年报后净资产为负，无法准确衡量其内在价值，故溢价协同数据仅截至 2021 年 6 月 30 日。从中国恒大的溢价协同、内在价值及市值的变化表现，我们可以看到市场早就初见端倪。

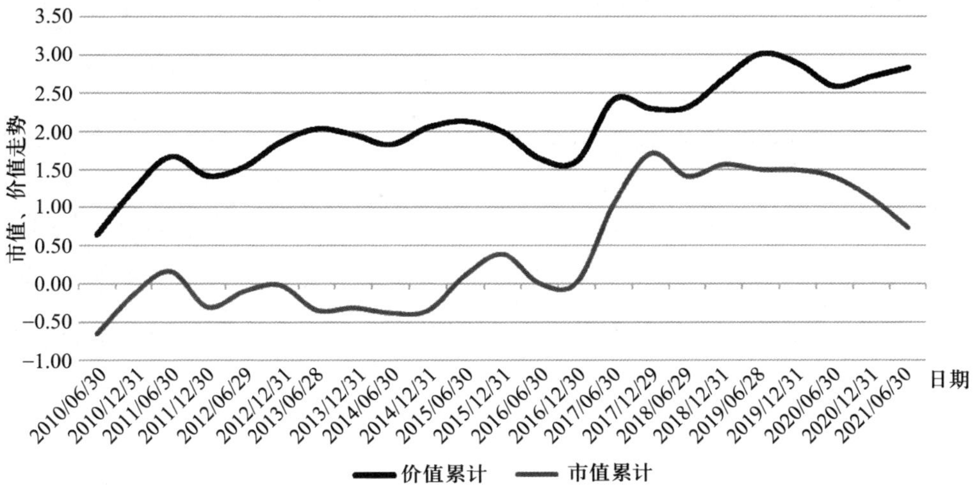

图 9-18　中国恒大市值、价值走势

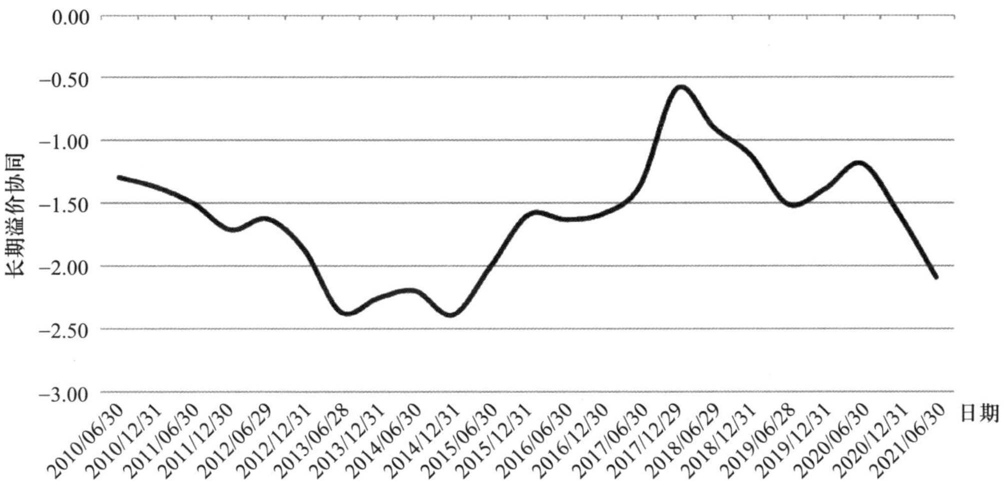

图 9-19　中国恒大长期溢价协同走势

上市以来，公司价值在 2010 年及 2011 年出现增长后，增速便有所放缓。2016 年公司内在价值迎来了一波上行，彼时公司市值也紧跟着出现了大幅增长。

但很奇怪的是，在 2017 年后，公司内在价值虽仍在增长，但市值已开始逐步走弱。市场给予的溢价也急剧下滑，表明在各种政策限制下，市场整体对公司未来发展预期较弱。所以在恒大爆雷前，他的市值及溢价协同表现就已经初见端倪了，只是市场仍被其不断扩张的内在价值所迷惑。正如我们所说，公司的价值其实就在市值中，不能光看价值不看市值。

恒大之败，与许家印的豪赌风格紧密相关

恒大进入新能源汽车领域之前，没有在该领域有任何的积累，根据恒大许家印自己曾经在造车大会的发言，恒大汽车的发展策略就是“买买买、合合合、圈圈圈、大大大、好好好”。从许家印的这个发展策略，以及恒大在发展足球事业、恒大冰泉等食品事业的时候，表现出来的不计成本大开大合的风格，给人的感触是许家印更像是一个纵横捭阖的战略家，而不是一个苦心经营追求效率的企业家。许家印善于借势、造势、运势，把握历史性的机遇，这一度造就了恒大的成功，然而，这也是恒大失败的一个原因。恒大的成功与失败，都与许家印密不可分。

一直以来，金融江湖与地产江湖就有一个传说，就是许家印在 2008 年恒大上市成败的关键时刻，前往香港求助香港资本家的支持。据说，为了获得支持，许家印投其所好，陪着资本家“锄大 D”（一种扑克游戏）数月之久。最终，凭借着“动之以情、晓之以理、诱之以利”，许家印获得了资本家的支持。借助资本的力量，凭借自身敢于豪赌大势的勇气，在上市后，恒大取得了高速的发展，一度站在了行业的顶峰。

“锄大 D”毕竟只是传说，另一个体现许家印纵横家本色的事情是“宝万之争”，这是真实发生的，并且见诸各类媒体的正式报道。“宝万之争”是中国地产发展史与金融发展史上的典型案例。2015 年到 2016 年之间，宝能与万科管理层之间为了争夺万科的实际控制权，在资本市场上进行竞争。多方都先后加入了战局，选择了不同的阵营。在战况激烈的时候，原本作壁上观的恒大也加入了，本着看热闹不嫌事大的原则，买入了较大比例的万科股票。但是，恒大却并没有加入宝能或是万科这两方任何一方的阵营。

市场一度迷惑不解，而当宝万之争尘埃落定的时候，恒大露出了底牌。恒大将自己购买的股票以低于当时市场价，亏损卖给深圳国企，帮助深圳国资稳固万科实控人的地位。与此同时，恒大获得深圳国资控制的上市公司“深深房”的控股权。在随后，恒大更是将总部从广州迁往深圳。

恒大在其2016年报中披露：“为进一步夯实房地产主业，拟分拆地产业务到A股上市。2016年12月30日，集团与多家投资者达成协议，恒大地产以人民币1 980亿元的估值，引入战略投资者资金300亿元，占其扩大后股本的13.16%，未来不排除引入更多投资者。2017年1月24日，集团已取得香港联交所对拟分拆上市方案的原则批准。”

“宝万之争”属于突发事件，而恒大地产的分拆上市属于谋划布局，恒大却能够在“宝万之争”的紧要关头，抓住机遇，通过运作获得深圳国资的壳资源，并且迁址成为深圳企业，其想获得深圳政府层面的支持的意图，非常明显。据了解，恒大在深圳有很多旧改项目，这些旧改项目涉及原住民的拆迁问题，错综复杂，没有本地政府的支持，很难有效开展工作。从恒大参与“宝万之争”这件事情中，我们可以充分看出恒大善于抓住机遇，并且高效执行落地的优点。

虽然最终恒大借壳“深深房”上市的事情，因为资本市场的房地产权益融资与重组等相关政策没有放开，而未能成功。但是我们也有理由相信，恒大借壳“深深房”上市成功的预期，对于恒大引入战略投资者，助益很大。在后续，恒大地产引入的战略投资者的资金规模高达千亿元，这为缓解恒大集团的流动性压力提供了巨大的帮助。

从许家印及恒大善于整合资源抓住机遇的角度，我们也能更好地理解许家印乃至恒大的一些让外界难以费解的大手笔，如购买私人飞机与游艇、组建歌舞团、重金打造亚洲足球强队，这些不计成本的消费行为，可以看作是许家印个人价值观的一种体现，这点因为不符合勤俭节约的社会主义核心价值观，一直被人诟病。但是另一个角度，我们也可以认为这是恒大公司或许家印的谋略，通过这种“不差钱，敢花钱”的举动，对外界发送信号，表明恒大的强大实力。这有助于恒大的融资及纵横捭阖地运作，而我们前面提到融资能力是地产企业的核心竞争力，纵横捭阖则是恒大的风格与比较优势。

小结与启示

近几十年，中国从计划经济转型为市场经济，在制度变革的过程中，制度缺失或是不完善，市场的有效程度也较低，因此经济体系当中存在着大量的制度性套利与市场化套利的机遇。很多成功的企业家正是抓住了这样的机遇，才将企业发展壮大起来。然而，随着中国逐步建立起来完善的市场经济制度，市场的有效程度也在高度竞争之下得以提高，这样的机遇越来越小。这种形势的变化，要求企业家转变行为风格，从大开大合的机遇捕捉型，转变为精耕细作的务实进取型。那些不能够实现风格转变的企业家，原有的优势将反而成为拖累。这或许是许家印及恒大兴衰成败案例给我们的宝贵启示。

除了恒大之外，还有很多民营地产企业都在这一轮房地产市场的调整当中，遭遇挫败与困境。这表明赌未来大势的不可控。未来是不确定的，企业家也好，普通老百姓也好，不能将自身的命运完全寄托于某种特定的形势。老鹰敢于傲立于百丈大树之巅，不是寄希望于脚下树枝之可靠，而是拥有凌空飞翔的底气。

当面临着宏观大势存在巨大不确性的时候，我们难以事先做出正确的决策。这种情况下怎么办？答案是正道直行，看轻个人利益荣辱而看重国家利益，才能够不会让自己利令智昏。将这个观点置入到恒大及地产行业的具体案例当中，是有现实意义的。德鲁克曾经提到过类似的观点，即一个组织的价值取决于其对外部社会提供的价值，而不是对组织内部自身的价值。

房地产企业存在的误判，或许是过高估计自身对于国家经济的重要性，滥用市值带来的红利，认为自己形成了“太大而不能倒”的地位。然而，这被证明是一种重大的错误，最终经营背离市值发展的需要。在国家利益与国家意志面前，任何企业或任何行业，都不存在太大而不能倒的地位，更不具备绑架全局利益的能力。任何企业的发展，都不能期待自身成为“太大而不能倒”的存在，而是要寄希望成长为对社会有益而不会倒的存在。

第十章

中外交流：公司分析与投资理念

引言

中外在如何看待上市公司以及资本市场主流投资理念上，或有不小的差距。我们选取了与市值分析、市值管理（股东价值管理）、股票投资逻辑有关的话题，用问答的形式进行跨洋交流。尽管中外资本市场发展历史不同，制度、结构不同，但由于问答者都受过系统的教育与训练，经历不同的投资文化熏陶，又都身处不同的市场一线，这种跨洋交流将会碰撞出思想火花，给阅读者带来启发与帮助。本章提问者为中国资本市场首批从业人员、业内资深人士，受访者为华尔街资产管理公司新兴市场证券分析师。

第一节　成熟市场的投资理念（问答 1～5）

问题 1：

成熟市场是如何看一家上市公司的？关注传统的财务性指标还是更关注非财务性指标？管理团队以及 CEO 的企业家个人魅力或丑闻是不是越来越被关注，并且成为短期影响市值的重要因素？

首先，成熟的资本市场环境有几个重要特征：长期稳定的政治经济环境，极小的信息摩擦（信息流通高、信息获取成本低），成熟的法律体系，企业家专注于秉承增加股东权益的价值体系及思想观念。同时，基金经理相信上市公司的基本面

（经营状况）是长期影响上市公司估值最重要的指标。

有了这个大背景，接下来的几个问题就很容易回答。上市公司的财务指标（尤其是符合会计准则的财务指标）应当一直关注。非财务性指标，譬如员工的幸福指数，CEO 与公司平均工资的比例等，最终都会影响财务指标。如果员工在工作上获得很高的成就感，那他的工作效率自然会提升，对于公司而言，每个员工的效率如何可以直接影响公司利润的增减。这些“软指标”可能无法在短时间内转化成“硬数据”，但长期一定会起到作用。往往财务指标好的公司，非财务指标也好；而非财务指标不好的公司，财务指标也更有可能不好。

以印度教育科技独角兽公司 Byju（最高点估值 200 亿美元）为例，2021 年投资人一度挤破脑袋想在 IPO 前锁定最后一轮融资的份额。后来公司因为市场环境走弱暂缓上市，但负面消息接二连三：没能按期递交年报；没有按时支付利息；员工爆料超负荷工作环境——上了一年班没有被批准一天的假期；等等。很多投了该公司的国际大基金不得不对其做减值处理。财务指标和非财务指标最终会共同影响市值。

再看美国科技巨头，除了扎克伯格和马斯克，其他市值过万亿美元公司的创始人早已退居二线，而内部接班人凭借对公司的深刻理解和远见为公司实现新阶段的成长。库克虽然是硬件供应链出身，但在任职苹果 CEO 期间，直接将服务类收入从不到 5% 提升到了仅次 iPhone 的第二大收入，还瞄准了医疗领域，使 apple watch 成为全球销量最高的手表，苹果的市值也在十二年间实现了近 10 倍的增长。我们在对公司管理层进行评估时，一看管理层策略的可延续性，二看管理层决策机制的完善性和策略实施的长期表现。apple watch 不是要做爆款，而是要成为个人健康自测的第一步，可以说是十年磨一剑的产品。

从创始人到企业家的转变是上市公司成长之路上的重要一步，也是延续公司使命和市值增长的必经之路。扎克伯格和马斯克无疑都具备超强的个人影响力，并且仍是 Meta 和特斯拉的最大个人股东，由此带来的创始人风险溢价就要比其他几家科技巨头来得更高，而这也反映在了波动率更高的股价上。

2022 年 5 月雪莉·桑德伯格（Sheryl Sandberg）宣布卸任 Meta 首席运营官就是创始人和企业家矛盾凸显的经典案例。一直以来，她和马克·扎克伯格的配合是有目共睹的，马克・扎克伯格可以去实现自己的想法，但投资人信任雪莉・桑德伯格会做好稳中有进的把关，毕竟这是一个从加入就帮助公司实现盈利的关键人物。然而公司走过十四年之后，马克・扎克伯格已经一心向往元宇宙，而雪莉・桑德伯格仍看重 Instagram 的货币化成长空间，雪莉・桑德伯格最终选择在马克・扎克伯格正式将脸书（Facebook）改名 Meta 后的半年内就离任，在公司资本配置上出现的分歧就不言而喻了。Meta 的股价应声跌回到了 2018 年的水平，在元宇宙上的开销却不断上升。笔者认为从元宇宙入手寻求新的增长点本身没有问题，然而创始人需要一个团队去判断这个产业链是不是已经准备好了，换句话说，新的增长点是不是同样也来到了整个行业的拐点。每个人毕竟精力有限，创始人往往有大胆的想法，而与管理层的配合则在市值长期增长中起到了更关键的作用。

问题 2：

我们看到成熟市场的波动其实也很大，其背后的逻辑是什么？有说是其高比例的量化投资造成的。那市场的锚是什么？是当下的经济数据还是可能在未来影响经济数据的地缘政治事件等？

“成熟市场波动很大”是一个具有主观因素的描述，并且容易聚焦在短期股价表现上。美股市场中的量化产品、衍生产品、期货产品都非常丰富，这些产品在带来巨大交易量的同时也带来了波动率。笔者认为，成熟市场（美股）开放的市场机制，促进了资本市场健康发展。有些量化模型最初是好用的，但用了一段时间，就没有那么好使了，因为越来越多的人用了同一种模型，或者模型里的某个变量的预测度因为大环境结构性的调整而变低了。市场波动不会因为市场成熟就消失，央行货币政策、地缘政治、全球性疫情都会给成熟市场的股市造成巨大的波动。近年来，全球地缘政治的风险不断上升，从某种层面上说，一些新兴国家（与全球市场关联度较低，资本账户不全流通）甚至比美股更有避险优势。如果美股也有涨跌停板机制，波动率指数就真的会变小吗？如果没有自由的做空机制，短期内市值急速下降的可能性的确低，但真的对二级市场长期发展有利吗？这里拿韩国举例，从人均 GDP 的角度来看，韩国已是发达国家，而在资本市场分类中，韩国仍属于新兴市场。MSCI（Morgan Stanley Capital International）两次拒绝韩国进入发达市场指数的提案。市场准入、流动性以及市场干预（韩国政府也在市场波动较大的情况下多次限制做空）是衡量是否具备成熟市场机制的重要指标。

问题 3：

在讨论影响市值的重要因素与变量时，我们往往会讨论到经济周期的作用，但短周期、长周期与超长周期的作用是不一样的，更大的问题是，我们并不能简单地获知周期的拐点，在这种情况下，成熟市场是怎样看影响一家上市公司市值表现的主要变量，通常又会如何做？

人人都希望买没有周期的公司，所谓长期增长的公司，比如本世纪初的互联网。我们普通人无法精准把握获取长周期的拐点，而长周期的拐点往往是个人无法控制的外在因素，比如 2008 年股灾后的量化宽松政策。即便如此，我们可以尽可能地去找行业发展的拐点，光这一点就能避免很多错误，而往往避免错误就已经战胜了 95% 的投资人。

20 世纪 90 年代末，就有不少人想做视频点播，也有凭此概念上市的科技公司，但其实还没有具备直播实现快速普及和发展的条件。视频点播所需要的带宽是当时普通网上冲浪、发邮件所不能比的。2006 年的奈飞虽然盈利了，但还是靠邮寄 DVD 的生意，直到 2007 年之后，奈飞才正式发力互联网视频点播。想做乐视 TV 的贾跃亭想早了，或者说还没有想明白整个智能电视的生态环境就出手了，喊出了为梦想而窒息的过度疯狂的话。从奈飞团队里诞生的 Roku TV，历经 10 年多的打磨，终于整出了一个好用的电视操作系统，并且确定了以卖精准定位的电视广告的盈利模式。从 2017 年上市至今，市值已经实现了 5 倍多的增长。

如果说互联网是一个超长周期（我们现在依旧在互联网的大周期里，5 个科技股巨头占据了美国股市 30% 的市值），我们可以做的是避开 1999 年年末那些连营业额都没有的所谓的互联网公司，又或是两年前的元宇宙。Meta 想实现的元宇宙，需要超强的软硬件配合，而 Meta 自己不是硬件出身，要在抵御外在环境变化（美联储加息 400 点）的情况下，在新的业务线上完成货币化更是难上加难。如果我们进行一定的行业研究就能基本判断到：做出全球用户都能用的元宇宙社交产品所需要的资本，Meta 的股东利益会受到巨大的下行压力。

问题 4：

交易额、换手率被看作是股票交易的活跃度，一些交易不活跃的小市值公司股票往往不能吸引人的关注，进而与再次利用资本市场投融资功能无缘，上市融资变成最后一次融资，公司与实控人很是着急甚至雇人进行活跃交易量的对倒交易。巴菲特的公司股票交易的换手率极低，巴菲特说我们的股东极其稳定。遇到这种情况，成熟市场是怎么看的？看一家公司的股票与交易额、换手率相比更应该看重的是什么指标？

人们口中的成熟市场是一个宽泛的概念，一个成熟的股票市场（二级市场）一定会有成熟的一级市场（私募股权融资）的存在做铺垫。一二级市场的发展相辅相成。

交易活跃程度和公司股东结构的变化密切相关。如果一个公司拥有私募基金的多轮背书，那这家公司的股权结构到 IPO 阶段大概率就已经非常分散，股东教育也会比从家族企业直接卖股份上市的公司做得更全面。

伯克希尔·哈撒韦最早也是一家私募股权投资公司，只不过巴菲特没有像红杉资本一样大规模全球募集资金，而是用了个人过去在二级市场投资收益加上社交圈的一些信任跟投。如今市值高达七千多亿美元的伯克希尔·哈撒韦，最初是一家纺织厂。巴菲特在 20 世纪 60 年代末意识到纺织厂的生意在走下坡路，于是转向保险业，只不过纺织厂的壳一直保留至今。而保险业没过多久就开始盈利，巴菲特利用保险浮存金去投资家族企业，大多都是控股收购。

伯克希尔母公司总部不过 23 个人，而所有分公司的员工加起来有十几万。作为控股母公司，伯克希尔的管理层不参与分公司的日常打理，这也使得伯克希尔成为少数几家不举行季度报告电话会的公司。伯克希尔·哈撒韦市值的重要组成部分来自长期投资的其他上市公司，80% 都集中在五个公司上（Apple，Coca Cola，American Express，Bank of America，Chevron），其中苹果更是占到了 50% 的收益。巴菲特只投认为自己可以长期持有的股票。比如 20 世纪 90 年代买入的美国运通和雪佛龙，他什么都不需要做，光是持有股票，就可以每年收获超过 10 亿美金的分红。因为做足了研究，所以敢投大仓位，因为坚信好公司带来的复利的力量，所以对仓位的调整幅度极低，这也进一步导致了伯克希尔股票的换手率很低。

中国股市的问题不在于换手率或者交易额，沪深两市的成交额已经是全球第三，仅次于纽交所和纳斯达克，我们用不到 30 年的时间就超越了日本市场。美国两大交易所的交易量一直是全球前二，只能说伯克希尔·哈撒韦是一个个例。伯克希尔·哈撒韦的 A 类股票已经超 50 万美金一股，交易量自然而然比 100 多美元的股票要小很多。相比之下，苹果的每日平均交易额就高达几百亿美元。

问题 5：

投资就是投资未来，资本市场愿意为未来用服务及产品改变生活方式与工作方式的公司买单，但未来是不确定的，因此市场的偏好有时会聚焦未来、有时会聚焦当下的业绩，成熟市场上的公司一般会怎样把握，是押宝在技术突破上还是会更倾向于用市占率、用正现金流等出色的业绩说话，如同这几年的苹果公司？

苹果在乔布斯时代是一个重硬件的公司，分析师大部分的时间都是在预测每年的 iPhone 销量，虽然现在 iPhone 仍旧是苹果生态系统最重要的一部分，但苹果的业务线已经丰富很多，也更注重附加值高的服务，比如苹果云、苹果支付。

“市场的偏好有时会聚焦未来、有时会聚焦当下的业绩。”大家对“投资就是投资未来”的理解可能过于片面。如果我们能把这个陈述句变成疑问句：我们投资未来的什么？或许可以帮助我们更好理解投资的本质。

首先，我们要问，投资股票（二级市场）等于投资未来的科技吗？这可能更是风险投资的主业。二级市场的公司本身就比风投阶段更加成熟（虽然在后低利率时代，这个分界变得模糊起来）。我们还要问：你的预期投资回报是多少？风险投资的盈利方法是在 100 个小公司中赌对 1～2 个真正成功上市的公司，而那 1～2 个公司的回报率可能是成百上千倍，足以覆盖其他公司的成本。而在二级市场，我们并不追求短时间（一般 10 年以内）成百上千倍的回报，而更看重长期（几十年）高于平均通货膨胀率和其他金融资产（债券、货币等）的回报率。

作为二级市场投资者，我们投资的是未来的盈利能力。首先，越来越多的科技公司刚开始没有所谓符合会计准则的盈利，但我们可以用现金流或者接近现金流的指标来对公司估值。其次，我们必须了解风险和收益并存的正相关性。如果现金流的预见性高，那风险就比较小，该股票的 P/E 倍数往往比盈利预见性差的公司要低。美国一家知名的基金公司要求分析师不能推荐上市两年内公司的股票，这个数是两年还是五年没有固定的说法，但背后的逻辑是，上市公司需要时间和市场的检验。这也侧面反映了一二级市场决策重点的不同之处。

决定估值的很多变量会随着时间的推移改变，估值也不可能是一个定数，所以大多数分析师会做三种情景分析（乐观、中性、悲观），给出一个估值区间。巴菲特说过，他只会在股价跌出或涨出他的估值区间作买卖决定。获得估值区间有一个基本的步骤：一是做大量研究（对市场、行业、公司成长轨迹等）估算公司未来的盈利能力；二是通过现金流折现法和情景分析，得到估值区间；三是考量市场环境[这个投资是否值得它的机会成本？假设某一股票投资回报率为每年10%，听上去还不错？但如果该国的存款利率是15%（美国20世纪70年代末利率一度接近20%），那投资这个股票就还不如把钱存在银行里]。近年来流行的赛道投资逻辑也容易忽视机会成本的重要性。比如国产芯片股，虽然整个板块的增长空间很大，但大家不管三七二十一扎堆投很容易在短期内抬高价格成本，它的机会成本也就更高。投资最终是追求预见性强、投资回报率高的标的，有吸引力的投资机会也可能出现在食品饮料这种听起来并不是高大上的赛道里。

技术突破最终会反映在财务指标上。真正实现技术突破的公司会推出有用的产品，光有技术突破却没有高质量量产的实操性可以说是二级市场里最容易避的坑了（非常容易被发现）。黑莓创造了智能手机，而掌控了供应链和软硬件生态系统的苹果才真正地开创了智能手机时代。2000年年初就有丰田、日产、福特推出纯电动汽车，但只有近20年后的电池制造水平才使得新能源汽车成为新车首选，也推动了深耕新能源汽车科技多年的特斯拉、比亚迪、宁德时代的股票价格。

的确，我们看到市场的短期情绪很难把握，可能一下子会变得对未来非常乐观，在这之中明星创始人及CEO们会被认为无所不能。但是，市场的锚还是钉在长期的业绩增长上，如果业绩跟不上故事，市场给的溢价就会收缩。国内试图在产业链、生态链寻求突破的明星掌门人小米的雷军及格力的董明珠身上都看到了某种业绩不及预期的窘态。

第二节　市值分析的中外比较（问答6～11）

问题6：

如何看待价值、估值、市值？资本市场的最常用词是估值，但我们认为估值是未实现的市值，市值是通过交易兑现了的估值。而估值与市值的基础均是价值。成熟市场怎么看这件事？估值一般讲市盈率、市净率、市销率等，不同时点的估值差异很大，这主要是什么因素导致的？

大家都认可的，可以直接拿来用的市盈率，市销率都是静态的或者过去12个月的滚动指标，是用现在的市值和过去报告的数字进行比较得到的。而估值时（未来的）指标不确定是很正常的现象。我们来回顾一下现金流折现法的关键步骤。首先是利润表，想推断出5年后的净利润，我们需要对影响营收和成本的底层驱动项进行合理判断。光这一步，每个人心目中合理的预估就很不同，有些人认为营收可以连续每年增长10%，而有些人认为5%更准确。再从净利润推出未来5年后的现金流。在这一步，我们关注资产折旧、减值判定、营运资金周转情况等各种与资产负债表有关的因素。最后，我们需要关注资产结构，资产成本和折现率。判断折现率又要求我们对各种风险因素保持敏感度。通常在较稳定的市场，通货膨胀率也是比较稳定的，最难的往往是不确定的因素（尤其是中美贸易战、俄乌战争、巴以冲突后急剧上升的地缘政治风险）。而像新冠疫情这种全球“黑天鹅”事件，甚至会使得长时间以来比较稳定的变量都产生剧烈波动。

这样一想，每一步的变量都非常多，所以我们估值追求的永远不是一个定值，而是在大量阅读和研究后对每一个输入项进行合理判断，得到一个估值区间。因为每一种情况（通常是牛市、中性、熊市）的假设条件不同，最后得出不同情况下的市盈率、市净率、市销率。

问题7：

有人说，美国上市公司就是上市一次机会，上市以后再融资则不被不允许（你分红有没有超过首发募资，没超过就不行，美国中概股没有再融资的）。美国是依照二级市场的平均市盈率来发行（新股发行市盈率不超过二级市场平均市盈率的

50%）基本上就是10倍市盈率发行。情况是否属实？

不属实。美国的市场机制决定了融资由市场供需关系、风险偏好为主导，并非建立在硬性规定上，因此也很难想象公司上市后没有分红就不允许再融资的说法。美国中概股中再融资的也不在少数。

拼多多在2018年IPO后，又在2019年 和2020年两次增发新股，利用市场情绪和低利率的环境便宜筹得了超60亿美元的扩张资金。富途2019年在美股上市后，又分别在2020年、2021年两次增发新股。网易、百度、阿里巴巴这些知名中概股，都在过去两年又在香港市场增发新股。爱奇艺（百度控股子公司）在2018年IPO后，也在市场的阶段性高点，分别于2020年和2023年增发新股，融资规模都在5亿美元以上。

在美国，新股的发行价格（从而与市盈率有关）是由多种因素决定的，而不仅仅是基于二级市场的平均市盈率（最多是投资银行在提供发行价建议时的参考指标之一）。以下是新股发行价格确定的几个关键因素：①需求与供给。就像任何市场一样，新股的发行价格受到需求和供给的影响。如果对一家公司的股票需求很大，其发行价格可能会更高。②公司基本面。公司的财务健康、增长前景、竞争地位以及管理团队的实力等基本面因素都会影响其股票的发行价格。③行业趋势。如果一个行业或部门在二级市场上表现得特别好，该行业的新股可能会有更高的发行价格。④经济环境。宏观经济因素，如利率、通货膨胀率和经济增长率，也会影响新股的发行价格。

问题8：

市值与价值在我们眼里是无须讨论的概念，非常清楚、各有侧重。价值更多的是财务概念，如果延伸的话，可以理解为大家认同做某件事的意义。市值是上市公司的价值在资本市场上的价格，是市场真实交易的结果，所以我们说上市公司的价值存在于市值之中，没有了市值也就等于没有了真实的交易，当然也无所谓价值了，顶多是会计学意义在的账面价值或称为残值了。所以，国内的上市公司普遍都希望做大市值，但是大市值又不是简单的光有愿望就能实现的，有些提振市值的手段更是没有逻辑、触碰底线的短期行为。成熟市场如何看待市值与价值，如何看待不同市值规模的公司，又认为这些不同市值规模的公司更应该做什么？

首先，有量才有价。2022 年，全世界市值最高的公司不是苹果，也不在美国，而是沙特阿拉伯石油公司 Aramco。但为什么没有人知道它呢，因为它只有 2% 的流通股，而剩下的股权仍掌握在沙特政府手中，这样的市值就只具备象征意义了。

其次，需要搞清楚以下一些问题：管理层为什么想方设法要做大市值？公司的股权激励政策是否存在极不合理并且倾向管理层的条例？还有其他类似管理层和股东利益不匹配的警示信号吗？上市公司高管每天应该关心的问题是如何提升或保持产品 / 服务的竞争力吗？如何扩大市场占有率？如何提高企业效率？如何进行合理的资产配置从而提升股东价值？如果顺序颠倒，管理层为了做大市值而做大市值，那自然更容易出现触碰底线的短期行为。市值是公司长期价值的体现。

我觉得这个问题和市值规模没有特别直接的关系。市值小的公司很可能规模本身就小，那公司的主要目标是扩大市场占有率。市值大的公司有更多的市场工具，如果有好的投资标的，可以发债并购；如果没有好的投资标的，也可以回购股票或者分红。这些资本市场手段最终都应该服务于一个目的，那就是提升公司的长期盈利能力。

在成熟市场，公司高管并不一味地追求公司市值最大化，而更注重每股收益的提升（扩大每股股东价值）。因为市值是一个整体概念，而总市值比每股收益更容易操纵：最容易的做法就是贷款兼并收购，其他方法例如股权投资（《市值管理方略——激活需求、创造价值》一书中有提及）。有时候，为了实现每股收益的提升，管理层甚至需要缩小总市值。在巴菲特作序的《局外人：八位非传统 CEO 及其成功蓝图》（*The Outsiders* 还没有中文版）一书中提到了多位 CEO 通过剥离资产（从而缩小了总市值）的方法提升了股东收益。假设一个集团旗下有几种不相关的业务，其中一个业务由于各种原因（有时候集团型企业因业务复杂，甚至还有关联性交易，很难捋清每个业务的具体资产）常年被低估（低于账面价值），高管可以卖掉被低估的资产，从而使剩下的上市部分更容易在市场上体现其价值。还有的高管巧妙利用自家股票估值的高低峰点去做并购和回购，从而达到增加股东价值的目的。书中提到的美国国防巨头 Teledyne Technologies 创始人 Henry Singleton 就是把低买高卖做到了极致。而且他清楚地意识到回购本身不会增加股东价值，只有在价格美好的时候，才能增加股东价值。Singleton 发行股票的平均 P/E 倍数是 25

倍，而回购股票的平均 P/E 倍数只有 8 倍。在 P/E 倍数高的时候，他用自家股票去收购别的公司；而当 P/E 倍数相对低的时候，他也毫不吝啬地回购股票，曾有过一次就回购 20% 流通股的记录。而在 1971 年到 1984 年间，通过他高效的资本分配，公司的营收扩大了两倍，每股收益则实现了惊人的 40 倍增长。

问题 9：

有段时间，一说价值就冠冕堂皇，一说市值就躲躲闪闪。其实市值是上市公司价值的集中表现，市值管理就是公司上市之后的价值管理，其本质是成熟市场讲的股东价值管理，只不过在国内多了许多中国元素。企业管理、价值管理都可以自圆其说，为什么市值管理会遇到认识上的障碍？国外成熟市场有这种现象吗？

我认为这个不是中美或者成熟和新兴市场市值管理的差异，根本上是上市公司管理层对其义务的理解不同。美国上市公司，经过近百年的言传身教（巴菲特老师格雷厄姆的证券分析第一版发布于 1934 年）已经形成了明确的管理目的：为股东创造长期价值。而市值管理不仅仅是扩大总市值，更是增加股东（无论大小）的长期价值。

理想的情况下，我们希望公司管理层能为所有大小股东（股权完全分散）创造价值，二级市场价值投资追求的是就算是小股东也能实现长期权益的增长。这个不同于 Activist（激进投资者）常常先通过买股份的方法成为大股东（通常是 5% 以上），然后提名新董事会成员，再要求董事会对公司治理上的问题做出重大的战略性改变，最后实现公司效率的提升，从而带动股价的提升。有一小部分精通激进投资策略的对冲基金能通过这个策略获得巨额收益，例如在与阿根廷政府博弈中胜出并获得 20 亿美元收益的 Paul Singer（Elliott Management），和有小巴菲特之称的 Bill Ackman（Pershing Square）。以激进投资者为代表的价值投资同样被人称道，而大额的资金要求和对法务的深度解析使得通常只有机构和对冲基金有能力去做，所以，相比之下，巴菲特所提倡的发现好股票并长期持有的理念更适合广大小股东和基金经理。

管理层股票奖励机制与公司业绩挂钩已很普遍，然而毕竟没有多少人能像巴菲特一样把个人 99% 的财富和全部的精力都放在自己管理的公司上，在现实操作中会出现一定的认知偏差。2023 年 7 月初，Uber CFO Nelson Chai 突然宣布于 2024 年初正式卸任的消息让投资有些手足无措。过去 5 年，他带领公司上市并实现公司息税折旧摊销前利润转正。公司还设定了 2024 年的营收目标，在此之前辞职，是在释放什么信号吗？现在不少软件能快速追踪公司高管买卖股票的动向，有时高管利用大众心理加大持仓只为让投资者以为他们对公司很有信心（好比做出来的 K 线），而有时也存在过度解读其套现动机（正常减持现行为，如已有公告）。价值投资提倡的是如果你买入一只股票，你要做好实际拥有了一小部分这门生意 / 这个公司的心理准备。我们要承认，在短时间内，高管离职、套现等动作会对股票表现带来压力，然而更应考虑高管决策的有效性、交易的连贯性，以及投资人自身安全边际的设定。笔者相信，优秀的管理层不仅能在任期内提升公司业绩，更在于创造一种优秀的公司文化和传统，治理理念得以不断延续。

问题 10：

中外资本市场都会有“黑天鹅爆雷事件”发生，有些也许之前就有蛛丝马迹，但或被脱离常识的假象所骗，或是投资者的侥幸心理所致。似乎越大市值的公司这种情况会越厉害。成熟的资本市场如何看待这件事？有什么方法可以避免？是紧紧盯着收益、利润财务指标的变化、还是从公司治理角度去观察潜在病根？

市值越大的公司影响的范围自然更大，更容易出现在媒体的头版头条，所以会有“似乎市值越大的公司这种情况会越厉害”的印象。但实际上，不论市值大小，公司经营不善，公司管理层对行业发展的认知偏差，投资人的侥幸心理，都会导致巨大的亏损。过去几年，很多公司都在一年时间内跌去 90% 的市值，而对任何个人来说，一个超过 30% 的回撤就足以击溃信心。“黑天鹅”事件既可以指公司内部出现的问题，也可以指外部环境的影响，比如针对房地产市场的“三条红线”和针对教育机构的“双减”政策。

对于外部环境的转换，投资人的侥幸心理往往雪上加霜。2021 年 7 月“双减”政策正式实施，而此前大半年里国务院发布了若干份文件，可以说每一次都给了投资人下台阶的机会。可惜的是新东方、好未来等公司在与投资人沟通上还是模棱两可。很多投资人仍存侥幸心理：“这么好的生意，怎么可能就一刀砍了。”新东方在半年内立即裁员了一半的师资，也逼得俞敏洪上了直播，先是卖书，再靠卖南美大虾。虽然降本增效和现金流帮助公司走出了困境，但如今市值依旧不到 2020 年的一半。

财报造假仍是“黑天鹅”事件内因的主要导火索。投资人往往认为管理层是“罪魁祸首”，而笔者认为是管理层和整个利益链上的人一起才促成了“黑天鹅”事件。比如瑞幸咖啡在2019年5月在纳斯达克上市后仅8个月，2020年1月他们增发的同时又发了可转债，超八亿美元，承销券商的尽调在做什么？尤其是面对比较常见的关联方虚构销售。而券商所获得的承销费用就达几千万美元。彼时，浑水等做空机构通过非常规的调查方法揭露了财务舞弊。厦门国家会计学院院长黄世忠和几位同事研究分析了2010—2019年因财务舞弊被中国证监会惩处的113家A股上市公司样本，从发生到被发现（绝大部分时间还不是被注册会计师发现的）通常需要3年以上的时间，占比高达72.56%。浑水的这一笔记录，不仅做大了自己的名声，也再一次点醒投资人和监管者做空机构存在的价值和做空机制对促进市场的贡献。

2023年初，巴西最大零售商和电商之一的Americanas自曝高达近40亿美元“供应商账目会计不一致”，被称为巴西史上最大规模的会计欺诈。新上任两周的CEO和CFO立即宣布辞职。少数股东的权益在几天内损失超过90%。最大的两名少数股东资本集团（Capital Group）和美国教师保险与年金协会（Teachers Insurance and Annuity Association of America，TIAA）也担心公司需要迅速注入新的资金才能自保，便纷纷抛售了所有所持的股票。在之后的一个月内，很多投资人都疑惑，在前CEO长达20年的任期里，这个资产（金）缺口为什么一直没有被发现？调查初步认为，近40亿美元的损失是与贴现有关——一种零售业常见的做法，公司从银行借钱购买供应商的货物，然而，贴现在公司的资产负债表中并未正确报告。本应将这笔债务与金融机构联系起来，却与供应商联系在一起，导致了公司财务状况的巨大扭曲。过去的15年里，普华永道（PWC）每年都给了无保留意见的审计报告，有四家国际知名投资银行帮助增发。在股票狂泻之前，覆盖该股的15名证券分析师里有10人给予了增持意见。对于一个市值一直保持10亿美元以上的公司而言，每年四大固定的审计费用就有几百万美元。投资银行愿意为其承销也一定看中了因融资规模扩大而日益丰厚的佣金，商业银行也希望靠发放信用额度维持合作伙伴关系。尽管大股东（巴西最成功的私募股权公司3G Capital，和巴菲特合作并购了 Kraft Heinz）在两个月后注水了 100 亿 Real（巴西货币雷亚尔）。债权人拒绝了之前 70 亿的报价，三位 3G Capital 的亿万富翁创始人又自掏腰包了共 10 亿 Real。

这个案例有很多值得反思的地方。一是大股东和管理层严重缺乏沟通。3G Capital 早在 1982 年就入股 Lojas Americanas，也是创始人（后来的大股东）最投入的阶段，40 年过去，大股东早已淡出日常经营。有人也拿这个为毫无准备的大股东找理由，但十多年积累的窟窿更像是管理层和董事会缺乏最基本的沟通造成的。二是审计机构、中介机构、和管理层为自身利益降低职业操守，牺牲股东的长远利益。三是管理层和大股东所持股份存在巨大偏差，使得管理层没有动力去维护和创造股东价值。

如果说这两个例子还告诉了我们什么，那就是紧盯财报的局限性。财务数据重要吗？当然，但财务数据造假防不胜防，投资人更要善问问题。随着科技的进步，投资人获取信息的工具越来越多，我们虽然不提倡通过做空来实现财富增长，但从做空者的角度研究财报是有借鉴意义的。

财务数据的时效性也值得推敲。接下来的两个例子就再一次说明防止“黑天鹅事件”要对市场有足够全面的认识，仅凭财报分析已经不足以避雷。

在 2023 年 3 月初出现的美国地区性银行危机中，在高净值客户和企业中尤为受欢迎的第一共和银行 (First Republic) 因利率迅速上升导致账面资产迅速缩水，使得客户纷纷试图转移资产，从而出现了银行挤兑事件。美国个人账户中，小于 25 万美元的存款是受联邦存款保险公司（Federal Deposit Insurance Corporation，FDIC）保护的，而 First Republic 平均账户余额超过了 100 万美元，可以预见，有 75% 的存款即将外流。

总结一下，此次“黑天鹅”事件是以下几个因素的共同作用：①过度依赖高净值客户非受保的存款（注意：这在真实利率接近 0% 的 10 年间是一桩美差）。②总部位于旧金山，成为大量风投基金的信用渠道，这些风投和他们投资的初创企业的估值在 2021 年加息后纷纷下调，资产迅速缩水。③公司账面上有大量利率低于 3% 的房贷，彼时美国 30 年定期房贷利率已经来到了 7%。据说他们给 Meta 创始人扎克伯格的 600 万美元房贷利率仅 1%（其实任何人都可以通过增加存款 / 买点的方式降低自己的贷款利率——这是美国商业银行批准房贷的常用手段）。这是笔者第一次体会到资产负债表上资产端的浮动可以在短时间内如此巨大。这个变化很难通过财报分析（往往有一个季度的延迟）踩对时机，如果管理层能更积极地采取风险管理（他们完全可以尽快提高部分优惠房贷项目的利率或者缩紧买点制度），（买点制度：在该银行的存款每增加 25 万美元，借款利率可以下调 50 bps 左右，具体情况根据客户与银行的关系而定）可能就可以避免“黑天鹅”事件的发生。

面对碧桂园在 2023 年 7 月底公告可能无法按期支付下个月到期的人民币债券，摩根大通的首席中国房地产分析师回应投资者，他已不再去看中期报的数据，而是判断短时间内一系列事件所释放的积极或危机信号，不得不承认，这是一个面对时效性差的财务数据时，非常简单有效的办法。常见的危机信号有利润预警、发行非标准债、更换审计机构、迫切出售资产、取消分红及私募市场融资。

的确，看起来资本市场的价值观（让投资者的财富与优秀的公司一起增长）与良性的生态建设最重要了。如果没有职业道德与法治敬畏，中小股东、中小投资者的利益会越来越难以得到保护。随着上市公司的不断增加，交叉持股、股权质押、信托计划、相互担保等安排，可以让一家公司的控股方与管理层变得模糊不堪，如何透过现象看本质，建立起对公司董事会与管理层会真正谋求公司发展并惠及全体股东的判断与信心，则需要观察其公司中长期的核心指标了，否则在眼花缭乱的信息与数据面前，要识破其中的利益勾兑行为，就是专业的投资者也会觉得力不从心。

问题 11：

狭义的公司治理更多的是指董事会和管理层之间关系处理的行为规范，公司治理受制于公司的股权结构，不同的股权结构决定不同的董事会与管理层的关系。第一种有控股股东且控股股东也是管理层最重要角色，在这种情况下，公司运作的成败很大程度取决于控股股东的能力和品格。第二种有控股股东但不在管理层，一旦管理层能力欠缺或者职业操守有问题，控股股东可以通过董事会撤换管理层。第三种是股权非常分散、没有控股股东，股东也没有担任公司重要的管理层角色，容易产生非常强势的管理层，代表股东利益的董事会对管理层的制约非常有限。成熟的资本市场如何看待公司治理上的这三类情况，又比较看好哪类股权结构，为什么？

而在中国资本市场上还存在比较多的国有股上市公司，似乎又是另一种股权结构，有点像上述第一种情况，但又不是真正的股东（董事长甚至一股都没有），成熟市场如何看？资本市场会为这种股权结构提供溢价吗？为什么？

中美股权结构中最大的不同在于美国允许双重股权结构。所以更准确地说，在美国，控股股东的定义是掌握 50% 以上的投票权，而非 50% 以上的股份。美国上市公司存在同股不同权的现象，往往是为了保护创始人利益和防止恶意收购。

双重股权制在美国可以追溯到至少 20 世纪初期。例如，福特汽车公司在 1956 年上市时，和《纽约时报》公司在 1967 年上市时，都实施了双重类别股份制。这样的制度允许创办人家族在从公众筹集资金的同时，继续保持对公司的控制。在 20 世纪 80 年代，双重股权制在上市公司中变得更加流行，因为它允许创始人和早期投资者在获取公开市场资本的同时，保持对战略决策的控制。然而，在 1988 年，纽约证券交易所（NYSE）禁止上市双重类别股份的公司，这一决定后来在 2003 年被推翻。从那时起，许多科技公司，包括谷歌、脸书、阿里巴巴等都采用双重股权制上市。

控股股东也是管理层架构的最大的优势在于允许公司的创始人或管理层，即使在筹集公开市场资本之后，仍然保持对公司的控制权。这对于一些创始人特别重要，他们认为这将使他们能够保持对公司战略方向的控制，而不会受到短期利益驱动的股东的影响。当然，这也很考验管理层的能力和品格。管理层若没有找到好的接班人或因身体原因无法继续任职会对公司造成剧烈影响。脸书首席运营官雪莉·桑德伯格离职的例子就是一个典型。扎克伯格虽然拥有不到 15% 的股份，但因受到双重股权架构的保护，他的投票权仍大于 50%，在公司决策上若出现分歧，理论上扎克伯格仍有最后话语权，所以即便雪莉·桑德伯格想先做好 Instagram 的变现，但也无力“阻止”扎克伯格对元宇宙的追求。管理层的“过度控制”可能不符合所有股东的最佳利益。在交易上，一些指数，如标普 500 指数，有规定将新的双重股权公司排除在指数之外。这种排除可能会影响一些基金的投资授权（很多理财产品是指数产品，一旦个股被排除在外，基金经理必须及时卖出）。还有一些公司由于控股股东的占比很高，导致公开发行股（流通性）下降，也会被股市指数排除。

第二种架构是控股股东不属于管理团队的一部分，代表的有沃尔玛（沃尔玛家族集体持有沃尔玛的大部分股份，虽然一些家庭成员曾经或现在在董事会上服务，但他们不是日常管理团队的一部分）、新闻集团（穆多克家族通过家族信托持有公司的大部分股票股份，尽管不是所有家庭成员都参与公司的日常管理）、福特汽车（福特家族持有公司的大部分 B 类股，这些股票具有更高的投票权，但只有少数家庭成员参与日常管理或在董事会上服务）。伯克希尔・哈撒韦公司的情况比较特殊，最大的股东是巴菲特，也是董事会主席和首席执行官。但与他相比，其他管理团队持有的公司股份要少得多。伯克希尔・哈撒韦是个控股公司，其主要运营在于旗下几百家子公司，而那些子公司的管理层并不拥有大量控股公司的股份（管理层所持有的股份可能是他们个人财富中的绝大多数，但因为伯克希尔・哈撒韦公司市值太大，并不会对控股股东有任何影响）。许多上市公司中，尤其是规模较小或由创始人领导的管理团队的公司中，控股股东和管理团队通常重叠很大。这种架构最大优势在于制衡，管理团队负责公司的日常运营，而控股股东（通常在董事会上有代表）可以提供监督和战略方向。一旦管理层能力欠缺或者职业操守有问题，控股股东可以通过董事会撤换管理层。公司可以聘请具有必要技能和经验的专业管理人员，以有效地运营公司。这对于大型、复杂的组织尤为重要。

这种架构的弊端也很明显。控股股东和管理团队之间可能存在利益冲突。例如，管理团队可能希望投资于增长或承担更多风险，而控股股东可能更喜欢保守的方法或更高的股息支付。如果控股股东与管理团队不一致，很可能会吸引激进投资者（activism），即股东试图影响公司的政策和做法，也会导致公司领导层和战略方向的不稳定。

第三大类是股权非常分散，无单一控股股东，股东也没有重要管理层角色的公司。许多科技公司，如苹果就没有单一控股股东，伯克希尔・哈撒韦虽持有 5% 的股份，但巴菲特不直接参与公司的日常管理。还有一些成熟大型消费品公司如可口可乐、宝洁等，尽管这些公司没有单一的控股股东，但可能有一些大股东，例如机构投资者和养老基金，它们也可以影响公司决策。

这两年比较受争议的是全球最大资产管理公司 BlackRock（黑石）CEO Larry Fink 通过公开信的方式强调环境、社会和治理因素（ESG）的重要性，并威胁公司若没有采取积极举措会遭到 BlackRock 的抛售。许多公司加上自己的 ESG 标签，但实际上没有为股东带来任何回报。烟草、石油、武器领域的公司一骨碌地被剔除在 ESG 基金之外，认为是不值得投资的公司。通过 ESG 投资策略获得积极回报的案例还不多，但 2021 年初由 Engine No.1 发起的对埃克森美孚的代理人争夺战具有里程碑的意义。Engine No.1 虽然只持有极小（仅 0.02%）的埃克森美孚股份，但发起了一场选举四名新董事到埃克森美孚董事会的运动，声称需要新的视角来帮助公司导航到一个低碳的未来。这里起到关键作用的是，他们得到了世界最大的机构投资者的支持，包括 BlackRock 和 Vanguard（两者持股总和超 15%）。在 5 月的年度股东大会上，他们提名的四名董事中的三名成功当选为埃克森美孚的董事会成员。在 ESG 的热潮中，埃克森美孚的股价应声而起，然而也有清醒的投资人回顾事件全过程，认为导致公司股价上涨更关键的原因是之后的俄乌战争推高了石油价格，公司利润暴增并发起 500 亿美元的股票回购。

阿里巴巴集团没有单一实控人（马云不是，曾经最大股东软银也已经将持仓从 25% 降到了 4% 以下），但自 2010 年以来阿里巴巴就实施了合伙人制度。这个制度包括一组高级管理人员和创始人，他们共同决定公司的未来方向和战略。这个制度的设计是为了保持公司的文化和价值观，并保持长期的战略目标，而不是过分关注短期的股价波动。合伙人制度赋予这个小团体一定程度的权力来提名董事会的候选人，尽管所有股东最终还是需要投票选举董事会成员。这意味着合伙人有相对较大的影响力，即使他们并不持有公司的大部分股份。

美国资本市场并没有更偏向哪一种股权结构，作为投资人，应该了解每一种结构的优缺点，并理解公司发展阶段对股权结构发生的影响。最后一种国有控股上市公司，在美国没有对应的企业，但有少数政府支持企业（government sponsored enterprise）上市公司。这一类由美国国会创建的金融服务公司，目的是加强目标借贷部门，主要是农业、住房金融和教育部门的信贷可用性，并降低信贷成本。最知名的 GSE 是房利美（Fannie Mae ）和 房地美（Freddie Mac），它是为了提供住宅抵押贷款的二级市场而建立的。它从贷款人那里购买抵押贷款，将它们捆绑在一起，然后将它们作为抵押贷款支持的证券出售给开放市场上的投资者。值得注意的是，尽管是上市公司，这些实体仍然享有政府的特殊地位，并从政府那里获得一些特权，例如以较低的利率借款的能力。此外，因为它们是为了服务公共目的而创建的，它们受到一些不适用于其他上市公司的特定法规和监督。总的来说，这不是主流的股权结构，对投资人没有参考意义。

第三节　市场特征及行业发展（问答 12～16）

问题 12：

很久以前美国的同行告诉我们，其实在美国债券市场要比股票市场大，投资银行里债券交易部要比股票交易部的人更多。只是普通人知道股票市场的多，专业人士知道债券市场的会多一些。我们又依稀知道美国的企业债券融资大于股票融资，比如有发债来融资回购上市公司股票的，亚马逊等公司就是。中国好像还是股票市场大一些，一般上市公司也很少有通过发债券来回购自己股票的。发可转债的上市公司倒不少，由于可转债在中国市场是 T+0 交易，一度也吸引了不少投资者。美国现在的债券市场如何？上市公司可转债的吸引力如何？美国企业上市以后多以债券方式融资的理由是什么？

美国债市和股市都是全球最大的，在很长一段时间里，债市规模都要比股市大得多。然而随着时间的推移和量化宽松政策，尤其是在 21 世纪的牛市中，这两个市场的差距逐渐缩小。2020 年苹果市值超过两万亿美元以后，股票市场的规模在某些时期超过了债券市场。

发债还是发股，对于公司来说，本质上是比较哪种方式的融资成本更低。这是一个大方向，当然在实际操作中，规模较小，现金流不稳定的公司会受到一定的局限性。

美国企业选择债务融资的一个主要的原因是债务的利息支出可以在税前扣除，这使得债务融资的实际成本低于股权融资。此外，通过债务融资，企业可以避免稀释股东的权益。特别是在低利率的环境下，许多企业倾向于发行债券来筹集资金，并使用这些资金进行多种活动，其中之一就是回购自己的股票。这样做有几个潜在的好处：①增加每股收益。回购股票可以减少在市场上流通的股票数量，从而提高每股收益。②提高资本回报率。通过减少股东权益，并保持或增加净收入，公司可以提高其资本回报率。③发送积极的信号。回购股票可能会被市场解读为公司管理层对公司未来的乐观预期。

苹果和微软都有充分的现金储备，然而在过去几年里（低利率环境），依旧多次发行债券，使其资本结构多元化，降低资本成本（对于有大量现金流的公司来说，他们在发债时不会说只用来支付股息或者回购股票，但是在低利率环境中，在现金流稳定增长的情况下，这是一种不发白不发回馈股东的策略，这里就不展开讲了）。而对于全球布局的公司来说，股票回购也可以避免将海外的现金带回美国并支付税款。微软已经保持了 20 年支付股息的纪录，并且每年的股息都在增长，这些都是大型的、具有良好信誉的公司，因此它们能够以非常低的利率发行债券。

过去十年的低利率环境见证了一大批互联网公司的崛起。其中很多公司早期主要依赖股权融资（如风险投资和公开上市）来筹集资金。因为这些公司通常在初创阶段有负的现金流和亏损，这使得它们难以吸引传统的债务融资。另外，这些公司的增长潜力吸引了风险投资者，这些投资者愿意为获取公司未来可能的高回报（比普通债券融资高得多的收益）来承担高风险，这其实是一种双向选择。

然而，公司选择融资方式时的决策不仅仅基于当前的利率环境，还受到以下因素的影响。

（1）公司的财务健康

像笔者上面提到的，亏损的公司可能会发现发债比较困难，因为潜在的债权人可能对公司是否具备稳定的还款能力存在顾虑。

（2）公司的规模和知名度

大型、知名的公司通常可以更容易地在公开市场上发行债券，并获得较低的利率；相反，小型、不太知名的公司可能会发现发债更为困难和昂贵。对于许多刚上市的公司，特别是在 IPO 时已经筹集了大量资金的公司，它们一方面不需要立即进行额外的融资，另一方面也是希望在公开市场上建立一段稳定的财务运营记录（以避免增加负债和支付利息，发债会影响债务股本比例数据，也是很多量化工具筛选公司的一个常规策略），以便在未来以更有利的条件发行债券。

（3）市场的风险偏好

在对风险的偏好较高的市场环境中，投资者可能更愿意购买高风险、高回报的债务，如高收益债券。这可能使得一些风险较高的公司更容易发债。

再举两个大家耳熟能详的公司——亚马逊和特斯拉。如果没有债务融资的及时输血，这两家公司可能都无法生存下来。可转债/票据和私募债也是除了常规公募债之外比较常见的两种方法。

1997 年，亚马逊仍是一个亏损的在线书店，通过 IPO 筹集了约 5 400 万美元。1999 年，亚马逊筹集了 12.5 亿美元的“垃圾债”（高收益债券）。这并不是公开的可转换债券交易，而是与机构投资者的私人配售。2000 年，亚马逊的股价从高点一度下跌 90%，公司已无力再通过卖股票（进一步稀释股东）融资。在 2013 年的贝索斯传中就回顾了 2000 年大盘崩溃前的危急时刻。当时的 CFO Warren Jenson 认识到市场的变化趋势，判定公司需要强大的现金储备。在 Morgan Stanley 的 Ruth Porat 的建议下，亚马逊在 2000 年 2 月向欧洲投资者出售了价值 6.72 亿美元的可转债，这恰在互联网泡沫破裂之前。如果亚马逊稍微推迟了这一融资决策，它可能已经加入了像 Webvan、Kozmo 和 Pets.com 这样的破产名单中。

特斯拉的业务模型需要大量的前期投资，包括研发、建设生产设施、展开全球分销网络等。在 2017 之后的三年里，特斯拉都在靠发可转票据续命，直到 2020 年一季度后才产生了稳定的自由现金流。2017 年，特斯拉发行了约 16 亿美元的可转换债券来资助其 Model 3 的生产。这是一个关键时刻，因为 Model 3 是特斯拉的第一个旨在面向大众市场的车型，公司对其寄予厚望。2018—2019 年这两年中，特斯拉面临了现金流压力，并在多次场合筹集了资金，包括通过股权融资和债务融资。特斯拉的 CEO Elon Musk 曾经公开表示，特斯拉在 Model 3 的生产和交付过程中曾经面临严重的财务压力，甚至一度濒临破产。这强调了融资活动对于特斯拉在那个关键时刻的重要性。

这里再聊聊私募债券。除了公开交易的债券之外，私募债券市场也非常活跃，私募债券与公开发行的债券最大的区别在于它们不需要经过美国证券交易委员会（United States Securities and Exchange Commission，SEC）的全面审查和注册。这通常意味着私募债券的发行程序更快，成本更低。对于那些可能不能满足公开发行要求或者寻找更为灵活融资方式的公司来说也是一种重要的融资渠道。但同时，由于缺乏公开的信息披露要求，投资者可能会要求更高的风险溢价。

参与者通常是机构投资者，如养老基金、保险公司和对冲基金。黑石（Blackstone），阿波罗（Apollo，合并了瑞信的私募债部门），凯雷（Caryle）都大量涉猎私募债券。这些投资者通常有更好的研究能力和风险管理手段，因此可以承受私募市场缺乏透明度的特点。由于私募债券不需要满足公开市场的标准化要求，它们可以提供更为灵活的条款和条件。这使得发行者和投资者都可以更加灵活地定制具体的融资条款。在过去的几十年中，随着私募投资和另类投资市场的发展，私募债券市场也有所增长。特别是在信贷紧缩期间，当许多公司发现在公开市场融资困难时，它们可能会转向私募市场。公开市场的债券规模每年能达到数万亿美元的发行量，私募债券市场的确切规模较难确定，因为它不像公开市场那样要求详细的披露和报告。虽然规模不及公开市场的债券，但这个市场非常活跃，特别是对于中小型企业或那些不符合公开市场标准的大型企业来说，私募投资者不仅能提供资金，甚至（对比普通的银行贷款）还能再在业务上提供一定的帮助。

2021 年 9 月，被称为“东南亚小腾讯”的新加坡冬海集团（Sea Limited，SE）利用高股价同时发行了美国存托股份（American Depositary Shares，ADS；所有海外公司在美国发行股票都是以存托股票的形式存在）和可转换票据。这个决策为 SE 带来了大量的运营资金（二者融资总额高达 50 亿美元）以便加速国际化进程，与竞争对手拉开差距。公司利用了市场情绪，又设定了很高的转换价（为当时新发行股定价的 50% 的溢价）。放在当下，在公开市场迅速融资 50 亿美元几乎不敢想象。这次股权加债券的双发行和高转换价，是以下几个因素综合考量的结果。

（1）最小化摊薄

公司选择可转换票据而不是纯股权的主要原因之一是为了最小化摊薄。通过设定高转换价格，公司传达了只有在股票表现特别好的情况下才可能进行转换的信号。这使公司能够筹集资本，而不立即摊薄现有股东的权益。只有当股票达到那个高转换价格时，摊薄才会发生。通过利用可转换票据的混合性质，可以兼得双方的好处，平衡即时的资本注入与未来的股权转换，同时管理摊薄并信心满满地展望其股票的未来表现。

（2）吸引不同的投资者

不同类型的投资者有不同的风险胃口（风险偏好）。虽然有些人纯粹寻求股权增长（更有可能购买 ADS），但其他人可能寻求债券的相对安全性，而通过转换有一些潜在的上升空间。通过提供这两种类型的证券，公司可以吸引更广泛的投资者群体。

（3）资本结构的灵活性

通过发行 ADS 和可转换票据，公司在其资本结构中保持了平衡。可转换票据使公司能够利用债务的优势，同时为未来的股权转换提供了选择。

（4）资本成本

这些可转换票据的实际利率非常低，为 0.25%。这意味着公司以非常便宜的价格借款。如果股票永远（在票据到期 2026 年之前）不达到转换价格，那么公司基本上获得了非常便宜的债务融资。

（5）筹资的策略用途

如公告中所述，筹集的资本将用于业务扩张、潜在的战略投资和收购。这些战略动作的性质可能需要多元化的融资方法。

问题 13：

中国股市 33 年，有第 1 000 家上市公司是 2000 年 7 月。从 1 000 家到 2 000 家用了 10 年；2 000 家到 3 000 家用了 6 年；3 000 家到 4 000 家用了不到 4 年；有 5 000 家上市公司的时间是 2022 年 11 月，4 000 到 5 000 家只用了 2 年多一点。美国情况如何？ A 股市场比较低迷是否与扩容速度太快，事实上更像一个融资市场有关？

笔者认为，将中国上市公司数量的里程碑和美国的做比较意义不大。美国股市已经有接近一百五十年的历史，不仅经历了二次世界大战、大萧条、布雷登森林体系的建立、石油危机等一系列外部事件，还在交易机制、融资工具上不断进步，使得美国拥有世界上最发达的融资融券市场，世界上绝大部分的金融衍生产品都与美国国债挂钩。

中国股市三十年的迅速成长是中国改革开放以来经济高速增长的体现。如今，我国已成为了世界第二的经济体，而沪深两个交易所的交易量和总市值也仅次于纽交所和纳斯达克。而三十年前的行业老二是日本东京交易所，“二战”后的日本持续三十五年经济飞速增长（每年 GDP 增长 6.8%），GDP 总量位于全球第二，直到 1990 年房地产市场泡沫而破灭。

笔者认为，由于美国市场公募和私募都相对成熟，公司的融资手段也不局限于上市。美国“二战”之后就达到了 5 000 家上市公司的体量，1996 年一度超过了 8 000 家。不过由于活跃的并购市场、私有化、其他融资方式的兴起（私募债、私募股权）和更严格的监管环境（例如 *Sarbanes－Oxley Act*《萨班斯 － 奥克斯利法案》），导致今天的美国上市公司数量从高点减少了近一半，截至 2023 年年初，仅剩 3 700 家。值得注意的是，美国公司的总量并没有减少，经济还在持续增长，只是公司越来越多地保持私有化，避免公众的审查。这也导致了公开市场上的集权更加突出，苹果和微软两家公司的市值就占到了标普 500 指数的 15%。现在，美国的私募股权支持的公司数量是公开上市公司的五倍。这一趋势已经持续了一段时间。根据 Wells Fargo 的数据，1999 年，美国科技公司平均在成立四年后进入公开市场；到 2019 年，这一数字增加到了十一年。

美国相对成熟的破产法也可以解释不断下降的上市公司数量。破产法和破产法庭的目的不仅是解决上市公司和债权人间的问题，更是为企业提供了从失败中恢复和重新开始的机会，所以上市公司在债务缠身的时候会自然选择走破产保护程序，而不是在二级市场死磕，成为僵尸公司。

美国市场的丰富性和独特性不是所有市场都能轻易借鉴的。在融资渠道有限的情况下，其他市场（尤其是新兴市场）更容易把股市作为融资的主要渠道，新兴市场大多还没有具备成熟和健全的私人信贷和银行系统，就会更依赖资本市场融资。上市公司的数量也就不断呈上升趋势。

问题 14：

印度、日本多是小市值公司，印度股市一百年，5 400 只股票，总市值 2.5 万亿美元；日本股市六十二年，3 300 只股票，总市值 5 万亿～6 万亿美元；中国股市三十三年，5 200 只股票，总市值 12 万亿～13 万亿美元。是不是中国股市指数上不去预示总市值不是有效市值？这个观点成立吗？大盘股可能是有价无市的，如

何理解市值大小与指数涨跌的关系？

首先，指数与总市值的关系问题。股市指数是该市场上特定股票篮子的加权平均。一个市场的指数可能不上涨，而市场的总市值却增加，尤其是当大盘股（指数的主要成分）表现平平，而市场的其他部分增长迅猛时。但在长期内，一个健康和成熟的市场应该显示出指数和总市值之间的一致性。

其次，有效市值的问题。某些公司，特别是国有企业，可能有大量非流通股（或者是流通股但因其资本属性为控制权而不会抛售），这些股票不能（或不会）在公开市场上交易。如果一个市场的指数上不去但总市值很大，这可能确实是一个信号，表明这个市值可能并不完全反映实际的投资价值或市场流动性。

最后，大盘股流动性问题。在某些情况下，大盘股可能确实存在流动性问题，即“有价无市”的情况。这通常发生在有大量非流通股或存在控股股东的公司。这种情况可能导致股票的价格不反映其真实价值，因为交易量很小，价格易受操纵。

总的来说，股市的总市值、流通市值、指数表现以及大盘股的流动性都是评估一个市场健康状况和投资吸引力的因素。中国股市在过去几十年里经历了快速的增长，与其他市场相比，有其独特性。日本的资本和金融市场对外资是相对开放的。自 20 世纪 80 年代起，日本逐步放宽了其资本控制，使外国投资者能够在其金融市场上进行投资。中国的资本账户则更加封闭，总市值不一定能完全反映所有投资人的想法，比方很多外资无法投资某些特定行业。新兴市场对货币汇率的担忧也比成熟市场来得更高，在短期资本流动上会存在一定限制，以减少短期流动性的波动和控制汇率风险。中国、印度都对外国投资者开放，但普遍存在投资上限。同时，外国机构投资者（Foreign Institutional Investor，FII）和合格外国投资者（Qualified Foreign Institutional Investor，QFII）在境内证券市场的投资也受到限制。

问题 15：

为了说明我们是融资为主的市场（扩容速度太快），有统计说每年 A 股新股首发、再融资、大小非减持、印花税、交易税、交易费总共要抽取资金 3 万亿元左右。入市资金远远不足，差额 1.5 万亿元左右。

首先，关于首发与再融资的问题。中国 A 股市场的公司经常通过首次公开发行（IPO）和再融资来筹集大量资金。尤其是在牛市期间，许多公司选择上市或增发，希望利用市场的积极情绪来筹集资金。其次，大小非减持的问题。大小非减持通常指的是公司的大股东或关联方出售其持有的股票，这也是流动性从市场中被抽走的一个方式。再次，印花税、交易税、交易费的问题。这些费用和税收都是交易的成本，进一步增加了市场参与者的交易成本。由于上述原因，市场上流入的资金往往无法满足从市场中被抽取出去的资金，从而导致资金缺口。中国政府和监管机构已经认识到了这一问题，并采取了一系列措施来平衡市场，如调整 IPO 审核流程、限制大股东减持、调整交易税等。此外，为了吸引更多的长期资金进入市场，中国还在逐步开放其资本市场，允许更多的外国资金流入，如通过沪港通、深港通等机制。

市场经济和资本市场相辅相成，资本市场的扩容速度也曾推动了中国经济过去三十年的高速发展。新兴市场在资本市场的发展过程中确实经常展现出以融资为主的特点，但原因和表现方式可能因国家和地区而异。以下是一些相关的考虑因素和原因。

（1）市场成熟度

新兴市场往往还在发展和成熟的过程中，许多公司需要大量的资本来支持增长和扩张。因此，这些市场的公司可能更加依赖资本市场融资。

（2）银行和信贷

在某些新兴市场，银行系统可能没有足够的能力或意愿为企业提供大量的贷款，特别是对于中小企业。这导致企业转向资本市场作为主要的融资来源。

（3）政府和监管政策

在某些新兴市场，政府可能会鼓励公司在公开市场上融资，作为一种促进市场发展和深化的策略。这可能会导致大量的首次公开发行和再融资活动。

（4）投资者结构

新兴市场可能有更高比例的零散投资者，这些投资者可能更容易受到市场情绪的影响，导致市场的波动性增加。这可能会使公司更加倾向于在市场情绪较好时进行融资。

（5）外部资金流入

许多新兴市场希望吸引外国投资者和外部资金。当外部资金流入时，这可能会推高市场估值，从而为本地公司提供更有利的融资条件。

（6）经济增长

新兴市场通常有较高的经济增长率，这导致了对资本的大量需求，使得资本市场融资活动更加活跃。

问题 16：

今年全球资本市场夺人眼球的事件是 AI 的里程碑 ChatGPT 的诞生，有人预示其革命意义不亚于互联网的出现。数据显示，科技巨头公司市值大幅飙升，这些公司都在 AI 的开发和应用中发挥着关键作用，但它们盈利的关键驱动因素仍然不是 AI。国内 AI 概念股也有一波疯涨。国际资本市场上如何看待与评价这一事件或趋势？

公司没有单独报告“AI”业绩不代表 AI 没有对盈利作出贡献，AI 大模型在所有推荐类的应用里都有涉及。比如淘宝会根据你以往的购买记录给你推荐你可能会买的东西；爱奇艺会根据非会员的观看记录，形成用户画像，并推测你可能感兴趣的广告。前不久，36 氪出了一个用 AI 开淘宝店的视频，里面所有的照片、内容、直播间都由 AI 生成，想象一下，一个 24 小时不间断的直播间可以解放多少劳动力？这的确是不亚于互联网的革命。开发这些 AI 模型的成本被归在公司的资本开支或研发费用里。要判断 AI 给公司的盈利带来多大的帮助，目前的披露要求很难让投资人一步获得准确的数字。公司的盈利能力也在很大程度上取决于公司将 AI 研发归入资产负债表项目还是利润表项目。如果是前者，那折旧项会在算经营性现金流时加回。

以数据中心和芯片为代表的固定资产投入也加大了运营杠杆。在营收上升时，有运营杠杆的公司能更快速地增长净利润（一旦大部分开支固定了以后，营收的上升可以覆盖大部分可变成本）。当科技公司（轻资产）逐渐向重资产（与之前二十年互联网迅速发展阶段比较，但总体上仍算轻资产）转移，其运营杠杆效果也在不断加强，加上此前轻资产模型下积累的大量现金，使得科技巨头在变大变强后已经有强劲的增长动力（2023 年的前五个月，标普 500 指数上涨了 8.9%，而前五大公司贡献了几乎所有的增长，如果除去这五家公司，指数只增加了 1.5%）

任何一个产业链的下游公司往往比上游公司更让人熟知，ChatGPT 就是产业链下游的一个代表产品（上游为数据库，中游以 GPU 芯片为主）；英伟达就是开创了 GPU，在图片分析上更佳。谷歌、亚马逊、微软等科技巨头在 AI 产业链的上中下游都有布局。根据收购合同，微软以 100 亿美元购入了 Open AI（ChatGPT 的开发者）49% 的股份，而该比例将在 Open AI 实现盈利后最终上升到 75%。

分析任何一个公司，我们都要问他们是如何赚钱的？大多数时候，当一个概念（赛道）来了，我们连这个股票（公司）是怎么赚钱的都不知道，只不过是公司名字里出现了关键词。目前，ChatGPT4.0 个人账号每月月费是 20 美元，目前在使用 ChatGPT 已经超过 1 亿用户，所以这根本上是个订阅服务。Open AI 需要增加 1 亿每月活跃用户中（大部分仍在使用免费版）付费用户的比例，并让他们像订阅 Netflix 一样将其视为生活中不可缺少的一部分。因 ChatGPT 在全球范围内广受欢迎，让大家对微软的搜索业务充满了期待，微软的股价也在 ChatGPT 发布后迅速提升，但借 AI 东风走得更远的却是英伟达，因为要实现类似 ChatGPT 的智能应用必须要用到英伟达的 H100 芯片（目前没有可替代品，短时间内也没有其他 GPU 公司可以做到）。意思就是不管 Open AI 能转化多少免费用户，他们都需要向英伟达购买 H100 才能维持 ChatGpt 的基本运营。所以英伟达的商业模式是对拥有绝对定价权的稀缺资源进行变现，芯片和软件服务可以打包一起卖，也可以单独卖给有巨大数据中心需求的客户，比如阿里、百度、字节跳动。值得注意的是，英伟达如今的成功也是二十多年积累和投资的结果，不是说英伟达的模式比 Open AI 更容易盈利（他们也曾一度都在破产边缘），而是其主攻和主导的产业终于来到了拐点。

我们用这种问答的方式进行相关问题的交流，其原因是即便身处信息爆炸时代，但信息的不对称性，或者是相同信息的不同解读无处不在。A 股、港股、美股市场每天都有让人瞠目结舌的场景，随机挑一些股票的 K 线图看看就行了（A 股：301487，603178；港股：00884；美股：HKD（NYSE）。有些或许是新股上市时的环境所致，我们在上述交流中也谈到了成熟市场对新股的看法；有些是遭遇了行业景气变化所致，我们在上述交流中也谈到这个时候公司内在价值增长的重要性；有些是因为市场赛道概念的变化，导致了股票的大起大落，我们在上述交流中也谈到了赛道概念的兴起需要有业绩数据的支撑，这对主要竞争者的市场表现是一个很好的参考；还有些与短期概念炒作有关，例如近期市场华为概念中的部分企业、圣龙股份等，在资金炒作下，短期连续涨停后便不断下跌，上演了过山车行情，市场甚至还炒作"龙凤"等概念。总之，由于资本与人性、非理性的市场逐利今后也不可避免，但上市公司要为全体股东创造内在价值的底层逻辑是不变的。我们觉得上述交流讨论的重要价值在于：介绍了成熟市场上市公司的天然使命，以股东价值至上为原则的市值管理应用，才是资本市场的主流价值观及一切工具运用的前提。

最近我们看到市值管理在成熟市场也被再度提及，比如日本股市的繁荣或许不简单归因于经济层面的复苏及股神巴菲特的大举建仓，而是资本市场的监管者越来越觉得一定的市值规模以及股市的繁荣是对资本市场功能的充分运用，是对实体经济、科技进步与国民财富大有益处的。相信首提"金融强国"的中国也一定能认识到 GDP 总量、增量与股市市值总量、增量匹配的重要性，会充分发挥资本市场投融资功能平衡的重要作用，在资本市场健康发展的过程中，让上市公司与全体股东享受到公司发展及股东财富的共同增长。

附　录

附录 A：市值表现排行榜

附表 A-1　　A 股市值前 50

2023 年 10 月 31 日			2022 年 10 月 31 日			2020 年 10 月 31 日		
证券简称	所属行业	总市值（亿元）	证券简称	所属行业	总市值（亿元）	证券简称	所属行业	总市值（亿元）
贵州茅台	食品饮料	21 161.66	贵州茅台	食品饮料	16 958.67	贵州茅台	食品饮料	20 978.75
工商银行	银行	15 747.96	工商银行	银行	13 894.97	工商银行	银行	16 546.67
中国石油	石油石化	12 516.48	建设银行	银行	9 678.63	中国平安	非银金融	13 568.95
中国移动	通信	12 481.74	中国移动	通信	9 445.64	建设银行	银行	11 757.91
农业银行	银行	12 276.22	农业银行	银行	9 440.69	农业银行	银行	10 754.61
建设银行	银行	10 398.93	宁德时代	电力设备	9 100.03	中国人寿	非银金融	10 682.19
中国银行	银行	10 322.83	中国石油	石油石化	8 334.80	招商银行	银行	9 816.86

续表

2023 年 10 月 31 日			2022 年 10 月 31 日			2020 年 10 月 31 日		
证券简称	所属行业	总市值（亿元）	证券简称	所属行业	总市值（亿元）	证券简称	所属行业	总市值（亿元）
宁德时代	电力设备	8 161.25	中国银行	银行	8 278.40	五粮液	食品饮料	9 484.71
中国人寿	非银金融	7 720.66	招商银行	银行	6 615.64	中国银行	银行	8 479.06
中国平安	非银金融	7 633.78	比亚迪	汽车	6 236.35	中国石油	石油石化	6 987.28
招商银行	银行	7 601.14	中国人寿	非银金融	6 120.76	宁德时代	电力设备	5 757.76
比亚迪	汽车	6 717.53	中国平安	非银金融	6 054.16	美的集团	家用电器	5 471.05
中国石化	石油石化	6 101.89	中国神华	煤炭	5 260.12	海天味业	食品饮料	5 191.19
五粮液	食品饮料	6 055.31	五粮液	食品饮料	5 181.95	恒瑞医药	医药生物	4 736.70
中国海油	石油石化	5 770.93	中国石化	石油石化	4 610.80	迈瑞医疗	医药生物	4 702.29
中国神华	煤炭	5 744.07	长江电力	公用事业	4 607.50	中国石化	石油石化	4 392.74
长江电力	公用事业	5 522.48	中国海油	石油石化	4 256.60	长江电力	公用事业	4 311.86
中国电信	通信	4 565.63	迈瑞医疗	医药生物	3 945.77	海康威视	计算机	4 195.91
邮储银行	银行	4 274.85	隆基绿能	电力设备	3 637.68	比亚迪	汽车	4 120.38
美的集团	家用电器	3 720.68	邮储银行	银行	3 474.91	中国中免	商贸零售	3 893.24
交通银行	银行	3 697.67	中国电信	通信	3 399.78	立讯精密	电子	3 838.44
迈瑞医疗	医药生物	3 467.82	中国中免	商贸零售	3 296.25	顺丰控股	交通运输	3 772.73
海康威视	计算机	3 401.00	兴业银行	银行	3 122.37	邮储银行	银行	3 741.98
紫金矿业	有色金属	3 201.64	交通银行	银行	2 972.71	兴业银行	银行	3 697.81
泸州老窖	食品饮料	3 159.03	山西汾酒	食品饮料	2 835.21	格力电器	家用电器	3 514.99
兴业银行	银行	3 132.76	美的集团	家用电器	2 810.89	平安银行	银行	3 444.55
恒瑞医药	医药生物	3 058.09	海天味业	食品饮料	2 765.47	中信证券	非银金融	3 379.01

续表

2023 年 10 月 31 日			2022 年 10 月 31 日			2020 年 10 月 31 日		
证券简称	所属行业	总市值（亿元）	证券简称	所属行业	总市值（亿元）	证券简称	所属行业	总市值（亿元）
山西汾酒	食品饮料	3 015.75	海康威视	计算机	2 680.92	中国神华	煤炭	3 140.70
中信证券	非银金融	3 014.73	恒瑞医药	医药生物	2 564.36	万科 A	房地产	3 073.12
工业富联	电子	2 924.25	万华化学	基础化工	2 523.10	交通银行	银行	2 934.89
万华化学	基础化工	2 788.10	牧原股份	农林牧渔	2 489.71	隆基绿能	电力设备	2 866.21
药明康德	医药生物	2 567.24	中信证券	非银金融	2 380.94	中信建投	非银金融	2 834.66
京沪高铁	交通运输	2 455.32	顺丰控股	交通运输	2 362.42	中国太保	非银金融	2 765.49
东方财富	非银金融	2 421.36	泸州老窖	食品饮料	2 301.41	京沪高铁	交通运输	2 740.14
中芯国际	电子	2 407.09	京沪高铁	交通运输	2 190.15	药明康德	医药生物	2 735.40
中国太保	非银金融	2 390.61	药明康德	医药生物	2 187.10	浦发银行	银行	2 718.01
立讯精密	电子	2 342.21	金龙鱼	农林牧渔	2 073.76	工业富联	电子	2 712.29
中信银行	银行	2 310.47	东方财富	非银金融	2 062.73	上汽集团	汽车	2 704.72
中国建筑	建筑装饰	2 171.43	长城汽车	汽车	2 032.89	牧原股份	农林牧渔	2 656.46
中国人保	非银金融	2 102.22	紫金矿业	有色金属	2 024.32	海螺水泥	建筑材料	2 578.37
海天味业	食品饮料	2 093.57	立讯精密	电子	2 023.12	爱尔眼科	医药生物	2 566.06
牧原股份	农林牧渔	2 063.72	平安银行	银行	2 006.57	智飞生物	医药生物	2 562.88
长城汽车	汽车	2 047.38	中国建筑	建筑装饰	1 991.89	洋河股份	食品饮料	2 532.64
平安银行	银行	2 029.86	洋河股份	食品饮料	1 968.88	中国人保	非银金融	2 527.56
浦发银行	银行	2 001.82	通威股份	电力设备	1 958.25	泸州老窖	食品饮料	2 526.70
海尔智家	家用电器	1 989.46	浦发银行	银行	1 948.98	金龙鱼	农林牧渔	2 493.39
中国中免	商贸零售	1 941.42	阳光电源	电力设备	1 944.41	万华化学	基础化工	2 464.39

续表

2023 年 10 月 31 日			2022 年 10 月 31 日			2020 年 10 月 31 日		
证券简称	所属行业	总市值（亿元）	证券简称	所属行业	总市值（亿元）	证券简称	所属行业	总市值（亿元）
顺丰控股	交通运输	1 923.81	陕西煤业	煤炭	1 925.43	中公教育	社会服务	2 437.36
格力电器	家用电器	1 910.74	中国人保	非银金融	1 894.77	伊利股份	食品饮料	2 416.86
金龙鱼	农林牧渔	1 897.56	中信银行	银行	1 877.25	中芯国际	电子	2 342.99

2018 年 10 月 31 日			2013 年 10 月 31 日		
证券简称	所属行业	总市值（亿元）	证券简称	所属行业	总市值（亿元）
工商银行	银行	19 262.71	中国石油	石油石化	14 179.06
中国石油	石油石化	14 530.81	工商银行	银行	13 810.14
建设银行	银行	13 960.72	建设银行	银行	11 877.08
农业银行	银行	13 293.43	农业银行	银行	8 406.78
中国平安	非银金融	11 775.26	中国银行	银行	7 918.74
中国银行	银行	10 319.84	中国石化	石油石化	5 385.94
中国石化	石油石化	7 470.14	中国人寿	非银金融	4 133.90
招商银行	银行	7 194.60	中国神华	煤炭	3 330.08
贵州茅台	食品饮料	6 895.27	中国平安	非银金融	3 276.13
中国人寿	非银金融	5 585.90	交通银行	银行	3 217.38
交通银行	银行	4 182.58	招商银行	银行	2 775.68
中国神华	煤炭	3 840.62	民生银行	银行	2 430.86
长江电力	公用事业	3 434.20	兴业银行	银行	2 240.55
兴业银行	银行	3 348.80	浦发银行	银行	1 926.90
浦发银行	银行	3 222.86	中信银行	银行	1 766.76

续表

2018年10月31日			2013年10月31日		
证券简称	所属行业	总市值（亿元）	证券简称	所属行业	总市值（亿元）
上汽集团	汽车	3 167.39	中国太保	非银金融	1 693.19
中国太保	非银金融	2 835.49	上汽集团	汽车	1 581.07
民生银行	银行	2 692.94	贵州茅台	食品饮料	1 402.69
中信银行	银行	2 656.65	中信证券	非银金融	1 317.48
万科 A	房地产	2 638.08	长城汽车	汽车	1 218.34
美的集团	家用电器	2 454.61	光大银行	银行	1 152.39
工业富联	电子	2 412.67	平安银行	银行	1 139.43
中国中车	机械设备	2 329.96	上港集团	交通运输	1 103.63
格力电器	家用电器	2 289.59	大秦铁路	交通运输	1 094.20
恒瑞医药	医药生物	2 267.65	海通证券	非银金融	1 083.42
中国建筑	建筑装饰	2 258.80	长江电力	公用事业	1 065.90
海康威视	计算机	2 233.00	万科 A	房地产	1 030.04
光大银行	银行	1 989.20	双汇发展	食品饮料	993.56
中信证券	非银金融	1 967.40	中国建筑	建筑装饰	990.00
平安银行	银行	1 873.29	海康威视	计算机	959.31
五粮液	食品饮料	1 868.99	格力电器	家用电器	926.42
海螺水泥	建筑材料	1 776.34	中海油服	石油石化	918.43
中国交建	建筑装饰	1 746.69	海螺水泥	建筑材料	895.67
海天味业	食品饮料	1 744.17	中国重工	国防军工	858.82
宝钢股份	钢铁	1 703.50	伊利股份	食品饮料	840.25

续表

2018 年 10 月 31 日			2013 年 10 月 31 日		
证券简称	所属行业	总市值（亿元）	证券简称	所属行业	总市值（亿元）
中国联通	通信	1 681.71	比亚迪	汽车	834.15
顺丰控股	交通运输	1 665.88	华能国际	公用事业	834.01
中国中铁	建筑装饰	1 638.71	美的集团	家用电器	816.18
宁德时代	电力设备	1 635.29	ST 易购	商贸零售	789.99
保利发展	房地产	1 498.43	中国联通	通信	729.16
招商蛇口	房地产	1 485.97	云南白药	医药生物	719.12
三六零	计算机	1 467.80	中国交建	建筑装饰	709.55
中国铁建	建筑装饰	1 448.20	北京银行	银行	704.89
伊利股份	食品饮料	1 342.13	华夏银行	银行	697.23
上海银行	银行	1 334.32	广发证券	非银金融	683.68
洋河股份	食品饮料	1 332.03	保利发展	房地产	678.82
国泰君安	非银金融	1 321.87	中国中车	机械设备	677.23
新华保险	非银金融	1 312.01	宝钢股份	钢铁	668.75
温氏股份	农林牧渔	1 311.99	中国铁建	建筑装饰	663.15
北京银行	银行	1 285.49	新华保险	非银金融	649.28

注：附表内容若无特殊说明均来自同花顺 iFinD。

10 年前，A 股市值前 50 大部分还是金融行业和石油石化的天下，随着时间的推移，贵州茅台一举超越众多国有行及两桶油，问鼎两市第一。近年来，各类新兴行业也迅速崛起并获得了市场的青睐，市值一路高歌猛进。截至 2023 年 10 月 31 日，A 股市值前 50 中，出现了宁德时代、迈瑞医疗、东方财富、立讯精密等新兴行业的身影。

附表 A-2　**1、3、5、10 年期市值增长量排名**

1 年期			3 年期			5 年期			10 年期		
证券简称	所属行业	市值增长量（亿元）	证券简称	所属行业	市值增长量（亿元）	证券简称	所属行业	市值增长量（亿元）	证券简称	所属行业	市值增长量（亿元）
贵州茅台	食品饮料	4 202.99	中国石油	石油石化	5 529.20	贵州茅台	食品饮料	14 266.39	贵州茅台	食品饮料	19 758.97
中国石油	石油石化	4 181.68	中国神华	煤炭	2 603.37	宁德时代	电力设备	6 525.96	比亚迪	汽车	5 883.38
中国移动	通信	3 036.10	比亚迪	汽车	2 597.16	比亚迪	汽车	5 456.54	五粮液	食品饮料	5 436.19
农业银行	银行	2 835.54	宁德时代	电力设备	2 403.49	五粮液	食品饮料	4 186.31	招商银行	银行	4 825.46
中国银行	银行	2 044.44	中国银行	银行	1 843.78	山西汾酒	食品饮料	2 735.74	长江电力	公用事业	4 456.58
工商银行	银行	1 852.99	中国石化	石油石化	1 709.15	泸州老窖	食品饮料	2 601.55	中国平安	非银金融	4 357.66
中国人寿	非银金融	1 599.90	紫金矿业	有色金属	1 549.67	紫金矿业	有色金属	2 461.98	农业银行	银行	3 869.44
中国平安	非银金融	1 579.63	农业银行	银行	1 521.61	迈瑞医疗	医药生物	2 264.29	中国人寿	非银金融	3 586.76
中国海油	石油石化	1 514.33	长江电力	公用事业	1 210.62	中国人寿	非银金融	2 134.76	美的集团	家用电器	2 904.50
中国石化	石油石化	1 491.09	赛力斯	汽车	1 117.93	长江电力	公用事业	2 088.28	泸州老窖	食品饮料	2 878.07
工业富联	电子	1 295.65	山西汾酒	食品饮料	1 053.77	万华化学	基础化工	2 013.82	山西汾酒	食品饮料	2 865.35
紫金矿业	有色金属	1 177.32	中金公司	非银金融	996.92	中国神华	煤炭	1 903.46	紫金矿业	有色金属	2 726.08
中国电信	通信	1 165.86	兖矿能源	煤炭	892.65	中国人保	非银金融	1 854.33	恒瑞医药	医药生物	2 626.90
招商银行	银行	985.50	陕西煤业	煤炭	872.04	东方财富	非银金融	1 782.05	海康威视	计算机	2 441.69
长江电力	公用事业	914.98	国电南瑞	电力设备	851.93	立讯精密	电子	1 659.18	中国神华	煤炭	2 413.99
美的集团	家用电器	909.79	交通银行	银行	762.78	药明康德	医药生物	1 659.15	万华化学	基础化工	2 410.34
五粮液	食品饮料	873.36	中远海控	交通运输	753.30	牧原股份	农林牧渔	1 586.20	中国银行	银行	2 404.10
泸州老窖	食品饮料	857.63	中国核电	公用事业	711.59	长城汽车	汽车	1 550.21	东方财富	非银金融	2 290.73
邮储银行	银行	799.94	阳光电源	电力设备	683.91	隆基绿能	电力设备	1 450.31	立讯精密	电子	2 203.26

续表

1 年期			3 年期			5 年期			10 年期		
证券简称	所属行业	市值增长量（亿元）	证券简称	所属行业	市值增长量（亿元）	证券简称	所属行业	市值增长量（亿元）	证券简称	所属行业	市值增长量（亿元）
中国太保	非银金融	766.75	华能水电	公用事业	642.60	美的集团	家用电器	1 266.08	工商银行	银行	1 937.81
交通银行	银行	724.96	泸州老窖	食品饮料	632.34	汇川技术	机械设备	1 240.15	顺丰控股	交通运输	1 909.25
建设银行	银行	720.30	中煤能源	煤炭	591.52	海尔智家	家用电器	1 217.53	隆基绿能	电力设备	1 746.89
海康威视	计算机	720.09	天齐锂业	有色金属	583.51	北方华创	电子	1 183.84	中信证券	非银金融	1 697.25
中芯国际	电子	697.91	江苏银行	银行	572.42	中国广核	公用事业	1 182.50	中国中免	商贸零售	1 590.56
中信证券	非银金融	633.79	中国铝业	有色金属	538.00	韦尔股份	电子	1 172.35	爱尔眼科	医药生物	1 582.74
传音控股	电子	582.59	邮储银行	银行	532.87	海康威视	计算机	1 168.00	海尔智家	家用电器	1 570.79
赛力斯	汽车	537.08	长安汽车	汽车	528.10	阳光电源	电力设备	1 164.80	国电南瑞	电力设备	1 522.94
恒瑞医药	医药生物	493.73	北方华创	电子	508.44	中远海控	交通运输	1 143.55	汇川技术	机械设备	1 407.86
中国神华	煤炭	483.95	四川路桥	建筑装饰	506.71	赛力斯	汽车	1 077.72	洋河股份	食品饮料	1 395.71
比亚迪	汽车	481.18	汇川技术	机械设备	506.18	爱尔眼科	医药生物	1 063.57	宁波银行	银行	1 384.93
中际旭创	通信	469.96	天山股份	建筑材料	461.97	中信建投	非银金融	1 047.54	片仔癀	医药生物	1 340.52
韦尔股份	电子	437.43	盐湖股份	基础化工	439.52	中信证券	非银金融	1 047.33	北方华创	电子	1 288.84
中信银行	银行	433.22	中航沈飞	国防军工	436.53	片仔癀	医药生物	1 041.93	智飞生物	医药生物	1 281.08
海光信息	电子	401.88	迎驾贡酒	食品饮料	429.12	古井贡酒	食品饮料	1 019.40	京东方 A	电子	1 198.50
潍柴动力	汽车	400.67	海尔智家	家用电器	421.15	国电南瑞	电力设备	1 016.18	古井贡酒	食品饮料	1 190.66
中国铝业	有色金属	381.22	东方财富	非银金融	407.61	长安汽车	汽车	1 015.13	中远海控	交通运输	1 182.85
药明康德	医药生物	380.14	东方盛虹	石油石化	406.57	中国船舶	国防军工	1 005.04	中国建筑	建筑装饰	1 181.43
中国联通	通信	378.00	特变电工	电力设备	401.93	通威股份	电力设备	980.57	通威股份	电力设备	1 170.37

续表

1 年期			3 年期			5 年期			10 年期		
证券简称	所属行业	市值增长量（亿元）	证券简称	所属行业	市值增长量（亿元）	证券简称	所属行业	市值增长量（亿元）	证券简称	所属行业	市值增长量（亿元）
中微公司	电子	374.08	合盛硅业	基础化工	394.57	智飞生物	医药生物	931.44	中航沈飞	国防军工	1 144.45
古井贡酒	食品饮料	367.74	潞安环能	煤炭	392.47	陕西煤业	煤炭	894.04	阳光电源	电力设备	1 140.19
东方财富	非银金融	358.63	北方稀土	有色金属	389.70	中国中免	商贸零售	893.33	荣盛石化	石油石化	1 050.10
分众传媒	传媒	352.39	古井贡酒	食品饮料	376.54	亿纬锂能	电力设备	846.03	恒力石化	石油石化	1 016.21
华泰证券	非银金融	339.23	润泽科技	通信	374.23	华能水电	公用事业	842.40	格力电器	家用电器	984.31
洛阳钼业	有色金属	322.80	海航控股	交通运输	370.77	兖矿能源	煤炭	819.72	分众传媒	传媒	979.14
宝钢股份	钢铁	322.50	中际旭创	通信	367.15	恒瑞医药	医药生物	790.45	三花智控	家用电器	934.88
大华股份	计算机	320.83	中国船舶	国防军工	360.48	三花智控	家用电器	758.51	中国船舶	国防军工	922.50
长安汽车	汽车	320.79	洛阳钼业	有色金属	353.27	宁波银行	银行	733.01	伊利股份	食品饮料	905.39
立讯精密	电子	319.09	中航机载	国防军工	350.65	盐湖股份	基础化工	708.04	兴业银行	银行	892.21
卓胜微	电子	311.47	华能国际	公用事业	340.33	晶澳科技	电力设备	697.36	平安银行	银行	890.43
中国卫通	国防军工	309.23	中远海能	交通运输	337.17	中航沈飞	国防军工	695.82	亿纬锂能	电力设备	872.85

附表 A-3

1、3、5、10 年期市值增长率排名

1 年期			3 年期			5 年期			10 年期		
证券简称	所属行业	市值增长率	证券简称	所属行业	市值增长率	证券简称	所属行业	市值增长率	证券简称	所属行业	市值增长率
节能环境	电力设备	645.67%	弘业期货	非银金融	5 819.08%	福莱特	电力设备	6 256.23%	顺丰控股	交通运输	13 111.11%
创新新材	有色金属	439.84%	润泽科技	通信	1 402.66%	弘业期货	非银金融	3 903.14%	恒力石化	石油石化	7 098.71%
鸿博股份	轻工制造	414.68%	赛力斯	汽车	1 012.22%	国联证券	非银金融	3 831.79%	中航沈飞	国防军工	6 392.62%
乐凯新材	电子	382.58%	钧达股份	电力设备	964.90%	润泽科技	通信	2 887.41%	中际旭创	通信	6 191.91%
中航电测	国防军工	332.11%	复旦微电	电子	930.11%	爱旭股份	电力设备	1 820.41%	分众传媒	传媒	4 833.73%
惠城环保	环保	323.24%	赫美集团	商贸零售	873.03%	中信特钢	钢铁	1 665.51%	晶澳科技	电力设备	4 264.47%
新诺威	医药生物	314.58%	卓朗科技	计算机	858.09%	兴齐眼药	医药生物	1 575.30%	中油资本	非银金融	3 404.32%
华电能源	公用事业	297.46%	ST 实达	通信	738.64%	湘财股份	非银金融	1 554.09%	纳思达	计算机	2 999.19%
中贝通信	通信	289.98%	南网储能	公用事业	699.70%	晶澳科技	电力设备	1 490.15%	圆通速递	交通运输	2 848.03%
捷荣技术	电子	287.21%	创新新材	有色金属	655.77%	阳光电源	电力设备	1 371.04%	光启技术	国防军工	2 699.96%
圣龙股份	汽车	286.03%	江特电机	有色金属	557.14%	居然之家	商贸零售	1 215.22%	中信特钢	钢铁	2 676.10%
华力创通	国防军工	278.08%	众泰汽车	汽车	512.15%	天山铝业	有色金属	1 072.59%	国轩高科	电力设备	2 548.62%
松炀资源	轻工制造	269.48%	华锡有色	建筑装饰	473.83%	山西汾酒	食品饮料	977.00%	赣锋锂业	有色金属	2 456.56%
中国科传	传媒	250.34%	高新发展	建筑装饰	443.61%	昊华科技	基础化工	965.80%	韵达股份	交通运输	2 392.91%
华锡有色	建筑装饰	244.19%	粤水电	公用事业	442.65%	石英股份	基础化工	907.79%	同花顺	计算机	2 245.12%
人民网	传媒	240.34%	双环传动	汽车	436.88%	北京君正	电子	882.37%	世纪华通	传媒	2 179.03%
高新发展	建筑装饰	238.61%	中矿资源	有色金属	430.41%	韦尔股份	电子	874.83%	隆基绿能	电力设备	2 138.33%
易普力	基础化工	226.59%	节能环境	电力设备	426.76%	协鑫能科	公用事业	862.67%	天齐锂业	有色金属	1 996.03%
万润科技	电子	225.08%	中集车辆	汽车	407.20%	恒润股份	电力设备	849.09%	通威股份	电力设备	1 994.89%

续表

1年期			3年期			5年期			10年期		
证券简称	所属行业	市值增长率	证券简称	所属行业	市值增长率	证券简称	所属行业	市值增长率	证券简称	所属行业	市值增长率
万辰集团	农林牧渔	219.76%	乐凯新材	电子	398.35%	创新新材	有色金属	844.72%	藏格矿业	有色金属	1 971.68%
光弘科技	电子	216.69%	石英股份	基础化工	397.83%	钧达股份	电力设备	829.71%	山西汾酒	食品饮料	1 905.18%
剑桥科技	通信	214.88%	并行科技	计算机	379.65%	大金重工	电力设备	821.61%	北方华创	电子	1 888.24%
中船科技	国防军工	202.22%	北方铜业	有色金属	370.52%	亿纬锂能	电力设备	816.64%	千方科技	计算机	1 849.14%
联特科技	通信	201.68%	圣龙股份	汽车	369.55%	南网储能	公用事业	799.08%	国投资本	非银金融	1 822.48%
恒为科技	计算机	200.52%	建设工业	汽车	369.02%	天华新能	电力设备	748.45%	完美世界	传媒	1 808.17%
中际旭创	通信	200.39%	湖北宜化	基础化工	362.64%	中国人保	非银金融	748.07%	东方财富	非银金融	1 753.51%
紫天科技	传媒	184.63%	华电能源	公用事业	355.72%	三维股份	基础化工	719.94%	北京君正	电子	1 722.56%
建设工业	汽车	180.11%	亚钾国际	基础化工	355.70%	赛力斯	汽车	715.34%	三六零	计算机	1 665.38%
万兴科技	计算机	177.72%	鸿博股份	轻工制造	355.54%	天下秀	传媒	714.19%	淮北矿业	煤炭	1 661.38%
莲花健康	食品饮料	169.32%	中金公司	非银金融	334.73%	青岛港	交通运输	707.58%	爱旭股份	电力设备	1 637.52%
汇洲智能	机械设备	166.07%	陕建股份	建筑装饰	334.18%	九安医疗	医药生物	704.27%	东方盛虹	石油石化	1 593.31%
有方科技	通信	165.12%	云天化	基础化工	325.82%	天赐材料	电力设备	690.86%	立讯精密	电子	1 585.68%
学大教育	社会服务	161.41%	东方智造	机械设备	314.05%	深桑达A	建筑装饰	690.82%	中航高科	国防军工	1 556.04%
天孚通信	通信	154.52%	四川路桥	建筑装饰	306.62%	天山股份	建筑材料	690.61%	巨人网络	传媒	1 539.02%
ST瑞德	电子	153.58%	山西路桥	交通运输	304.65%	北方华创	电子	683.26%	美锦能源	煤炭	1 528.59%
粤水电	公用事业	153.46%	永兴材料	有色金属	302.67%	节能环境	电力设备	670.43%	中公教育	社会服务	1 525.56%
海信家电	家用电器	151.06%	ST瑞德	电子	298.77%	中国广核	公用事业	662.91%	美年健康	医药生物	1 488.44%
金桥信息	计算机	150.41%	天山股份	建筑材料	296.64%	中国船舶	国防军工	659.39%	三花智控	家用电器	1 478.76%

续表

1年期			3年期			5年期			10年期		
证券简称	所属行业	市值增长率	证券简称	所属行业	市值增长率	证券简称	所属行业	市值增长率	证券简称	所属行业	市值增长率
迈得医疗	机械设备	150.08%	九安医疗	医药生物	291.16%	圣邦股份	电子	659.31%	闻泰科技	电子	1 434.86%
昆仑万维	传媒	150.06%	神火股份	有色金属	283.25%	香农芯创	电子	652.40%	福能股份	公用事业	1 429.33%
利通电子	电子	149.18%	易普力	基础化工	280.43%	巨星农牧	农林牧渔	650.86%	古井贡酒	食品饮料	1 421.03%
赛诺医疗	医药生物	147.22%	泰嘉股份	机械设备	277.59%	金开新能	公用事业	641.01%	领益智造	电子	1 419.37%
通化金马	医药生物	144.07%	神雾节能	环保	273.00%	亚钾国际	基础化工	632.17%	华创云信	非银金融	1 409.94%
德明利	计算机	143.48%	新诺威	医药生物	268.17%	新莱应材	机械设备	625.47%	贵州茅台	食品饮料	1 408.65%
方正科技	电子	143.29%	盾安环境	家用电器	267.90%	中矿资源	有色金属	622.93%	三七互娱	传媒	1 407.97%
海伦哲	机械设备	141.05%	莲花健康	食品饮料	265.34%	德赛西威	计算机	615.10%	电投产融	非银金融	1 404.60%
诺泰生物	医药生物	138.53%	鸣志电器	电力设备	261.42%	华锡有色	建筑装饰	614.24%	居然之家	商贸零售	1 362.34%
鸣志电器	电力设备	137.84%	通化金马	医药生物	258.15%	春风动力	汽车	597.76%	中航光电	国防军工	1 308.78%
沃格光电	电子	137.42%	高测股份	电力设备	256.48%	东方电缆	电力设备	587.48%	神州数码	计算机	1 280.42%
博俊科技	汽车	137.20%	电科芯片	电子	255.26%	易普力	基础化工	585.67%	湘财股份	非银金融	1 274.88%

附表 A-4　　1、3、5、10 年期溢价协同表现排名（截至 2023 年 6 月 30 日）

1 年期			3 年期			5 年期			10 年期		
证券简称	所属行业	长期溢价协同	证券简称	所属行业	长期溢价协同	证券简称	所属行业	长期溢价协同	证券简称	所属行业	长期溢价协同
兆龙互连	通信	1.40	鸣志电器	电力设备	1.46	中国船舶	国防军工	1.35	中国软件	计算机	2.40
中际旭创	通信	1.37	赛力斯	汽车	1.45	太极集团	医药生物	1.34	鸿博股份	轻工制造	1.85
中科信息	计算机	1.34	中航电测	国防军工	1.37	中航电测	国防军工	1.27	爱康科技	电力设备	1.78
中国科传	传媒	1.26	太极集团	医药生物	1.19	鸣志电器	电力设备	1.27	华星创业	通信	1.74
天孚通信	通信	1.19	禾望电气	电力设备	1.18	天孚通信	通信	1.26	海兰信	国防军工	1.65
日播时尚	纺织服饰	1.16	双环传动	汽车	1.04	安孚科技	电力设备	1.25	中际旭创	通信	1.58
鸣志电器	电力设备	1.13	贵绳股份	机械设备	1.02	拓普集团	汽车	1.25	万润科技	电子	1.58
寒武纪	电子	1.04	中大力德	机械设备	1.00	深桑达 A	建筑装饰	1.22	科大智能	电力设备	1.58
丰立智能	机械设备	1.03	中国科传	传媒	0.94	岩石股份	食品饮料	1.20	昌红科技	机械设备	1.57
盛天网络	传媒	1.01	赛轮轮胎	汽车	0.93	太辰光	通信	1.14	凤凰光学	电子	1.50
金桥信息	计算机	0.99	中科信息	计算机	0.92	北京人力	商贸零售	1.13	上海机场	交通运输	1.47
焦点科技	商贸零售	0.96	国机汽车	汽车	0.90	遥望科技	传媒	1.11	华中数控	机械设备	1.46
神州泰岳	传媒	0.93	中国稀土	有色金属	0.89	冰川网络	传媒	1.11	岩石股份	食品饮料	1.46
万辰集团	农林牧渔	0.91	京山轻机	电力设备	0.89	江山欧派	轻工制造	1.08	拓维信息	计算机	1.46
人民网	传媒	0.91	乐惠国际	机械设备	0.88	富临精工	电力设备	1.08	顺鑫农业	食品饮料	1.43
昆仑万维	传媒	0.91	华中数控	机械设备	0.87	德赛西威	计算机	1.03	朗科科技	计算机	1.42
世纪天鸿	传媒	0.87	森特股份	建筑装饰	0.87	中远海能	交通运输	1.03	盈康生命	医药生物	1.38
名臣健康	传媒	0.81	安科瑞	电力设备	0.85	航锦科技	基础化工	1.01	旭光电子	电子	1.38
中船科技	国防军工	0.80	川能动力	公用事业	0.85	三维股份	基础化工	0.98	石基信息	计算机	1.37

续表

1年期			3年期			5年期			10年期		
证券简称	所属行业	长期溢价协同	证券简称	所属行业	长期溢价协同	证券简称	所属行业	长期溢价协同	证券简称	所属行业	长期溢价协同
久远银海	计算机	0.79	浙江世宝	汽车	0.84	阳光电源	电力设备	0.97	五粮液	食品饮料	1.36
拓荆科技	电子	0.79	蜀道装备	机械设备	0.84	联创光电	电子	0.97	新五丰	农林牧渔	1.35
大港股份	电子	0.79	大港股份	电子	0.83	南网储能	公用事业	0.97	中航电测	国防军工	1.35
中大力德	机械设备	0.78	太辰光	通信	0.83	沈阳机床	机械设备	0.96	白云机场	交通运输	1.34
万兴科技	计算机	0.77	创业黑马	社会服务	0.82	漫步者	电子	0.95	新莱应材	机械设备	1.33
迪瑞医疗	医药生物	0.76	天顺风能	电力设备	0.81	鹏辉能源	电力设备	0.95	深桑达 A	建筑装饰	1.32
杭州热电	公用事业	0.76	伟星股份	纺织服饰	0.81	三棵树	建筑材料	0.93	北京人力	商贸零售	1.29
金山办公	计算机	0.75	名臣健康	传媒	0.81	普利特	基础化工	0.92	新国都	计算机	1.27
亚康股份	计算机	0.75	蓝晓科技	基础化工	0.78	剑桥科技	通信	0.92	遥望科技	传媒	1.24
工业富联	电子	0.75	艾比森	电子	0.78	南大光电	电子	0.92	盛通股份	轻工制造	1.22
掌趣科技	传媒	0.74	华明装备	电力设备	0.77	奥普光电	国防军工	0.91	世纪华通	传媒	1.22
姚记科技	传媒	0.73	宝色股份	机械设备	0.77	中船科技	国防军工	0.90	亿通科技	通信	1.22
柯力传感	机械设备	0.73	通润装备	机械设备	0.77	南方精工	汽车	0.88	宋城演艺	社会服务	1.19
琏升科技	传媒	0.72	江苏雷利	电力设备	0.77	通润装备	机械设备	0.88	科远智慧	计算机	1.19
漫步者	电子	0.71	秦川机床	机械设备	0.75	双环传动	汽车	0.85	宝信软件	计算机	1.19
中国出版	传媒	0.71	川仪股份	机械设备	0.75	东方通信	通信	0.83	台基股份	电子	1.18
华星创业	通信	0.70	华自科技	电力设备	0.74	新泉股份	汽车	0.83	建投能源	公用事业	1.18
恩华药业	医药生物	0.70	北方铜业	有色金属	0.73	宝信软件	计算机	0.83	ST 大集	商贸零售	1.18
汇通能源	商贸零售	0.69	中船科技	国防军工	0.73	容大感光	电子	0.82	翠微股份	商贸零售	1.17

续表

1 年期			3 年期			5 年期			10 年期		
证券简称	所属行业	长期溢价协同	证券简称	所属行业	长期溢价协同	证券简称	所属行业	长期溢价协同	证券简称	所属行业	长期溢价协同
惠城环保	环保	0.69	铂力特	机械设备	0.73	吉比特	传媒	0.81	金开新能	公用事业	1.16
利通电子	电子	0.68	中航沈飞	国防军工	0.73	蜀道装备	机械设备	0.80	泸州老窖	食品饮料	1.15
南方传媒	传媒	0.68	惠城环保	环保	0.72	长城汽车	汽车	0.79	漫步者	电子	1.13
光迅科技	通信	0.67	达仁堂	医药生物	0.72	华西股份	基础化工	0.79	三变科技	电力设备	1.13
云赛智联	计算机	0.67	润和软件	计算机	0.72	云赛智联	计算机	0.79	华软科技	基础化工	1.10
通宝能源	公用事业	0.67	永福股份	建筑装饰	0.71	赛轮轮胎	汽车	0.79	双环传动	汽车	1.10
拓尔思	计算机	0.67	新国都	计算机	0.71	银星能源	公用事业	0.79	永鼎股份	通信	1.09
中瓷电子	通信	0.66	金诚信	有色金属	0.71	精工科技	机械设备	0.78	亚星锚链	国防军工	1.09
奥普光电	国防军工	0.65	星云股份	电力设备	0.70	金辰股份	电力设备	0.77	贵州茅台	食品饮料	1.08
优德精密	机械设备	0.65	东方电缆	电力设备	0.70	东信和平	通信	0.76	航锦科技	基础化工	1.08
腾景科技	电子	0.64	阳光电源	电力设备	0.69	西子洁能	电力设备	0.76	奥普光电	国防军工	1.08
圣晖集成	建筑装饰	0.63	通宝能源	公用事业	0.69	英维克	机械设备	0.76	广西能源	公用事业	1.07

附表 A-5

2018.11.1—2023.10.31 新发股票前十

证券代码	证券名称	首发上市日期	首发价格	首发后总股本（亿股）	发行市值（亿元）	2023 年 10 月 31 日总市值（亿元）	相对涨跌幅	所属申万三级行业
600941.SH	中国移动	2022-01-05	57.58	213.78	12 309.60	12 481.74	1.40%	电信运营商
600938.SH	中国海油	2022-04-21	10.80	476.37	5 144.85	5 770.93	12.17%	油气开采Ⅲ
601658.SH	邮储银行	2019-12-10	5.50	869.79	4 783.82	4 274.85	−10.64%	国有大型银行Ⅲ
601728.SH	中国电信	2021-08-20	4.53	915.07	4 145.27	4 565.63	10.14%	电信运营商
688235.SH	百济神州	2021-12-15	192.60	13.35	2 570.81	1 482.70	−42.33%	其他生物制品
601816.SH	京沪高铁	2020-01-16	4.88	491.06	2 396.40	2 455.32	2.46%	铁路运输
688981.SH	中芯国际	2020-07-16	27.46	73.89	2 029.09	2 407.09	18.63%	集成电路制造
601319.SH	中国人保	2018-11-16	3.34	442.24	1 477.08	2 102.22	42.32%	保险Ⅲ
300999.SZ	金龙鱼	2020-10-15	25.70	54.22	1 393.35	1 897.56	36.19%	粮油加工
601995.SH	中金公司	2020-11-02	28.78	48.27	1 389.29	1 294.74	−6.80%	证券Ⅲ

注：总市值＝A 股收盘价 ×A 股合计 ＋B 股收盘价 ×B 股合计 × 人民币外汇牌价 ＋H 股收盘价 ×H 股合计 × 人民币外汇牌价 ＋ 海外上市股收盘价 × 海外上市股合计 × 人民币外汇牌价。若公司 2018 年仅在港股上市，但并未在 A 股上市，则其总市值为港股总市值（人民币），2023 年公司实现 A＋H 股上市后，其总市值为两市市值之和（人民币）。

附录 B：近 10 年退市情况

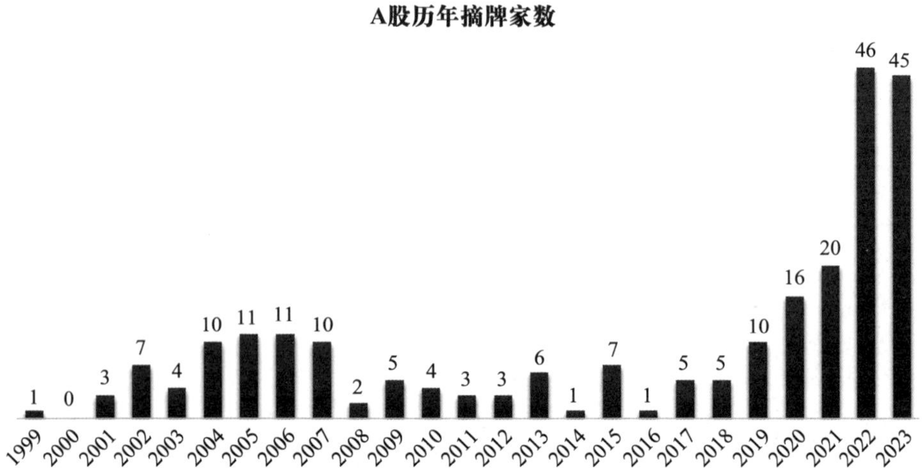

附图 B-1　A 股历年摘牌家数

自 A 股开市以来，共有 236 家上市公司摘牌。2021 年，随着《退市新规》的落地，退市日趋常态化。A 股摘牌逐步实现常态化，截至 2023 年 10 月 31 日，当年已有 45 家公司从 A 股摘牌。

附表 B-1　　2023 年股票退市前十

证券名称	摘牌市值（亿元）	退市原因
中航机电	416.35	中航电子换股吸收合并中航机电
经纬纺机	46.94	主动退市
*ST 庞大	40.91	交易类强制退市
*ST 中天	28.02	交易类强制退市
ST 阳光城	15.32	交易类强制退市
*ST 金洲	15.29	交易类强制退市
ST 美置	14.31	交易类强制退市
*ST 搜特	12.85	交易类强制退市
*ST 蓝光	12.14	交易类强制退市
ST 泰禾	10.70	交易类强制退市

附表 B-2　　2022 年股票退市前十

证券名称	摘牌市值（亿元）	退市原因
ST 平能	111.07	龙源电力换股吸收合并 ST 平能
观典防务	51.97	转板
翰博高新	40.89	转板
泰祥股份	19.61	转板
金刚退	15.91	财务类强制退市
退市海医	11.48	财务类强制退市
*ST 艾格	10.33	交易类强制退市
退市游久	9.91	财务类强制退市
退市西水	9.73	财务类强制退市
丹邦退	6.90	财务类强制退市

附表 B-3　　2021 年股票退市前十

证券名称	摘牌市值（亿元）	退市原因
葛洲坝	457.25	中国能建换股吸收合并葛洲坝
营口港	168.30	大连港换股吸收合并营口港
首商股份	58.80	王府井换股吸收合并首商股份
*ST 信威	40.64	财务类强制退市
天翔退	20.79	强制终止上市
*ST 航通	15.71	主动退市
*ST 宜生	7.71	交易类强制退市
康得退	7.08	强制终止上市
退市工新	4.66	财务类强制退市
退市刚泰	4.47	交易类强制退市

附表 B-4　　2020 年股票退市前十

证券名称	摘牌市值（亿元）	退市原因
退市锐电	15.08	交易类强制退市
退市美都	7.51	交易类强制退市
乐视退	7.18	财务类强制退市

续表

证券名称	摘牌市值（亿元）	退市原因
凯迪退	5.89	财务类强制退市
退市华业	5.84	交易类强制退市
退市银鸽	4.55	交易类强制退市
神城 A 退	4.27	交易类强制退市
退市保千	4.14	财务类强制退市
天茂退	3.74	交易类强制退市
天宝退	1.99	交易类强制退市

附表 B-5　　2019 年股票退市前十

证券名称	摘牌市值（亿元）	退市原因
小天鹅 A	340.18	美的集团换股吸收合并小天鹅
*ST 上普	23.00	主动退市
长生退	7.50	重大违法强制退市情形
退市海润	7.09	财务类强制退市
华信退	5.92	交易类强制退市
雏鹰退	5.33	交易类强制退市
众和退	4.51	财务类强制退市
印纪退	4.42	交易类强制退市
退市大控	3.81	交易类强制退市
华泽退	2.01	财务类强制退市

附表 B-6　　2018 年股票退市前十

证券名称	摘牌市值（亿元）	退市原因
外运发展	190.06	中国外运换股吸收合并外运发展
退市吉恩	22.13	财务类强制退市
中弘退	18.46	交易类强制退市
退市昆机	8.72	财务类强制退市
烯碳退	7.04	财务类强制退市

附表 B-7　　2017 年股票退市前十

证券名称	摘牌市值（亿元）	退市原因
武钢股份	374.48	宝钢股份换股吸收合并武汉钢铁
长城信息	165.49	长城电脑换股吸收合并长城信息
华北高速	96.14	招商公路换股吸收合并华北高速
新都退	7.31	财务类强制退市
欣泰退	2.54	欺诈发行

附表 B-8　　2016 年股票退市前十

证券名称	摘牌市值（亿元）	退市原因
退市博元	8.55	重大违法类强制退市

附表 B-9　　2015 年股票退市前十

证券名称	摘牌市值（亿元）	退市原因
中国北车	3 302.62	中国北车与中国南车合并
宏源证券	1 211.58	申万宏源发行 A 股股份吸收合并宏源证券
招商地产	987.48	招商局蛇口控股发行 A 股股份换股吸收合并招商局地产
东方明珠	738.59	百事通吸收合并东方明珠
大华农	246.59	温氏股份换股吸收合并大北农
*ST 二重	53.90	主动退市
国恒退	19.27	财务类强制退市

附表 B-10　　2014 年股票退市前十

证券名称	摘牌市值（亿元）	退市原因
退市长油	28.17	财务类强制退市

附表 B-11　　2013 年股票退市前十

证券名称	摘牌市值（亿元）	退市原因
美的电器	474.49	美的集团发行 A 股股份换股吸收合并美的电器
金马集团	135.33	神华国能集团有限公司实施了对金马集团的全面要约收购
白云山 A	109.15	广州药业新增 A 股股份换股吸收合并白云山

续表

证券名称	摘牌市值（亿元）	退市原因
天方药业	26.29	中国医药换股吸收合并天方药业
*ST 创智	17.72	财务类强制退市
*ST 炎黄	1.08	财务类强制退市

从数据统计来看，近十年，每年股票退市前十的公司中，最主要的两大退市情形为交易类强制退市［连续 20 个交易日的每日收盘价均低于股票面值（1 元）］，共计 23 起，以及财务类强制退市，共计 21 起。换股吸收合并等也是 A 股退市的一大主要原因，共计 19 起。

2019 年，科创板开板，首次引入市值上市指标，市值成为考量上市公司的一大重要因素。2019 年起，相关退市政策更加完善，执行更加严格，交易类强制退市数量在 2019 年后出现大幅增多。

由此我们可以看到，市值对于上市公司的重要性。

附录 C：腾讯微视《漫谈中国资本市场 60 集》影音文字版

2020 年 6 月 8 日—8 月 28 日，毛勇春先生每个工作日每天用 1 分钟时间，尝试运用微视、抖音、视频号等新形式，简明扼要地讲解资本市场，取名《漫谈中国资本市场》，从资本市场各参与者的作用开场讲起，到资本市场最终的任务是发现好公司与好股票的结合而结束。共 60 集。播出后，受到广泛好评。

（1）我国的证券公司是怎么来的？

其实，我国证券公司都脱胎于银行、信托公司。1991 年，我从业的机构叫建设银行上海信托投资公司证券部，是上海繁华的十里南京路上唯一一个证券机构，在交易所里的席位编号是 103。该机构是当时在上海债券业务做得最大的单位。而市面上同样有影响的大机构还有万国证券、申银证券、海通证券，它们的成立与业务发展也都与银行与信托公司的背景有关。

（2）资本市场早期出现过全国性的证券公司吗？

在资本市场早期，我国就出现过全国性的证券公司，即带“中”字头的证券公司。1992 年下半年，由工商银行总行、农业银行总行、建设银行总行分别组建了中国华夏证券公司、中国南方证券公司与中国国泰证券公司。这些都是完全由国家政策主导而设立的大型证券公司。尽管当时在上海与深圳都活跃着市场化程度更好的地方性证券公司。三大证券公司存活至今的是后来合并了君安证券后的国泰君安证券。

（3）中金、中信这两家券商是怎么来的？

现在大名鼎鼎的中金与中信，是对外开放及实行金融业分业经营的结果。中金即中国国际金融有限公司，是中国建设银行与美国摩根士丹利公司合资的证券经营机构，而中信即中信证券公司，是中国国际信托投资公司整合系统内的证券机构及受让系统外的证券机构的结果。这些事都发生在 1995 年之后，其中故事很多，有能人的作用，但主要还是政策助推。

（4）1997 年为何特别重要？

1990 年年底就有了证券交易所，但严格意义上讲，1994 年 7 月《公司法》施行，各类企业包括股份公司才得以合法运行；1995 年 7 月《商业银行法》施行，才标志着银行与信托、证券完全脱钩，金融业实行分业经营；1999 年 7 月《证券法》施行，证券公司的设立与业务活动才开始在法制下进行，资本市场在国民经济中的地位发生了根本性的变化。市场上一般以金融业分业经营彻底完成的 1997 年来划分从业资历，许多人的职业生涯就此发生变化。

（5）证券公司有哪四块主要业务？

证券公司的业务主要是证券发行与证券交易。证券发行现在称为投行业务，证券交易称为经纪业务。1999 年 7 月《证券法》实施后，研发与资管业务开始成型，而之前一些大的证券公司已经有这两块业务的雏形。所以，现在有人说他在证券公司做业务，那一定是这四块中的一块。比如，证券公司的研发部门可以将研究报告提供给自营、资管、经纪业务，也可以为投行及基金公司提供服务。

（6）资本市场的四大基石是指什么？

监管层（即监管机构）、上市公司、中介机构、投资者，就是我们通常说的资本市场的四大基石。中介机构里有券商、会计师事务所、律师事务所、研究评估机构、财经媒体等，都是为资本市场的有效运行提供专业服务的。而通常说的我国有 5 000 万个活跃的交易账户，就是指各类投资者。四大基石中，大家又公认上市公司最重要。伟大的公司往往诞生在最健康的市场上并进一步促进资本市场的健康发展。

（7）我们为何会对香港同行心存感激？

一些从业早的人，会从心里感激香港的同行。当我国资本市场的制度设计决定效仿英美之后，大公司云集的我国香港同行事实上成了我们的老师。从商业礼仪、行业素养到盈利预测、招股说明书、承销协议等，无不体现在 B 股与 H 股发行的工作中。如律所的“包括但不限于”的格式化用语、会所的对盈利预测的绝对抠刻及投行的在招股说明书上对风险的超细提示。我们之前发股票、债券的承销协议及发行公告只有几页 A4 纸，后来的招股说明书都最起码超过 100 页了。

（8）卖方业务与买方业务指的是什么？

卖方业务就是指投行业务，可以形象地理解要把东西卖掉！就是帮助企业发股票和债券，靠的是卖方公司的品牌与分销能力，比如有高盛做的保荐人与主承销券商的股票或债券，会被市场看好。卖方业务比的是承销规模与市场占比；买方业务就是指资管业务与 VC、PE 业务，形象地说，就是花钱买东西。资管业务主要指证券投资，VC、PE 这类基金主要做股权投资，买方业务比的就是短期与长期的收益率。从业者一般是先做卖方业务等更有经验后转做买方业务。

（9）公司上市应有的目的是什么？

许多人认为公司上市是为了获得除银行信贷外的融资，即资本市场上的直接融资，解决公司发展的资金问题。也有很多人认为是为了获得股份的自由流通，流通的股份相比不能流通的股份其价值是有天壤之别的，这一点被一些实控人与财务投资者最为看重。但最根本的目的，应是在公平、公正、公开的原则下，经营好公司，循环高效利用资本市场，用产品与服务来获取市场溢价，增加市值、回报股东、贡献社会。没有这种属于底层逻辑的认识，上市公司很容易走偏。

（10）投资股票其实是在投资什么？

投资股票，是为了获得分红和赚取股票买卖的价差，其实最根本的就是投资股票所对应的公司的未来、行业的未来，也是经济的未来，甚至可以说是自己的未来。美国有个资本市场的从业者，20 多年前就为自己的三个孩子各买了 100 股苹果股票，作为孩子的出生礼物，如今当年的小苹果早已成了人人必备的大苹果！看看美国和中国香港、上海、深圳各股票交易所内市值前 10 的公司，你就会明白应该去寻找什么样的行业与公司，如何投资自己这个时代的未来了。

（11）股票买卖到博傻的原因是什么？

一方面是因为我们的市场还不成熟，短期内在消息与资金的推动下即使大盘再低迷也常会有连续涨停、短期翻番的股票，这种赌场式的引诱作用极大。另一方面许多散户投资者，一开始就认为股票与公司业绩与成长性是可以完全分开的，听消息与炒概念才是股票买卖的全部，久而久之养成了赌徒博傻心理。炒股票一词就是短期高频交易的代名词。这样博傻型的股票投资，追涨杀跌，长期看必输无疑。改不了的原因是前赴后继的博傻型的投资者还太多罢了。

（12）资本市场的投融资功能为何必须平衡？

资本市场具有直接融资的功能，在成就公司快速发展上起到了独特而无法替代的作用。但光有融资功能的市场是不健康的，投资功能必须得到充分的体现，如果一个市场的投资者普遍不赚钱，融资功能最终也要受到影响。这就是每次新股发行太多、定向增发太多，市场供需失衡之后，监管层往往不得不停发与缓发新股的原因。资本市场是最市场化的地方，违背规律就要受到惩罚。这一点市场各参与者都有责任，监管层更是责无旁贷。

（13）资本市场对造假者为何必须零容忍？

投资者一般都是用20倍以上的市盈率溢价买入新股的，这是投资者看好公司未来而心甘情愿冒的风险，但这样做的前提是公司的所有信息是透明的、真实的，如果公司通过造假上市或为维持市值水平虚报项目虚增利润欺骗投资者，则必须受到法律的最严厉的惩罚。如果造假者得不到最严厉的惩罚，市场上就会出现效仿者，投资者就会沦为被割的韭菜，市场的投融资功能就会遭到破坏，市场就会成为变相的赌场。

（14）只有中国是政策市、资金市、消息市吗？

不仅新兴资本市场具有政策市、资金市、消息市的特征，美国这样成熟的资本市场其实也是如此。区别在于，不太成熟的市场的参与者喜欢抓住朦胧信息开展博弈甚至到击鼓传花的地步，而成熟市场具有迅速证伪的能力，比如上市公司会快速且自觉履行法定信息披露的责任，一旦信息不实股价就会下跌，大家是在为符合预期的增长买单。比如，特斯拉财报信息超于预期股价就跳涨，而脸书财报如果不及预期就会无悬念地下跌。

（15）2005年的股权分置改革为何有里程碑的意义？

2005年实行股权分置改革之前，上市公司的大部分股份即国家股与法人股是不能流通的。这个制度设计的缺陷使得上市公司普遍不关心股价与市值，由此导致由大部分不流通的股权构成的公司市值是失真的。股权分置改革，国有股、法人股在向个人股支付对价后，获得了流通的权利。2008年三一重工第一个完成股改，公司股份全流通了。全流通的背景下，上市公司的市值才有了货真价实的意义。

（16）券商业务人员应该具有什么样的知识结构呢？

券商业务人员的底层知识结构应该是财务会计、法律法规、金融市场。财务会计知识可以帮助你对证券资产的质量有最基本的认识，毕竟证券资产对应的公司与企业的实体资产的收益与增长才是根本，不能凭空去讲故事。而法律法规等发行、交易制度的调整与改变，会直接影响市场规模、业务兴衰，当然应该高度敏感。而金融市场知识会让你更好地理解市场前景及所有的风口。当然，你服务的对象是性格多样的人，掌握一些心理学知识更好。

（17）心痒痒的时候就是差不多要背离常识的时候？

谁都知道投资要靠常识与技巧，常识几乎先天就可获得，技巧需要学习与训练。但是，只要我们一入市，一盯盘，被左右隔壁的人最近一直赢钱的气氛一烘托，心一定痒痒的，怪了，实践证明，只要这种状态一出现，马上就开始背离常识了，投资技巧几乎就没用。价量时空就一定掌握不好！因为你的投资全押宝在侥幸与运气上了。6 124 点与 5 178 点附近入市的人，或者某只热门题材股最高点附近入市的人当时的心理状态自己最清楚。

（18）你听过多少次十年黄金期了？

资本市场是人类最伟大的发明之一，诞生着跨时代的伟大公司，改变着人类生活与生存方式。资本市场还有个特点，在这个市场上你赢钱可以不说，输钱也没有地方报销。所以在资本市场上最终只能依靠自己，并自己对自己的投资负全责。每当行情一好时，各种声音又起，特别是所谓的黄金十年期，已经若干次了！还有这个牛、那个牛的行情！甚至 4 000 点是本轮牛市的开端也仿佛就在耳边。实践证明，为了你自己的账户的正收益，最好屏蔽这类声音。

（19）既然与投资有关就没有了保本的概念？

最近有报道称大银行理财子公司的个别产品到期不能完全兑现本金与收益。其实，只要你买的是投资类产品，就没有了保本的概念，客户经理营销时说得再好也没用。只有银行存款的资金安全与利息收入会有保障。拿了你的资金要去资金市场、资本市场运作的都是投资类产品，运作出收益才能保障你的收益。而在市场上运作失败的事经常会有。所以买产品时一定要清楚受托方拿了资金去干啥？对应的底层资产是什么？干的事有无明显违背常识。

（20）面对市场的巨幅波动你能做的是什么？

受疫情影响美国股市 3 月经历 4 次熔断，股市巨幅波动。我们 2015 年股灾时也天天有千股跌停的景象。遭遇这种情况时其实最正确的动作是什么也不做，因为市场遭遇系统性风险时，个人的努力一点用也没有，只要你不是杠杆资金，没有被强制平仓的风险，就只要检查所持股票的基本面即可。只要基本面没问题，甚至增长可期，就要抵御住人心的弱点，不去追涨杀跌。因为实践证明，资本市场是周期性的，非理性下跌一般会 V 字形反转回来。

（21）又准备好迎接牛市了？

这几天 A 股市场沸腾了，都在说 2015 年后的牛市来了，这次叫“大国牛”！2015 年叫过“改革牛”“杠杆牛”，后来事实上成了“人造牛”！那时没有任何投资常识的人蜂蛹入市，喊着：世界这么大，我想去看看。美国也有大批低收入者拿到政府疫情补助款就直接入市了，人性弱点不分中外。谈论牛市先要问清楚：牛市的特征是什么？支撑牛市的经济基本面是什么？除此就是资金博弈、零和游戏。如果这些都没想清楚，那你赢了算运气好，再一次输那是一定的。

（22）为啥不要去做赌博式的投资？

有国际著名网上证券交易平台邀请台湾期权交易专家介绍黄金期权交易，说今年 11 月美国总统大选，市场波动会剧烈，黄金、石油、外汇的期权交易都值得做一把，而且说现货交易发大财不大可能耗时又太长，而期权交易完全有可能。以前有大批台湾同胞在上海等地干这行，每个期货公司都有，但后来基本也都以财技谋生，并没出现成功投资人。这说明投资是不容易的事，讲是讲做是做，知行合一更难！每个人入市前都要想好，你交易的是啥东西？如果亏损最多亏多少？不要去做赌博式的投资。

（23）从面目全非的个股中应该记取些什么？

今年退市的股票不少，保千里、华锐风电、暴风集团、乐视网、美股上市的有瑞幸咖啡。被大家熟知，是因为曾经是牛气冲天的明星股，如今还是股东的或许有上当受骗的感觉，毕竟跟着“让我们一起为梦想窒息”激动过，为小蓝杯马上会超越星巴克而兴奋过，但说受骗是要举证的。资本市场上的历史告诉我们中介机构本质上也都是为钱而来，不到万不得已更不会指证上市公司作假，监管者更会有 5 家里面只处理 2 家的可能。所以，与其事后耗时耗力维权，不如投资前先进行常识认知测试！

（24）为什么说金融就是信用与风控？

这几天有电话开始问 1∶5 以上的配资要不要？看着往上蹿的行情，100 个人里可能会有几个人心动，会去赌一把的。券商融资额已破 1.2 万亿元说明需求是存在的。但金融就是信用与风控，对个人也是。最好的信用是抵押物，然后决定杠杆。最好的风控是最后不要失去信用与抵押物。许多人是不懂这些道理的，新赌徒会继续老赌徒的故事，赢了宣布财务自由、输了又玩人间蒸发。证监会曝光打击场外非法配资机构就是要对照信用与风控来管控金融风险，让市场健康一点。

（25）说好的高抛低吸为啥做做就成了追涨杀跌？

真实的事例告诉我们，投资的结果与是否商学院毕业无关、与是否在金融单位工作无关，与年龄与性别无关。决定投资效果的往往是一个人的性格、面对基本常识的快速反应与说不清楚的运气。比如，都知道做交易应该高抛低吸，但由于什么算高什么算低把握不易，随着市场气氛的快速推动，会自然加入追涨杀跌的行列，专业人士也逃不过这人性的弱点。所以投资是高度个性化的事，要耐得住寂寞，要远离喧嚣的市场。机会与成就会青睐有章法的冷静的交易者。

（26）为什么说“二八法则”是你投资要遵循的首要原则？

因为有美国大投行摩根士丹利和高盛的背书，市场上重复着全球最好的资产在中国，中国最好的资产在 A 股的言论。每次震荡是最好的上车机会，A 股会很快突破 2015 年的 5 178 点的鼓噪声不绝于耳。现在有冷静的声音，但股市中的新人处在兴奋中是听不进劝的。其实以上的言论都可以不负责，只有二八法则是常识不会骗人，赚钱的永远是少数，看看周围，你自己评估一下自己，你是凭运气成了少数还是凭实力成了少数？只靠运气赚到的钱一定会靠实力还给市场。

（27）投资的困难是因为资讯不够，还是因为选择困难？

这两天大家都在听消息、盯盘忙得心惊胆战又不亦乐乎。投资的困难不是资讯不够而是互联网时代咨询泛滥、真假难辨。这个时候更应该让自己回归常识，常识告诉我们虽然货币增量与流动速度使得资本市场与实体经济发生背离，但资金最终追逐的是优质资产而非股票凭证或虚幻概念。等大家明白过来优质资产并没有这么多时，行情就会怎么来的就怎么去了。我在《市值管理新论》的附录里真实记录了 2015 年股灾前的场景，相信会重演的，最终收场的只能是你自己。

（28）为啥说短期看是否买对价格、长期看是否买对东西？

行情起来之后，会有赶紧上车的想法。但一看上蹿下跳的 K 线，多数没有经验的人会手忙脚乱，甚至只希望你报个股票代码就行。这种时候，即使是大市值股性活跃的股票，短期你只有买对价格，否则你会很纠结，纠结为啥自己一买就跌了。长期你应该买对东西，即股票对应的公司。公司好、股票好，即使进价不太好也值得持有。因为好资产在货币宽松的背景下，总是稀缺的。想明白了，你才会从容交易，否则不会赚钱又盯盘伤身体，疫情都经历过了，还要这种状态干什么？

（29）为什么说投资原理与底层逻辑最重要？

两人谈论股票投资，几句话一说，就会清楚对方认同的投资原理与底层逻辑，也就是投资哲学。比如在什么时候可用杠杆？公司业绩重要还是消息重要？你相信风险收益比吗？市场及公司的表现是周期性的还是线性的？自己的个性是否适合做股票交易？人的动物性会让行情失真多久？问完这些才去看经历过的事件及相关数据，比如 2015 年 5 178 点前的交易金额，沪市峰值是 1.3 万亿元，现在沪市日均 7 000 亿元，如果认同量在价先的话，那还要有同比例的交易量堆上去才能看到想看到的指数高点。

（30）股市里能够帮到你的是谁？

在股市里能够帮到你的不是别人！就是你自己。这一点其实事后都想得明白，但是在行情快速起来和快速变化的时候，都希望听到点别人的建议，这就是所谓的从众心理，现在会被各类微信群里的声音所左右。股市里充满着杂音以及坑蒙拐骗这类人类的负能量，短期都是零和游戏，群里推荐你买的就有可能是别人或庄家要抛的，你就是接盘侠与韭菜了。财经新闻里有说年轻人在用借呗炒股、老年人终于冒雨把休眠账户激活了，资金转好，科创板开通。这类场景一出现就是行情要掉头了，每次都很准。

（31）市值概念太重要了！

市值等于股价 × 股数，等于市盈率 × 公司净利润。对上市公司来说就是公司价值在资本市场上的体现。进入资本市场你得有市值概念，我们 A 股 2015 年的市值峰值是 75 万亿。现在，茅台市值是 2.07 万亿元，腾讯市值是 4.98 万亿港元，苹果的市值是 1.67 万亿美元，超过了我们创业板所有公司市值的总和！如果你经营的上市公司数年来市值徘徊于 30 亿人民币，你一定要找原因了。如果你的股权市值对应的就是这家公司，你的投资也一定有问题了。单纯看股价的时代已经过去了！有意义的就是市值！

（32）从企业管理到市值管理有了什么飞跃？

在没有资本市场之前，企业经营产生的1亿元利润并没有太高的溢价，比如5～8倍。而在资本市场上上市公司的1亿元利润却有可能被赋予50倍的市盈率，这样公司的市值溢价成了50亿元！非常明显50亿元市值的好处会远远大于5亿～8亿元的企业估值！股份的流动性也会完全不同。资本市场有溢价放大效应！企业管理也从利润管理过渡到了市值管理！因为企业在资本市场享受到了更大的好处，所以相应的基于预期管理及溢价协同管理的市值管理的难度与要求也更高了。

（33）市值与内在价值的关系是什么？

市值与内在价值的关系，好比我们对现实与常识认知。谁都希望公司的市值越大越好，但如果公司的内在价值所展现的数字低得突破常识，你当然对奇高的市值会心有不安的！公司的内在价值主要依据财务信息，是公司一段时期价值创造的结果，可以用不同的估值法来计算，但对未来收益贴现的基本原则是不变的。市值是资本市场连续交易的结果，受包括财务信息在内的所有信息的影响，可以说是估值的不同程度的兑现。上市公司的价值存在于市值之中，谁都希望有工具告诉你一家公司的市值与内在价值是否处在协同状态。

（34）市值管理管理什么？

就像企业管理不同于管理企业，市值管理初看也是高大上的学问，当然也不同于管理市值。人们对股数与股价比较好理解，对市值及市值管理总觉得是特别高深的事，其实市值公式很好理解，市值管理也没有那么神秘玄乎。市值管理就是要主动管理好影响市值的重要因素与变量，让公司市值充分反映公司的内在价值，让公司股东享受到资本市场的溢价。由于每家公司的市值影响要素各不相同，要找准核心要素与变量并不容易。你如果像炒股票一样去折腾市值的话，就不叫市值管理了。那些退市的明星股就是反例。

（35）市值管理追求好公司与好股票的统一！

形象地说，市值管理是一套系统的方法，目的就是让上市公司在资本市场上体现好公司与好股票的统一！让上市公司股东持有好股票的逻辑是因为对应着好公司。科创板上市一周年，第一批的 25 家公司只有 2 家留在了科创板市值前十，说明要做中长跑冠军很难！再过 3 年，你更会发现如果没有用市值管理的方法管理影响公司市值的核心要素与变量，你就没法让自己成为好公司与好股票！市值稳定增长堪忧。而明明是上市公司的重要股东，如果不会运用市值管理方法也会沦为像散户一样的炒股票，最终手中的股权市值会大幅缩水。

（36）中芯国际会成为中国石油吗？

你投资一只股票前，应该了解这只股票的最新市值，一定时期内的最高市值、最低市值与平均市值。市值是价量结合的概念，远比股价全面、真实。科创板里的中芯国际，会不会成为当年的中国石油，看什么？看发行市值，上市市值与最新市值。这个行业最先进最赚钱的公司是台积电，最新市值是 1.92 万亿美元。台积电主打产品是 7 纳米芯片，5 纳米已量产，中芯国际主打产品是 14 纳米芯片，7 纳米在还在攻关中。影响中芯国际市值的关键变量是主打产品对营收的贡献，这样你就知道如何不为市场情绪所动买卖这只股票了。

（37）精选层怎么可能与科创板比？

市值管理要找准影响市值的核心要素与变量，现在与常态下的情况不同，中美关系成了影响市值的最大的外部变量，并且市场中的个体对此无能为力。国际金价的陡升、比特币的陡升，都源于对货币宽松的担忧，对冲突甚至战争的担忧。昨天新三板的精选层 32 只股票进行竞价交易，结果过半公司破发。说明资金在非正常时期，更倾向于安全，更何况精选层的定位根本就不能与上交所的科创板去比。所以运用市值管理方法在非正常的市场环境下一定要老老实实先把外部最大的变量关注好。

（38）好公司的股票最终不会让你吃亏？

说好的大国牛呢？这次行情来得快去得也快，两市交易金额破 1 万亿元，逼近 1.5 万亿元的日子不过两周，现在已缩量整理。交易量不骗人。2015 年股灾前的交易峰值是上海市场一天就有 1.3 万亿元，市值是充分交易的结果，交易量不足，就是对市值有效性的信心不足。但是，在货币量化宽松的背景下，资本市场的结构性行情一直会有，只是我们现在想在资本市场上解决的问题太多，使其不堪重负，才会行情越来越短、脉冲特征越来越强。如何用市值管理的方法去应对呢？就去寻找溢价协同指标好的公司，被行情带下来的好公司，其股票最终不会让你吃亏。

（39）股价是最活跃的变量，也最容易被误认为最重要

市值的 4 个一级变量中，股价是最活跃的变量，也最容易被误认为最重要。那是因为股价最容易立竿见影，似乎有资金青睐就完全可以抛开基本面，但又容易主力一走立刻一地鸡毛。而股数要稳定许多，上市公司要做股本扩张，只是资本公积金转送股之类的财技，就没有意义，能切实进行新的股权融资，股本扩张才能实现。市盈率更需要在与同行业公司的比较中才更具参考价值，公司净利也不是平白无故就能产生，更何况在环比与同比中完全可以看出其是否有真实的增长。所以单纯看股价高低往往会被市场气氛所骗。

（40）你做投资时参照的是什么？

内在价值、估值、市值，你投资参照的是什么呢？内在价值是最底层的，只是大家有各自的算法。估值是 PE 投资领域的概念，你入股的价格依据，比较简单的是用市盈率代表估值的高低。市值则是连续交易的结果，可以说是实现了的估值。我们当然希望公司内在价值大于它的估值与市值，这样算是拿到了很便宜的股票。但是，事实上做股票投资的人都很容易为市场情绪所动，丢开股票投资的价值依据去做资金博弈。没有市值管理逻辑的人往往会按捺不住自己而在一路上涨的问题股上下注，如同这几天的獐子岛与一些 ST 股票。

（41）市值管理要处理好的两个系统是什么？

市值管理要应对的两个系统是，公司营运即价值创造的系统，简单得可以称为 EPS1；资本市场应对即价值实现的系统，简单地可以称为 EPS2。上市公司的全体股东都希望上市公司 EPS2 大于 EPS1，这样公司上市才有意义。资本市场是投资未来的地方，它愿意相信一家公司实际的公司税后利润 EPS2 要比公司财报公布的公司税后利润 EPS1 要大，这样公司市值就在交易中增长了！市场上科技股、消费股、医药股的上涨，基本逻辑就是这样，是因为市场看高了这类股票会有的暂时无须兑现的 EPS2。要注意这时的看高市场情绪的成分会很大。

（42）市值管理的两大需求主体是什么？

上市公司与上市公司的重要股东，是市值管理的两个需求主体。在 2012 年出

版《市值管理方略——激活需求、创造价值》一书前，市场上只提上市公司的市值管理，随着市值管理实践及理论探索的深入，我们把上市公司的重要股东特别是大股东纳入了市值管理的需求主体。众多案例告诉我们，市值管理的油门与刹车都在大股东的脚下，上市公司与重要股东的市值管理是互为因果的。如果大股东没有正确的市值管理理念，胡乱进行市值管理实践，上市公司经常会被拖进财务造假与股价操纵的深渊。那些风光一阵又一地鸡毛甚至黯然退市的公司基本上都存在这种情况。

（43）上市公司可以着力的市值管理名下的五大工作是什么？

投资者关系、股权激励、再融资、并购重组、股权结构优化，是上市公司可以着力的市值管理名下的五大工作。一般认为股权激励是驱动市值内生增长的重要因素，并购重组是驱动市值外生增长的重要因素。但这两项工作并非必然代表市值的增长。另外三项工作不可低估，比如股权结构优化，2015 年的万科控制权之争与上海家化管理层与资本方博弈就是因为股权结构的问题，最终影响了公司治理、价值创造与市值表现。所以市值管理不简单机械等于某一工作，应该是五项工作的集合。

（44）上市公司重要股东可以着力的市值管理名下的五大工作是什么？

市值维护、股权融资、大宗减持、多股权管理及战略投资，是上市公司股东可以着力的市值管理名下的五大工作。市场上一般认为大宗减持是重要股东的最重要的市值管理工作，毕竟重要股东特别是大股东对上市公司的内在价值最了解，其为股权效用优化而做的减持无可厚非。只是影响市值的因素太多，即便是大股东也未必能精准减持。股权质押融资也不简单，2018 年受市场波动的影响，许多公司的重要股东的股权质押融资从无股不押到无股可押遭遇了强制平仓的风险，酿成股灾。所以工具使用需要结果导向，谨慎操作。

（45）为什么说市值管理理念下上市公司与其重要股东是互为因果的关系？

上市公司控股方与经营方的关系，市场上有控股方就是经营方的情况，像一些民营控股的上市公司；还有控股方事实上不参与经营，像国企、央企上市公司；当然还有控股方通过市场化的方式聘请经营团队的，像国际上一些有规模的上市公司。在市值管理理念下，我们说有什么样的控股股东就有什么样的上市公司，另一方面也说有什么样的管理层就有什么样的公司。更多的时候我们先记住了上市公司核心经营者的名字才记住了这家公司。掌门人效应在特别好的公司与特别差的公司都如此。

（46）为什么说市值管理要处理好长期与短期的关系？

资本市场的魅力会让大家去做市值大梦，资本市场叠加互联网产生几何级数效应，似乎只要在风口百亿级市值是件很容易的事，尽管公司的利润只有不足1亿元，甚至还在负利润阶段。但是千万不要以为资本市场可以完全脱离实体经济，再高的市值也要直面一个问题，你将来如何兑现你的增长？一些在线教育机构的获客成本这么高，已经是新的旁氏了。如同2017年对影视与游戏公司的狂追。头脑清醒的上市公司要处理好长期与短期的市值管理需求间的关系了，长期市值稳定如何有价值支撑，短期如何借市场之力使工具运用得当。

（47）为什么说市值管理要处理好有考核指标与没有考核指标的关系？

市值会有峰值，也会因事件干扰而蒸发严重，每个上市公司及实控人都希望看到市值停留在曾经看到过的高点。根据考什么做什么的工作思维，要想让市值稳定与市值增长成为市值管理的目标，又要兼顾实体企业的方方面面，考核指标的设计并不容易。我们的溢价协同指标可以是一个考核指标，在没有统一的指标前并不等于不需要进行市值管理。事实上，公司一来到资本市场上，不管有无市值考核指标，市值管理本质上就在你身边。爱尔眼科等长期溢价协同值好的公司就是有、无考核指标都在努力做着“对的”市值管理。

（48）为什么说市值管理要处理好战略与战术的关系？

许多人习惯于把市值管理当情急时的工具，而行情上涨时总觉得自己是股神，根本想不到市值管理理念及常态化实践。行情一波动，或遭遇剧烈下跌就开始手足无措，又把市值管理当灵丹妙药，结果往往会无功而返。战略先行的做法是：市值规划与公司战略同步，董事会有讨论市值与内在价值协同程度的工作内容，公司有人员配备与工作预算。而战术是根据实际情况使用的工具而已。一场战斗哪有没有总体规划与战略布局靠局部小打小闹可以胜利的？许多上市公司与实控人过度迎合市场概念，一会儿养猪、一会儿更名，最终成了散户做股票，就一个“输”字！

（49）市值管理的评价如何定性与定量相结合？

我们说市值管理是理念、方法与系统工程，不是一次单项的资本市场工具运用。就要对市值管理进行评价，定性与定量结合的评价才是正确的方法。2015 年之后市值管理常态化，市值管理量化评价出现，我们原创的溢价协同指标就是这样，通俗地讲是衡量市值与内在价值谁增长得快，是否在合理区间的指标，如同人体血压与心率指标，能对公司是否处于健康状态做出量化评价。如果一家上市公司长期的市值增长与内在价值增长在合理区间且表现良好，就完全可以不理市场情绪推动的短期股票涨跌，甚至应该在市场低迷时买进该公司股票。

（50）市值管理在乎是否在正确的理念下使用工具？

任何工具的运用都会产生反例，所以在没有搞清楚该工具的特性与使用方法前，特别是这次工具的使用是否符合市值管理理念即公司市值与内在价值溢价协同前，不宜简单使用工具。好公司正确使用工具会使得好股票更具魅力，差公司使用工具往往是又一次欺骗的开始。比如拆股，腾讯搞过 1 拆 7，现在特斯拉也要搞 1 拆 5。好公司拆股还是好公司。港股市场也有仙股搞拆股的，几块钱的股价也搞拆股，也说是为了提高流通性，这就是坑蒙拐骗了！ A 股市场的高送转也一样，所以要始终检测公司的内在价值有无因工具使用而根本的变化。

（51）市值管理的可视化工具就看“市值透视”（原融客 Online）！

我们对市值管理的理解体现在《市值管理方略——激活需求、创造价值》与《市值管理新论——从定性到定量》中，体现在我们为上市公司与重要股东的服务中。移动互联网场景下的市值管理需求又催生了市值管理的可视化工具小程序“市值透视”。它是基于市值与内在价值的溢价协同原理来检测与展现上市公司在资本市场上动态表现的产品。就是说如果一家公司的市值增长率大于内在价值增长率，就说明公司在资本市场上得到了溢价。反之则说明资本市场还没有很好地体现公司的内在价值。“市值透视”用市值线代替价格线摆脱了用 K 线图来描述上市公司市场表现的习惯模式。

（52）其实你最希望有市值线与价值线同时展现在你面前，“市值透视”可以帮你！

资本市场的高频词是市值、估值、价值。市值是投资者出价交易的结果；估值是对公司市场价值的估算，以此作为出价的依据。由于估值方法不同，结果也有差异，这就是投资者出价不同的原因。而投资领域所指的价值就是内在价值，即公司未来现金流的折现。你明白价格与价值的关系，当然会深刻理解市值与内在价值的关系。市值是估值的兑现，内在价值是估值的最核心依据。有了市值线与内在价值线，在小程序”市值透视”上就可以查看到溢价协同指标好的公司股票了，买入持有是价值投资者的标准动作。

（53）市值与内在价值的溢价协同关系比 PE/PB 更真实！

做股票投资与谈论上市公司，就是在讨论其内在价值，即未来自由现金流的折现。它具有长期性，涉及经营年限、增长率与贴现率，是个专业活。而相对估值指标 PE、PB 是股价与每股收益与每股净资产的相除倍数，有受市场影响的短期性与不完整性，任何人都会用，但不容易解释。对特斯拉 1 800 多美元的股价及 1 400 多倍的市盈率，还得回到绝对估值上去讨论特斯拉的内在价值！小程序“市值透视”用市值增长率与内在价值增长率比较而得到的溢价协同指标当然就比 PE、PB 指标更能反映实际情况，更能帮助你投资了！

（54）小程序“市值透视”的公司评级的逻辑是什么？

不是去 App 里下载，在微信小程序里搜“市值透视”，即可得到上市公司的健康评级，从 A+ 到 E。我们用溢价协同主指标，结合行业偏离、价值变动、价值波动、市值变动、市值波动等 6 个维度指标，得到上市公司的健康评级。根据季报来计算内在价值及其变化，市值增长与内在价值的增长，处在合理区间的上轨，就是长期健康的公司，就会得到理性、聪明的资金关注，长期获得市场溢价。看日 K 线做股票的时代应该过去了，在移动互联网场景下价值投资者会选用小程序“市值透视”做投资决策的参考。

（55）上市公司能从小程序“市值透视”中读到什么信息？

上市公司希望知道市值是否反映了价值；是什么原因没有很好地反映？又有什么方法可以加以改进？这已经不是定性式的交流与讨论，而是需要定量化的动态分析与评价。小程序“市值透视”帮上市公司整理好了市值的变化率与内在价值的变化率，二者是否协同都可以及时查到。还可以通过小程序看到同行业的相关公司的表现，同级公司也能一目了然，轻松查到。指标表现欠佳的常规原因也都已列出，上市公司管理层可以对照公司的情况，有进一步的需求还可以定制服务。任何热门公司都可以读出相关信息，比如市值超过中国石化的海天味业。

（56）小程序“市值透视”能帮你做估值、预测吗？

今天 9 万亿元的创业板市场要实行注册制了，未来一定是好公司被资金追逐，差公司遭市场的淘汰。超过 2 万亿美元市值的苹果公司轻松超过我们创业板的全部市值，我们的发展空间当然还很大。投资股票就是投资未来，通过我们的关键指标溢价协同指标，可以做一些预测。打开小程序，输入股票代码进入某个公司的评级评价主页面，左上角就有一个计算器，点击进入就可以用溢价协同版或市值版计算功能，通过市值求溢价协同值，也可以通过溢价协同值求市值，尝试几次就熟练了，有了这个计算器就可以自己做估值了。

（57）小程序“市值透视”能够被经常使用的理由是什么？

资本市场上的参与者何止千千万万，大家共同的任务就是发现好公司并取得投资收益。于是各种理论、方法、工具登场，大家也一试再试，最后也是适合了它，它并不一定合适你。投资太难了，最后又似乎只好归于运气。小程序“市值透视”不同，它把投资的底层逻辑搞得清清楚楚，在此基础上不搞急于求成事实上又绝无可能的炒股神器，而是从检测好公司入手，坚持好公司会被市场发现获得好溢价成为好股票的理念，在溢价协同指标上做深做透，又兼顾移动互联网时代的用户习惯，你不看行情软件就能进行理性投资、价值投资了。

（58）小程序“市值透视”的公司评级最想告诉你的是什么？

使用小程序的人问，自己有两只股票，一个 A 和一个 C^+，但现在好像还是 C^+ 涨得好。你可以这样来看，首先评级的目的是从指标的长期性出发发现健康的公司，即我们称为的好公司，但好公司不等于股价一味地上涨。而 B^+ 以下的公司多少在市值端与价值端存在问题，但资本市场充满机会，C^+ 公司的股价上涨、市值急增，表明其有可能在业绩改善、资产重组等方面被资金关注，但短期指标有不确定性的。而 A^- 公司的稳定性远远超过 C^+ 公司，完全可以持有等风口的到来，享受有价值支撑的投资收益。

（59）自己做定投的说小程序“市值透视”好！

有人属于工作比较忙的，还有自己的爱好，平时几乎不看盘。但有点闲钱希望能轻松获利。在听明白了小程序的基本原理之后，又试用了一次，然后就通过小程序选了3只股票，分别是上海机场、恒瑞医药、五粮液，在小程序里的评级分别是A^+，A^+，A^-，于是每月就当定投买进。买进时并不关心当天大盘的涨跌及3只股票的涨跌，买进之后也不去看行情走势，当账户的净值上升得很舒服时，他觉得自己的方法是对的，小程序“市值透视”非常有用。道理很简单，资本市场会给好公司长期溢价，就不要去在乎短暂的行情波动了。

（60）比较同行业上市公司用“市值透视”就简单多了！

现在在推广注册制的背景下，上市公司与重要股东的市值管理路径选择都要发生变化了，但是有一点是不变的，那就是要对同行业头部公司的了解，也即行业地位的了解。因为有限的资源会向头部公司集中。同时，对标公司的长期跟踪对比也是一个任务。小程序“市值透视”进入任意一家公司的评级评价页面，其左下角有“同行业公司”按钮，点击进入可看到同行业市值前五的公司。这是你关注本公司与对标公司的最简便的方法。因为小程序的核心指标——溢价协同指标是通过计算一个公司的市值变化率与内在价值变化率获得的。

附录 D：发表文章精选

市值管理大战："宝万"股权之争

来源：《财富管理》2016 年 2.3 月合刊　作者：毛勇春

【导语】

站在市值管理角度，股权分散对于保护投资者利益、保护公司控制权是一把双刃剑。万科、上海家化的控制权争夺战的产生，根源在于股权结构分散，公司无实际控制人。如果公司市值大幅动荡，最终损害的仍将是中小股东和投资者利益。

【正文】

多年之后，资本市场上的投资者会记住 2015 年。这一年上证指数到过 5 178 点，又迅速地回落 2 850 点，在股市异常剧烈波动中，又自上而下发生了太多异乎寻常的事，中国人的财富梦似乎更加不确定了。

尽管如此，中国股民依旧在市场中乐此不疲，高溢价的中国股市，造成了一波一波的并购重组，也造成了 2015 年岁末最引人注目的"万科控制权"之争。从某种意义上来说，这些案例既是中国资本市场发展的昂贵学费，也是最宝贵的财富。

我们来看因为股权分散导致控制权争夺的两个案例。

案例一　宝能系巨资抢夺万科股权

始于 2015 年 12 月 1 日的万科股权争夺战，成了 2015 年年末中国 A 股市场乃至中国资本市场历史上的一件大事，吸引了几乎所有媒体、投资者的目光，深交所和证监会也相继表态。

宝能系的野蛮增持让万科 A 市值在短短 15 个交易日上涨 71.32%，其间，更在 12 月中的 4 个交易日将万科股价封在涨停板，一举将万科轰上 2 700 亿元市值。

随着双方一系列的隔空对话，万科股权争夺战终在 12 月 17 日晚变成一场公开对决。一方以王石、郁亮为首的万科管理团队，表态将"守护好万科的品牌和信用"，出于公司价值考虑，不欢迎宝能系入主万科；另一方则以新晋大股东深圳宝能系姚振华为代表，声称将“恪守法律，尊重规则，相信市场的力量”。

此次万科股权之战，让先前在房地产市场默默无声的宝能系走上台前。资本市场不禁好奇，敢于收购万科的宝能集团是如何发展壮大的？

宝能系走上台前

据相关媒体报道，姚振华、姚建辉兄弟的产业帝国开始的关键节点在于深业物流集团的分家。深业物流集团前身为深圳市笋岗仓库企业有限公司，成立于1983年，宝能投资第一次出现在深业物流集团股东名单的时间是2003年1月，当时其以4 000余万元持有25%股权。

2003年3月，深圳市众力一投资有限公司持有的19.24%的股份转让给钜盛华实业和深圳市银通投资发展有限公司，这两家公司都是宝能投资所控制的子公司。2003年10月，宝能投资变更为宝能集团。

2004年1月，深业物流集团股东再发生变化，原来深圳国际信托投资有限责任公司所持有2.28%股权转让给了深圳市钜盛华实业发展有限公司。至此，宝能集团共持股深业物流集团46.52%股权。

2006年年底，深业物流集团分拆，宝能集团获得了该集团旗下多数的土地和房屋，在这之后获得了快速升值，宝能集团完成了资本积累最重要的一步。

宝能系老板姚振华谋求万科控制权的动作从2015年年初已开始，从1月至7月10日，宝能系持股万科A达5%；7月24日，宝能系增持万科A股票达10%。据媒体报道，7月底，姚振华与王石在北京见面，但最终不欢而散。

8月26日，宝能系第三次举牌，持股达15.04%，超越华润集团成为万科第一大股东。随后华润集团于31日增持重新夺回第一大股东的位置。不过，宝能系迅速通过12月4日、10日、11日三轮增持，再次成为万科的第一大股东。

截至2015年12月17日，宝能系已占万科总股本的22.45%。在第一大股东易主的十多天内，持有万科15.29%股份的华润，没有任何表态和动作。至此，宝能系增持万科股份已花费400亿元。

打响股权之战

此次股权之战并不是万科首次遭遇控制权争夺，王石当年经历的“君万股权战”犹如昨天，类似“野蛮人”通过资本市场进行敌意收购、管理层或原股东强力反收购的资本大戏，在全世界更不鲜见。万科此役之所以引人注目，一是其卓著的行业地位和近 2 700 亿元的庞大市值，二是宝能系体量与万科的明显反差，三是王石所代表的管理层断然拒绝的不合作表态，均令这场 A+H 股的资本对决成为万众焦点。

12 月 18 日午间，万科 A+H 股紧急停牌，称正筹划股份发行，用于重大资产重组及收购资产。这可能意味着万科职业经理人团队联手大股东，抛出定向增发式的“毒丸计划”。不过，事情是否能如王石想象般推进，仍然是未知数。

目前来看，万科股权之战已至高潮，市场关注的焦点主要集中在两点：一是宝能系高杠杆巨额融资增持万科的目的到底是什么？是财务投资还是掌控董事会？甚至背后是否有政治力量角力？二是宝能收购万科股份的资金来自哪里？姚振华动用 7 个资管计划，以 1∶2 高杠杆配资的金融风险如何控制（如果万科 A 股价跌破 16 元，宝能系将爆仓）？

在控股万科超过 15% 股权后，宝能系前海人寿首次站在台前，称看重的是万科的长期投资价值，但在业内人士看来，姚振化控股万科 A 股后介入董事会是必然之事，如政见不和，按照上海家化的前例，王石、郁亮等管理层扫地出门的概率将大大增加。万科停牌采取应对措施，而王石究竟会抛出何种应对策略，仍被密切关注。

案例二　上海家化控制权争夺战

资本市场中和此次万科事件相似的案例，便是 2013 年围绕上海家化控制权产生的“平安集团和葛文耀之争”。

上海家化控制权争夺源于 2011 年，当年 10 月，根据上海市国资改革规划，我国本土最大的国有化妆品企业——上海家化集团国资退出，引发平安、海航、复星三大集团争相竞购，最后平安集团旗下平安信托凭借资源优势和相关承诺胜出。

然而，在联姻后的两年内，因为平安信托处置家化资产急于套现、反对葛文耀并购海鸥手表，没能履行当初的 70 亿元投资承诺等一系列行为使得矛盾不断激化，最终迫使葛文耀、王茁（原上海家化总经理）等家化高管大量离职，引发上海家化股价波动和社会广泛关注。

橄榄枝抛向平安

上海家化联合股份有限公司前身是1898年成立的香港广生行，经过1991年外资合作风云，到1995年上海家化成功回归，按当时全球领先的市场管理模式推行品牌经理制度，为转变为现代企业奠定了重要基础。2000年，上海家化集团诞生。2001年3月，上海家化在A股主板上市，但是仍然没有摆脱国有体制的束缚，上海家化的运营管理仍然具有鲜明的国有特色，进行改制一直是上海家化的迫切愿望。

2010年12月6日，上海家化发出公告停牌一天，正式拉开了改革的大幕。同时，也为上海家化的股权争夺战埋下伏笔。当日晚间，公司发布公告称，家化集团按照上级精神正在筹划国资改革事宜。按照当时家化方面说法，家化集团究竟以何种方式进行国资改革，是整体转让还是出让部分股权，仍处论证阶段。

直至2011年1月4日，上海家化的公告表示，集团上级公司已经与上海市国资委商量确认了家化集团的改制方案，并已上报有关部门审定。停牌九个月后，上海家化正式复牌，并以51亿元的金额挂牌出售。在此期间，中信、鼎晖、红杉、平安等投资基金和金融集团跃跃欲试，但是在高额的收购价格面前，大多都望而却步。在竞购的后半阶段，复星、平安、海航进行三国争霸，复星宣布退出后，平安与海航继续两虎相争。最终，上海家化董事长葛文耀将橄榄枝抛向平安，2012年1月，平安进驻上海家化。

作为财务投资者而非产业投资者的中国平安，追逐利益是其最大目标，所以在进驻上海家化后很可能将其转手于出价更高的其他企业。这和一心想把上海家化做大做强的葛文耀及其管理层的利益就产生了分歧，平安进驻家化一年后，在家化召开的临时股东大会上，董事长葛文耀对平安插手上海家化内部事务表示不满。

控制权争夺风波

在争权之初，葛文耀占据优势，原因在于上海家化是基金重仓股。经统计，基金和券商（包括集合理财产品）共持有上海家化1.46亿股，持股比例达到32.6%，平安仅持有上海家化27.6%股权的背景下，并未具有绝对的话语权。葛文耀与基金等机构投资者一直保持着良好沟通，在2004年股改时曾亲自到上海、广州拜访基金股东易方达、嘉实基金等，说服这些机构同意家化股改方案。同时葛文耀的高管们在日常企业经营中也经常和基金公司进行沟通。葛文耀的管理经验和营销策略等也得到基金公司的认可。在家化行业的激烈竞争中，立足于公司稳步发展，基金对葛文耀及其管理团队持有无比坚定的支持态度。

上海家化在2013年5月11日召开的临时董事会上，罢免了葛文耀的董事长和总经理职务，改由家化集团董事、平安信托副总张礼庆接任董事长。对此平安的解释是，自当年3月以来，集团陆续收到内部员工举报管理层存在私设小金库、侵占公司利益的不法行为，并表示具体事项在进一步调查中。当时对于这次风波主要有两种看法：第一是罢免葛文耀的背后是为平安套现家化集团清障，这次风波主要是平安为了掌握家化集团的资产处理权，以便于直接出售集团资产。上海家化集团经历了国企改革后，已经成为一家控股公司，主要资产包括1～2块闲置土地、三亚的中高档酒店、两家参股的合资企业、位于上海北外滩的集团办公大楼。

由于在收购家化集团时平安采用以银行并购贷款为资金来源，相对于保险资金追求每年4%～5%的稳定收益，银行并购贷款的高利率大大提高了融资成本，51亿元的收购价格比上海家化35亿元的估值高出许多，这也给平安带来了很大“创利压力”。所以平安信托一直有意套现部分物业资产，例如出售一块闲置土地，而家化集团对这样的变现十分反感。平安曾向董事会递交一份如何处理集团资产的建议书，正是由于葛文耀等人的反对，最终未能形成书面文件。

第二种看法是平安要出售上海家化的控制权。在收购的第一天平安也许就明白，如此不菲的收购价格，唯有把家化的控制权转让给产业投资者才能实现其资金回报。在国内，上海家化是不可能有接盘方的，唯有把家化卖给像宝洁、欧莱雅这种境外日化产业巨头。然而，对于葛文耀及其管理层来说这是绝对不能接受的。葛文耀虽然接近暮年，但一直雄心勃勃想把上海家化做大做强，将其打造为具有国际竞争力的日化巨头。这种价值观与平安的理念相悖，葛文耀因此出局。

2013年9月下旬，葛文耀宣布因“年龄和身体原因”，申请退休，卸任上市公司董事长一职。至此，上海家化的董事长葛文耀和大股东平安信托的矛盾终于画上句号，上海家化控制权争夺战告一段落。

股权分散是双刃剑

站在市值管理的角度，股权分散对于保护投资者利益、保护公司控制权是一把双刃剑。随着社会发展，上市公司的公众属性越来越高，股权高度分散的概率越来越大，而股权高度分散可能导致上市公司出现无实际控制人的情况，从而导致更多控制权争夺。控制权争夺如果最终导致上市公司市值大幅动荡，最终损害的仍将是中小股东和投资者利益。

万科、上海家化的控制权争夺战产生的缘由，就在于两家上市公司的股权结构分散，公司无实际控制人。作为一家上市公司，收购别人或被别人收购都是很正常的事情。正如证监会所言，收购与被收购是市场自身行为，只要符合相关法律法规规定，监管部门不会进行干预。更何况像万科这样一家股权极其分散的公司，原第一大股东华润的持股长期保持在 15% 以下。因此，这更容易招来“野蛮人”的收购。

但对于万科这样业绩优秀的公司来说，遭遇野蛮收购可不是一件好事。因为这种收购违背万科团队及原第一大股东意愿，双方自然会有一番激战，万科方面不仅要消耗人力、财力，股权之争带来的动荡也不利于万科市值的增长发展。因此，上海家化和万科股权之争对于股权分散的上市公司来说是一个警示。它提醒这些企业，在进行市值管理时一定要有反收购的意识，保证企业的控股权不会旁落。

目前来看，家化控制权之争已告一段落，万科之争仍在进行。遗憾的是，万科并没有足够的自我保护意识，给了宝能系以可乘之机。虽然向特定对象增发股份可以稀释宝能系的持股比例，但在宝能系已成为第一大股东的情况下，这种发行股份的计划能否在股东大会上获得通过是一个问题，至少作为第一大股东的宝能系是会投出反对票的。上市公司如何实现自我保护？这是上市公司在市值管理中需要着重注意的地方。

在美国，上市公司面对恶意收购时大多会采取“毒丸计划”：在新一届董事会组成时，由股东大会提前授权给董事会，再由董事会视具体情况来实施。比如，在敌意收购方持股达到一定比例时，董事会可以启动“毒丸计划”，向除敌意收购方以外的公司其他股东低价配售新股。若没有这种事先授权，一旦敌意收购方成了实际第一大股东，“毒丸计划”再要启动就有巨大阻力。国内上市公司通过市值管理保护公司控制权时可参考国外相关经验，以防控制权旁落，引发市值大幅动荡。

宝万之争会在万科复牌时有个定论，网络消息、分析评论已经铺天盖地。但是，就事论事还是比较简单，万科的昨天结束了，万科的明天至少管理层不姓王了，这是资本市场的残酷。宝能花 245 亿元控制了两千多亿元市值的公司，房地产老大万科的管理层真的万万没有想到，是他们市值管理的失败。这是 2015 年度最经典的市值管理必要性的大课，股权结构如何优化？职业经理人与控股股东的关系如何进行新的考量？都应该是所有上市公司市值管理名下的必修课。

2015 年中国资本市场的故事不少，但寒冬终将过去，我们期待 2016 年的春天……

减持不应成为上市公司市值管理的目的

来源：上海证券报　作者：毛勇春　日期：2017-01-10

减持作为一种交易行为无可厚非，作为市值管理手段也可以理解。但本末倒置地把减持美化成市值管理的目的，那是有问题的。如果资本市场没有实体经济支撑，都是短线操作，那会引发难以预料的风险。

刚刚过去的 2016 年，国际金融与资本市场给大家留下了“黑天鹅”事件频现、不确定性增加的印象。就国内来讲，2016 年年初出现的股市熔断、年尾出现的债市违约等现象，其原因很值得业界与学界深入研究。而我们从专业角度关注到另一个值得引起重视的话题，那就是资本市场上产业资本（本文指持股 5% 以上的重要股东）几成惯性的减持，以及把减持作为市值管理目的的错误做法。如果资本市场没有实体经济的支撑、产业资本的运营，都是理财产品式的信用背书、杠杆叠加，那可是真正的不确定性与“黑天鹅”频发的根源。

现在，关于市值管理常常会听到这样的发问。比如，作为大股东，三年后首发限售解禁，到时想高价减持一些，这三年里可以做些什么样的市值管理？又比如，我们是国资企业，减持并不容易，但 55% 的控股权，对我们意义不大，只要有 35% 以上的相对控股权就够了，我们该如何通过市值管理把 20% 的股权市值减掉，又不影响剩余股权的市值？再比如，我们的行业已经上触天花板，如何用市值管理把企业卖掉，卖个高价？还有人问，我们员工持股计划处于深套状态，影响企业日常运营，如何用市值管理方法，帮助员工持股计划解套？

减持作为一种交易行为本无可厚非，作为阶段性的市值维护类的市值管理行为也完全可以理解。但市值管理本来是一种兼顾公司实体运营与资本市场应对的系统性管理的思想与方法，如果在逐利各方的作用下，本末倒置地把减持手段美化成市值管理的目的，那就有问题。在此，我们来分析一下，这种做法的现状、动因、危害，以及如何避免这样的问题，以净化资本市场空气，倡导正确的市值管理理念，做好常态化的市值管理工作。

1. 二级市场上产业资本净减持情况

在 2015 年 6 月中旬开始的股市异常波动后，监管层将工作重心放在维护资本市场稳定及防范异常风险上。在监管层的细心呵护下，2016 年 A 股市场整体表现平稳。随着市场的整体回暖，上证指数一度触及 3 300 点，但是从过去一年看，一个重要的现象是产业资本的减持越发明显。2016 年年初至年末，上市公司主要股东减持此起彼伏，“清仓式”减持也频频出现。

Wind 数据显示，2016 年 1 月至 12 月 25 日，产业资本净减持金额为 636.48 亿元，其中净减持金额最大的月份出现在 6 月，主要原因为该月为股灾增持股票的密集解禁期，净减持金额达到了 353.13 亿元。再观察 2014 年、2015 年、2016 年全年数据，2014 年资本市场并不火热，“改革牛”还没来临，产业资本净减持金额只有 44.8 亿元。2015 年下半年股市发生异常波动之后，监管层要求上市公司大股东积极增持，全年净减持金额却仍有 222 亿元。2016 年在 6 月份解禁大限到来之际，产业资本大肆减持。尽管下半年有险资增持，全年净减持金额仍然达到了 636.48 亿元。从数据反映的情况来看，产业资本近三年从股市抽血，把市场当成提款机，从而加剧了二级市场和上市公司市值波动。

2. 清仓式减持频频出现

2016 年年初以来，产业资本清仓式减持的例子数不胜数。截至 2016 年 12 月 25 日，二级总计发生 72 例持股 5% 以上股东清仓减持事件。重要股东增减持是重要的市场信号之一，清仓式减持尤其如此。另外，不管是民企还是国企，都存在清仓式减持。如维力医疗 6 月 13 日公告昆吾九鼎拟清仓其持有股份，红蜻蜓 7 月 7 日公告景林创投清仓其持有股份，索菱股份 7 月 7 日公告珠峰基石拟清仓其所持有股份，等等，尽管初看都是财务投资者，但是持股 5% 以上股东的集中减持理应引起重视。

从最近的2016年12月来看，存在着光大资本12月9日公告清仓减持读者传媒、富春通信12月9日公告董事长减持10%股份、尔康制药12月7日公告实际控制人拟减持不少于9.66%股份等事件。总体来看，清仓式减持的标的主要集中在中小市值上市公司。TMT、医疗健康、新兴消费等行业产业资本减持尤其明显。研究发现，尽管减持理由五花八门，但仍有相当部分属于跟风减持。这样做无疑加大了市场的波动性。减持是对未来流动性状况的担忧，不加分析引导会形成盲目的连锁效应，如同2016年年初的股票熔断与年末的债券违约，处理不当反而会加剧流动性的丧失。因此说，大规模的清仓式减持不利于资本市场的稳定发展。

2001年的牛市终结于国有股大幅减持，A股此后进入长达近5年的漫漫熊市。2007年的牛市终结于美国次贷危机和A股市场大小非减持，此后A股遭遇漫漫熊市。2015年年中股市异常波动，除去流动性问题，产业资本的大幅减持也加重了指数的调整。历史地看，三次牛市的终结，都与产业资本的大幅甚至清仓式减持有关。

分析上市公司发布的公告，重要股东减持的原因五花八门。包括补充流动性、个人财务情况、经营需要、投资需求、为上市公司提供借款支持等。总的来说，产业资本减持动因主要有以下三个方面。

1. 高位减持套现

作为最了解上市公司情况的市场参与方，产业资本被认为是上市公司的“内幕知情人”。大规模甚至清仓式的减持，表明产业资本对公司未来市值增长不看好，认为当前市场估值过高，这是产业资本减持的最主要动因。而股权市值的波动性与不确定性，也是产业资本减持的理由。就我国A股市场表现看，牛短熊长，每到相对高点，空方思维就占上风，构成惯性，大规模的减持就会发生，进而加剧股市的波动性。而从市场表现看，减持大多发生在股价处于历史高位的时期，或发生在涨幅较大的板块，这都体现了产业资本减持以获取高额回报的动机。

2. 偿还债务或投资新领域

由于股东一般都存在负债情况，因此很有可能通过卖出股票来偿还其到期的各项债务。对上市公司重要股东而言，在资产荒的背景下，值钱的资产越来越少，股权资产是流动性较好的资产，急需用款时，自然会想到动用手上的股权资产去变现。同时，也有可能是在投资于其认为更有发展前景的新领域时缺乏流动资金，因此想通过二级市场减持来解决资金问题，这相比较银行可以提供的资金支持在财务成本上更具优势。例如，乐视网曾发布公告称，实控人贾跃亭将会在 6 个月内减持 1.48 亿股，无息借款给上市公司用于业务拓展，其随后在 2015 年 6 月 1 日、3 日以及 10 月 30 日完成了减持。

总的来看，产业资本减持无外乎高位套现或用于企业发展，其中高位套现是主要动因。然而，大规模减持的危害性不言而喻，重要股东的出走无疑会形成市场资金失衡格局，并可能发出悲观信号，令投资者对上市公司产业发展前景产生疑虑。

而这种减持的极致便是大股东的变更。2016 年，资本市场比较火热的概念是股权转让概念。比如，泸天化、新疆城建、齐翔腾达、天马股份、嘉凯城、嘉麟杰、*ST 钱江、美尔雅、三垒股份、万福生科、河池化工等上市公司均公告出现大股东通过较高的对价将持有股权转让给第三方的情况。从短期来看，此种概念或许会吸引游资短炒。但从长期看，如果上市公司的经营情况未发生积极变化，那股价大概率还会回落到合理位置。

3. 产业资本应对金融、地产资本的挤压

行政审批的制度制约加上以间接融资为正统角色的金融机构的资产急剧扩张，造成了金融、地产资本对产业资本的挤压。而 2016 年以来，传统负债型部门为寻求解决他们面临的财务困境，通过在间接融资中的相对优势，回到资本市场寻找“净资产回报率”，所以诸如恒大系资金的短期股价交易并非他们的初衷，价差交易不是他们的目的，他们寻找的是产业资本的“净资产回报率”，他们谋求将产业资本的净资产回报率转化成为其在金融平台下资产端的收益率，以完成其快速资本扩张下的成本与收益平衡。

正是由于在产品与服务制造端整体内外需下滑、技改升级压力逐日增强，同时金融资本的溢出足够高，使得产业资本有足够多、足够强大的动机进行减持。因此，在经济增势偏弱，金融监管固化，融资模式僵化的背景下，股东的财富增长需求也成了公司管理层不可承受之重，因此逢高减持，甚至以编故事、讲故事的方式来减持套利，自然成了一种“常态化”的选择。

2014年5月9日国务院《关于进一步促进资本市场健康发展的若干意见》（“新国九条”）中提出“鼓励上市公司建立市值管理制度”。两年来，不少上市公司围绕这一要求，开展了旨在提高上市公司质量的市值管理探索与实践，取得了不错成绩。

从管理层的角度看，市值管理的主要目的是鼓励上市公司通过制定正确发展战略、完善公司治理、改进经营管理、培育核心竞争力，实实在在地、可持续地创造公司价值，通过资本运作工具来实现公司市值与内在价值的动态均衡。为此，上市公司和相关机构应正确把握市值管理的核心理念，绝不触碰虚假披露、内幕交易、市场操纵等“高压线”。而监管部门将依法支持上市公司开展市值管理，坚决打击以“市值管理”为名进行的违法、违规行为，以维护公开、公平、公正的市场秩序。

从两年来的实践情况看，不少上市公司通过规范运作开始体会到市值管理的意义，但也有一些公司通过炒作概念、高转送等方式来推高股价，一些上市公司在概念发酵、股价短期上涨之后便高位减持，引起投资者侧目。如天龙集团，2016年11月中旬推出高转送方案，股价连续涨停，随即大股东及持股5%以上股东便减持套现。再如云意电气，2016年11月23日推出高转送方案，股价短期上涨达70%，随后上市公司12月8日公告称大股东已于7日、8日完成减持计划。这类以减持为市值管理直接目的的做法对资本市场及中小投资者的利益造成了极大的伤害。其不良影响有以下几点。

1. 释放消极信号，容易引发二级市场恐慌

从市值管理的角度来说，上市公司的市值受到企业内在价值和外部溢价两方面影响。重要股东减持的举动，让市场第一时间预期公司未来经营业绩会大概率下降。而产业资本由于是最了解企业核心价值与运营情况的投资者，其减持之举很容易被市场解读为利空消息，这将对投资者信心产生极大影响，可能引发踩踏出逃事件，造成上市公司市值大幅波动。

2. 预示产业发展前景消极

产业资本的出逃，从另一方面反映了他们对该产业前景不乐观的看法。从遭遇减持的企业分布情况看，主要集中在中小板和创业板，这将打击其他投资者参与该

板块的信心，同样也不利于该板块诸多行业日后的融资。而且也不利整个股市的稳定，存在着诱发股市系统性风险的隐患。

3. 易引发操纵股价等现象

一旦产业资本把减持作为市值管理目的，其将努力推高股价。这个过程中可能就会出现以市值管理之名的股价操纵、内幕交易等违规事件的发生。而一些急功近利的机构更是抱着赚快钱的心态，在二级市场肆意妄为。其中最为典型的就是恶意坐庄。而在这些伪市值管理的背后，无不以中小投资者买单作为代价。

高估值未获得高增长的支撑，是近年来市场的特点。从统计数据看，在产业资本与公司高管的减持中，中小板和创业板减持家数明显多于主板，而中小创存在的高增长匹配高估值的逻辑并未兑现。从 2013 年开启的并购热潮，使中小创的上市公司通过外延式并购维系高增长，但许多公司的业绩承诺未兑现，并且随着并购潮的持续，优质境内并购资产的寻找变得更困难，而海外并购又存在更多的不确定性。所以在高增长无法持续下，抢先一步，利用维持高估值的各类伪市值管理手段配合减持，使许多上市公司重要股东与管理层都踩在监管底线上舞蹈。这是值得警惕的问题。

4. 不利于上市公司长期发展

从市值管理角度看，大股东或实际控制人的频繁变动不利于管理层的稳定。如果新进大股东对公司或行业情况不太了解，那么上市公司的业绩可能会出现大的波动，从而造成市场出现不稳定状态。同时不同利益群体的冲突和不同的管理风格也不利于企业的长期发展。

在成熟的二级市场，大股东的减持往往被投资者视为重大利空。如在我国香港市场，上市公司实际控制人减持的消息一旦释放出去，投资者的第一反应便是踩踏出逃。而在 A 股市场，不少上市公司以市值管理之名行坐庄之实，高位减持套现，由中小投资者买单，由此造成了市场大幅波动。

当然也有好的例子是，A 股的价值标杆贵州茅台，十年之间大股东持股占比并未发生变化，稳定的大股东专注于公司的业绩经营，市值在十年间增长了近 20 倍。

5. 割裂市值与价值的内在联系，变市值管理为简单的市值博弈

市值管理是公司上市后的价值管理，是源自中国资本市场特殊结构、功能的产

物。市值管理与价值管理根本内涵等同，市值管理不能脱离公司的基本价值，更不能为减持而随意地编造故事、炒高股价，最后套住中小股东。这样做既可能败坏市值管理的正当性，又影响资本市场的健康发展。

从当下的情况看，产业资本自身发展存在瓶颈，经济结构的调整造成大量周期性行业的业绩下滑，这是事实，也属正常。比如，有六成公告减持的公司业绩在2014年、2015年或2016年前三季度出现下滑，但各减持公司公告原因多种多样，如筹划混改、缓解公司资金压力、增加流动性、个人原因等，对公司经营业绩却讳莫如深，信息披露有待完善，投资者关系维护力度不足，若投资者长时间处于这类减持原因的高度信息不对称的环境，那么那种从中长期考虑旨在公司战略层面的市值管理，就会滑向短期的市值博弈，这样一来很容易积聚系统性风险。

6. 重术轻道，一味推崇资本炒家，助长投机

如果上市公司不注重产品的科技含量、利润的现金流量，不尊重企业家而推崇资本炒家，资本市场的空气就会受到污染，资本市场的健康发展就会受到影响。比如，公司高管连年持续上升地集中减持，已无法用管理层新老更替来解释。行业发展没有技术积累，没有后劲，只追求当下的账面数字，那是走不远的。

市值管理的意义是：推动产业与资本融合，促进上市公司经营理念和经营目标转型，促进资本市场改革发展，实现资源优化配置，提高上市公司融资效率，为股东带来财富增长。市值管理的出发点是为全体股东的共同利益而开展，不是基于少数群体利益。其核心是提高上市公司质量，手段是依法运用多种资本运营工具，适时优化股本总量和结构。目的是使其市值真实反映公司的内在价值、促进公司与资本市场的长期协调发展。这是需要明晰的理念。

简单粗暴地减持是将市值管理工具化、短期化、机械化，而市值管理是一种管理方法，更具系统性、长期性，以追求公司市值增长、波幅减小为目的，以惠及全体股东、体现股东的财富效应为己任。因此，把减持当作市值管理的目的与上述市值管理理念是格格不入的。

符合市值管理理念的市值管理实践，需要进行科学的评价。符合市值管理原理的年度体检，是科学评价的重要环节。由符合要求的指标与指数构成的上市公司年度体检，将为正确的市值管理实践提供决策依据，帮助上市公司及其重要股东自觉

远离包括盲目减持在内的工具滥用。

现在，精准医疗检测已为越来越多渴望健康的人士所接受。参考这种做法，在市值管理范畴，追求相对精准的市值状态检测，通过一定的量化分析得出市值管理能力状况，同时甄别合法但不合理的简单粗暴式减持对市值增长的危害程度，也会为坚持市值管理正确理念的上市公司及重要股东所接受。

运用基于综合性市值管理体系构建的市值管理指标定期对上市公司进行市值管理体检，结合股东对自身需要的衡量与匹配，可以帮助资本市场的各类投资者更好地评判投资风险，做出合理决策，也可以帮助投资者识别部分为减持而刻意进行股价管理，又缺乏价值支撑的投资陷阱。

上市公司大股东（尤其是控股股东）的减持，应该以维持市场稳定、平抑非理性波动为出发点，因而首先需要对市值的状态，或者上市公司市值管理的状态有一个客观的评价。在市值管理的评价方面，简单比较市值涨跌与市值增长率是不合理的，正确的做法主要是评价管理溢价的能力。而溢价协同模型是这种科学评价的有益探索。用一年、三年期的市值管理水平指标与五年期的比较，可以动态地发现某些规律，理性地评价市值管理，因而能规范长久地开展市值管理工作。

当然，还可在以下（但不局限于）方面运用量化市值管理水平指标。

（1）对管理层的激励与考核

上市公司可将模型的衍生应用作为上市公司管理层的业绩考核标准之一。尤其是国有上市公司，引入市值管理水平指标，用以克服将市值作为参考标准时带来的局限。其中，上市公司对管理层进行股权激励时，可以引入市值管理水平指标值作为参考。

（2）投资者关系维护

上市公司在向外界传达正面信息时，也可通过锚定市值管理水平值的状态，使投资者对于公司市值的认知更加理性，可在一定程度上减少舆情影响带来的不确定风险。

由上海社科院市值管理研究中心开发研制的市值管理指数，有效地评判实业运营与资本运作给公司带来的增益。对转型期的上市公司以及上市公司的控股股东而言，简单的营收与利润增长要求下的股权激励已变得过于机械或难以实现，而如何协调实体运营与资本市场应对的工作，设定客观的指标，是上市公司实现战略目标需要掌握的技能。开发上市公司运营指数、市值管理指数，相对客观地对公司进行评价，有利于解决公司面临的困惑。而市值管理指数正好可以帮助上市公司以及上市公司重要股东，客观评判上市公司目前的市值管理水平，帮助上市公司以及上市公司重要股东合理确定市值管理的需求，科学制订公司的市值管理目标，帮助上市公司以及上市公司重要股东科学、持续、有效地评估上市公司的市值管理成绩，合理地评估上市公司各运营系统的绩效与贡献。

公司拥有了合理的评价分析工具后，就能对上市公司重要股东的增减持决策起到辅助作用，尤其是对非控股股东，在面对控股股东为了做高股价减持而进行的市值管理，如盲目地概念式并购、装入高估值资产、进行难以实现的业绩承诺、配合股权质押等方式变现套利减持等行为，也将提供一定程度的识别参考，这对上市公司市值的稳定增长是有利的。

有鉴于此，我们倡导上市公司开展以公司市值增长、波幅减小为市值管理目的年度体检，让市场知道公司的“健康”状况，避免各利益方的不当解读与猜测、避免跟风减持、净化资本市场投资风气，让上市公司与全体股东真真切切地在资本市场上分享经济增长的成果，而不是庆幸风险极高的短期博弈收获。

在收益与成长性中选择

来源：第一财经　作者：毛勇春、徐大丰　日期：2017-10-18

为了尽量避免“黑天鹅”事件的发生，在拥抱新科技与互联网的当下，我们有理由为了确定性而回归基本面，回归价值投资。

2015 年年中的那场股市剧烈波动，引发了我们在监管理念、投资逻辑、公司治理等方面的诸多反思。从贵州茅台股价已过 500 元而屹立不倒，而当时的有些高价明星股表现却江河日下，我们看到的是市值向价值的回归，及其背后市值在公司收益与成长性上的选择。

近十年行业市值增幅变化的看点

我们选取了 2008 年至 2017 年 6 月 30 日 10 年间的数据。2008 年至 2013 年，

A 股市场申万一级行业 28 个行业中，市值排在前三位的均为银行、采掘和非银金融。2014 年后前三位行业市值发生了变化，银行仍排在第一位，非银金融和医药生物行业分别排在第二和第三位。总体上看，10 年间 A 股市场的前三行业市值总量仍是银行和非银金融行业的天下。

如果我们进一步看行业市值的前三的具体公司，可以看到市场对公司收益预期的强化，可以使公司价值与市值出现大幅、持久的背离。预期收益的兑现可以为公司的高市值提供支撑，收益型公司可以实现高水平协同；如果预期收益无法实现、市场的高收益预期落空，公司市值则将向价值回落，公司只能实现低水平协同。

从行业市值的增速来看，10 年来电子、互联网传媒、计算机行业的市值增速排在前三位。其中 10 年间电子行业市值增速达到了 22.8 倍，从 2008 年的 1 234.78 亿元增长至 2017 年 6 月底的 29 412.49 亿元。互联网传媒行业市值增速达到 19.53 倍，从 2008 年的 1 004.45 亿元增长至 20 628.56 亿元。计算机行业市值增速达到了 12.52 倍，从 2008 年的 1 355.28 亿元增长至 18 335.87 亿元。

长期来看，高科技行业是 A 股市场市值增长最快的板块。纵然 10 年来每年行业市值的前三位均与高科技行业关系不大，但电子、互联网传媒、计算机排在 10 年间行业市值的高增速前三位，表明了高科技行业在国内的快速发展趋势。从各国高科技行业发展趋势来看，高科技不是一个单项技术，而是科学、技术、工程等最前沿的新技术群，将带动未来经济的各方面。

全球前十大市值公司中有 6 家互联网高科技企业，其中处于首位的苹果公司市值在向 1 万亿美元挺进，超过我国创业板所有公司市值的总和。这些重量级的科技类公司，在全球经济、工作与生活中带给人类巨大的进步和便捷。

通过动态分析，我们可以看到中国资本市场上市值增幅明显的行业有不少 TMT（Technology，Media，Telecom）行业的公司，包括科技与网络公司。行业市值增幅变化的看点有三，这种看点会增强我们进一步发展科技的信心与耐心。

第一，上市公司在拥抱科技、拥抱互联网方面，不仅让普通民众与普通投资者感受到了周围的巨大变化，行业市值增幅变化更用数据证明了这一点。尽管 BAT 巨头（百度、阿里巴巴、腾讯公司）没有在 A 股上市，但其获得的巨大成功，以及对 A 股公司的榜样作用不容忽视。

第二，按照行业市值增幅变化的趋势，我们完全有理由相信，中国的科技公司、互联网公司，也将逐步替代银行、地产等传统行业中的公司进入中国前十大公司市值行列。

第三，如果聚焦到具体的成长性公司，市场对公司成长性预期的强化，会使公司价值与市值出现大幅、持久的背离。成长性公司的高市值如果能得到基于高收益的价值支撑，就可以实现高水平协同。

溢价协同方法的价值及运用

如何看企业，进而形成好的投资标的，是市场上讨论与争议不断的话题。本杰明·格雷厄姆的学术传人，哥伦比亚商学院教授斯蒂芬·彭曼在其新著《投资中最重要的事》的序言中指出："你必须明白你已经掌握的信息是什么，并且把你已经掌握的信息与证券市场上推测性的信息区分开来。"很显然，他更多地在讲基本面信息与经常被价格误导的成长性信息。

跟本文有关的专业词语就是收益与成长性。而要讨论这个话题，则必须简单规范一下价值、估值、市值。不要泛化这些名词，事实上我们经常处在概念泛化的环境中，这对上市公司理性看待自己的发展、投资者理性看待自己的投资，都是不利的。

价值，狭义地说就是公司未来现金流的折现。这是被广泛接受的概念。而泛化之后的价值，则可能任由相关主体根据感觉需要去解释。估值，比较严格的定义，是指根据相关方法来估计推算一家公司的价值。市场上有许多给企业估值的方法，比如初创公司用现金流折现法、成熟的公司用剩余收益法、重资产的用市净率法、轻资产的用市盈率法、没有利润的用市销率法、资源类的用重置成本法。至于什么都没有的，有玩笑称只凭想象的叫"市梦率"估值法。

而市值，相对而言，就直观多了、好理解多了。市值 = 股价 × 股数，市值 = 市盈率 × 公司净利。市场上有种说法，有价值讨论价值，上市之前讨论估值，上市之后讨论市值。可以这样说，估值是给价值予以溢价，而溢价在资本市场上实现了，就是市值。市值是估值的完成状态，市值与估值的基础都是价值。如果市值稳定，估值就基本正确，而市值稳定的基础还是价值的支撑，也就是我们称的溢价协同。从某种意义上说，市值又是交易出来的，能在资本市场上连续交易、自由交易，是有效市值的前提。

重视市值就是重视股东价值，市值是上市公司实力的新标杆，也是股东财富的新标杆，我国资本市场重视市值始于2005年4月29日的股权分置改革，2008年则开始在全流通的背景下讨论公司有效市值以及市值管理。直到2014年5月9日“市值管理”一词被写进“新国九条”，而“鼓励上市公司建立市值管理制度”正好写在提高上市公司质量的主纲之下，其逻辑关系是清楚的，即希望通过市值管理的方法与手段来提升上市公司的质量。

市值管理是管理影响市值的核心驱动要素，是预期管理，是溢价协同管理。正确的市值管理理念与方法是建立在对收益与成长性的选择上的。

国际上不同阶段的投资理论在这二者取舍上也多有摇摆，而我国，近段时期以来，特别是在2015年股市剧烈波动之前，市场气氛更多偏向于成长性，甚至把概念、推测等同于成长性，投资者也为这类等同于故事的成长性而买单。比如上市公司曾经超高溢价收购微利的影视公司与游戏公司，搞市值拼图，使得市值没有价值的含量。近段时间以来又转而追逐“漂亮50”（套用了美国20世纪70年代的名词，指绩优行业龙头股）。这种非此即彼的摇摆是不对的。投资股票的确是投资未来，当然要看成长性，我们愿意付出较高的溢价，也是基于这个逻辑，只是我们需要的是能够逐步兑现的成长性，这就要求成长性与收益之间有个很好的匹配、协同与平衡。

基于溢价协同理念的溢价协同模型，以及由此推导出的市值管理指标与指数，都是建立在收益与成长性的协同上的。我们的市值管理指标，证明了一家上市公司的收益如何转化为通过交易的市场读出的成长性的预期，并由其波动率作为除项，读出基于收益与成长性的溢价协同是否在合理区间，以及如何通过相关工作，使指标回到合理区间。这种检测从长期看，可以帮助上市公司不去做无谓的追风行为，根据自身情况营运好公司、运用好资本市场。而市值管理指数，可以证明一家上市公司的市值增幅的贡献构成，即来自市场本身的、来自企业运营的、来自市值管理的比例，进而可以做公司的纵向比较，做行业的横向比较。我们还可以细分讨论与证明靠收益驱动的上市公司的高溢价、持久溢价、溢价协同的机理与靠成长性驱动的上市公司的高溢价、持久溢价、溢价协同的机理方面的差异。

逐渐理性与成熟起来的上市公司管理层经常会问：我们的市值反映了我们的价值吗？我们的市值为什么比同类型的公司少许多？市值的合理区间应该在哪里？大家知道了市值是个体量的概念，有效均值的概念，而不等同于股价。股价涨个10元或许瞬间可以做到，但市值稳定半年就不容易，也即你只要报出三年至五年内的市值最高值、平均值、最低值，我们就已经知道了你这家公司的大致体量。

逐渐理性与成熟起来的上市公司的重要股东，经常会问：什么是比较好的增减持时机？现在大家知道市值是个体量的概念，重要股东的减持不理性不平滑，本身的存量剩余市值也会被冲击下来，这不是简单地买卖股票，必须看到股票所代表的公司与资产的运营情况，也就是行为是破坏还是有利于溢价协同，破坏还是有利于市场对收益与成长性的理解与选择。

我们在中国资本市场的背景下，在全世界不确定性增强的语境里，讨论了上市公司的收益与成长性选择问题。基本结论是：无论是重视收益，还是重视成长性，都需要贯彻溢价协同的理念。为了尽量避免“黑天鹅”事件的发生，在拥抱新科技与互联网的当下，我们有理由为了确定性而回归基本面，回归价值投资。市场既愿意为高成长性公司提供溢价，也愿意为高收益性公司提供溢价，然而，市值与价值的协同作用终将使市值与价值匹配。上市公司得善待市场给出的宝贵溢价，但也要清楚“用脚投票”的市场选择。在监管渐趋成熟、渐趋严格的背景下，以提高上市公司质量、促进上市公司长期发展为目的，能够更好地解释收益与成长性关系的市值管理顾问，是上市公司及其重要股东所需要的。

上市公司应聘请专业市值管理顾问

来源：证券时报　作者：毛勇春　日期：2018-11-08

早在2018年中，资本市场已出现重要股东股权质押等问题，到10月19日国家经济与监管高层集体喊话释放护盘政策前，又演变为股市下跌的主要原因。正是这些疯狂减持获利的“肇事者”，在2015年中股市异常剧烈波动时，让广大中小股东加杠杆接盘进而损失惨重。2015年之后，为了保护中小股东，包括定增融资与并购重组等在内，诸多限制大股东等重要股东减持套现的相关政策频频出台、步步加码，最后使得上市公司定增受阻、重要股东减持受阻，导致股权质押融资急增。这又恰逢去杠杆与中美贸易摩擦等因素叠加，遭遇股市下行又被强平踩踏，民营控股上市公司的大股东们“惨不忍睹”。这让我们看到了上市公司、重要股东、普通投资者三输的局面。

上市公司不会想到，2018 年的资本市场会是这样表现，虽然国有控股上市公司的资金压力还不大，但股市下跌带来的冲击同样是明显的。民营控股上市公司狼狈不堪，一些上市公司重要股东退守到无股不押的局面，风险承受能力异常脆弱。为了渡过难关，甚至开始向资金雄厚的国资出让控股权。于是，聚焦缓解股权质押风险、释放流动性的相关政策再次密集出台，新一轮“救市”的实际行动还在逐渐升级中。

这些政策传导及其后果分析，3 700 多家上市公司有几家在做呢？这却是公司上市之后必须要做的事，即广义的市值管理。

上市公司与非上市公司相比，多了许多不确定性。本来，走过 28 年的中国资本市场，已吸取了许多经验教训，应该走得更稳健一些。但是由于新兴加转轨的阶段特征，以及政策市、资金市、消息市等的市场特征，对上市公司而言，资本市场变得更加难以驾驭了。原本以为经过股权分置改革，2008 年股市全流通了，成熟市场的更多经验可以为我所用，但当前事实却不尽如人意。从这个角度说，上市公司应尽快建立自己的市值管理部门，聘请专门的市值管理顾问。市值管理顾问如同规模以上企业的法律顾问一样，也应该是上市公司的标配。

2014 年 5 月 9 日，市值管理被写进了国务院《关于进一步促进资本市场健康发展的若干意见》即“新国九条”中。源于股权分置改革的政策驱动与全流通背景下的利益驱动，市值管理在我国经历了 3 个阶段，即 2014 年前的市场自发的理论探索与工具运用阶段；2014 年的官方倡导并强化监管阶段；2014 年后规范信息披露与探索科学评价阶段。自 2017 年以来，市值管理的实践开始由国资委系统的国有控股上市公司充当主角，核心内容是坚持以提升内在价值为核心的市值管理理念，依托上市公司平台整合优质资产，不断提升价值创造能力，增加股东回报。

但我国的市值管理实践，也有过关心市值、提升价值、实现价值的经验，也有过断章取义、胡作非为的教训。市值管理曾经风靡一时，也曾经乱象丛生，如今又开始回归正道。实践证明，市值管理只有上升到公司战略，让推动公司发展与回报股东成为自觉，形成追求市值与内在价值的溢价协同，形成好公司与好股票的统一等共识，市值管理才能在战术层面真正起到协同效果。

面对日益复杂的中国特色资本市场，上市公司比任何时候都需要聚焦市值增长与市值稳定的市值管理顾问。这个角色的专业性与综合性要求很高，不同于专项咨询、券商、律师事务所、会计师事务所的专业职能。市值管理顾问要具备资本与产业联动的意识与能力，要具有公司治理与投资者关系管理的高度自觉与技能。研究表明，大股东增持与上市公司回购的效果是相同的，并且其结果并不能简单抵御系统性风险。

"新国九条"提出"鼓励上市公司建立市值管理制度"，但是由于市值管理是项要求很高的系统工程，在缺乏顾问指导的情况下，至今鲜有非常好的案例。可以说，对不同行业、不同发展阶段、不同市值规模、不同资本属性的上市公司进行市值管理体系的构建与应用，是每家上市公司都要面对的任务。

拥抱科技进步是资本聚集的逻辑

来源：上海证券报　作者：毛勇春　日期：2020-10-10

一段时期以来，资金有向大市值公司与科技、消费、医药主要行业板块聚集的现象，"大而优"很明显、"小而美"似乎难觅踪影了。这种现象在美国股市更甚，包括苹果在内的市值前五的科技公司占标普500市值的30%！对于这种现象该如何解读?

现象的背后一定有其原因。再把时间拉长，通过观察可以看到，自2015年以后，资本市场就已经出现了资金向科技、消费、医药聚集的苗头，而在2019年科创板设立、2020年创业板存量改革后，这种趋势不仅继续得以延续，而且还进一步强化。如果再将一、二级市场的数据结合起来看则更明显，即自2015年以来，一级市场的资本也早就在IPO前的各阶段向这三大行业聚集了。

比如，从二级市场资金净流入规模上观察，根据统计结果显示，早在2015年信息技术板块资金净流入规模就达到了 184.01 亿元，此后经历了两年调整，又从 2018 年起逐年加速递增，今年以来的资金净流入规模已经达到了 857.74 亿元。与信息技术板块相似的，还有日常消费、医疗保健。这两个板块自 2015 年以来资金呈现逐年净流入状态，并且均自 2018 年起资金加速净流入，2020 年以来净流入规模达到 443.82 亿元和 411.11 亿元。

从不同市值规模的资金净流入指标来看，近两年资金开始向大市值公司流入很明显，尤其是从 2019 年开始，大市值公司资金净流入量明显增加。比如，市值规模在 1 000 亿元以上的股票在 2019 年的资金净流入规模为 1 084.67 亿元，是 2018 年的 8.16 倍，并且今年以来资金净入量仍然高达 1 221.09 亿元。市值在 500 亿元至 1 000 亿元之间的股票在 2019 年的净流入规模为 146.57 亿元，是 2018 年的 4.21 倍，并且 2020 年以来资金净流入量为 509.91 亿元，是 2019 年的 3.48 倍。而市值规模在 500 亿元以下的股票，近年来资金净流入规模处于盘整，甚至有所下滑。其中，资金规模在 50 亿元至 100 亿元之间的小市值公司，自 2018 年起资金净流入规模呈逐年下滑趋势。

从一级市场数据还可以很明显地看到，自 2015 年起，信息技术在全年 PE/VC 投资发生件数的占比超 50%。自 2018 年起，可选消费、医疗保健在全年 PE/VC 投资发生件数的占比均在 10% 以上。也就是从整个行业的发展趋势来看，信息技术、可选消费、医疗保健逐步成为一级市场资金青睐的行业。

再进一步观察，这些数据均集中一个指向——科技！特别是 5G、芯片技术与生物医疗。也就是资本为科技与科技进步而来！

创新推动了人类的进步，人类区别于动物的最大特征是能制造工具而大大提高效率，某种意义上说，社会发展与进步的原动力就是科技进步。资本聚集的逻辑是在拥抱科技进步，资本拥抱科技成了主动与被动的必然选择。来看一个例子。互联网时代的“芯片”成了国之重器，一场国际贸易摩擦普及了国人对芯片的基本知识。中芯国际与台积电的差距也恰好说明了高科技的门槛与追赶的必要。在半导体行业中，晶圆代工最先进最赚钱的公司是台积电，它的最新市值是 2 万亿美元，目前中芯国际的市值是 5 000 亿元人民币。台积电主打产品是 7 纳米芯片，5 纳米已量产，中芯国际主打产品是 14 纳米芯片，7 纳米在还在攻关中。影响中芯国际市值的关键变量成了主打产品对营收的贡献。芯片是技术密集与资本密集产业，研发周期很长，无捷径可走，极短波长的 EUV 光刻机是半导体行业的命门，是生产机器的机器，其中包含先进的光学技术、材料技术、加工技术。国内在这方面科技领域的投入还主要在科技应用上，离绝对领先的技术尚有距离，为不受制于人，在经济双循环发展格局中，资本持续不断向科技的聚集已成必然。

再举一例。养种猪就是做“猪的芯片”。2018 年以来，中国占全球猪肉消费量已超 50%，所以我们需要大量依赖进口满足需求。为了保护数量日益减少的中国地方猪种，我们也曾有冷冻精液保存、胚胎保存、生物技术保种等方面的尝试，但技术还不成熟。这也是急需补上的短板。

因此，在应用场景方面，未来人类生活更大、更广、持续不断的支出将集中在科技产品上，这是最富想象空间的领域，资本市场天然的价值发现功能迎合了这种底层逻辑。投资股票是投资股票所对应的公司的未来，有大未来的一定是代表科技进步的公司，这也就是一些科技类的公司能够享受高估值的原因。

受政策、事件、消息的影响，资金推动的逻辑不太容易捕捉。但是，资本聚集的逻辑却是十分清晰的。在二级市场上，资本在向消费、医疗、科技行业聚集，在向这些行业的龙头大市值公司聚集，在一级市场上则几乎全在向科技类的公司聚集。

同时，一、二级市场间的传导速度也越来越快，在这种提速中无疑又可以看到资本聚集的逻辑。A 股上市公司从 1 000 家到 2000 家用了 3 771 天，从 2000 家到 3 000 家用了 2 229 天，从 3 000 家到 4 000 家用了 1 337 天！截至 2020 年 9 月 28 日收盘，科创板公司从 2019 年 7 月到现在共上市 182 家，平均每月上市 12.13 家；试点注册制后，创业板共有 35 家公司上市，平均每月上市 17.5 家。科创板的推出以及创业板试点注册制改革，是对这种资本聚集逻辑的制度安排。尽管整个经济还需要间接金融与直接金融的平衡、资本市场还需融资功能与投资功能的平衡，但是，资本聚集的逻辑已经十分清楚。

资本市场迎合这种逻辑的还有一例，即今年美国市场上以特殊目的收购公司（Special Purpose Acquisition Company，SPAC）形式上市的公司。SPAC 是一个以公募资金的形式成立的上市公司，由该上市公司在规定期限内完成对一个或多个公司的并购，随着 SPAC 和目标企业完成合并，目标企业成为上市公司。SPAC 跳过了科技初创公司从先由传统私募投资，再进行 IPO 的过程，对于一家由风险投资机构支持的科技初创公司而言，SPAC 提供了一个将个人财富变现、同时为公司筹集资金的机会。

在 2020 年上半年，以 SPAC 形式上市的公司所筹资金占 IPO 的 33%。在 2020 前 9 个月内，已经有 109 个 SPAC 上市，筹集的资金超过过去 10 年的总和。有小巴菲特之称的对冲基金经理 Bill Ackman 在 6 月份筹集了史上最大规模的 SPAC，金额达到 40 亿美元。9 月，李泽楷和 Paypal 联合创始人、硅谷资深投资人 Peter Thiel 向美国证监会提交了 SPAC 的文件，该 SPAC 将筹集 5.7 亿美元，用于寻找“新经济”公司。

讨论与阐明资本聚集逻辑的意义，在于让前进在科技进步之路上的企业执着于注定艰难但又光明的选择，在于让资本市场上各个阶段的投资者在聚焦科技进步的行业中找到真正伟大的公司，分享长久而丰厚的投资收益。

莫被“聪明资金”牵着鼻子走

来源：上海证券报　作者：毛勇春　日期：2020-10-31

几乎每天，各类财经媒体都会用北向资金净流入或净流出多少，作为分析大盘、行业板块或个股涨跌的重要原因，甚至还有些相对专业的机构或人士，直接把北向资金称为“聪明资金”。对于日均成交金额数千亿元，甚至过万亿元的沪深股市而言，日均净买卖金额不过数十亿元的北向资金真能左右市场的涨跌吗？为了证明这种说法可能是一个错觉，我们从统计分析入手。

首先来看北向资金净流入或流出与大盘指数涨跌的相关性。

我们分析了日级别、周级别和月级别北向资金流向和 A 股主要股指涨跌之间的关系。意在从指数涨跌概率的角度，研究当期北向资金的净流入或是净流出，是否可以预测未来股指的涨跌。其中，涨，代表前一日净流入次日股指上涨的概率；跌，代表前一日净流出次日股指下跌的概率。

在日级别的数据分析中，我们采用 2020 年 1 月 1 日后的数据。结果发现，深股通的净流入，次日深证成指上涨概率有66%，创业板上涨的概率有64%；沪股通净流入对上证综指和上证50次日上涨的预测准确度均不及60%。深股通和沪股通的净流出，对次日相关股指下跌均没有预测力，预测准确度只在50%左右。

在周级别的数据中，我们考虑到自2018年5月第一个交易日起，北向资金单日额度从130亿元提升到520亿元，因此使用了2018年5月份以后的周级别数据。分析结果显示，沪股通的净流入和净流出依然不能对上证指数和上证50的上涨和下跌有较好的预测力，深股通方面预测力相较日级别数据的预测出现了减弱，对上涨的预测准确度低于60%，对下跌依然不能较准确地预测。

在月级别数据中，我们考虑到样本数据的充足程度，所以沪股通采用了2014年12月以来的月度数据，深股通采用2017年2月以来的月度数据，基本覆盖了沪股通和深股通自开通以来的月度表现。结果显示，沪股通对上证指数和上证50的预测准确度已经回落到50%左右，完全没有预测力；深股通对深证成指的预测准确度依然低于60%，而对创业板则完全没有预测力，准确度低至50%左右。

从日到周再到月，北向资金对A股中长期走势的预测表现越发不明显。再通过其他统计分析方法如秩相关矩阵、VAR模型等也得出了同样的结果。预测力的衰减其实也说明市场对长期投资的反应是偏理性的，不受北向资金动向的影响。

其次来看“北向资金”净流入或流出与个股涨跌的相关性。

截至2020年10月21日，已有1 384家A股上市公司被北向资金持股，占上市公司家数的三分之一，几乎涉及大多数的大中市值上市公司。我们以一年为限，分析从2019年10月16日至2020年10月16日期间，被北向资金持有的上市公司的股价表现。

在这一年期间，北向资金占流通股本比例超过25%的公司有6家，持股占比从大到小依次为苏泊尔、老板电器、索菲亚、上海机场、华测检测、安琪酵母。这些公司的市值变化理论上可能受北向资金的影响较大，股价最有可能和北向资金动向具有相关关系。

然而分析结果显示，北向资金变化和这6家公司未来市值涨跌并没有相关性。

不过北向资金非常喜欢“抄底”，当股价持续深跌时，北向资金都会逐渐买入，在公司股价达到一定涨幅时又会逐渐卖出。从累计收益率来看，北向资金重仓的公司市值增长表现非常一般，市值增长优秀的华测检测、安琪酵母却不受北向资金青睐，近一年的持股比例都出现下滑。

再来看观测期内，北向资金持股占比在15%至25%之间的35家公司的表现。我们按照持股比例均值依次排序，每隔5家选取1家上市公司，观察这7家公司的北向资金近1年动向和股价走势。结果，7家公司中，4家都出现北向资金净流出，上市公司股价持续上涨的情形，仅有一家公司持股比例和股价基本同向变动，还有一家甚至出现同期北向资金持续净流入，股价持续下跌的情形。从这7家公司的二级市场表现来看，北向资金也不能作为投资的参考标准，跟随北向资金买卖，收益会大打折扣。

最后来看观测期内，北向资金持股占比在5%至15%之间的107家公司，我们按照持股比例均值依次排序，每隔10家选取1家上市公司，一共选出10家上市公司。从北向资金持股比例变化和股价走势来看，北向资金长期持续买入的公司，股价一直平稳波动，或逐渐上涨，没有较明显的相关联系。这与其说北向资金聪明地选中了市场上的1 000多家公司，不如说为了达到配置更多的A股上市企业的目的，只能被动选择一些表现并不突出的上市公司。

对分层抽样给出的23家上市公司近一年的累计收益率和北向资金持股比例变化趋势的分析结果表明，单纯从北向资金的流向来看，与公司的市值变化没有明显相关性。由于我们还不能解析北向资金背后应该可以再细分资金构成、配置意图及普通投资或高频交易的逻辑，盲目使用北向资金流向对个股进行涨跌预测的或然性风险是非常高的。

综上所述，北向资金的净流入与净流出与不同时间级别的大盘指数的涨跌没有明显的关系，与流通股占比不同的个股涨跌也没有明显的关联。投资还是要遵循资金背后的逻辑，经济、行业、公司的基本面才是市场及个股长期涨跌的真正原因。投资没有所谓的捷径，我们的统计分析其实也就是再一次证明了一个常识：许多人认为的投资规律或捷径往往就是个心理错觉。投资者应理性看待北向资金的动向，莫被北向资金牵着鼻子走!

长期市值增长是评价上市公司最好的标尺

来源：上海证券报　作者：毛勇春　日期：2021-01-09

盘点2020年的资本市场，各板块指数涨幅非常可观：上证指数+13.87%、深成指数+38.73%、中小板指数+43.91%、创业板指数+64.96%、科创板指数+39.30%。但是，根据统计，各板块个股跑赢指数的占比是：沪市主板33.69%、深市主板16.56%、中小板19.52%、创业板20.09%、科创板24.77%，全部A股4 137家跑赢指数占比是24.99%。指数涨得好的板块，跑赢指数的个股更少，从表象看，资金在向部分题材公司、部分大市值的公司聚集。但是，拉长了时间看，这是市值与内在价值协同规律的客观反应。

先来看一组数据。截至2020年三季度，创业板试点注册制首批18家公司的市值增长，与内在价值增长并相关性很弱，相关系数仅为0.065。短期来看，影响这些公司市值的是概念、风口及市场对其未来的预期。

科创板首批25家公司的市值增长与内在价值增长的关联度也一般，相关系数为0.237。但是，随着时间的推移，市值与内在价值增长的关联性呈逐步增大的趋势。即在上市初期，科创板公司的市值增长更多地与行业风口以及市场对其未来增长的预期相关，但当公司经营逐步稳定之后，公司市值变动和内在价值变动的关联性逐步增大。

创业板首批28家上市公司从2010年开始，市值变动和内在价值变动的相关性随着时间的推移越来越强。其中，第1年的二者之间相关性较弱，相关系数为0.14，到第3年，上升至0.62，到了第10年，市值变动与内在价值变动呈强相关性。

统计分析的结果再一次告诉我们，短期上市公司的市值变动受供求关系及市场情绪左右，长期则符合价值规律，即市值一定围绕价值波动。上市公司的质量一般更多地指内在价值的创造与增长，短时间内与市值的增长或无联。但如果我们认同上市公司的价值存在于市值之中，那么上市公司的质量就理应体现在长期增长的市值之中。

从2004年1月31日到2014年5月9日再到2020年10月9日，从《国务院关于推进资本市场改革开放和稳定发展的若干意见》(“国九条”)到《国务院关于进一步促进资本市场健康发展的若干意见》(“新国九条”)再到《关于进一步提高上市公司质量的意见》(下文简称《意见》),资本市场的健康发展也逐步聚焦到上市公司本身。2004 年,“国九条”发布后不久,2005 年 A 股市场迎来了股权分置改革浪潮,沪指一度创下 6 124 点的历史高点;2014 年“新国九条”发布,A 股再次迎来牛市,上证指数摸高到 5 178 点。此次《意见》的出台,市场参与者对股指上行同样抱有期望。与前两次不同的是,《意见》直接把进一步提高上市公司质量作为主题,上市公司质量的重要性可想而知。上市公司的质量及其在资本市场上的市值表现互为因果。甚至可以说,只要是上市公司,对其质量高低好坏的评判,最后都会用到长期市值增长这把标尺。

影响市值的因素很多,诸如宏观经济、行业政策、公司治理、信息披露、社会责任、投资者关系等。表面上看是因为上市公司的相关工作导致了市值的不同,但做了相关工作,并不等于市值就能有好的表现。每个行业、每家公司的差异性很大,我们只能从市值是否长期增长反过来检验这些工作的效果,最终找到影响市值长期增长的核心要素与变量。

市值是公司经营成绩与投资者出价的连续交易的结果,只有盯住市值长期增长的锚,上市公司才能在资本市场上立足与发展,上市公司质量的评判才会变得无可争议。这也是长期以来,市值规模与市值增长排名最显公允的原因。随着注册制的推进,上市公司会越来越多,随着退市制度的完善,资本市场有进有出也将成为常态。以市值长期增长作为标准来检验上市公司的质量,能够从根本上改变用多指标来评判上市公司质量可能出现的乱象,使得不论何种资本属性的上市公司都能更加注重公司的市场价值,注重市值与内在价值的长期协同,用实实在在的业绩回报全体股东,促进行业进步与社会绿色发展。

人们往往在时间面前失去耐心,即便是面对不需证明的规律,都会带着侥幸去追逐概念、追涨杀跌,这种心态与现象普遍存在于公司经营者与市场投资者之中。如同人人都认可与推崇股神巴菲特的选股哲学:能被我们所了解的行业、具备长期良好的经济前景、有德才兼备的经营管理层、吸引人的价格。但是,都缺乏运用这条哲学的耐心。上市公司的经营者也一样,频繁变化战略、投机取巧、迎合概念,到头来公司市值越做越小，何谈上市公司的高质量？

每家上市公司都应该关注市值与市值的长期增长，唯其如此，企业才会对同行业的大市值公司及市值长期增长的公司满怀诚意地去追赶，在价值创造、价值描述、价值实现各环节不断进取，在聚焦科技的长跑路上充满信心。以上统计分析已证明市值的长期增长，必然有其内在价值支撑，资本市场会给市值长期增长的公司高溢价，顺此逻辑长期投资、理性投资、价值投资也会蔚然成风。

对上市公司，我们要可以兑现的价值、要被市场认可的质量，市值长期增长无疑是评价上市公司质量的最好标准。

期待市值管理更趋理性科学

来源：解放日报　作者：毛勇春　日期：2021-05-25

日前，一内幕交易“坐庄”失败事件参与者的爆料，因涉及与上市公司、券商、公募、私募合谋内幕以及绑上市值管理而持续发酵。

每当市场低迷时，总有人想用投机取巧的方法去折腾股价，经常会去绑“价值发现”，似乎市值管理更有想象空间。然而，无数事实说明，脱离公司基本面去折腾市值，基本是瞎折腾。

市值管理源于2005年我国资本市场的股权分置改革。2014年5月，“市值管理”一词写入“新国九条”，强调提高上市公司质量，倡导上市公司建立市值管理制度。之后，证监会进一步强调，建立市值管理制度的主要目的是鼓励上市公司通过改善实体运营，可持续地创造公司价值，加之合理运用资本市场工具，实现公司市值与内在价值的动态均衡。同时，希望上市公司和相关市场机构审慎论证、依法决策、合规操作，绝不触碰虚假披露、内幕交易、市场操纵等“高压线”。

市值管理不能简单等同于管理市值。简单来说，市值管理是主动管理影响公司市值的主要因素与变量，以期达到公司价值创造与价值实现长期协同的系统方法。而简单、机械、粗暴地管理市值，就容易滑入操纵股价的泥潭，从而违规违法。不论绑上什么高大上的名词，都应在严厉打击之列。

区分市值管理与内幕交易并不难。前者的目的是追求公司市值与内在价值的溢价协同，最终是中长期地惠及全体股东；后者对股价的操纵，常常与公司经营业绩没有关系，最终只是短期内极少部分人受益，而广大中小股东受损。

近年来，市值管理实践逐步对接科学性、专业性、综合性的高门槛要求。一些上市公司尝到了将市值管理融入公司战略、公司市值得以稳定增长的甜头；一些国有控股上市公司正探索将市值指标纳入考核，以更好地实现国资管理从“管资产”到“管资本”的转变。下一步，期待市值管理研究和实践更趋于理性与科学，也希望“市值管理就是上市公司的价值管理”这一观点得到广泛认同。

真伪市值管理的分水岭

来源：上海证券报　作者：毛勇春　日期：2021-07-24

市值是个好词，象征着财富。市场习惯以此来衡量一家上市公司的综合实力。在某种程度上，上市公司的价值存在于市值之中。管理也是个好词，管理出效益是大家公认的逻辑。但是，当市值 + 管理组成一个新词“市值管理”之后，味道就出现了种种变异。由于一些与市值管理实践并无关联的伪市值管理开始当道、混淆视听，市值管理一度成为敏感词，连理直气壮的市值管理行为也刻意回避。何以会这样？市值管理与伪市值管理的边界与分水岭究竟在哪里？

先举一个例子。假设一家公司的股票内在价值是 5 元，有 10 个投资者，在市场上愿意在 1 元至 10 元间出价交易，结果平均成交价是 5 元，那么 5 元以下的出价者会觉得似乎买高了，5 元以上的出价者会觉得是卖低了，5 元的出价者可以认为是正好。第二次出价，股票价值依旧不变，但由于市场气氛变了，这 10 个投资者愿意在 5 元至 15 元间出价，如果成交均价是 10 元，出价 10 元以下的认为自己买高了，出价 10 元以上的认为自己卖低了。这时可能已经没有人去铆住原先每股 5 元的价值了，只记得 10 元的平均价。以此类推，到了第 10 次出价的时候，这 10 个投资者都尝到了股票短期买卖的快感，成交均价已经升到 25 元，而他们的出价意愿还在抬高，并且已经把这个公司的股票价值彻底忘了，甚至忘了这个公司做什么业务，关心的仅仅是股价的博弈。如果这 10 个投资者中有 1 个就是公司的实控人，又如果 10 人中还有一人对他说，配合一下释放点利好消息，股价可以到 50

元，由于人性的弱点，这个实控人很有可能去铤而走险。这时连实控人也可能忘了自己公司股票的实际价值，飘飘然觉得炒股不知要比干实业好上几百倍，又可以冠冕堂皇地标上市值管理这样高大上的词。但是，任何事都要回归常识，价格向价值回归就是规律与常识。这10个人中若是有1个人先撤了，那么其他人便会迅速跟上形成踩踏，若股价从50元跌到5元，那就是90%的资金没了！

股价如过山车般大起大落，但是其价值还是5元/股，并没有改变，当然最后守着一地鸡毛的往往还有那个实控人。这就是那些曾经发生在资本市场上的故事的缩影。

由上述例子可以看出，真伪市值管理的分水岭之一：是否立足于公司基本面。但凡做伪市值管理的，都是短期炒股思维，只求短期交易获利，直接对着股价进行博弈，而不去理会这市值对应的是怎样的公司，这个公司提供什么产品与服务？市占率如何？未来的成长性、盈利性又如何？

市值管理讲的是长期的溢价协同管理，先战略后战术、先谈价值创造再谈价值实现。股票仅仅是资产的所有权凭证，资产未来收益的现值才是股票的内在价值。市值管理是通过主动管理影响市值的核心要素与变量，使公司市值与内在价值能够长期溢价协同。市值管理不直接作用股价，市值管理者甚至认为理论上是不可能做到直接管理股价的。因为，做一天股价或许能成，但是五年、十年呢？同理做一天、一周的市值也或许能成功，但是五年、十年呢？所以，重点还是要落在上市公司内在价值的创造上。凡是在股价博弈过程中听到的美妙故事，往往就是人为创造的、无法用内在价值增长来表现的市场噪声。

真伪市值管理分水岭之二：是否坚持长期主义。资本市场的精妙之处在于其一级市场可以为需要资金的企业家提供了直接融资手段，比如发行股票与债券。其二级市场又为投资者提供随时变现的交易机制，使得后入场的投资者通过交易替换需要变现的投资者，最终使得上市公司正常经营所需的资金得以稳定。如果没有二级市场，公司股东只能获得分红收入，有了二级市场股东可以获得分红＋股票交易的差价收入。当一些投资者觉得股票交易差价收入要远远大于分红收入时，他们会逐渐痴迷于股票交易获取的差价收入，最后会用杠杆开始赌徒式博弈。

事实证明，只有长期投资才能分享国家经济增长、行业景气向好、公司业务发展的成果，即资本市场理论上与GDP增长存在着同比例变化的关系。通过对上百年的数据进行统计的结果显示，伟大公司的投资者都是做了时间的朋友而收获了巨大的财富。价值投资者之所以坚持，也是因为坚信是走在最接近价值规律的路上。市值管理也一样，要体现行为效果，实现好公司与好股票的结合，就需要时间，甚至是很长的时间。但是，伪市值管理没有耐心这样做。在二级市场上，人性的贪婪会让一部分人去违法违规“造富”！尽管他们也知道脱离公司基本面的短期资金博弈就是零和游戏，而且绝不可能长久，但是想象中唾手可得的巨大利益，让他们愿意披着市值管理的马甲上阵，结果因为其本质是操纵股价的伪市值管理，照样在监管层的打击之列。

真伪市值管理分水岭之三：是否惠及全体股东。上市公司追求市值天经地义，追求市值的稳定增长更是对全体股东的天然责任。但是市值管理的方法与路径一定是基于公司本身的，基于公司营运的价值创造、基于合理合法的价值实现，是长期的战略管理与系统工程。这也是市值管理的核心。

好公司与好股票的结合一定带来市值长期增长。市值管理研究与实践的是如何让好公司与好股票结合得更好，或是研究如何让差公司先变成好公司然后与好股票结合。所以，市值管理是公司管理理论在资本市场上的延伸，即先谈公司战略、商业模式、公司治理、成本控制、科技含量，再谈适时运用资本市场的再融资、并购、回购、分拆等工具，而不是将价值创造与价值实现倒置。因此，凡是脱离公司本身只谈股票交易的都是伪市值管理。因为它所做的一切不可能惠及全体股东，它也不愿意花时间来等待公司的成长与经营业绩的改善。它所做的仅仅是忽悠着让差公司如何变成好股票，但最终是过山车的财技和戏法。

厘清了真伪市值管理的边界与分水岭之后，伪市值管理者就应该直接卸妆，回到该去的角落。而市值管理者则可以继续行走在让市值与企业内在价值协同的阳光大道上，基于产业与企业的视角，从战略到战术，科学系统、合法合规地开展市值管理活动，公开及时准确全面地进行信息披露，为资本市场更好地服务实体经济而努力。

公司只要登陆资本市场，就处在负责价值创造的上市公司营运系统与负责价值实现的资本市场应对系统中，这两个系统如何协同，是所有上市公司的任务。市值管理提供完成这个任务的方法与路径。是否立足公司基本面、是否坚持长期主义、是否惠及全体股东，是真伪市值管理的边界与分水岭。

市值管理的“四问”与“八痛”

来源：市值管理——基于产业与企业的视角　作者：毛勇春　日期：2021-08

如何迅速而系统地认识市值管理，结合实践与研究，从市值管理的“四问”与“八痛”，给大家做一个介绍。

（一）市值管理“四问”

任何一门学问，最终都应该可以指导实践，也都可以接受“四问”，市值管理也不例外。一问：什么是市值管理？二问：市值管理到底管理什么？三问：市值管理又是如何管理的？四问：市值管理如何评价？

1. 什么是市值管理

就是要给市值管理下一个定义。下定义之前，简要说一下市值管理这一概念出现的背景。2005 年我国资本市场实行股权分置改革，上市公司股份进入了全流通时代。公司市值有了全新的意义，市值是公司价值的集中体现、是股东财富的新标杆。重视市值蔚然成风。

但市值管理概念的表述各有不同。2008 年开始有不同的专著出现，我们也在 2012 年编著了《市值管理方略——激活需求、创造价值》对实践与研究加以提炼总结，给出市值管理定义；2015 年在经历了股市剧烈波动之后，又根据实践与研究，编著了《市值管理新论——从定性到定量》并给出了新的定义。因此，笔者所在的上海融客投资管理有限公司成为中国迄今为止在市值管理研究领域唯一拥有两本专著的机构。

2014 年 5 月市值管理进入资本市场顶层设计文件：《国务院关于进一步促进资本市场健康发展的若干意见》（“新国九条”），在提高上市公司质量条目下首次明确提出：鼓励上市公司建立市值管理制度。

如果认为监管机构给出的定义更有权威性，那证监会在 2014 年的官方表述是：

市值管理的主要目的是鼓励上市公司通过制定正确发展战略、完善公司治理、改进经营管理、培育核心竞争力，实实在在地、可持续地创造公司价值，以及通过资本运作工具实现公司市值与内在价值的动态均衡。

到了 2021 年，随着市值管理理念推广普及的深入、市值管理实践的不断证伪与创新，市值管理的核心内容已然呈现。从市值管理的目的与过程看，应该有如下关键词。

①是一种管理活动（管理价值创造、价值实现、价值协同的）；

②一种管理思想与方法（关于溢价协同的预期管理）；

③为了提高上市公司的质量（“新国九条”第二条第六款）；

④使得上市公司具有可持续投资性（国际公认）；

⑤充分合规利用资本市场（监管层要求）；

⑥以发展实体经济为基础（产品与服务）（监管层倡导）；

⑦实现公司市值与内在价值的动态平衡（协同）（监管层倡导）；

⑧有科学性、系统性、长期性的高门槛特征（制度化与专业化的需求）。

用今天的话来说，市值管理首先是公司管理理论在资本市场上的延伸与创新，其次讲的才是公司所对应的股票在资本市场上的表现，讲好公司与好股票如何结合。因此，市值管理是上市公司聚焦溢价协同与预期管理的系统工程。

2. 市值管理管理什么

我们从构成市值的两个公式来说。市值 = 股价 × 股本（公式 1）经过等量代换我们可以导出市值的另外一个公式，即：市值 = 市盈率 × 净利润（公式 2）。通过对这两个市值公式的解析，可以得出结论：市值管理应该且能管理的是影响市值的四个一级变量背后所构成的核心要素与变量，而不是直接管理这四个一级变量，特别是不能直接管理股价。理论推导与实践证明，直接管理股价并不现实甚至容易滑进内幕交易与股价操纵的泥潭。从公式 1 来看，如果公司股本不变，股价上涨就是市值增长，这样上市公司与重要股东会感觉让市值增长最快的捷径就是让股价上涨，为了确保股价上涨，甚至有大股东、实控人利用资金与信息优势参与其中，涉嫌股价操纵。这与市值管理概念与核心理念就背道而驰了，这种行为不能叫市值管理行为。市值的四个一级变量后面的构成与影响要素，才是市值管理要着力与管理好的点！加上公司战略、商业模式、内部治理、市场环境等维度，每一个上市公司影响市值的核心要素与变量会呈现出明显的差异性。

3. 市值管理又是如何管理的

既然知道什么是市值管理，以及市值管理是管理什么的，那么如何开展管理活动呢？就是方法与路径。这涉及主动管理还是被动管理，我们主张更加精准地主动管理。我们把上市公司五大类市值管理与上市公司股东五大类市值管理已在多个场合作了介绍。即上市公司层面有：投资者管理维护类、股权激励类、再融资类、并购重组类、股权结构优化类。投资者关系维护是大类，可以包括 4R（投资者、分析师、媒体、监管）。上市公司重要股东层面有：市值维护类、大宗减持类、股权融资类、多股权类、战略投资类。（详见《市值管理方略——激活需求、创造价值》）这五五矩阵的工作内容均会对市值产生影响，但不一都定是正向的。所以强调精准作为，不要轻易使用相关工具，包括回购、增发、并购等。

每个上市公司希望成为好公司与好股票的目的相同，但每个公司的自然禀赋完全不同。好公司有以下的特征：产品独特、持续增长、品牌优势、市占率突出、管理层优秀、自由现金流充沛等。好股票也有以下特征：流动性好、具有弹性、迎合风口、易受基金关注与抱团等。要达到精准的主动管理，上市公司应该将市值管理提升至公司战略高度，成为董事会核心工作内容，确定市值管理目标与内容，设立相关部门、配备相关人员，在上市公司履行社会责任、提高信息披露质量、坚持产品与服务创新、利用资本市场功能等方面着手。市值管理有许多工作要做，或有包罗万象之感，但最后都归入两大系统，即公司营运系统与资本市场应对系统，并确保增强企业盈利能力和提升企业估值水平两大市值，管理核心任务的顺利完成。

使得这两个系统协同（产融联合）要靠市值管理制度，它主要包括决策机制、组织机制、考核机制、激励机制和信息披露机制等若干项机制。市值管理制度可以保障市值管理实践，是一项战略有方向、决策有流程、战术有方法、行为有规范的系统工程。没有哪家上市公司不希望市值反映其内在价值，并且能够长期增长。但无数实例表明，这不是自动完成的，要靠精准主动的市值管理行为，而在市值管理工作正式开展前，为了使得相关工作有的放矢，我们认为需要包含以下内容：①标的公司上市以来市值表现与原因分析（宏观行业、公司）；②标的公司与对标公司的市值差异及原因分析（从战略到执行）；③标的公司市值管理制度建立及优化建议；④标的公司资本市场工具运用建议及方案设计。

4. 市值管理如何评价

好的市值管理应该是根据正确的市值管理理念，找到了影响公司市值的核心要素与变量，实施了有效的市值管理行为，取得了市值长期增长的效果。这需要先验与实证，需要定性与定量分析，需要评价体系的科学性，需要评价工作最终能反过来指导市值管理实践。没有评价体系，市值管理作为一门学问是不完整的。这也是大家都在着力进行市值管理评价探索的原因。我们的第二本书《市值管理新论》也主要在市值管理的定量评价上做了探索，创造了被大家逐渐认可的溢价协同指标。这次由上海易居房地产研究院与上海社会科学院市值管理研究中心联合发布的《2021 中国房地产上市公司市值管理研究报告》的榜单部分，发布了市值总量榜、市值增长榜与市值管理水平榜，而在市值管理水平榜部分，则主要通过行为一 绩效的逻辑，构建了价值创造、价值协同、价值实现的 18 个三级指标，通过动态测评揭示了市值与内在价值协同增长对上市公司的重要性。大市值中有伟大的公司，小市值中也会诞生伟大的公司，市值管理评价体系揭示溢价协同良好的公司就有机会成为长期健康成长的公司，就会在资本市场上获得高溢价，就是最有机会成为好公司与好股票结合的上市公司。有了评价体系与衡量标准，市值管理的科学性、系统性、长期性就有了完整的体现。

（二）市值管理“八痛”

市值管理“四问”，介绍了市值管理概念、理念、方法、路径。上市公司也在进行着各式各样的市值管理实践，取得了不少成果。然而市值管理是一个系统工程，因而会阶段性地遇到各种瓶颈。我们将在实践中观察到的痛点进行归纳总结形成市值管理“八痛”，分享给大家。

1. 主管层的原则倡导与重视和实施主体缺乏规范指引之痛

我国资本市场虽然已有长足进步，但政策市、资金市、消息市的特征依然明显，特别是“政策市”中监管政策会因时因势改变，准确把握不易。市值管理在 2014 年写进“新国九条”，眼下当监管层不作为主要任务提出的时候，基层往往会无方向感。而基层相关主体在开展市值管理实践时又往往习惯于听上面的声音，比如这些年国资委正面提市值管理比较多。这样本是上市公司与重要股东自律的市场行为，一会儿成显学、一会儿成隐学。

2. 市值管理科学性、系统性、长期性特征和相关主体逐利性、片面性短期性追求之痛

市值管理是公司管理理论在资本市场上的延伸，而上市公司与任何企业一样，是靠提供产品与服务得以生存发展且受到投资者追捧的。这无疑表明市值管理具有科学性、系统性、长期性的要求，但认为市值管理应该是一针就灵般独门秘籍的错误观念盛行，就非常容易与一厢情愿的逐利性、片面性、短期性为伍，不断地交着注定没有回报的学费。

3. 市值管理实践需要整体布局与实践主体往往仅从较低层级展开工作之痛

市值的重要性已经为市场参与者所认可，包括国有与民营控股的上市公司以及上市公司的实际控制人；在市值管理的必要性上似乎也高度一致，但在开展市值管理的方法与路径上远远没有达到应有的高度，市值管理实践还主要停留在上市公司董事会秘书、证券事务代表等关心资本市场反应及作投关关系改进的层级，长期效果可想而知。

4. 没有市值规划更没有与公司战略的高度融合的市值管理之痛

对上市公司而言，市值是公司股份价值在资本市场的体现，尽管每天交易的只是部分股票，但其整体性不容置疑，因此没有任何逻辑可以不去做公司整体的市值规划，而如果市值规划不与公司战略高度融合则更是错得离谱。我们都认可唇齿相依的道理，但在市值管理实践中不讲市值规划、不与公司战略高度融合的事还大量存在。

5. 没有制度建设、定人定岗特别是考核机制的市值管理之痛

市值管理实践已经有不同的范式，比如分别有董事长、董事会秘书、财务总监主导型的，还有母公司模式、上市公司单一模式、多上市平台企业集团模式。但普遍还没有到制度建设、定人定岗，更没有到科学考核的程度。因为没有科学的考核机制，也就无法衡量市值管理行为与绩效，以至于无法反馈市值管理行为的偏差，也就无法达到影响与管理预期的效果。

6. 感觉现有的市值管理方法与路径都不能拿来运用的市值管理之痛

不少上市公司，特别是国有控股上市公司，因为资本属性等原因，管理层会有市值管理山重水复疑无路之感，主要是公司战略未必自己能定、相关工具又未必能使用，更主要的或许还有责任、贡献与奖励不匹配，但是市场上仍然存在同类型市

值管理实践尚佳的上市公司，做到了柳暗花明又一村的效果，即价值创造市值增长、团队绩效多赢。

7. 实控人感觉相关工作可能费时费力但效果又未必明显的市值管理之痛

实控人有各种类型，但进入资本市场后，或多或少会无奈于市场的波动甚至是剧烈波动，加上自己曾经的胡乱实践以及周围的负面事例，往往会走向反面，变得不愿或不敢进行市值管理实践。从某种意义上说，市值管理实践的油门与刹车都在大股东的脚下，实控人只有相信科学、理性的市值管理的价值，才能通过中长期的持续努力最终看到价值。

8. 顾问机构或泛泛而谈与市值管理工作精准展开不匹配之痛

我们说市值的检测是偏西医的，但市值管理是偏中医的，因为各家的实际情况非常不同。所以我们建立上市公司都要聘请市值管理顾问。但当上市公司听到市场上顾问机构的介绍时会有泛泛而谈的感觉，市场需要定性与定量结合的服务，比如到底是什么影响了市值的增长与表现？怎样做才会得到理想的效果？需要精准、需要有说服力，需要模型与算法，但市场上能提供这类综合性服务的机构很少。

以上，我们分析了市值管理的“四问”与“八痛”，这些是我们最新的实践与研究的成果。我们相信市值管理撤撇去机械炒股的话，其实是略显严肃与枯燥的话题，需要相关主体付出艰苦的努力，加上不可省略的时间，才能取得可喜的效果。上市公司与重要股东不重视市值与市值管理的时代已经一去不复返了，资本市场的健康发展，我国上市公司总量与质量的进一步提升都需要市值管理。市值的稳定增长与溢价协同，已经是每个上市公司的任务与追求，所以我们坚信，假以时日，资本市场一定会出现运用市值管理理念、方法并加以实践的一批好案例。

市值增长　市值健康

来源：解放日报　作者：毛勇春　日期：2023-03-14

全面实行股票发行注册制，是坚持市场化、法治化、国际化的制度安排，是资本市场服务国家战略、服务实体经济的重要路径，在改革发展进程中具有里程碑意义。

在全面实行注册制之前，企业发行股票筹集资金上市交易，需要监管部门对招股书内容进行实质性审核。一些新兴行业的创新公司由于暂时没有达到相关要求，不得不去境外上市。现在，多元包容的上市条件有利于包括先进制造、互联网、大数据、云计算、人工智能、生物医疗等在内的高新技术产业和战略性新兴产业公司得到资本市场的支持。资本市场配置资源、发现价值的功能与作用有望进一步释放。

研究显示，全面实行注册制后，上市公司的总量会进一步增加，交易会进一步活跃。随着上市与退市常态化，市场竞争将更加激烈。由此，市值成为资本市场关注的一个焦点。

市值是公司在资本市场的价格，是股份对应的公司资产运营效益的价值体现。在价值创造的基础上做大做强市值，追求市值增长、市值健康，是上市公司的战略目标，是高效运用相关工具以及循环利用资本市场的前提。

市值管理是公司管理学在资本市场的延伸，其本身不是脱离公司的纯粹资本市场行为，更不是机械粗暴的二级市场操作。由于资本市场发展时间短、从业人员更替快，加上行业培训缺乏系统的理念与方法宣讲，导致市值管理存在不同程度的误读，引发不正确的市值管理实践。

市值是资本市场的“第一指标”。在全面注册制背景下，市值管理必须融入公司战略。好公司与好股票结合，才能持续创造价值、回报股东、服务社会。上市公司应该像企业需要法律顾问、财务顾问一样，迫切需要市值管理顾问。

相关的工作内容应该包括上市以来市值表现原因分析、对标公司市值差异原因分析、从战略到战术的市值驱动力挖掘与分析、资本市场与公司治理工具运用分析建议、公司市值管理制度建设与建议。

市值管理的主体是上市公司。当上市公司找到正确的市值管理实施路径，才能走得长久，才能发挥综合性的价值创造、价值传播、价值实现等作用。

坦率地讲，资本市场不缺乏看似精彩的资本腾挪故事。但长远而言，上市公司应该摒弃靠蹭热点换主业、靠拉股价做市值的表演，而应该踏踏实实聚焦战略、发展主业，用实际成绩享受资本市场溢价，做到好公司与好股票结合。这才是市值管理的正道与通途。

附录 E：公众号文章精选

回归常识才能最终提振股市！

作者：毛勇春　公众号：融客市值管理　发布日期：2018-10-19

这几天股民的日子不好过，上证指数急速下跌破了 2 500 点，9 月 28 日节前最后一个交易日还是 2 821 点呢！于是，铁底论者、婴儿底论者开始靠边站了，重量级的“春天论”与“严重脱节论”出来了……其实之前，前总理还有过信心比黄金更重要的论调！但，最终起作用的都不是言论。

常识告诉我们，股市是经济的晴雨表！常识也告诉我们，股价是上市公司价值在资本市场上的价格，投资者花钱买的不是一张凭证而是其对应的资产，资产运营没有价值、没价值的增长，股票价格最终不会上涨！常识还告诉我们，资本市场受多种因素的影响，包括投资者的心理预期，没有增量资金进入的市场不会一下子变得景气。

那好，是否有《中国证券报》等四大证券报论述过现在实际的经济情况、行业情况、公司运营情况、股票交易活跃情况？如果都是根据官媒要求组织的文章，是否离实际情况很远？市场杂音难辨、信心如何恢复？股市如何提振？

我们做过研究，数据表明，十年 10 倍股里国企上市公司是最差的，可现在国企上市公司财大气粗，趁着这次股权质押爆仓频频接盘民营控股上市公司，未来能做好吗？未来没来价值，股票价格会上升吗？还有上市公司业绩好是其党建工作抓得好的言论，符合逻辑与常识吗？

我们也做过研究，数据表明，上市公司实控人号召职工搞兜底式增持，多半是噱头，贾跃亭早就号召过。不要说响应号召的职工本身没几个，如果人家都为了保住饭碗借钱增持，市场不灵了，实控人也不灵了，真会兑现吗？实践表明，股权激励可以，员工持股计划，特别是大股东兜底的员工持股计划不是办法，也不应该是办法！

股市是人类伟大的发明，募集资金、配置资源、发现价格，几百年来许多伟大的公司诞生于此，许多杰出的投资家成功于此，许多教训和规律，构成了人类的常识。我国资本市场虽只短短28年，但无须样样从头再来，有常识在就不要再去高成本试错，再去高成本的纠错！国情可以讲、权重一点点。要知道股市里最终买单的只有一个角色——股东！其他角色都应该各归其位。

所有的市场参与者要依据《公司法》《证券法》等法规。投资者从事证券交易，风险自担、收益自享，不要听各路神仙的忽悠。市场的监管者依法严格监管，不缺位、不越位。靠资本市场生存的各中介机构，依靠专业服务、赢得客户信任、赚取合理佣金。上市公司是市场发展的最重要基石，要专注经营、创造价值、回报股东！

以上这些都是常识！股市涨跌背后一定有原因，如果大家都回归与尊重常识，已经有了基本的心理准备，就是大起大落又有什么好怕？

“市值管理”是什么？我再来普及一次！

作者：毛勇春　公众号：融客市值管理　发布日期：2019-09-24

好像还没有一个财经名词像市值管理那样被解释得五花八门！市值管理这个标签一定还很管用，所以市场上各类直接标明是做市值管理业务的机构还不少，上市公司当然知道市值的重要性，知道市值管理的必要性，于是也在市场上寻找市值管理的所谓高手。但是，正确的交流语境还真不常有。虽然市值管理被写进“新国九条”已经过去第五个年头了，接到的电话、问的问题还是不入调的多，同事应付不了，感觉对方诚恳，我就偶尔帮助解读一下。这样的电话有民企的、国企的、央企的上市公司及投资机构。问题往往是：①我们是上市公司想做市值管理，想寻求合作，想了解你们是如何做的，有业务介绍及案例分享吗？结果往往对方也只是在比较方案，即便项目建议书也发过去了，多数也是不了了之。为什么？因为需求不是来自公司管理层与公司实控人。②我们是券商或相关投资机构，我们的客户想做大宗减持，你们能帮助做市值维护吗？有无方案可以交流？结果对方往往也是询价的，不是终端方的占大多数。虽然市值管理一词继续在满天飞，但所讲的意思往往大相径庭。我们认为，市值管理就是对影响公司市值的核心要素与变量进行主动管理。因此完全可以公开交流。既然这样，不管你的市值管理是什么，第一步都是去找准影响自己公司市值的核心要素与变量，第二步才是利用相关工具对这些核心要素与变量适时进行主动管理。现在绝大多数的来电来访，都是希望跳过第一步，直奔第二步。这就不是正确的市值管理。

方法不对，若再用力就是错上加错。市值管理是套方法，是个高门槛的活，必须弄清楚了再进行。不然，市值表现往往就是过山车式的曲线。上市公司所有与市值有关的需求可以浓缩成长期需求与短期需求。长期需求应该是上市公司的市值战略需求，即自己公司的市值增长的规划。上市公司市值的稳定增长是其总目标，是上市公司质量的最终体现，一个上市公司没有市值的规划，就不会花工夫找准影响市值变化的核心要素与变量，就不会系统化地处理内在价值创造与市值表现之间的关系，也即公司营运系统与资本市场应对系统是割裂的，如此就休想自己公司的市值长期健康地增长。所以，每家上市公司都应该认真地制度化地做好公司的市值规划及系统实施策略。这是事实已经证明的上市公司长期的市值管理工作内容。

短期需求应该是上市公司的市值战术需求，即在与战略需求协同的前提下，适时运用资本市场工具解决与市值表现有关的符合实际的短期需求。虽然，市场上的需求方感兴趣的、比较迫切的都是这类需求，相关解决方案只要合法合规都可以进行，本质上一点都不难，我们的团队当然可以承接。只是无数案例表明，资本市场工具的运用不是简单地等同于市值增长的，包括并购重组、股权激励这些常被正面提及的工具运用。市值的长期表现一定是长期需求与短期需求的综合解决方案，一定是市值管理战略与战术的结合。往往，许多需求方都是临时抱佛脚、病急乱投医，被低迷的市值搞得焦虑了，才希望有市值管理的灵丹妙药来扭转乾坤，这当然前提就是错的了，我们也一定不会去接这样的活。

综上，市值管理更形象地可以称是上市公司战略咨询、管理咨询及项目实施的集合。目的就是使得市值稳定增长、回报股东、服务社会，这应该也是提高上市公司质量的核心内容。 所以，你如果也想交流市值管理话题，你一定得告诉对方，所谓的市值管理的对象是什么公司？这家上市公司关于市值管理的长期与短期需求是什么？你代表公司管理层的想法还是代表公司实控人的想法。这样的交流才能进行下去，这样的市值管理才是大家语境一致的管理学名词。

为迎接国庆，我再一次普及市值管理。为顺应互联网时代的上市公司及重要股东的市值管理需求，我们一款手机微信小程序即将问世，输入股票代码，就可以输出这家上市公司市值与内在价值的长期及短期的溢价协同表现，我们把它视为某种意义上的上市公司健康体检。这样我们讨论与实施市值管理就有了完全量化了的初步依据。健康经营与理性投资都可以从测一测上市公司的溢价协同值开始!

说狠话容易说成外行话——评《市值概念误导资源配置》

作者：毛勇春　公众号：融客市值管理　发布日期：2021-04-23

《市值概念误导资源配置》是最近刊登在《证券时报》上的文章，有朋友第一时间发来让我点评，说明资本市场上关心市值与市值管理话题的人不少。

市值概念本来定义清晰、边界清楚，上文作者却想说出新意，结果左右手反制越说越乱。比如刚说了“市值作为少数股份交易价格与公司股份总数的乘积，实质上是一个虚幻的数字概念。”又接着说“虽然市值概念误导资源配置，但市值大小作为风向标，却可以看出不同资本市场的资源配置状态与优劣。”哪本教科书上告诉你市值是虚幻的概念？又有哪一本教科书告诉你日本、德国的资本市场的资源配置功能比美国好？你绕来绕去自相矛盾的就是为了证明与倡导中国资本市场应该要与制造业大国相吻合，“把服务制造业作为头等大事，显著增加制造业在中国资本市场中的权重”，还说“这是中国资本市场的责任，也是中国资本市场从业者和监管者的光荣”。作者想要理直气壮的效果，但我读到的却是计划经济思维下的一厢情愿。

为了得出资本市场的投融资资源都应该向制造业倾斜并与制造业强国的国家战略相符合，辛苦地去证明市值是虚幻的，少部分股票交易决定的市值没有意义也不代表公司价值，进而来推导出市值管理就是管理市值，并说：“追逐市值目标是忘记资本市场为实体产业配置资源、提供融资服务的初心。”只可惜，前提错了，后面就错得离谱又牵强附会。

市值是上市公司在资本市场上的价格，即市场价值。价格有波动很正常，我们不会因为价格有变动就不要价格，猪肉的价格有大幅波动，就停止猪肉交易！同理，市值有波动也很正常，市值是股票连续交易的结果，股票交易不活跃是投资者对其价值不认可或认可程度不高，正是应该上市公司去思考与改进的，也正是应该用让市值更好地反映内在价值的市值管理的方法去作为的，形象地说，就是要让好公司与好股票统一起来。中国资本市场已经经过 2005 年的股权分置改革，是全流通时代了，对市值概念的认识还停留在这样的水平，实在荒唐！

讨论经济学、金融学问题，都有前提假设，有大家认同的语境与语式，否则就没法讨论，或者不值得讨论了。比如大家熟悉的资本市场理论和资本资产定价模型就有 7 个前提假设，归纳起来可以是两条：一是所有投资者都是一样的，二是市场是有效的。我们也知道，实际情况会有很大的不同，但是谁都知道这种假设是为了便于讨论并导出符合逻辑的结论。再比如，分析资本市场的方法有基本面分析与技术面分析两大派，也有把基本面与技术面结合起来分析的，但是不会有既不重基本面又不重技术面的，讨论经济问题特别是资本市场问题有市场本身的逻辑与游戏规则，不能想当然地来搞“特色”。

“市值管理”一词是 2014 年 5 月 9 日写进《国务院关于进一步促进资本市场健康发展的若干意见》(“新国九条”)。是在提高上市公司质量的条款下写：鼓励上市公司建立市值管理制度。本来以为近六年的理论探讨与市场实践，市场人士及监管工作者对市值及市值管理应该会有一个理性、全面的认识，一些常识性的问题已经无须讨论。遗憾的是，这篇文章的认识还停留在股权分置改革前大多数国企上市公司管理层因为国有股、法人股不能流通时的认识水平，更遗憾的是，居然对资本市场的基本概念、机制功能以及任何事物都存在的缺陷认识错误。

资本市场不讲市值、不讲市值的增长与稳定、不讲市值与内在价值的溢价协同，还想讲什么呢？形象地说，实体经济比 GDP 总量、结构、质量，资本市场则比市值总量、结构、质量，这都是常识了。我们两大指标都是世界第二了。你不会说制造业上市公司占比多的世界第二才更有价值吧？选择了市场经济，就要让市场经济在资源配置中发挥主要作用，选择了参照美国模式而建的资本市场后也要符合资本市场的逻辑与规律，包括它的资源配置与价值发现，这都是市场自然的不断积累与改进的过程。我们谁都没有能力简单地让资本市场的投融资功能都集中到先进制造业与现代农业中去，尽管后者令理想主义者十分向往并自觉责任重大。

市值构成的两个公式：市值 = 股价 × 股数，市值 = 市盈率 × 公司净利，其实已经说明市值是客观的，即便它可能波动较大。市值管理的作用也是显而易见的，尽管它也不可能是万能的。资本市场是人类最伟大的发明之一，资本市场上诞生了无数伟大的公司，引领科技进步，改变我们的工作与生活方式，比如苹果、谷歌、腾讯。同时资本市场充满着投机属性，并因人性的贪婪在不断地制造“黑天鹅”。比如安然、乐视网、麦道夫。资本市场有资本的逐利逻辑，不会因为监管者的倡导而简单地去向某些行业某些公司倾斜，无数事例告诉我们，这种人为的引导最终往往一地鸡毛。

投资与投机并存，这本来就是资本市场的常态。即便是成熟的美国资本市场，股价剧烈波动也是常事，2020 年 3 月因疫情叠加遭遇 3 次熔断暴跌，连巴菲特也直呼见证奇迹了，但是没见有人讲市值的虚幻，也没见有人倡导市场资源应该向什么行业集中才是对的，这就说明，我们有资本市场常识的人不会因为资本市场本身具有的副作用而把它的巨大的优点也否定掉，如同我们都知道倒洗澡水把孩子一同倒掉是多么愚蠢！

我们都应理性地看到一种事物、一种方法，不能为了否定一个自己还没有彻底搞明白的事，就一本正经地说狠话，这样的狠话会直接成为外行话。

最后，顺便提一下，还有篇关于市值的文章《你们才 30 亿市值，我们接待不了》也抓了眼球，讲的是市值太小的上市公司遭遇到的投资机构不接待的尴尬，所述现象基本属实，但也太过片面了。资本市场上伟大的公司也是从小市值开始的，小市值并不等于没机会了，抓住实业发展战略机遇，运用资本市场乘数效应，让市值与公司内在价值协同发展，回报全体股东、承担社会责任，应该是每一家上市公司的终极任务。从这个意义上讲，上市公司不讲市值、不注重市值增长、不进行主动的市值管理的时代早就一去不复返了！

从科创板说开去——基于行业与企业视角的市值管理建议

作者：毛勇春　公众号：融客市值管理　发布日期：2022-08-05

科创板 IPO 有 5 套市值 + 的标准，市值的重要性在其诞生的第一天就注定了，科创板 + 注册制也预示着科创板是最先与国际资本市场接轨的板块。

我们也看到了市值变化在行业兴衰调整中的作用，也即它预示着某些赛道代表着未来努力的方向。接下来的目标与任务，在逻辑上变得更加清晰，即上市之后如何在越来越多的上市公司中保持良好的市值稳定与市值增长，不被边缘化；能够循环利用好资本市场，而不仅仅是一次上市融资；使得上市公司的标签更有价值而不在一次次的充分竞争中败下阵来。这些都是摆在不限于科创板的资本市场上所有上市公司的任务。

如何使公司的市值很好地反映公司的价值，如何使公司的市值长期增长目标得以实现，如何成为市场上好公司与好股票的结合，在五年、十年后的市值排名中占据重要位置？这个意义上的市值分析与市值管理已经是门科学，以下是我们在长期关注上市公司市值分析与健康发展的基础上给出的处理好五方面关系的建议。

1. 市值变化与公司战略成败的关系

许多企业制定战略发展规划时，没有考虑企业未来在资本市场上相适应的市值规划，企业经营战略规划与公司市值增长规划相脱节。资本市场运作没有与公司发展战略相融合，有的公司甚至出现错位，市值管理的作用仅仅是使企业在资本市场上受到关注，并没有对实际经营产生任何促动。

市值管理更应从企业发展战略的层面入手，关注市值长期稳定与增长的动力，将市值管理与企业战略发展规划紧密衔接。市值管理实质是现代企业管理理论在资本市场上的延伸，是企业战略管理的构成部分。

上市公司关注和实施市值管理，必须从战略的层面贯彻市值管理，将市值管理与战略发展有机融合，成为公司发展战略的重要组成部分。国际上不乏知名公司由于市值长期低迷，CEO 遭董事会解聘的例子，说明变化的市值可以检验公司战略的成败。

2. 价值创造与价值实现的关系

每家公司都有自己的市值驱动力。人们往往会被市场情绪所左右，在估值的起伏中摇摆，以为估值等于市值，以为价值实现可以脱离价值创造。在市场一片向好时，预示风险变得越来越困难，等到风暴来临市值大幅下跌时，才会猛然醒悟，估值靠不住，真正的市值驱动力只能来自不断增长以及终究要兑现的收益。

在市值的变化中，我们看到的是这样的强烈信号，即市场最终是需要投融资平衡的，打破平衡的美好故事都不会长久。尽管坚持长期主义向来是投资硬科技的必备信念。但是，如果投融资过度失衡、流通与销售比例过度失衡，尽管所谓的赛道还在，都一样会把高科技企业迅速打回快速兑现收益的投资界固有思维，比如 AI、元宇宙等概念公司市值的过山车。

高收益始终与高风险联系在一起。革命性的技术突破当然会在未来获得可观收益，但是在过程中没有人可以预见谁以及哪个细分赛道上能产生真正的冠军，追求脱离价值创造的价值实现其实是种脉冲式的估值游戏。

3. 公司禀赋与工具运用的关系

公司治理规则及资本市场工具看似无差别地放在每一个上市公司面前，但是运用的结果却是千差万别。原因是每个公司的资源禀赋不同，从所处的行业、发展阶段到资本属性，从管理层的成长背景、股权结构到对资本市场的熟悉程度，这一切都决定相关工具不可不用也不可滥用，市值与市值管理上的个性化特征十分明显。

一般而言，对科创板的新上市公司，前两年并不建议频繁运用公司治理与资本市场相关工具，应该在突出主业的创造价值及提高细分行业领先地位的同时了解与适应资本市场，之后才是根据公司禀赋来有效运用相关工具，包括股权激励与并购重组，让公司市值在资本市场上更好地反映公司的价值，这才是真正的言行一致的长期主义。

4. 可以管理与不可以管理的关系

市值具有波动性的特点，市值管理现在更趋向于先对市值影响要素与变量的解析，进而明确哪些影响因素与变量是企业这个微观主体无能为力的，比如政策因素、市场情绪因素等。

一些爆雷的龙头企业，或许也想力挽狂澜，甚至希望政策能做某种程度的倾斜，最终我们看到的是无济于事。而许多初涉资本市场的上市公司管理层在享受到与其基本面并不对称的溢价后，误以为这是资本市场的常态，等遭遇裸泳尴尬时，还拼命地通过财技做最后的挣扎，而其可以影响与管理的基本面已经面目全非。

所以，分清可以管理与不可以管理的要素与变量，就可以不为浮躁而动，静下心来做好主业、做好产品与服务，给市场传递看得见的积极信号。

5. 市值监测分析与有效管理的关系

有效管理的基础是科学分析，要对市值进行常态监测而不是常态干预。

比如基于市值与内在价值溢价协同原理的溢价协同量化指标，就可以为有效管理提供有价值的建议。鼓励上市公司建立公司市值监测分析制度，对市值进行监测不是简单地对股价波动的监测，更不是对股价波动的频繁干预，而是在关注股价异常波动的基础上，重点监测市值的中长期波动与发展趋势，市值与公司内在价值的关系，市值发展战略的实施状况等；重点监测影响公司市值的产业政策、行业变动、社会预期等各类市场信号与市值的关系，跟踪和系统分析其对市值的影响机制；使监测结果成为上市公司实施资本市场行为的决策依据。

市值是资本市场的最强信号与第一指标，随着我国资本市场的不断发展，上市公司追求市值增长成为共同选择。科创板的 3 年实践更是强化了重视市值的意义。当我们清楚了市值变化对于产业结构调整、行业景气方向、伟大公司诞生的标杆性意义之后，我们更看到市值已贯穿于公司价值创造、价值实现的全过程，市值变化的预示早已突破了二级市场的局限，已经自然并逻辑地延伸至行业与产业的发展领域，并最终落脚于市值与内在价值协同增长的市值变化质量上。

我们或许无法预测哪个行业与哪个公司最终胜出，但通过观察与关注市值的变化，在守住市值的价值底线的同时，我们完全可以知晓市值长期增长的行业与公司就是最有可能胜出的行业与公司。在市值一路上涨或下跌的路上，应该回头看看市值得以长期支撑的内在价值是否还在，有盈利的增长与高质量发展的市值才是下一阶段要追求的目标，因为市值给你溢价有时显得极为慷慨，其转身离开时也会快得不动声色。

所以应该记住的是：市值是上市公司价值的集中体现、市值持续增长是上市公司评价的最好标准、市值管理是上市公司战略管理的核心内容，这应该就是市值变化给市场各参与方的预示。

参考文献

[1] BEAVER W H. Perspectives on recent capital market research [J]. The Accounting Review，2002，77 (2)：453-474.

[2] FRANKEL R，LEE C M. Accounting valuation and cross-sectional stock market expectations[J]. Journal of Accounting and Economics，1998，25(3)：283-319.

[3] GERALD A FELTHAM，JAMES A. OHLSON. Valuation and clean surplus accounting for operating and financial activities [J]. Contemporary Accounting Research，1995，11 (2)：689-731.

[4] 常俊峰，甘雨来，邓哲 . 市值管理与操纵证券市场之别 [OL]. (2021-08-17). https://www.kwm.com/cn/zh/insights/latest-thinking/compliance-issues-of-listed-companies-differences-between-market-value-management-and-market-manipulation.html.

[5] 亨利・明茨伯格，布鲁斯・阿尔斯特兰德，约瑟夫・兰佩尔 . 战略历程 [M]. 魏江，译 . 北京：机械工业出版社，2012.

[6] 亨利・明茨伯格 . 明茨伯格论管理 [M]. 闾佳，译 . 北京：机械工业出版社，2007.

[7] 胡珈萌 .“互联网教父”凯文・凯利谈 ESG：技术终将创造奇迹 [OL]. (2023-09-13). https://finance.ifeng.com/c/8T3AbHQa1Qz.

[8] 吉姆・保罗，布伦丹・莫伊汉尼 . 止损——如何克服贪婪与恐惧 [M]. 陈重

亨，译 . 上海：格致出版社，上海人民出版社，2016.
[9] 价值投资成功之道，巴菲特前五重仓股的六大共同特征 [OL].(2023-09-15). https://mp.weixin.qq.com/s/yn6dKNpnTyfngkioADRLZA
[10] 蒋焰 . ESG 的前世今生 [OL] .（2021-08-13）. https://baijiahao.baidu.com/s?id=1707942502714624207&wfr=spider&for=pc.
[11] 利亚涛 . 上市公司股票估值与 A 股市场实证研究 [D] . 北京：中国社会科学院，2010.
[12] 梁敦临，倪以理，洪晟，等 . 拨开迷雾，回归价值：中国企业市值管理的正道坦途 [OL] .（2021-08-17）. https://www.mckinsey.com.cn.
[13] 刘煌松 . 股票内在投资价值理论与中国股市泡沫问题 [J] . 经济研究，2005（2）：45-53.
[14] 马浩 . 战略管理——商业模式创新 [M] . 北京：北京大学出版社，2015.
[15] 马永斌 . 市值管理与资本实践 [M] . 北京：清华大学出版社，2018.
[16] 毛勇春 . 从市值管理看上市公司高增长基因 [N] . 上海证券报，2016-11-04.
[17] 毛勇春 . 减持不应成为上市公司市值管理目的 [N] . 上海证券报，2017-01-10.
[18] 毛勇春 . 市值管理的“四问”与“八痛” [N] . 陆家嘴金融网，2016-01-18.
[19] 毛勇春 . 市值管理方略——激活需求、创造价值 [M] . 上海：同济大学出版社，2012.
[20] 毛勇春 . 市值管理顺序：先战略后战术 [N] . 陆家嘴金融网，2018-07-03.
[21] 毛勇春 . 市值管理新论——从定性到定量 [M] . 上海：同济大学出版社，2015.
[22] 毛勇春 . 真伪市值管理的分水岭 [N] . 上海证券报，2021-07-24.
[23] 彭博行业研究 . ESG 行业 洞察：ESG 和碳强度成为股票表现的关键信号 [OL] .（2023-08-03）. https://weibo.com/ttarticle/p/show?id=2309404930704428630612.
[24] 彭曼・斯蒂芬 . 投资中最重要的事——股票估值与选股策略 [M] . 戴德明，周华，等译 . 北京：中国人民大学出版社，2015.
[25] 孙小程 . 上交所王泊：将研究推出科创板 ESG 指数助力提升资本市场活跃度

［N］. 上海证券报，中国证券网，2023-09-13.
［26］科普兰 · 汤姆，科勒 · 蒂姆，默林 · 杰克 . 价值评估——公司价值的衡量和管理［M］. 贾辉然，译 . 程嘉树，审定 . 北京：中国大百科全书出版社，1997.
［27］王立夏，张天西 . RIM－σ2 模型：理论与实证［J］. 工业工程与管理，2012，18（3）：97-101.
［28］王立夏，张天西 . 风险因子调整的三阶段剩余收益模型的应用研究——基于中国资本市场 1999—2010 年截面数据分析［J］. 经济问题，2012（11）：80-83.
［29］王颖，李群 . 渔业上市公司股价与内在价值偏离度的预测研究［J］. 上海管理科学，2017，39（5）：34-39.
［30］沃伦 .E. 巴菲特 . 巴菲特致股东的信——投资者和公司高管教程［M］. 劳伦斯 .A. 坎宁安，编 . 杨天南，译 . 北京：机械工业出版社，2018.
［31］新华网 . ESG 信披标准趋于统一 央企控股上市公司迎来估值重构“窗口期”［OL］.（2023-08-22）. http://www.xinhuanet.com/2023-08/22/c_1212258816.htm.
［32］徐大丰 . 三阶段剩余收益模型视角下的市值管理之锚［J］. 金融发展，2020（2）：1-8.
［33］杨学亮 . 企业估值方法比较研究［D］. 北京：对外经济贸易大学，2007.
［34］叶允平 . 资本帝国——巴菲特和芒格的伯克希尔［M］. 上海：上海远东出版社，2018.
［35］马丁 约翰 · D，佩蒂 J · 威廉姆 . 价值管理：公司对股东变革的反应［M］. 娄芳，译 . 上海：上海财经大学出版社，2005.
［36］张弘林 . 西方股票投资思想的演变与当代中国股市研究［D］. 上海：复旦大学，2006.

后　记

市值管理曾经是一个被严重误读的概念，出现过什么都要与市值管理挂钩沾边，也出现过什么都最好不要与市值管理有交集的市场现象。

于是，也许是某种社会责任的驱使，在第二本书《市值管理新论》出版八年后，我们决定再出一本书，来把市值管理这个理念、这套方法与工具的介绍做一个收尾，再通透地讲一遍！为上市公司及重要股东的市值管理的常态化发展，为倡导股东价值至上的市值价值观，为中国资本市场的健康发展作点贡献，我们觉得是值得的。

这本书的大部分内容来自2016年之后我们在不同的公开场合对市值管理这一话题的交流、授课内容和所刊发的文章，并结合最新信息进行审定与修改，读者可以看出我们随着市场的发展、随着每个阶段监管层的发声，在正确理念下的不断坚持与坚守。特别是与上海社会科学院市值管理研究中心的骨干，以及来自不同领域的特约研究员们在一起交流时获得的信息与启发；以及和上海易居房地产研究院进行3年合作编撰3期《中国房地产上市公司市值管理研究报告》时获得的精彩观点。这些内容体现在书里就有了时间上的延续性以及内容上的严谨性。代表了我们对这一话题关注的角度、深度以及达到的水准。

市值管理从来就不是一个单一指向的固定业务，它是一种理念、一套方法、一种相关工具的集合运用，因此其与生俱来具有综合性、差异性特征。但是它的目标是清晰的：为全体股东创造内在价值并在资本市场上获得溢价。这些观点我们自有市值管理概念后从来没有改变过，在这本书里则讲得更加旗帜鲜明了。

当然最令人欣慰的是，符合我们研究的底层逻辑，经过不断开发的智能化上市公司市值健康体检工具“市值透视”小程序得以问世，这是人们在互联网时代，已经习惯于移动互联网应用场景的必然需求，也是我们倾力倡导与证明的“市值管理的路径选择要从市值分析、市值体检开始”成为可能。有了这么多值得分享的内容，才有了我们出书的底气。

当读者看到新书时，手机里小程序“市值透视”的界面与功能又有了新的变化，这种新变化将始终更好地反映从市值看价值的理念，更好地助力于上市公司追求市值健康的需求，更好地为好公司与好股票结合的投资方法提供参考。而本书上证指数的月 K 线图已更新到付印前，以更好地反映我国资本市场的最新情况。

这本书由毛勇春负责编写大纲与各章的要点与中心思想，由王旭、刘斌、宋光辉、薛勇、张睿卿、钱磊、戴家玥、毛诗嘉、毛勇春负责编写；由王旭、薛勇参与初审，张永岳、朱平芳、崔光灿、徐大丰等四位专家教授帮助审稿。毛勇春负责总校与统稿。在编写期间，我们坚持各章独立又观点鲜明，章与章之间有机组合、逻辑清楚、层次分明。

在紧张撰稿期间，又一次遭遇股市低迷，监管层出台各项政策救市，每天大家结合着楼市、汇率、债市等宏观经济消息，关心着股市救市的进展，思考着可以补充到书稿中的内容。除了这种分心之外，加上每个人可以利用的业余时间非常有限，因而付出的辛苦可想而知！

感谢熟悉我的老师、领导、同仁、同事、朋友、编辑小组成员，还有我远在美国纽约工作的女儿，他们当中哪怕有一人提出一些疑虑，这本书就有可能完成不了。

临近交稿的时候，我们试图把原来的副标题“逻辑、路径、实证”，改成了“以股东价值至上为原则”，其原因是：资本市场的价值观更重要，而股东价值至上是上市公司高质量发展的根本底色，是市值管理的出发点与归宿。这远比逻辑辨析、路径探索、案例交流的副标题的站位更高。但是考虑到与前两本书体例上的统一性，我们还是没有改副标题，只是在全书里多次强调了以上的观点。

感谢我大学期间的金润圭老师，一直给与关心指导，本次更是贡献了“你们应该讲透从市值看价值的道理”的点金观点！衷心感谢为本书点评、推荐的我的老师与从业时的领导！

特别感谢为本书作序的中国上市公司协会会长宋志平先生。宋会长是我国著名的经营管理专家，还是中国企业改革与发展研究会会长，有实践有理论！他曾经是中国建筑材料集团有限公司与中国医药集团总公司两家央企集团公司的董事长，在实践中开创了“央企市营”“三精管理”等一系列经营管理模式。在我国企业经营管理领域声誉卓著。宋会长著名经营管理专家的职业背景，是对我们认真付出的莫大肯定与鼓励！同时也要感谢另一作序推荐人上海交通大学博士生导师陈琦伟教授，他是第二届孙冶方经济科学奖获得者，其获奖著作《国际竞争论》及出版书籍《投资银行学》在学术界影响广泛。陈琦伟教授还创办了亚商集团，被誉为“中国文科教授下海第一人”。他在中国资本市场开展了成绩卓著的广泛实践，也影响了众多的年轻学子，使他们走上了资本市场的职业生涯。他还曾担任上海股权投资协会理事长、中国创业资本研究中心主任。他是理论研究与资本市场实践都收获颇丰的知名人士。就上市公司市值管理话题，陈琦伟教授也几乎是最早提出市值健康概念的人。他的序言是对我们在市值管理领域长期研究与实践的肯定与褒奖。

希望继续得到读者朋友与有识之士的批评指正。

毛勇春

2023 年 12 月于上海

电子邮箱：myc@rongke.com